MostUsedWords.com presenta

Diccionario de Frecuencia -Inglés-

Vocabulario Esencial

2.500 palabras mas comunes del ingles

Libro 1

Primera impresión, 2018

Jolie Laide LTD
12/F, 67 Percival Street, Hong Kong

www.MostUsedWords.com

Contenido

¿Por qué este libro?

Hola, querido lector.

Muchas gracias por comprar este libro. Esperamos que te sea de mucha utilidad en tu viaje de aprendizaje del idioma.

No todas las palabras son iguales. El propósito de este diccionario de frecuencia es enumerar las más utilizandas en orden descendente, por lo que podrás aprender el idioma de la forma más eficiente posible.

En primer lugar, quisiéramos destacar el valor de un diccionario de frecuencia. Como ejemplo, hemos combinado la frecuencia de datos de diferentes idiomas (principalmente lenguas romance, eslavas y germánicas) y las hemos incorporado en la misma gráfica.

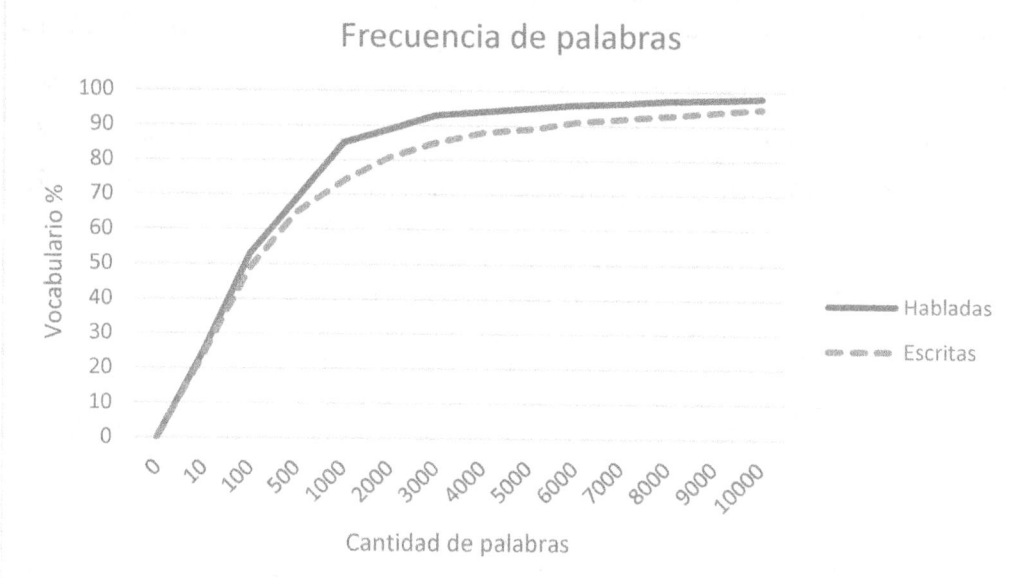

Los puntos más importantes, de acuerdo con los datos, parecen ser:

Cantidad de palabras	Habladas	Escritas
• 100	53%	49%
• 1.000	85%	74%
• 2.500	92%	82%
• 5.000	95%	89%
• 7.500	97%	93%
• 10.000	98%	95%

Los datos de arriba corresponden a la ley de Pareto.

La ley de Pareto, también conocida como la regla 80/20, establece que para muchos eventos, aproximadamente 80% de los efectos vienen del 20% de las causas.

En el aprendizaje de idiomas, este principio parece haber consumido esteroides. Parece que solamente 20% del 20% (95/5) de las palabras más utilizadas en el idioma constituyen casi todo el vocabulario que se necesita.

Para poner esto en perspectiva: el Diccionario de Ingles Oxford Hachette (Concise Oxford English Dictionary) enumera más de 240.000 palabras que están en uso actual, aunque que solamente necesitas conocer 2,1% (5.000 palabras) para alcanzar el 95% y 89% de fluidez en conversación y escritura. Conocer las 10.000 palabras más comunes, es decir 4,2%, te dará un 98% de fluidez en el idioma hablado y 95% de fluidez en los textos escritos.

Teniendo esto en mente, el valor de los diccionarios de frecuencia es enorme. El estudio de las palabras más frecuentes ayuda a aumentar el vocabulario y progresar de forma natural. Suena lógico, ¿cierto?

¿Cuántas palabras necesitas saber para los diferentes niveles de fluidez?

Mientras que es importante considerar que es casi imposible establecer exactamente estos números y estadísticas con una precisión del 100%, estos son promedios globales que han sido establecidos a partir de múltiples fuentes.

De acuerdo con las investigaciones, esta es la cantidad de vocabulario que se necesita para los diferentes niveles de fluidez.

1. 250 palabras: el centro esencial de un idioma. Sin estas palabras no podrás construir ninguna oración.
2. 750 palabras: son las utilizadas diariamente por una persona que habla ese idioma.
3. 2.500 palabras: que te permiten expresas cualquier cosa que quieras decir, siempre y cuando utilices un poco de creatividad.
4. 5.000 palabras: el vocabulario activo de cualquier hablante nativo sin educación superior.
5. 10.000 palabras: el vocabulario activo de hablantes nativos con educación superior.
6. 20.000 palabras: que necesitas reconocer de forma pasiva para leer, comprender y disfrutar un trabajo literario, como lo puede ser una novela de un autor destacado.

Advertencias y limitaciones.

Una lista de frecuencia nunca es "La lista de frecuencia definitiva".

Dependiendo de la fuente de material que se haya consultado, puede que recibas diferentes listas. Un corpus de palabras habladas difiere a los textos que están basados en el lenguaje escrito.

Es por esto que hemos seleccionado subtítulos como fuente, ya que, de acuerdo a la ciencia, estos cubren lo mejor de ambos mundos: tanto el inglés escrito como el hablado.

La lista de frecuencia se basa en el análisis de aproximadamente 20 gigabytes de subtítulos en inglés.

Imagina un libro con casi 16 millones de páginas, o 80.000 libros de 200 páginas cada uno, para tener una idea de la cantidad de palabras que han sido analizadas para la creación de este libro. Una base de texto amplia es esencial para desarrollar una certera lista de frecuencia.

Los datos brutos incluyen más de un millón de entradas. Los datos brutos pasaron por un proceso de lematización; las palabras están dadas en su forma raíz.

Algunas palabras en las listas te parecerán extrañas, en sus respectivos rangos de frecuencia. Nosotros también nos sorprendimos un par de veces. Ten en cuenta que este libro está basado en una gran cantidad de subtítulos, por lo que puede incluir palabras que no necesitarás utilizar.

Puede que encuentres también vocabulario de otros idiomas en este diccionario. Hemos decidido incluirlo debido a que si está siendo utilizado en los subtítulos podemos asumir que la palabra está integrada al vocabulario general del inglés.

Tratamos al máximo de mantener nuestros nombres comunes, como "Jack, Ryan, Alice", al igual que "Roma, Washington" o "el Louvre, el Capitolio".

Algunas palabras tienen múltiples significados. Las explicaciones son ofrecidas en inglés.

"Jack" es un nombre muy común, pero también es un sustantivo (un gato para levantar un vehículo, "a jack to lift up a vehicle) y un verbo (robar algo). Lo mismo ocurre con la palabra "can". Es una conjugación del verbo "poder" y también es un sustantivo (una lata).

Esto puede sesgar ligeramente la posición en la lista de frecuencia. Con la tecnología actual, desafortunadamente no es posible identificar la ubicación correcta de acuerdo con su significado. Por suerte, estas palabras son muy escasas, y por lo tanto no tendrán un efecto importante sobre todo el resultado.

Si encuentras una palabra que no necesitarás en tu vocabulario, entonces simplemente sáltala. La lista de frecuencia incluye 25 palabras extra para compensar cualquier irregularidad que puedas encontrar.

El gran secreto para aprender un idioma es el siguiente: aumenta tu vocabulario, aprende los principios básicos de gramática y salir a conversar. Equivócate, ríete y aprende de tus errores.

Esperamos que encuentres en este diccionario de frecuencia una útil herramienta. Si te gusta este diccionario, por favor comunícaselo a las demás personas, para que también puedan disfrutarlo. O deja una reseña o comentario en línea, p.e. en las redes sociales, blogs o foros.

Cómo utilizar este diccionario

abreviaciones	*abr*
adjetivos	*adj*
adverbios	*adv*
artículos	*art*
verbos auxiliares	*av*
conjunciones	*con*
interyecciones	*int*
sustantivos	*ss*
números	*num*
partículas gramaticales	*part*
frases	*phr*
prefijos	*pfj*
preposiciones	*prp*
pronombres	*prn*
sufijos	*sfj*
verbos	*vb*
singular	*sg*
plural	*pl*

Traducciones

Decidimos compartir las traducciones más comunes de una palabra, al igual que las partes más comunes del discurso. No obstante, es importante aclarar que estas son no son las únicas posibles traducciones o partes del discurso en las que se pueden utilizar cada una de las palabras.

Alfabeto Fonético Internacional (IPA)

La pronunciación de un vocabulario extranjero puede ser difícil. Para ayudarte a hacerlo bien, hemos agregado la información IPA para cada vocablo. Si ya tienes una comprensión básica de la pronunciación, encontrarás directamente la pronunciación IPA. Para más información, por favor visita www.internationalphoneticalphabet.org

Diccionario de frecuencia inglés - español

1 **you**   **usted| te| le**
  prn   Is it that you can't or that you don't want to?
  [ju]   -¿Es que no puedes o que no quieres?

2 **I**   **yo**
  prn   I love you dad.
  [aɪ]   -Te quiero, papá.

3 **the**   **el| la**
  art   What's the capital city of Finland?
  [ði]   -¿Cuál es la capital de Finlandia?

4 **to**   **a| para| en**
  prp   They're unlikely to get married.
  [tu]   -Es poco probable que se casen.

5 **a**   **un**
  art   He's really a good guy.
  [eɪ]   -En realidad él es un buen tipo.

6 **it**   **lo**
  prn   It was horrible.
  [ɪt]   -¡Fue horrible!

7 **and**   **y| e**
  con   Wind is a cheap and clean source of energy.
  [ænd]   -El viento es una fuente de energía limpia y barata.

8 **that**   **que; que; que; ese; tan**
  con; prn; adj; adv   I spoke with Jim for over an hour before he said something that made me
  [ðæt]   realize he wasn't a native speaker.
                -Hablé con Jim por más de una hora hasta que él dijo algo que hizo darme
                cuente de que él no era un hablante nativo.

9 **of**   **de| a| para**
  prp   I'd like to take advantage of this opportunity to thank you all for your
  [ʌv]   cooperation.
                -Me gustaría aprovechar esta oportunidad para agradecerles a todos su
                colaboración.

10 **in**   **en; dentro; para iniciados; el detalle**
  prp; adv; adj; ss   Many people in the world are hungry.
  [ɪn]   -Mucha gente en el mundo está hambrienta.

11 **what**   **qué; qué; que**
  adj; adv; prn   I wonder what country will censor Google first.
  [wʌt]   -Me pregunto qué país será el primero en censurar Google.

12 **be**   **ser| estar**
  vb   Don't be afraid to make mistakes when you speak English.
  [bi]   -No tengas miedo de cometer errores cuando hables en inglés.

13 **me**   **me**
  prn   He told me how to get to the museum.
  [mi]   -Me dijo cómo llegar al museo.

14 **we**   **nosotros**

	prn [wi]	When we watch a movie, play a video game, or read a book, we become emotionally attached to certain characters and gradually become like them. -Cuando vemos una película, jugamos a un videojuego o leemos un libro, les cogemos cariño a ciertos personajes y gradualmente llegamos a parecernos a ellos.
15	**he** prn; ss [hi]	**él; el varón** Not only did he refuse to help me, but also he scolded me. -No solo se negó a ayudarme, sino que además me regañó.
16	**this** adj; prn; adv [ðɪs]	**este; esto; tan** This was the heart of the matter. -Ese era el quid de la cuestión.
17	**for** prp; con [fɔr]	**para| por; para que** I've fixed the radio for him. -Le he arreglado la radio.
18	**my** prn [maɪ]	**mi** My older sister takes a shower every morning. -Mi hermana mayor se ducha todas las mañanas.
19	**on** prp; adj [ɑn]	**en; encendido** That won't happen on Monday. -Eso no pasará el lunes.
20	**your** prn [jʊər]	**su** What's your favorite cut of meat? -¿Cuál es tu corte de carne favorito?
21	**have** vb [hæv]	**tener| haber** Jim always tries to have his own way. -Jim siempre trata de salirse con la suya.
22	**do** vb; ss [du]	**hacer| realizar; el do** What do you want to eat this weekend? -¿Qué quieres comer este fin de semana?
23	**no** part; adj; ss [noʊ]	**no; ninguno; la negativa** No one I know wears a tie anymore. -Ya nadie que conozca usa corbata.
24	**not** part [nɑt]	**no** Your shoes do not go with the suit. -No te pegan los zapatos con el traje.
25	**can** ss; vb [kæn]	**la lata; poder** Greece can no longer pay off its debts. -Grecia ya no puede amortiguar su deuda.
26	**know** vb [noʊ]	**saber| reconocer** Do you know the words to that song? -¿Sabés la letra de esa canción?
27	**with** prp [wɪð]	**con** Jim had to keep his relationship with Ana a secret. -Jim tuvo que mantener su relación con Ana en secreto.
28	**all** adj; adv; ss; prn [ɔl]	**todos; todos; los todos; todos** All mammals have seven cervical vertebrae. -Todos los mamíferos tienen siete vértebras cervicales.

29 but
con; ss; prp; adv
[bʌt]
pero; pero; sino; solamente
The traveler fainted from hunger, but soon he came to.
  -El viajero se desmayó del hambre, pero pronto recuperó la consciencia.

30 here
adv
[hir]
aquí
I am new here.
  -Soy nuevo aquí.

31 there
adv
[ðɛr]
hay
There are too many managers and not enough employees.
  -Hay demasiados gerentes y no suficientes empleados.

32 they
prn
[ðeɪ]
ellos
I thought they offered you a job.
  -Pensé que ellos te ofrecieron un puesto de trabajo.

33 so
adv; con
[soʊ]
así| tan; por tanto
Jim had to lend Ana some money so she could take the bus home.
  -Jim le tuvo que prestar un poco de dinero a Ana para que pudiera tomar el bus a casa.

34 get
vb
[gɛt]
obtener| llegar
I can't believe I didn't get invited.
  -No puedo creer que no he sido invitado.

35 just
adv; adj
[dʒʌst]
sólo; justo
Jim is the kind of guy lots of people just don't like.
  -Jim es la clase de persona que a mucha gente simplemente no le gusta.

36 go
vb; ss
[goʊ]
ir| pasar; el empuje
I should never go shopping without you.
  -Nunca debería ir de compras sin ti.

37 like
vb; adv; prp; adj;
ss; con
[laɪk]
gustar; como; igual
He is rich yet he lives like a beggar.
  -Es rico y vive como un mendigo.

38 up
adv; prp; adj; vb; ss
[ʌp]
hasta| arriba; encima de; ascendente; levantar; la cima
Jim isn't up yet.
  -Jim aún no se levanta.

39 come
vb
[kʌm]
venir| ser
The twelve animals of the Chinese Zodiac come from eleven types of animals we find in nature: the rat, the ox, the tiger, the hare, the snake, the horse, the ram, the monkey, the rooster, the dog, the pig, and the mythological dragon; they're used as a calendar.
  -Los doce animales de los signos del zodíaco chino provienen de once tipos de animales que encontramos en la naturaleza: la rata, el buey, el tigre, el conejo, la serpiente, el caballo, el carnero, el mono, el gallo, el perro, el chancho, y el mitológico dragón;ellos son utilizados como calendario.

40 right
adj; adv; ss; vb
[raɪt]
derecho; derecho; el derecho; corregir
Everyone has the right to freedom of opinion and expression; this right includes freedom to hold opinions without interference and to seek, receive and impart information and ideas through any media and regardless of frontiers.
  -Todo individuo tiene derecho a la libertad de opinión y de expresión; este derecho incluye el de no ser molestado a causa de sus opiniones, el de

investigar y recibir informaciones y opiniones, y el de difundirlas, sin limitación de fronteras, por cualquier medio de expresión.

41 **she** — **ella; la hembra**
prn; ss
[ʃi]
She doesn't live with him.
-Ella no vive con él.

42 **him** — **le**
prn
[hɪm]
When I go to see my grandson, I always give him something.
-Cuando voy a ver a mi nieto, siempre le regalo algo.

43 **out** — **fuera; el out; de; exterior; expulsar**
adv; ss; prp; adj; vb
[aʊt]
I'm going out in an hour.
-Voy a salir en una hora.

44 **if** — **si; la duda**
con; ss
[ɪf]
If you don't like it, then don't eat it.
-Si no te gusta, no comas.

45 **at** — **en; la arroba**
prp; ss
[æt]
There is a man at the door.
-Hay un hombre en la puerta.

46 **now** — **ahora**
adv
[naʊ]
Today, here and now.
-Hoy, aquí y ya.

47 **one** — **uno| uno; uno; la unidad**
adj; prn; ss
[wʌn]
Jim and Ana have one daughter and two sons.
-Jim y Ana tienen una hija y dos hijos.

48 **about** — **sobre; unos**
prp; adv
[əˈbaʊt]
We talked about the question over a cup of coffee.
-Nosotros discutimos acerca de la pregunta sobre una taza de café.

49 **how** — **cómo; de qué manera**
con; adv
[haʊ]
He knows how to open this door.
-Él sabe como abrir esta puerta.

50 **oh** — **Oh!**
#N/A
OH, IF SHE WERE ONLY DEAD!
-Oh, si solo estuviera muerta!

51 **want** — **la falta| la necesidad; querer**
ss; vb
[wɑnt]
I want a lot.
-Quiero muchas cosas.

52 **her** — **sus**
prn
[hɜr]
The storm did great damage to her property.
-La tormenta le causó un gran daño a su propiedad.

53 **will** — **la voluntad| el albedrío; querer**
ss; vb
[wɪl]
We take it for granted that he will succeed in his business.
-Tomamos por sentado que tendrá éxito en su negocio.

54 **well** — **bien| bien de salud; bien; el pozo; manar**
adj; adv; ss; vb
[wɛl]
Jim likes not only Ana but Alice as well.
-A Jim no solo le gusta Ana sino también Alice.

55 **see** — **ver| consultar**
vb
[si]
Let's see what it is.
-Veamos qué es.

56 good — buen| bueno; bien; el bien
adj; adv; ss
[gʊd]
He received a good many letters this morning.
-Él recibió muchas cartas esta mañana.

57 let — alquiler| dejar; la dejada
vb; ss
[lɛt]
Let's dance till the break of dawn!
-¡Bailemos hasta el amanecer!

58 yes — el sí; sí; decir sí
ss; part; vb
[jɛs]
"Was she a high school student?" "Yes, she was."
-«¿Ella era estudiante de instituto?» «Sí.»

59 think — pensar
vb
[θɪŋk]
Who do you think wrote this note?
-¿Quién crees que escribió esta nota?

60 as — como; como; como
adv; con; prp
[æz]
He left the room without so much as saying good-bye to me.
-Salió de la habitación sin siquiera decirme adiós.

61 who — que
prn
[hu]
Never tell the truth to people who are not worthy of it.
-Nunca le digas la verdad a la gente que no se lo merezca.

62 why — por qué; la razón
adv; ss
[waɪ]
Sometimes I want to ask God why He allows poverty, famine and injustice in the world when He could do somehing about it, but I'm afraid He might just ask me the same question.
-A veces quiero preguntarle a Dios por qué permite que haya pobreza, hambre e injusticia en el mundo, cuando él podría hacer algo al respecto, pero me preocupa que me haga exactamente la misma pregunta.

63 yeah — sí
part
[jæ]
Ever heard of sentence fights? Yeah, that's what we do for fun.
-¿Has oído hablar alguna vez de las peleas de oraciones? Sí, eso es lo que hacemos para divertirnos.

64 from — de
prp
[frʌm]
If throughout your life you abstain from murder, theft, fornication, perjury, blasphemy, and disrespect toward your parents, your church, and your king, you are conventionally held to deserve moral admiration even if you have never done a single kind or generous or useful action.
-Si en toda tu vida te abstienes de asesinar, robar, fornicar, cometer perjurio, blasfemar y faltar al respeto a tus padres, tu iglesia o tu rey, eres convencionalmente considerado alguien que merece admiración moral, incluso si no has realizado ninguna acción generosa o amable o útil.

65 his — su; su
adj; prn
[hɪz]
He had a book in his hand.
-Llevaba un libro en la mano.

66 when — cuando; cuando
adv; con
[wɛn]
When was the last time you offered flowers to your wife?
-¿Cuándo fue la última vez que le ofreciste flores a tu esposa?

67 man — el hombre| el señor; tripular
ss; vb
[mən]
The man who is driving the bus is my best friend.
-El hombre que está conduciendo el bus es mi mejor amigo.

68 take — la toma| la recaudación; tomar

ss; vb | I'll take you home.
[teɪk] | -Te llevaré a casa.

69 where — **donde; donde**
adv; con | Where can I buy coffee?
[wɛr] | -¿Dónde puedo comprar café?

70 time — **el tiempo| la vez; cronometrar**
ss; vb | It is time to shut the gate.
[taɪm] | -Es hora de cerrar el portón.

71 them — **ellos**
prn | If women knew how much we miss them, they would leave sooner.
[ðɛm] | -Si las mujeres supieran cuánto las extrañamos, se marcharían más temprano.

72 back — **atrás; la espalda; respaldar; de vuelta**
adv; ss; vb; adj | Have you ever scratched your back with a backscratcher made in Japan?
[bæk] | -¿Alguna vez te has rascado la espalda con un rascaespalda hecho en Japón?

73 an — **un**
art | She doesn't want him to buy an expensive engagement ring.
[æn] | -Ella no quiere que él compre un anillo de compromiso caro.

74 us — **nos**
prn | Why did you want us to come here?
[ʌs] | -¿Por qué querías que viniéramos aquí?

75 look — **la mirada| el aspecto; buscar**
ss; vb | In the worst case scenario we'll just have to look as happy as we can.
[lʊk] | -En el peor de los casos solo tendremos que aparentar ser tan felices como podamos.

76 or — **o**
con | Which comes first, your career or your family?
[ɔr] | -¿Qué es más importante, tu carrera o tu familia?

77 would — **quería**
va | These would facilitate incorporation into domestic legislation.
[wʊd] | -De ese modo se facilitaría la incorporación de éstas en las leyes nacionales.

78 say — **decir| expresar; los parecer**
vb; ss | I don't know what to say to make you feel better.
[seɪ] | -No sé qué decir para consolarte.

79 then — **entonces; pues; de entonces**
adv; con; adj | The fugitive surfaced in a small town fifty miles from here but then disappeared again.
[ðɛn] | -El fugitivo apareció en una pequeña ciudad a cincuenta millas de aquí, pero luego desapareció nuevamente.

80 tell — **contar| saber**
vb | I'm not going to tell you.
[tɛl] | -No te lo voy a decir.

81 some — **algunos; algunos; unos**
adj; prn; adv | Some day you will come to realize the importance of saving.
[sʌm] | -Algún día te vas a dar cuenta de la importancia de ahorrar.

82 our — **nuestro**

	prn	Do you think our climate has an influence on our character?
	[ˈaʊər]	-¿Crees que nuestro clima influye en nuestro carácter?

83 okay — **bueno; muy bien; el visto bueno; aprobar**

adj; adv; ss; vb
[ˌoʊˈkeɪ]

You think that people are okay, but I allow one to think that people and all societies are bad. No one wants other people to tolerate their mischief. People give grief to people because their viewpoints vary.

-Piensas que la gente está bien, pero permito que alguien piense que la gente y todas las sociedades son malas. Nadie quiere que otra gente tolere sus travesuras. La gente se queja de otra gente porque sus puntos de vista varían.

84 by — **por; cerca**

prp; adv
[baɪ]

We've been delayed by a traffic jam, so we'll need to hurry.

-Nos quedamos atrasados en un embotellamiento, por eso nos tenemos que apurar.

85 too — **también| demasiado**

adv
[tu]

Too good to be true.

-Es demasiado lindo para ser verdad.

86 down — **abajo; por; de abajo; el plumón; devorar a**

adv; prp; adj; ss; vb
[daʊn]

They closed down the ferry service since it was no longer economical.

-Cerraron el servicio de ferry porque ya no era económico.

87 could — **podría**

va
[kʊd]

Could you elaborate?

-¿Podría dar más detalles?

88 Hey! — **¡Hola!**

int
[heɪ!]

Hey! Bring me a pack of cigarettes.

-¡Hey! Tráeme un paquete de cigarrillos.

89 something — **algo; algo**

adv; prn
[ˈsʌmθɪŋ]

Jim realized something wasn't right.

-Jim se dio cuenta de que algo no andaba bien.

90 never — **nunca**

adv
[ˈnɛvər]

Never underestimate Jim.

-Nunca subestimes a Jim.

91 way — **la manera| la forma**

ss
[weɪ]

I like the way Jim sings.

-Me agrada la forma en que canta Jim.

92 very — **muy; mismo**

adv; adj
[ˈvɛri]

Very few fat men have long noses.

-Muy pocos hombres gordos tienen narices largas.

93 more — **más; más; los más**

adj; adv; ss
[mɔr]

He does not live there any more.

-Él ya no vive ahí.

94 really — **realmente**

adv
[ˈrɪli]

I'm really not in the mood for this.

-De verdad no estoy de humor para esto.

95 make — **hacer| introducir; la marca**

vb; ss
[meɪk]

We make a great team.

-Hacemos un gran equipo.

96	**over**	**encima; encima de; terminado**
	adv; prp; adj	There is a coffee shop over there.
	[ˈoʊvər]	-Hay un café por allí.
97	**please**	**complacer| agradar**
	vb	Please handle it with the utmost care.
	[pliz]	-Por favor trátalo con muchísimo cuidado.
98	**only**	**sólo; único; pero**
	adv; adj; con	This book is available at one shop only.
	[ˈoʊnli]	-Este libro solo está en una tienda.
99	**love**	**el amor| el cariño; amar**
	ss; vb	I'll love you until I die.
	[lʌv]	-Te amaré hasta que me muera.
100	**give**	**dar| ofrecer; la elasticidad**
	vb; ss	Please give me a hamburger.
	[gɪv]	-Por favor, deme una hamburguesa.
101	**little**	**poco| pequeño; poco; el poco**
	adj; adv; ss	I saw a little boy running.
	[ˈlɪtəl]	-Vi a un niñito corriendo.
102	**need**	**la necesidad| la falta; necesitar**
	ss; vb	We'll need a head hunting agency to find the right man for this executive
	[nid]	position.
		-Necesitamos una agencia caza talentos para encontrar al hombre adecuado
		para este puesto ejecutivo.
103	**people**	**las personas| el pueblo; poblar**
	ss; vb	Only a few people listened to him.
	[ˈpipəl]	-Solo unas pocas personas lo escucharon.
104	**off**	**de; de; apagado; la salida**
	adv; prp; adj; ss	One plane after another took off.
	[ɔf]	-Los aviones despegaron uno tras otro.
105	**two**	**dos**
	num	Can you look at these two pictures and tell me which one is better?
	[tu]	-¿Puedes ver estas dos fotos y decirme cuál es mejor?
106	**sorry**	**triste**
	adj	I'm sorry to disturb you, but there's a phone call for you.
	[ˈsɑri]	-Lamento molestarle, pero tiene una llamada.
107	**thank**	**agradecer**
	vb	I'm just looking, thank you.
	[θæŋk]	-Sólo estoy mirando, gracias.
108	**sir**	**el señor| el sir**
	ss	What is your name, sir?
	[sɜr]	-¿Cuál es su nombre, señor?
109	**should**	**debería**
	va	You should sue Jim.
	[ʃʊd]	-Deberías demandar a Jim.
110	**mean**	**la media; significar; medio**
	ss; vb; adj	I didn't mean to be disrespectful.
	[min]	-No fue mi intención ser irrespetuoso.

111	**any**	**cualquier; alguna**
	adj; prn	I'm afraid we don't have any left.
	[ˈɛni]	-Me temo que no nos queda.

112	**because**	**porque**
	con	I won't unload the car because that's somebody else's job.
	[bɪˈkɔz]	-No quiero descargar el coche porque ese es el trabajo de otro.

113	**much**	**mucho; el mucho**
	adv; ss	Will it be much longer?
	[mʌtʃ]	-¿Durará mucho más?

114	**sure**	**seguro| cierto; de verdad**
	adj; adv	I'm sure you'll do a fantastic job.
	[ʃʊr]	-Estoy seguro de que vas a hacer un trabajo fantástico.

115	**even**	**incluso| aún; igualar; uniforme**
	adv; vb; adj	I cannot even boil water, much less roast a turkey.
	[ˈivɪn]	-Ni siquiera sé hervir agua, mucho menos asar un pavo.

116	**nothing**	**nada; el cero**
	prn; ss	Nowadays, people know the price of everything and the value of nothing.
	[ˈnʌθɪŋ]	-Hoy en día, la gente sabe el precio de todo y el valor de nada.

117	**must**	**deber; necesario; la obligación**
	vb; adj; ss	It must be recognized that we owe it all to her.
	[mʌst]	-Hay que reconocer que todo se lo debemos a ella.

118	**these**	**estos; estos**
	adj; prn	These details captured my attention.
	[ðiz]	-Esos detalles llamaron mi atencion.

119	**thing**	**la cosa| el asunto**
	ss	I said a very foolish thing.
	[θɪŋ]	-Dije una verdadera insensatez.

120	**help**	**la ayuda; ayudar**
	ss; vb	You have to help your mother.
	[hɛlp]	-Tienes que ayudar a tu madre.

121	**god**	**el dios**
	ss	God is the creator. Heaven and Earth and people and everything apart from God are created.
	[gɑd]	-Dios es el creador. El Cielo y la Tierra y la gente y todo excepto Dios ha sido creado.

122	**day**	**el día| la fecha**
	ss	He changes his schedule from day to day.
	[deɪ]	-Él cambia su agenda de día a día.

123	**first**	**primer; primero; el primero**
	adj; adv; ss	In 1969, Roger Miller recorded a song called "You Don't Want My Love." Today, this song is better known as "In the Summer Time." It's the first song he wrote and sang that became popular.
	[fɜrst]	-En 1969, Roger Miller grabó una canción llamada "Tú no quieres mi amor". Hoy, esta canción es más conocida como "En el verano". Es la primera canción que escribió y cantó que se convirtió popular.

124	**win**	**ganar| conseguir; el triunfo**

	vb; ss [wɪn]	The truth doesn't always win. -La verdad no siempre prevalece.
125	**life** ss; adj [laɪf]	**la vida; de vida** It takes a lot of time to get used to married life. -Lleva mucho tiempo acostumbrarse a la vida en pareja.
126	**anything** prn; adv [ˈɛniˌθɪŋ]	**cualquier cosa; algo** Jim won't tell Ana anything. -Jim no le dirá nada a Ana.
127	**again** adv [əˈgɛn]	**de nuevo| además** Look again. -Mirá de nuevo.
128	**away** adv; ss [əˈweɪ]	**lejos; el partido jugado fuera** Please take the dishes away. -Por favor, retira los platos.
129	**stop** ss; vb; adj [stɑp]	**la parada| el tope; detener; de alto** It will shortly stop raining. -En breve dejará de llover.
130	**wait** vb; ss [weɪt]	**esperar| dejar; la espera** They should not wait for help to come to them from elsewhere, or they will be disappointed. -No deberían esperar a que la ayuda les viniese de fuera, o acabarán decepcionados.
131	**night** ss; adj [naɪt]	**la noche; de noche** It happened one night. -Sucedió una noche.
132	**find** vb; ss [faɪnd]	**encontrar| hallar; el hallazgo** Jim decided to snoop around and see what he could find out. -Jim decidió fisgonear y ver que podía averiguar.
133	**into** prp [ˈɪntu]	**en** We'll have to make room for your mother when she moves into our house with us. -Tendremos que hacer espacio para tu madre cuando se mude con nosotros a nuestra casa.
134	**work** ss; vb [wɜrk]	**el trabajo| la labor; trabajar** Jim can't work tomorrow. -Jim no puede trabajar mañana.
135	**still** adv; adj; con; ss; vb [stɪl]	**todavía; inmóvil; sin embargo; el alambique; calmar** Jim still blames you for Ana's death. -Jim aún te culpa por la muerte de Ana.
136	**put** vb; ss [pʊt]	**poner| colocar; el sometimiento** When I heard that, I put two and two together. -Al oírlo, até cabos.
137	**home** ss; adv; adj; vb [hoʊm]	**la casa| el domicilio; a casa; casero; volver a casa** Jim thought nobody was home. -Jim pensó que no había nadie en su casa.
138	**call**	**la llamada; llamar**

	ss; vb	Please call me at eight tomorrow morning.
	[kɔl]	-Llámame mañana a las ocho de la mañana, por favor.
139	**before**	**antes; antes de; antes de**
	adv; con; prp	I should have told you before.
	[bɪˈfɔr]	-Debería habéroslo dicho antes.
140	**better**	**mejor; mejor; mejorar; el el mejor**
	adj; adv; vb; ss	As you are tired, you had better take a rest.
	[ˈbɛtər]	-Como usted está cansado, sería mejor que descanse.
141	**their**	**sus**
	prn	She has a boyfriend she's been going out with since high school, but she feels
	[ðɛr]	their relationship is in a rut, so she's become discontented.
		-Ella tiene un novio con el que ha estado saliendo desde el instituto, pero siente que su relación está estancada, así que ha terminado en un estado de apatía.
142	**other**	**otro; otro; más**
	adj; prn; adv	Do they love each other?
	[ˈʌðər]	-¿Ellos se aman?
143	**talk**	**hablar| platicar; la conversación**
	vb; ss	Don't talk in the reading room.
	[tɔk]	-No hables en la sala de lectura.
144	**after**	**después| detrás; después de; después de que; posterior**
	adv; prp; con; adj	The President vetoed the law after Congress passed it.
	[ˈæftər]	-El presidente vetó la ley después de que el congreso la aprobara.
145	**maybe**	**tal vez**
	adv	Maybe you'd better come with us.
	[ˈmeɪbi]	-Tal vez sería mejor que vinieras con nosotros.
146	**great**	**gran| grande; importantemente**
	adj; adv	This guy is great.
	[greɪt]	-Este tío es cojonudo.
147	**than**	**que**
	con	I like red wine better than white.
	[ðæn]	-Prefiero el vino tinto al blanco.
148	**those**	**esos; aquellos**
	adj; prn	What are those people doing?
	[ðoʊz]	-¿Qué hace esa gente?
149	**always**	**siempre**
	adv	I always eat healthy.
	[ˈɔlˌweɪz]	-Siempre como de forma saludable.
150	**long**	**largo| prolongado; mucho tiempo; anhelar; las resumida**
	adj; adv; vb; ss	We long for peace.
	[lɔŋ]	-Anhelamos la paz.
151	**money**	**el dinero| la riqueza**
	ss	The man robbed Susan of all her money.
	[ˈmʌni]	-El hombre le robó a Susan todo su dinero.
152	**old**	**viejo| anciano; el los viejos**
	adj; ss	The old man lives by himself.
	[oʊld]	-El viejo vive solo.

153	**everything**	**todo**
	prn	You've got everything.
	[ˈɛvriˌθɪŋ]	-Lo tienes todo.
154	**leave**	**dejar| salir; la licencia**
	vb; ss	What time did Jim leave?
	[liv]	-¿A qué hora se fue Jim?
155	**keep**	**mantener| tener; el torreón**
	vb; ss	There are many politicians who don't keep their promises.
	[kip]	-Hay muchos políticos que no cumplen sus promesas.
156	**new**	**nuevo| reciente**
	adj	The new agreement included a provision that dealt with the ramifications of
	[nu]	the outbreak of a war.
		-El nuevo acuerdo incluye una disposición que se ocupa de las ramificaciones
		del estallido de una guerra.
157	**name**	**el nombre| el título; nombrar**
	ss; vb	My full name is Ricardo Vernaut, Junior.
	[neɪm]	-Mi nombre completo es Ricardo Vernaut Junior.
158	**last**	**durar; último; el último; por última vez**
	vb; adj; ss; adv	When was the last time you ironed your clothes?
	[læst]	-¿Cuándo fue la última vez que planchaste tu ropa?
159	**father**	**el padre; engendrar**
	ss; vb	The father washes his face.
	[ˈfɑðər]	-El padre se lava la cara.
160	**around**	**alrededor; alrededor de**
	adv; prp	We're still shopping around.
	[əˈraʊnd]	-Estamos todavía comparando precios.
161	**year**	**el año**
	ss	I will live in Sasayama next year.
	[jɪr]	-El año que viene viviré en Sasayama.
162	**Hello!**	**¡Hola!**
	int	Hello! You were right about the pigeon.
	[həˈloʊ!]	-¡Hola! Usted estaba en lo correcto acerca de la paloma.
163	**ever**	**nunca**
	adv	Have you ever dried your hair with a hairdrier?
	[ˈɛvər]	-¿Te has secado alguna vez el pelo con un secador de pelo?
164	**place**	**el lugar| la plaza; colocar**
	ss; vb	The place is pretty.
	[pleɪs]	-Es bonito el lugar.
165	**big**	**gran| importante**
	adj	I'm against people driving big cars.
	[bɪg]	-Estoy en contra de que la gente conduzca autos grandes.
166	**nice**	**agradable| bonito**
	adj	The nurses are very nice.
	[naɪs]	-Las enfermeras son muy simpáticas.
167	**feel**	**la sensación| el tacto; sentir**
	ss; vb	I can feel it in my heart.
	[fil]	-Puedo sentirlo en mi corazón.

168	**girl**	**la muchacha| la criada**
	ss	The girl is ugly.
	[gɜrl]	-La chica es fea.
169	**stay**	**la estancia; permanecer**
	ss; vb	Jim won't stay.
	[steɪ]	-Jim no se va a quedar.
170	**believe**	**creer**
	vb	Jim didn't believe what Ana told him.
	[bɪˈliv]	-Jim no creyó lo que Ana le dijo.
171	**mother**	**la madre; mimar**
	ss; vb	Show your mother my soap ad.
	[ˈmʌðər]	-Enséñale a tu madre mi comercial del jabon.
172	**listen**	**escuchar| oír**
	vb	Listen to your mother!
	[ˈlɪsən]	-¡Escucha a tu madre!
173	**three**	**tres**
	num	We have three airplanes.
	[θri]	-Tenemos tres aviones.
174	**may**	**poder; la flor del espino**
	vb; ss	I may be old, but I'm not crazy.
	[meɪ]	-Puede que sea viejo, pero no estoy loco.
175	**guy**	**el individuo| el tipo; ridiculizar**
	ss; vb	I feel bad for that guy.
	[gaɪ]	-Me siento mal por ese sujeto.
176	**hear**	**oír| escuchar**
	vb	Jim waited to hear from Ana.
	[hir]	-Jim esperaba oír de Ana.
177	**understand**	**entender| captar**
	vb	Sometimes you don't have to speak the same language to understand each
	[ˌʌndərˈstænd]	other.
		-A veces no hace falta hablar la misma lengua para entenderse.
178	**shit**	**la mierda; cagar**
	ss; vb	The shit smells bad.
	[ʃɪt]	-La mierda apesta.
179	**world**	**el mundo| el siglo; mundial**
	ss; adj	Absolutely nonsensical things happen in this world.
	[wɜrld]	-Cosas absolutamente absurdas suceden en este mundo.
180	**enough**	**suficiente; suficiente; la abundancia**
	adj; adv; ss	Do you have enough energy?
	[ɪˈnʌf]	-¿Tienes suficiente energía?
181	**fine**	**la multa; fino; multar**
	ss; adj; vb	It's fine to set up a web page, just be sure you don't infringe anybody's
	[faɪn]	copyright.
		-No hace daño montar una página web, sólo que asegúrate de que no infrinjas los derechos de ningún autor.
182	**every**	**cada; cada**

adj; prn
['ɛvəri]

I take vitamins every day.
-Tomo vitaminas todos los días.

183 **o.k.**
adv; ss; adj; vb
[oʊ.keɪ.]

muy bien; el visto bueno; aprobado; aprobar
Morris, just to tell him I'm o.k.
-A Moris, para decirle que estoy bien.

184 **remember**
vb
[rɪˈmɛmbər]

recordar
Can you still remember where we first met?
-¿Todavía recuerdas dónde nos conocimos?

185 **house**
ss; vb
[haʊs]

la casa| la cámara; alojar
This house is nearby, it has two bedrooms and a living room, and the decoration isn't bad; it's 1500 a month.
-Esta casa queda cerca, tiene dos dormitorios y una sala de estar, y la decoración no es mala; vale 1.500 por mes.

186 **course**
ss; vb
[kɔrs]

el curso; ir según el camino
I will help you, of course.
-Por supuesto que te ayudaré.

187 **boy**
ss
[bɔɪ]

el muchacho| el niño
The boy carved his name into the tree.
-El muchacho talló su nombre en el árbol.

188 **wrong**
adj; adv; ss; vb
[rɔŋ]

incorrecto; mal; el mal; agraviar
I did something wrong.
-Hice algo malo.

189 **bad**
adj; ss
[bæd]

malo| grave; el lo malo
She feels bad today.
-Ella se siente mal hoy.

190 **which**
prn; adj
[wɪtʃ]

que; cuyo
Which floor does he live on?
-¿En qué piso él vive?

191 **woman**
ss
[ˈwʊmən]

la mujer
A woman without a man is like a fish without a bicycle.
-Una mujer sin un hombre es como un pez sin una bicicleta.

192 **another**
adj; prn
[əˈnʌðər]

otro; otro
I'll give you another chance.
-Le daré otra oportunidad.

193 **lot**
adv; ss; vb
[lɑt]

mucho| bastante; la porción; coleccionar
I sleep a lot during the day, so it feels like I'm warping through time.
-Duermo mucho durante el día, así que se siente como si diera saltos por el tiempo.

194 **kind**
ss; adj
[kaɪnd]

el tipo| la clase; amable
Every liberation bears within itself the danger of a new kind of servitude.
-Toda liberación conlleva el peligro de un nuevo tipo de esclavitud.

195 **through**
prp; adv; adj
[θru]

a través de; hasta; de paso
We strolled through the park.
-Paseamos por el parque.

196 **fuck**
vb; ss
[fʌk]

joder| follar; el polvo
Fuck everything.
-A la mierda con todo.

197	ask	hacer| pedir
	vb	Jim should ask Ana how to do it.
	[æsk]	-Jim debería preguntarle a Ana cómo se hace.
198	kill	matar| asesinar; la matanza
	vb; ss	My husband's going to kill me.
	[kɪl]	-Mi esposo me va a matar.
199	son	el hijo
	ss	Jim's son was killed in a traffic accident last winter.
	[sʌn]	-El hijo de Jim murió en un accidente de tránsito el último invierno.
200	today	hoy; el hoy
	adv; ss	It is very cold today, isn't it?
	[təˈdeɪ]	-Hoy hace mucho frío, ¿verdad?
201	dead	muerto; el muerto; totalmente
	adj; ss; adv	Any resemblance to real persons, living or dead, is purely coincidental.
	[dɛd]	-Cualquier parecido con personas reales, vivas o muertas, es pura coincidencia.
202	show	mostrar| demostrar; el show
	vb; ss	Why didn't they show up?
	[ʃoʊ]	-¿Por qué no comparecieron?
203	own	tener| ser dueño de; propio; suyo
	vb; adj; prn	I am not saying it for my own sake.
	[oʊn]	-No lo digo por mí.
204	happen	suceder| producirse
	vb	We apologize for the mistake and promise that it won't happen again.
	[ˈhæpən]	-Rogamos nos disculpen por el error y prometemos que no volverá a ocurrir de nuevo.
205	care	el cuidado| la asistencia; cuidar
	ss; vb	The baby was taken care of by its grandmother.
	[kɛr]	-El bebé fue cuidado por su abuela.
206	mind	la mente| el espíritu; preocuparse
	ss; vb	Sorry, my mind was elsewhere.
	[maɪnd]	-Lo siento, pero mi mente estaba en otra parte.
207	someone	alguien
	prn	Someone pushed me inside.
	[ˈsʌmˌwʌn]	-Alguien me empujó para adentro.
208	try	el intento| el ensayo; probar
	ss; vb	There are a lot of persons who try to buy a house.
	[traɪ]	-Hay muchas personas que tratan de comprar una casa.
209	hi	ola
	#N/A	Hi. How are you doing?
		-¡Hola! ¿Qué tal?
210	same	mismo; él mismo; de la misma forma
	adj; prn; adv	See to it that you don't make the same mistake.
	[seɪm]	-Asegúrate de no cometer el mismo error.
211	car	el coche| el auto

	ss [kɑr]	I was just wondering how much it would cost to have my car washed and waxed. -Sólo me preguntaba cuánto costaría hacer lavar y encerar mi auto.
212	**yourself** prn [jərˈsɛlf]	**usted mismo** Respect yourself and you will be respected. -Respétate a ti mismo y serás respetado.
213	**might** va; ss [maɪt]	**poder; el poder** I thought Jim might know Ana. -Pensé que puede que Jim conociera a Ana.
214	**dad** ss [dæd]	**el papá** How are mom and dad? -¿Cómo están mamá y papá?
215	**miss** ss; vb [mɪs]	**la señorita| el error; perder** I'll miss John, too. -Extrañaré a John, también.
216	**morning** adj; ss [ˈmɔrnɪŋ]	**mañana; la mañana** Warm this morning, isn't it? -Hace calor esta mañana, ¿no?
217	**else** adv; adj [ɛls]	**más; sobrante** The creatures he thought of looked like flying vomit to everyone else. -Las criaturas en que él pensó lucían como vómito flotante para todos los demás.
218	**hell** ss [hɛl]	**el infierno** What the hell are you looking at? -¿Qué diablos están mirando?
219	**many** adj; prn [ˈmɛni]	**muchos; muchos** I can't tell you how many times I've been there. -No puedo decirte cuántas veces he estado ahí.
220	**friend** ss [frɛnd]	**el amigo** A friend of mine is coming this evening. -Un amigo mío viene esta tarde.
221	**baby** ss; adj [ˈbeɪbi]	**el bebé| el niño; pequeño** She showed the visitor her baby. -Ella le mostró su bebé al visitante.
222	**next** adj; adv; prp [nɛkst]	**próximo| entrante; después; al lado de** In this next slide we see an aerial shot of the company headquarters. -En la siguiente imagen tenemos una vista aérea de la sede de la compañía.
223	**move** ss; vb [muv]	**el movimiento| la jugada; mover** Some men are born to good luck: all they do or try to do comes right—all that falls to them is so much gain—all their geese are swans—all their cards are trumps—toss them which way you will, they will always, like poor puss, alight upon their legs, and only move on so much the faster. -Algunos hombres han nacido para tener buena suerte: todo lo que hacen o tratan de hacer les sale bien -- todo lo que les ocurre es ganar demasiado -- todos sus gansos son cisnes -- todas sus cartas son triunfos -- tíralas de la manera que tú quieras, ellos siempre ganan , como un pobre minino, brillando sobre sus piernas, y moviéndose tanto como el más rápido.
224	**live**	**vivir| llevar; vivo; en vivo**

	vb; adj; adv	I found a place to live.
	[lɪv]	-Encontré un lugar para vivir.
225	**hold**	**el asimiento| el asidero; mantener**
	ss; vb	The Prime Minister will hold a press conference tomorrow.
	[hoʊld]	-El Primer Ministro dará una conferencia de prensa mañana.
226	**real**	**el real| el lo real; real; realmente**
	ss; adj; adv	She is a real beauty.
	[rɪəl]	-Ella es una verdadera belleza.
227	**without**	**sin; fuera**
	prp; adv	The young woman, supported by Jim, remained a few moments without talking, looking at the island that was disappearing on the horizon.
	[wɪˈθaʊt]	-La joven, asistida porJim, permaneció unos momentos sin hablar, mirando a la isla que desaparecía en el horizonte.
228	**saw**	**la sierra; serrar**
	ss; vb	That's where we saw Jim last year.
	[sɔ]	-Ahí es donde vimos a Jim el año pasado.
229	**room**	**la habitación| el espacio; alojarse en casa**
	ss; vb	Jim wasn't in his room this morning.
	[rum]	-Jim no estaba en su pieza esta mañana.
230	**together**	**juntos; junto**
	adv; adj	He was lying there with his legs bound together.
	[təˈgɛðər]	-Él estaba tirado ahí con las piernas amarradas.
231	**tomorrow**	**mañana; la mañana**
	adv; ss	Tomorrow is another day, but it won't be here until tomorrow!
	[təˈmɑˌroʊ]	-¡Mañana será otro día, pero no estará aquí hasta mañana!
232	**wife**	**la esposa**
	ss	My wife is a doctor.
	[waɪf]	-Mi esposa es doctora.
233	**job**	**el trabajo| el empleo; trabajar**
	ss; vb	I'm only doing my job.
	[dʒɑb]	-Sólo estoy haciendo mi trabajo.
234	**once**	**una vez; las una vez; una vez que; de entonces**
	adv; ss; con; adj	I swim once a week.
	[wʌns]	-Yo nado una vez a la semana.
235	**such**	**tal| semejante; tan; que**
	adj; adv; prn	Was there such a thing?
	[sʌtʃ]	-¿Había algo así?
236	**matter**	**la materia| la sustancia; importar**
	ss; vb	Do you spend most of your time worrying about things that don't matter so much?
	[ˈmætər]	-¿Pasas la mayor parte de tu tiempo preocupándote por cosas que no tienen tanta importancia?
237	**head**	**la cabeza| el jefe; dirigir; principal**
	ss; vb; adj	She was kicked in the head by her horse and died.
	[hɛd]	-Su caballo le dio una coz en la cabeza y murió.
238	**most**	**más; más; más; la mayoría**

	adj; adv; sfj; ss	Most people think I'm crazy.
	[moʊst]	-La mayoría de la gente cree que estoy loco.
239	**alone**	**solo| único; sólo**
	adj; adv	Jim told Ana that she shouldn't walk alone after dark.
	[əˈloʊn]	-Jim le dijo a Ana que no debería caminar sola al anochecer.
240	**ready**	**listo| preparado; preparar; la disposición**
	adj; vb; ss	I'm ready when you are.
	[ˈrɛdi]	-Estoy listo cuando tú lo estés.
241	**haven**	**el refugio| el puerto**
	ss	This hotel is a haven for those who enjoy fine food, friendly hospitality and
	[ˈheɪvən]	comfortable accommodation.
		-Este hotel es un paraíso para los que disfrutan una fina gastronomía,
		hospitalidad cordial y alojamiento confortable.
242	**happy**	**feliz| contento**
	adj	When my children are happy, I'm happy.
	[ˈhæpi]	-Cuando mis hijos estás felices, yo soy feliz.
243	**already**	**ya**
	adv	He has already told the police what happened.
	[ɔlˈrɛdi]	-Él ya le dijo a la Policía lo que sucedió.
244	**brother**	**el hermano| el cofrade**
	ss	In an insistent voice, he asked his brother to hand over the letter and he died.
	[ˈbrʌðər]	-Con voz insistente, le pidió a su hermano que entregase la carta, y falleció.
245	**play**	**jugar| desempeñar; el juego**
	vb; ss	Jim found a place where he could play golf for free.
	[pleɪ]	-Jim encontró un lugar donde podía jugar golf gratis.
246	**tonight**	**esta noche**
	adv	Will it snow tonight?
	[təˈnaɪt]	-¿Nevará esta noche?
247	**door**	**la puerta**
	ss	The door is open.
	[dɔr]	-La puerta está abierta.
248	**bring**	**traer| llevar**
	vb	Please bring my phone with you.
	[brɪŋ]	-Por favor, tráete mi teléfono contigo.
249	**mom**	**la mamá**
	ss	That's my mom's chihuahua.
	[mɑm]	-Ese es el chihuahua de mi mamá.
250	**myself**	**mí mismo**
	prn	I shouldn't have to do all this work myself.
	[ˌmaɪˈsɛlf]	-No debería tener que hacer todo este trabajo yo solo.
251	**open**	**abrir| abrirse; abierto; los aire libre**
	vb; adj; ss	You have to pull that door to open it.
	[ˈoʊpən]	-Tienes que tirar la puerta para abrirla.
252	**yet**	**todavía; con todo**
	adv; con	Have you finished the work yet?
	[jɛt]	-¿Ya has terminado el trabajo?
253	**whole**	**todo| entero; el todo**

	adj; ss	The whole school agreed to the proposal.
	[hoʊl]	-Toda la escuela estuvo de acuerdo con la propuesta.
254	**meet**	**conocer| satisfacer; conveniente; la cacería**
	vb; adj; ss	I'd like to meet him.
	[mit]	-Me gustaría conocerle.
255	**excuse**	**la excusa| la disculpa; excusar**
	ss; vb	Excuse me, but will you tell me the way to the station?
	[ɪkˈskjus]	-Perdone, pero ¿me podría decir el camino a la estación?
256	**family**	**la familia; familiar**
	ss; adj	He traveled to Hawaii with the family.
	[ˈfæməli]	-Él viajó con su familia a Hawai.
257	**use**	**el uso| el empleo; utilizar**
	ss; vb	Jim often forgets to use his turn signal.
	[juz]	-Jim a menudo olvida poner su direccional.
258	**while**	**mientras; el rato; mientras tanto; pasar**
	con; ss; adv; vb	"What happened to you, Ana?" asked Jim while carrying the poor crazy
	[waɪl]	woman to the back.
		-—¿Qué te ha pasado, Ana? —preguntó Jim mientras llevaba a la pobre loca a la parte de atrás.
259	**die**	**morir; el dado**
	vb; ss	Would you want to know how you're going to die?
	[daɪ]	-¿A ti te gustaría saber cómo vas a morir?
260	**start**	**comenzar| iniciar; el comienzo**
	vb; ss	Being an orphan, my father had to start earning money at ten.
	[stɑrt]	-Siendo huérfano, mi padre tuvo que comenzar a ganar dinero a los diez.
261	**pretty**	**bastante; bonito; la cosa bonita**
	adv; adj; ss	What pretty flowers!
	[ˈprɪti]	-¡Qué flores tan bonitas!
262	**idea**	**la idea| el concepto**
	ss	I have no idea how to handle this problem.
	[aɪˈdiə]	-No tengo ni idea de como manejar este problema.
263	**since**	**desde; ya que; desde entonces**
	prp; con; adv	John has been collecting stamps since he was a child.
	[sɪns]	-John ha estado coleccionando estampillas desde que era un niño.
264	**watch**	**el reloj| la vigilancia; ver**
	ss; vb	You should watch your language when you talk to her.
	[wɑtʃ]	-Deberías moderar tu lenguaje cuando hablás con ella.
265	**turn**	**la vez| la vuelta; convertir**
	ss; vb	Could you turn down the radio?
	[tɜrn]	-¿Puedes bajar la radio?
266	**hope**	**la esperanza| la ilusión; esperar**
	ss; vb	I hope to be a journalist.
	[hoʊp]	-Espero ser periodista.
267	**guess**	**adivinar| suponer; la conjetura**
	vb; ss	"What does U.F.O. stand for?" "It means Unidentified Flying Object, I guess."
	[gɛs]	-"¿Qué significa O.V.N.I?" "Significa Objeto Volador No Identificado, creo"
268	**end**	**final; el final; terminar**

	adj; ss; vb	The sound of trumpet will bode the end of the world.
	[ɛnd]	-El sonido de trompeta presagiará el fin del mundo.
269	**sit**	**sentarse**
	vb	I think you'd better sit down.
	[sɪt]	-Creo que será mejor que te sientes.
270	**beautiful**	**hermoso| lindo; la la belleza**
	adj; ss	Beautiful flowers have thorns.
	[ˈbjutəfəl]	-Las flores hermosas tienen espinas.
271	**hard**	**duro| difícil; mucho**
	adj; adv	He does not study hard enough.
	[hɑrd]	-Él no estudia lo suficiente.
272	**hand**	**la mano; entregar; de mano**
	ss; vb; adj	I grabbed my little sister's hand and started running.
	[hænd]	-Cogí de la mano a mi hermana pequeña y eché a correr.
273	**bit**	**el poco**
	ss	A little bit of luck sometimes leads to an unexpected success.
	[bɪt]	-Una pizca de suerte a veces lleva a eventos inesperados.
274	**school**	**la escuela| la educación; escolar; enseñar**
	ss; adj; vb	School is boring.
	[skul]	-El colegio es aburrido.
275	**both**	**ambos| los dos; ambos; a la vez**
	adj; prn; adv	Sarah and Marsha - I love you both more than you can imagine.
	[boʊθ]	-Sarah y Marsha, os quiero más de lo que podéis imaginar.
276	**worry**	**la preocupación| el cuidado; preocuparse**
	ss; vb	There is nothing to worry about.
	[ˈwɜri]	-No hay nada de qué preocuparse.
277	**minute**	**el minuto; minucioso; minutar**
	ss; adj; vb	It is a five-minute walk to the library.
	[ˈmɪnət]	-La biblioteca está a cinco minutos a pie.
278	**true**	**verdadero| fiel; bien; el plomo**
	#N/A	Was her story true?
		-¿Era cierta su historia?
279	**face**	**la cara| el rostro; afrontar**
	ss; vb	The face betrays what is in the heart.
	[feɪs]	-La cara revela lo que hay en el corazón.
280	**soon**	**pronto**
	adv	She fainted, but woke up soon.
	[sun]	-Ella se desmayó, pero se despertó pronto.
281	**lose**	**perder**
	vb	He who fights may lose, but he who doesn't has already lost.
	[luz]	-Quien lucha puede perder, quien no lucha ya perdió.
282	**forget**	**olvidar| olvidarse de**
	vb	I can't forget her.
	[fərˈgɛt]	-No la puedo olvidar.
283	**bye**	**adiós**
	int	"Look at the time! I'm gonna be late for school! Bye!" "See you later. Be careful."
	[baɪ]	

-"¡Ya es tan tarde! ¡Llegaré tarde a la escuela! ¡Ya me voy!" "Qué te vaya bien. Cuídate."

284	**young**	**joven joven; juvenilmente**
	adj; ss; adv	One should read many books when one is young.
	[jʌŋ]	-Hay que leer muchos libros cuando se es joven.
285	**business**	**la empresa**
	ss	Look, this is my business card.
	[ˈbɪznəs]	-Por favor, aquí está mi tarjeta de presentación.
286	**five**	**cinco**
	num	He works from nine to five-thirty.
	[faɪv]	-Trabaja de nueve a cinco y media.
287	**heart**	**el corazón| el centro**
	ss	Absence makes the heart grow fonder.
	[hɑrt]	-Ni la ausencia ni el tiempo son nada cuando se ama.
288	**few**	**pocos; poco**
	adj; adv	They went on a trip a few days ago.
	[fju]	-Vinieron de un viaje hace unos días.
289	**problem**	**el problema; problemático**
	ss; adj	I had difficulty in solving this problem.
	[ˈprɑbləm]	-Tuve dificultad para resolver este problema.
290	**later**	**más tarde; posterior**
	adv; adj	We'll talk about this later.
	[ˈleɪtər]	-Hablaremos de esto más tarde.
291	**eat**	**comer| consumir**
	vb	We're going to eat at a new restaurant tonight.
	[it]	-Esta noche vamos a comer en un restaurante nuevo.
292	**everyone**	**todos**
	prn	Everyone stood.
	[ˈɛvriˌwʌn]	-Todo el mundo se quedó.
293	**drink**	**la bebida| el trago; beber**
	ss; vb	I would like to drink something.
	[drɪŋk]	-Me gustaría beber algo.
294	**damn**	**maldito; condenar; la maldición**
	adj; vb; ss	Damn rascal! Did you really think you were going to trick me?
	[dæm]	-¡Maldito truhan! ¿De verdad creías que me ibas a engañar?
295	**ago**	**hace; hace**
	adj; adv	A long time ago when Pluto was still a planet, there was a boy named John.
	[əˈgoʊ]	-Hace mucho tiempo, cuando Plutón aún era un planeta, hubo un niño llamado John.
296	**shut**	**cerrar; cerrado**
	vb; adj	Jim pulled the door half shut.
	[ʃʌt]	-Jim dejó la puerta entreabierta.
297	**pay**	**la paga| el jornal; pagar**
	ss; vb	Respect your parents. They pay for the internet.
	[peɪ]	-Respeta a tus padres. Ellos pagan el Internet.
298	**police**	**la policía| el control; vigilar; policíaco**

	ss; vb; adj	Please call the police.
	[pəˈlis]	-Llama a la policía por favor.
299	**everybody**	**todos**
	prn	Jim is friendly to everybody.
	[ˈɛvriˌbɑdi]	-Jim es amistoso con todos.
300	**each**	**cada; cada**
	adj; prn	Jim and Ana don't seem to be happy to see each other.
	[itʃ]	-Parece que a Jim y Ana no les alegra verse el uno al otro.
301	**water**	**las agua| la orina; regar; de agua**
	ss; vb; adj	The water rapidly subsided back to normal levels leaving me on a falling building.
	[ˈwɔtər]	-El agua rápidamente decreció a niveles normales dejándome en un edificio en ruinas.
302	**anyone**	**nadie**
	prn	If anyone comes in my absence, tell him that I won't come back till evening.
	[ˈɛniˌwʌn]	-Si alguien llega mientras no estoy, dile que no volveré hasta la tarde.
303	**dear**	**querido| caro; caro; el cariño**
	adj; adv; ss	Dear Brothers and Sisters, Jesus Christ is risen! Love has triumphed over hatred, life has conquered death, light has dispelled the darkness!
	[dɪr]	-¡Queridos Hermanos y Hermanas, Jesucristo ha resucitado! El amor ha triunfado sobre el odio, la vida venció a la muerte, la luz ha disipado las tinieblas!
304	**also**	**también| ítem**
	adv	The voice is not enough; we want also to see your facial expression and body language.
	[ˈɔlsoʊ]	-La voz no es suficiente; también queremos ver tu expresión facial y tu lenguaje corporal.
305	**shall**	**deber**
	va	He shall be punished.
	[ʃæl]	-Será castigado.
306	**until**	**hasta; hasta que**
	prp; con	No, until now she has never fallen in love.
	[ənˈtɪl]	-No, hasta ahora ella nunca se ha enamorado.
307	**crazy**	**loco**
	adj	I thought Jim and Ana were crazy.
	[ˈkreɪzi]	-Pensé que Jim y Ana estaban locos.
308	**late**	**tarde; tarde**
	adj; adv	Jim told Ana not to wait up because he wouldn't be home until very late.
	[leɪt]	-Jim le dijo a Ana que no lo esperara porque no llegaría a casa hasta muy tarde.
309	**phone**	**el teléfono; telefonear**
	ss; vb	Sazae is always forgetting her own phone number.
	[foʊn]	-Sazae siempre se olvida de su propio número de teléfono.
310	**eye**	**el ojo| la yema; mirar**
	ss; vb	What's happened to your eye?
	[aɪ]	-¿Qué le ha pasado a tu ojo?
311	**kid**	**el niño| el cabrito; joven; engañarse**

	ss; adj; vb	The kid stumbled and fell to his knees.
	[kɪd]	-El chico se tropezó y cayó de rodillas.
312	**easy**	**fácil| sencillo; fácilmente**
	adj; adv	Finding Jim isn't going to be easy.
	[ˈizi]	-No va a ser fácil encontrar a Jim.
313	**sleep**	**dormir; el sueño**
	vb; ss	Jim didn't sleep a wink last night.
	[slip]	-Jim no durmió nada anoche.
314	**mine**	**la mina; el mío; extraer**
	ss; prn; vb	Which is mine?
	[maɪn]	-¿Cuál es el mío?
315	**afraid**	**asustado**
	adj	She was afraid of the dog.
	[əˈfreɪd]	-Ella tenía miedo del perro.
316	**doctor**	**el médico| la medicina; curar**
	ss; vb	The doctor may have said so.
	[ˈdɑktər]	-Puede que el doctor haya dicho eso.
317	**death**	**la muerte**
	ss	Death is a right.
	[dɛθ]	-La muerte es un derecho.
318	**nobody**	**nadie**
	prn	Nobody knows about the plan.
	[ˈnoʊˌbɑˌdi]	-Nadie sabe nada del plan.
319	**four**	**cuatro**
	num	My sister-in-law had four children in five years.
	[fɔr]	-Mi cuñada tuvo cuatro hijos en cinco años.
320	**under**	**bajo; debajo**
	prp; adv	Why are you under the table?
	[ˈʌndər]	-¿Por qué estás abajo del escritorio?
321	**second**	**segundo; el segundo; en segundo lugar; secundar**
	adj; ss; adv; vb	You can never make the same mistake twice because the second time you
	[ˈsɛkənd]	make it, it's no longer a mistake, it's a choice.
		-Nunca puedes cometer el mismo error dos veces, porque la segunda vez que lo hagas no es un error, es una elección.
322	**music**	**la música; musical**
	ss; adj	Music is the soul of geometry.
	[ˈmjuzɪk]	-La música es el alma de la geometría.
323	**somebody**	**alguien**
	prn	Somebody has to do something.
	[ˈsʌmˌbɑdi]	-Alguien tiene que hacer algo.
324	**change**	**el cambio| la modificación; cambiar**
	ss; vb	Social attitudes oftentimes take generations to change.
	[ʧeɪndʒ]	-Actitudes sociales muchas veces toman generaciones para cambiar.
325	**far**	**lejos| mucho; lejano**
	adv; adj	The station is pretty far.
	[fɑr]	-La estación está un poco lejos.
326	**actually**	**realmente**

	adv [ˈæktʃuəli]	I actually agree with John. -De hecho estoy de acuerdo con John.
327	**hit** ss; vb; adj [hɪt]	**el éxito| el hit; golpear; sensacional** Jim hit the nail on the head when he said our team lacks enthusiasm and motivation. -Jim acertó cuando dijo que nuestro equipo carece de entusiasmo y motivación.
328	**child** ss [tʃaɪld]	**el niño| el hijo** I used to like walking in the rain when I was a child. -Solía gustarme caminar bajo la lluvia cuando era chico.
329	**case** ss; vb [keɪs]	**el caso| la caja; encajonar** In case I don't survive, preserve my brain. -En caso de que no sobreviva, conserva mi cerebro.
330	**thinking** ss; adj [ˈθɪŋkɪŋ]	**el pensamiento; que piensa** I'm thinking of going to Canada next year. -Estoy pensando en ir a Canadá el año siguiente.
331	**its** prn [ɪts]	**sus** A dog controls its temperature by panting with its tongue out. -Los perros controlan su temperatura jadeando con la lengua fuera.
332	**read** vb; ss [rid]	**leer| decir; el leído** First of all, I will read this. -Para comenzar, leeré esto.
333	**speak** vb [spik]	**hablar| intervenir** How did you learn to speak French so well? -¿Cómo has aprendido a hablar francés tan bien?
334	**anyway** adv [ˈɛniˌweɪ]	**de todos modos** "I mean... my life," Dima said. "Anyway, there's 3,000,000 BYR in this briefcase." -- Quiero decir... Mi vida -dijo Dima- Bueno, hay 3.000.000 BYR en esta maleta.
335	**stand** vb; ss [stænd]	**estar| estar de pie; la posición** How long can the world stand by and watch these atrocities? -¿Cuánto tiempo más va a estar todo el mundo mirando y aguantando estas atrocidades?
336	**part** ss; adj; vb; adv [pɑrt]	**la parte; parcial; separarse; en parte** That's the part I liked best. -Esa es la parte que más me gustó.
337	**wish** ss; vb [wɪʃ]	**el deseo| la gana; desear** I wish I had a better memory. -Me gustaría tener mejor memoria.
338	**word** ss; vb [wɜrd]	**la palabra| el término; decir** In a word, I think he's a fool. -En pocas palabras, creo que es un payaso.
339	**cut** vb; adj; ss [kʌt]	**cortar| reducir; cortado; la cortada** He gets his hair cut once a month. -Él se corta el pelo una vez al mes.
340	**stuff**	**las cosas| la materia; rellenar**

	ss; vb	Stuff happens.
	[stʌf]	-Las cosas pasan.
341	**war**	**la guerra; guerrear**
	ss; vb	Many young people died in the war in the name of democracy.
	[wɔr]	-Muchos jóvenes murieron en la guerra en nombre de la democracia.
342	**married**	**casado**
	adj	She got married at the age of 25.
	[ˈmɛrid]	-Se casó con 25 años.
343	**number**	**el número; numerar**
	ss; vb	The number of cars is on the increase.
	[ˈnʌmbər]	-Cada vez hay más coches.
344	**hurry**	**la prisa; apresurar**
	ss; vb	Hurry up! If you don't, we'll be late.
	[ˈhɜri]	-¡Date prisa! Si no, llegaremos tarde.
345	**fire**	**el fuego; disparar**
	ss; vb	What's on fire?
	[ˈfaɪər]	-¿Qué se está quemando?
346	**quite**	**bastante**
	adv	This coffee is quite strong.
	[kwaɪt]	-Este café es muy fuerte.
347	**fight**	**la lucha| la pelea; luchar**
	ss; vb	They had a pillow fight.
	[faɪt]	-Tuvieron una pelea de almohadas.
348	**rest**	**el resto| el descanso; descansar**
	ss; vb	You look tired. You ought to rest for an hour or two.
	[rɛst]	-Te ves cansado. Deberías reposar por una o dos horas.
349	**close**	**cerrar| cerrarse; cerca; cercano; el fin**
	vb; adv; adj; ss	Jim came close.
	[kloʊs]	-Jim se acercó.
350	**check**	**comprobar| refrenar; la verificación**
	vb; ss	Check it out!
	[ʧɛk]	-¡Échale un vistazo!
351	**inside**	**dentro; dentro; dentro de; el interior**
	adj; adv; prp; ss	I opened the box and looked inside.
	[ɪnˈsaɪd]	-Abrí la caja y miré adentro.
352	**hurt**	**el daño| el mal; lastimado; herir**
	ss; adj; vb	Jim slipped on the icy street and hurt himself.
	[hɜrt]	-Jim se resbaló en la calle congelada y se lastimó.
353	**half**	**la mitad; medio; medio**
	ss; adj; adv	The bird was half as large as an eagle.
	[hæf]	-El pájaro era de la mitad del porte de un águila.
354	**probably**	**probablemente**
	adv	They probably saw our ship come into port.
	[ˈprɑbəbli]	-Posiblemente, ellos vieron cuando nuestro barco entraba en el puerto.
355	**Mr.**	**señor**
	abr	I've heard that Mr. Huayllacahua is a carpenter.
	[ˈmɪstər.]	-He oído que el señor Huayllacahua es carpintero.

356	**moment**	**el momento**
	ss	When he got her alone for a moment, he asked for a date.
	[ˈmoʊmənt]	-Cuando consiguió estar a solas con ella, él le pidió una cita.
357	**against**	**contra; contrapelo**
	prp; adv	Doctors have made great strides in their fight against cancer.
	[əˈgɛnst]	-Los médicos han hecho grandes avances en su lucha contra el cáncer.
358	**exactly**	**exactamente**
	adv	She looks exactly the same as she was at school.
	[ɪgˈzæktli]	-Ella está exactamente igual a cuando iba al colegio.
359	**lady**	**la señora**
	ss	She was First Lady.
	[ˈleɪdi]	-Ella fue Primera Dama.
360	**set**	**el conjunto| el set; establecer; establecido**
	ss; vb; adj	Set the countdown and run like hell.
	[sɛt]	-Ajusta la cuenta atrás y corran como locos.
361	**husband**	**el marido; economizar**
	ss; vb	Please bid farewell, my Lady, to your husband.
	[ˈhʌzbənd]	-Por favor despídete, mi esposa, de tu marido.
362	**story**	**la historia| el cuento**
	ss	What's their story?
	[ˈstɔri]	-¿Cuál es su historia?
363	**town**	**la ciudad| el pueblo; de ciudad**
	ss; adj	Our school is in the center of the town.
	[taʊn]	-Nuestra escuela está en el centro de la ciudad.
364	**chance**	**la oportunidad; casual; probar**
	ss; adj; vb	Don't throw away your chance.
	[ʧæns]	-No desperdicies tu oportunidad.
365	**ass**	**el culo| el asno**
	ss	I came here to kick ass and chew bubblegum... And I'm all out of bubblegum.
	[æs]	-Vine aquí a patear traseros y masticar goma de mascar... Y ando sin nada de goma de mascar.
366	**yours**	**suyo**
	prn	My idea is different from yours.
	[jʊrz]	-Mi idea es distinta a la tuya.
367	**important**	**importante**
	adj	What's more important?
	[ɪmˈpɔrtənt]	-¿Qué es más importante?
368	**whatever**	**cualquier; lo que**
	adj; prn	Whatever we may undertake, diligence is important.
	[ˌwʌˈtɛvər]	-Sea lo que sea que emprendamos, la diligencia es importante.
369	**different**	**diferente| diverso**
	adj	Horses are different from donkeys.
	[ˈdɪfərənt]	-Los caballos son diferentes a los burros.
370	**trouble**	**el problema| el apuro; molestar**
	ss; vb	We didn't want any trouble.
	[ˈtrʌbəl]	-No queríamos ningún problema.
371	**lord**	**el señor; reinar**

	ss; vb	Pray to the Lord and not his prophets.
	[lɔrd]	-Alaba al Señor y no a sus profetas.
372	**point**	**el punto| la punta; apuntar**
	ss; vb	He put great emphasis on this point.
	[pɔɪnt]	-Puso mucho énfasis en este punto.
373	**deal**	**el acuerdo| el reparto; negociar**
	ss; vb	We have to deal with the same old problem year after year.
	[dil]	-Tenemos que tratar con el mismo problema año tras año.
374	**sister**	**la hermana**
	ss	Your sister cannot swim well, can she?
	['sɪstər]	-Tu hermana no puede nadar bien, ¿verdad?
375	**party**	**la fiesta**
	ss	Do you want to go to a party?
	['pɑrti]	-¿Quieren ir a una fiesta?
376	**week**	**la semana**
	ss	I've waited for more than a week.
	[wik]	-He esperado más de una semana.
377	**walk**	**caminar| andar; el paseo**
	vb; ss	Walk ahead of me.
	[wɔk]	-Camina delante de mí.
378	**daughter**	**la hija**
	ss	An old man entered the old church with his elder son, his younger daughter
	['dɔtər]	and her little baby.
		-Un anciano entró a la vieja iglesia con su hijo mayor, su hija menor, y su pequeño bebé.
379	**honey**	**la miel; recoger miel**
	ss; vb	He used a lot of honey.
	['hʌni]	-Él usó mucha miel.
380	**dog**	**el perro; perseguir**
	ss; vb	A dog has four legs.
	[dɔg]	-Un perro tiene cuatro patas.
381	**shoot**	**disparar| tirar; el lanzamiento**
	vb; ss	A gun won't do you much good if you're not willing to shoot it.
	[ʃut]	-Una pistola no te servirá de mucho si no estás dispuesto a dispararla.
382	**high**	**alto| mayor; el máximo; a gran altura**
	adj; ss; adv	Prices are very high in this store.
	[haɪ]	-Los precios son muy altos en esta tienda.
383	**bed**	**la cama| el lecho; alojar**
	ss; vb	It's the first time I make my bed!
	[bɛd]	-¡Es la primera vez que hago mi cama!
384	**gun**	**la pistola| el cañón; disparar**
	ss; vb	Aim at the target with this gun.
	[gʌn]	-Apunta el objetivo con esta pistola.
385	**game**	**el juego; jugar; animoso**
	ss; vb; adj	What game are you playing?
	[geɪm]	-¿Qué juego estás jugando?
386	**person**	**la persona**

	ss [ˈpɜrsən]	A person who is sapiosexual feels attracted by the intelligence of another person more than by outward appearance. -Una persona sapiosexual se siente atraída por la inteligencia de otra persona más que por su apariencia externa.
387	**body** ss; vb [ˈbɑdi]	**el cuerpo; dar cuerpo a** A room without books is like a body without a soul. -Una habitación sin libros es como un cuerpo sin alma.
388	**break** vb; ss [breɪk]	**romper| romperse; la rotura** You have been thinking about this problem the whole morning. Take a break; go eat lunch. -Has estado toda la mañana pensando sobre este problema. Date una pausa; anda a almorzar.
389	**free** adj; adv; vb; ss [fri]	**libre; gratis; librar; la rebatiña** Knowledge sets us free and makes us better people. -El saber nos hace libres y mejores.
390	**captain** ss; vb [ˈkæptən]	**el capitán; capitanear** Jim told Ana that he wasn't the captain of the wrestling team. -Jim le dijo a Ana que él no era el capitán del equipo de lucha libre.
391	**side** ss; adj; vb [saɪd]	**el lado| el costado; lateral; poner lados a** This house is leaning to one side. -Esta casa se inclina hacia un lado.
392	**anymore** adv [ˌɛniˈmɔr]	**ya** No need to remember passwords anymore. -Ya no es necesario que recuerdes más contraseñas.
393	**country** ss; adj [ˈkʌntri]	**el país| el campo; campestre** Asked from what country he came, he replied, "I am a citizen of the world." -Al preguntársele de qué país venía, él respondió, "soy un ciudadano del mundo".
394	**fun** ss; vb [fʌn]	**la diversión; bromear** Do you think this is fun? -¿Le parece divertido?
395	**almost** adv [ˈɔlˌmoʊst]	**casi** He is almost always at home. -Él casi siempre está en la casa.
396	**buy** vb; ss [baɪ]	**comprar; la compra** He didn't buy it. -Él no la compró.
397	**least** adv; ss; adj [list]	**menos; el lo menos; mínimo** You might at least say thank you. -Podrías al menos decir "gracias".
398	**truth** ss [truθ]	**la verdad** Lie to me again. In this case I'd prefer not to know the truth. -Miénteme otra vez. En este caso preferiría no saber la verdad.
399	**six** num [sɪks]	**seis** Please wake me at six. -Por favor despiértame a las seis.
400	**along**	**a lo largo; a lo largo de**

	adv; prp [əˈlɔŋ]	It was the first time I walked along the Mogami River. -Era la primera vez que caminaba a lo largo del río Mogami.
401	**city** ss; adj [ˈsɪti]	**la ciudad | la municipalidad; urbano** In this city finding a taxi is complicated. -En esta ciudad, es muy complicado coger un taxi.
402	**behind** adv; prp; ss [bɪˈhaɪnd]	**detrás; detrás de; el trasero** He was way behind on his rent. As a result, he was evicted from his apartment. -Él iba muy retrasado con el pago del alquiler. Como consecuencia, lo desahuciaron del apartamento.
403	**send** vb [sɛnd]	**enviar | transmitir** Money's always to be found when we need to send men to be killed on the border; but there's none left when it comes time to help them. -Siempre se puede encontrar dinero cuando lo necesitamos para mandar a hombres a que los maten en la frontera; pero no queda nada cuando llega el momento de ayudarles.
404	**though** con; adv [ðoʊ]	**aunque; sin embargo** Even though she was very busy, she came to see me off all the same. -Aunque estaba muy ocupada, de todos modos vino a despedirse de mí.
405	**hour** ss [ˈaʊər]	**la hora** I waited for an hour and a half. -Esperé durante una hora y media.
406	**between** prp; adv [bɪˈtwin]	**entre; en medio** They say that the difference between art and pornography is all about the lighting. -Se dice que la diferencia entre el arte y la pornografía consiste solo en la iluminación.
407	**blood** ss; vb [blʌd]	**la sangre; sangrar** The god of the Old Testament is a blood-thirsty tyrant — petty and vengeful. -El dios del Viejo Testamento es un tirano, sanguinario, mezquino y vengativo.
408	**light** ss; adj; vb; adv [laɪt]	**la luz; de luz; iluminar; ligeramente** How can I turn off this light? -¿Cómo puedo apagar esta luz?
409	**suppose** vb [səˈpoʊz]	**suponer | creer** I suppose it's too late to do that now. -Supongo que es demasiado tarde para hacerlo ahora.
410	**stupid** adj; ss [ˈstupəd]	**estúpido | pendejo; el tonto** He is literally stupid. -Él es literalmente un estúpido.
411	**funny** adj [ˈfʌni]	**divertido | cómico** He was so funny at the party that I simply couldn't restrain my laughter. -Él fue tan gracioso en la fiesta que simplemente no pude contener la risa.
412	**ahead** adv [əˈhɛd]	**adelante** We have a hectic week ahead of us. -Nos espera una semana ajetreada.
413	**answer**	**la respuesta; responder**

	ss; vb	Thousands of people wanted to know the answer.
	['ænsər]	-Miles de personas querían saber la respuesta.
414	**full**	**completo| lleno; por completo; completar**
	adj; adv; vb	She took full responsibility for her actions.
	[fʊl]	-Ella asumió toda la responsabilidad de sus actos.
415	**welcome**	**la bienvenida; bienvenido; acoger**
	ss; adj; vb	You will be welcome at any time.
	['wɛlkəm]	-Siempre serás bienvenido.
416	**black**	**negro; el negro; ennegrecer**
	adj; ss; vb	Napoleon Bonaparte was afraid of black cats.
	[blæk]	-A Napoleón Bonaparte le daban miedo los gatos negros.
417	**question**	**la pregunta; cuestionar**
	ss; vb	That's a very complicated question.
	['kwɛstʃən]	-Esa es una pregunta muy complicada.
418	**line**	**la línea| la fila; alinear**
	ss; vb	Draw a line on the paper.
	[laɪn]	-Dibuja una línea en el folio.
419	**front**	**el frente; delantero; liderar**
	ss; adj; vb	There is a lake in front of my house.
	[frʌnt]	-Hay un lago en frente de mi casa.
420	**bitch**	**la perra; quejarse**
	ss; vb	She's a bitch.
	[bɪtʃ]	-Ella es una ramera.
421	**hate**	**el odio; odiar**
	ss; vb	My parents hate her.
	[heɪt]	-Mis padres la odian.
422	**white**	**blanco; el blanco**
	adj; ss	Her face was white.
	[waɪt]	-Tenía la cara pálida.
423	**poor**	**pobre| malo**
	adj	She didn't like being poor.
	[pur]	-A ella no le gustaba ser pobre.
424	**hot**	**caliente| caluroso; ardientemente**
	adj; adv	It's going to be another hot day.
	[hɑt]	-Va a ser otro día caluroso.
425	**order**	**la orden| el pedido; ordenar**
	ss; vb	You should read the newspapers in order to keep up with the times.
	['ɔrdər]	-Deberías leer los periódicos para estar al día.
426	**anybody**	**nadie**
	prn	If anybody is still absent, please send their names to me.
	['ɛnibədi]	-Si todavía hay ausentes, por favor envíeme sus nombres.
427	**ha**	**ja**
	int	"Ha, ha, ha, ha!" snirked the wicked wolf and dashed off through the forest to grandmother's house.
	[hɑ]	-"Ja, ja, ja, ja!" rió el lobo malvado y recorrió el bosque hasta la casa de la abuela.
428	**sometimes**	**a veces**

	adv	German is sometimes called Goethe's language.
	[səmˈtaɪmz]	-El alemán es a veces llamado la lengua de Goethe.
429	**reason**	**la razón; razonar**
	ss; vb	It is for this reason that he left school.
	[ˈrizən]	-Es por esta razón que dejó la escuela.
430	**king**	**el rey; ser rey**
	ss; vb	The king overturned the death sentence of a woman condemned for driving.
	[kɪŋ]	-El rey anuló la sentencia de muerte de una mujer condenada por manejar.
431	**seem**	**parecer**
	vb	You seem distracted today.
	[sim]	-Hoy pareces estar distraída.
432	**either**	**o; cualquiera de los dos; cualquiera de los dos; también**
	con; adj; prn; adv	That is not an orange, either.
	[ˈiðər]	-Eso tampoco es una naranja.
433	**outside**	**fuera; fuera de; el exterior; externo**
	adv; prp; ss; adj	Jim could hear a commotion in front of his house, so he went outside to see what was happening.
	[ˈaʊtˈsaɪd]	-Jim pudo oír una conmoción frente a su casa, así que salió a ver qué ocurría.
434	**couple**	**el par; coplar**
	ss; vb	I've written a couple of Christmas songs.
	[ˈkʌpəl]	-He escrito un par de canciones navideñas.
435	**ma**	**la mamá**
	ss	Stopped two days after ma died.
	[mɑ]	-Paró dos días después de que mamá muriera.
436	**trust**	**la confianza| el fideicomiso; confiar; fiduciario**
	ss; vb; adj	Why should we trust you?
	[trʌst]	-¿Por qué deberíamos confiar en ti?
437	**month**	**el mes**
	ss	Last month our twenty-year-old daughter gave birth to a baby girl.
	[mʌnθ]	-El mes pasado, nuestra hija de 20 años dio a luz una niña.
438	**alive**	**vivo| con vida; la reliquia**
	adj; ss	It's a miracle that Jim is still alive.
	[əˈlaɪv]	-Es un milagro que Jim siga vivo.
439	**pick**	**recoger| escoger; la elección**
	vb; ss	Are you going in his place or are you going to pick him up?
	[pɪk]	-¿Vas por él o a por él?
440	**able**	**capaz| apto**
	adj	You will not be able to try it.
	[ˈeɪbəl]	-No lo vas a poder probar.
441	**sick**	**los enfermos; enfermo; atacar**
	ss; adj; vb	I'm sick and tired of all this bickering.
	[sɪk]	-Estoy chato de todas sus riñas.
442	**perhaps**	**quizás**
	adv	Perhaps I have hurt your feelings, but that was not my intention.
	[pərˈhæps]	-Puede que haya herido tus sentimientos, pero esa no era mi intención.
443	**save**	**guardar| ahorrar; salvo; la parada; a no ser que**

vb; prp; ss; con
[seɪv]

You are not the owner of this save data. You will not be able to save your progression. Trophies will be disabled.
-No eres el propietario de estos datos guardados. No podrás guardar tus progresos. Los trofeos se desactivarán.

444 **clear**

adj; vb; adv; ss
[klɪr]

claro| despejado; despejar; claramente; la falta de deudas
His explanation is not clear.
-Su explicación no es clara.

445 **office**

ss
['ɔfəs]

la oficina| el despacho
This article has to go through the censor's office.
-Hay que enviar este artículo a la censura.

446 **gentleman**

ss
['dʒɛntəlmən]

el caballero| el gentilhombre
His manners aren't those of a gentleman.
-Sus modales no son los de un caballero.

447 **become**

vb
[bɪˈkʌm]

convertirse en| llegar a ser
Sam got a raw deal when he was laid off just before his job would have become permanent.
-Sam recibió un trato injusto al ser despedido poco antes de que su trabajo se hiciera permanente.

448 **book**

ss; vb
[bʊk]

el libro; reservar
This book is very interesting.
-Este libro es muy interesante.

449 **living**

adj; ss
['lɪvɪŋ]

vivo| de vida; la vida
Have you gotten used to living in the dorm?
-¿Te has acostumbrado a vivir en la residencia?

450 **food**

ss
[fud]

la comida
Chickens were looking for food.
-Los pollos estaban buscando comida.

451 **daddy**

ss
['dædi]

el papá
Where's Daddy?
-¿Dónde está papá?

452 **cool**

adj; ss; vb
[kul]

fresco| frío; el fresco; enfriar
Cool Autumn arrived.
-El frío otoño llegó.

453 **dance**

vb; ss
[dæns]

bailar| saltar; la danza
Jim has never seen Ana dance.
-Jim nunca ha visto bailar a Ana.

454 **red**

adj; ss
[rɛd]

rojo; el rojo
I have a lot of flowers. Some are red and others are yellow.
-Tengo muchas flores. Unas son rojas y otras amarillas.

455 **news**

ss; adj
[nuz]

las noticias| la noticia; informativo
The news article painted the defendant as a guilty man, even though he had been proven innocent.
-El artículo retrataba al acusado como culpable, a pesar de haberse probado su inocencia.

456 **leaving**

ss
['lɪvɪŋ]

el dejamiento
Escaped prisoner leaving County General, possibly armed and dangerous.
-Prisionero escapado, dejando el hospital del condado posiblemente armado y peligroso.

457	**cold**	**frío; el frío; totalmente**
	adj; ss; adv	I caught a cold two days ago.
	[koʊld]	-Me agripé hace dos días.
458	**promise**	**la promesa; prometer**
	ss; vb	I promise you I won't ever leave you.
	[ˈprɑməs]	-Te prometo que nunca te dejaré.
459	**evening**	**la tarde; vespertino**
	ss; adj	I will have finished the work by seven this evening.
	[ˈivnɪŋ]	-Habré terminado el trabajo a las siete de la tarde.
460	**touch**	**el toque; tocar**
	ss; vb	Don't touch this!
	[tʌtʃ]	-¡No toques esto!
461	**power**	**el poder| la energía; energético**
	ss; adj	The storm caused a power outage.
	[ˈpaʊər]	-Se cortó la luz gracias a la tormenta.
462	**scared**	**espantado**
	adj	The phlebotomist scared herself by practicing her craft on a balloon.
	[skɛrd]	-La flebotomista se asustó a sí misma al practicar su trabajo en un globo.
463	**boss**	**el jefe; dirigir**
	ss; vb	The boss promised mountains of gold.
	[bɑs]	-El jefe prometió montañas de oro.
464	**fact**	**el hecho**
	ss	She looks young, but as a matter of fact she is older than you are.
	[fækt]	-Ella parece joven, pero de hecho es mayor que tú.
465	**dinner**	**la cena| la comida**
	ss	Jim went to Ana's house for dinner.
	[ˈdɪnər]	-Jim fue a la casa de Ana a cenar.
466	**master**	**dominar; maestro; el maestro**
	vb; adj; ss	The dog followed its master, wagging its tail.
	[ˈmæstər]	-El perro siguió a su amo, moviendo la cola.
467	**uncle**	**el tío**
	ss	Uncle Vasya gave me a painting as a gift.
	[ˈʌŋkəl]	-Tío Vasya me regaló una pintura.
468	**himself**	**sí mismo**
	prn	He went there by himself.
	[hɪmˈsɛlf]	-Él fue allí solo.
469	**small**	**pequeño| menor**
	adj	Many small companies went bankrupt.
	[smɔl]	-Muchas pequeñas empresas entraron en bancarrota.
470	**darling**	**querido| amable; los querido**
	adj; ss	Yes, but darling, circumstantial evidence is unfair.
	[ˈdɑrlɪŋ]	-Sí, pero cariño, las pruebas circunstanciales no son justas.
471	**quiet**	**tranquilo; la tranquilidad; sosegarse**
	adj; ss; vb	This is a quiet street.
	[ˈkwaɪət]	-Esta es una calle tranquila.
472	**write**	**escribir| redactar**

	vb	I will write you when I know your address.
	[raɪt]	-Yo le escribiré en cuanto sepa su dirección.
473	**ten**	**diez**
	num	I bet ten dollars on that horse.
	[tɛn]	-Apuesto diez dólares a ese caballo.
474	**luck**	**la suerte| el azar**
	ss	You're in luck.
	[lʌk]	-Andas con suerte.
475	**feeling**	**la sensación; de sensación**
	ss; adj	I'm feeling sick.
	[ˈfilɪŋ]	-Me siento enfermo.
476	**air**	**el aire; ventilar; aéreo**
	ss; vb; adj	Without air there can be no wind or sound on the moon.
	[ɛr]	-Sin aire, en la luna no puede haber viento ni ruido.
477	**earth**	**la tierra| el globo terráqueo; conectar a tierra**
	ss; vb	The earth is not a star, but a planet.
	[ɜrθ]	-La tierra no es una estrella sino un planeta.
478	**glad**	**alegre| contento**
	adj	I did not notice how glad she was.
	[glæd]	-No noté lo contenta que estaba ella.
479	**law**	**la ley| el derecho**
	ss	Jim isn't breaking the law.
	[lɔ]	-Jim no está infringiendo la ley.
480	**till**	**hasta; hasta que; labrar; la caja registradora**
	prp; con; vb; ss	You are to stay here till they return.
	[tɪl]	-Tú te debes quedar aquí hasta que ellos regresen.
481	**serious**	**grave| serio**
	adj	This is serious, Jim.
	[ˈsɪriəs]	-Esto es grave, Jim.
482	**wonderful**	**maravilloso**
	adj	What wonderful weather!
	[ˈwʌndərfəl]	-¡Qué tiempo más fabuloso!
483	**dream**	**el sueño| el ideal; soñar**
	ss; vb	It wasn't a dream.
	[drim]	-No fue un sueño.
484	**street**	**la calle; de la calle**
	ss; adj	Jim noticed a drunkard lying in the street.
	[strit]	-Jim vio a un borracho tirado en la calle.
485	**drive**	**conducir| empujar; el drive**
	vb; ss	Drive slowly.
	[draɪv]	-Conduce lentamente.
486	**hair**	**el pelo**
	ss	His hair's thin at the temples.
	[hɛr]	-En las sienes tiene el pelo muy claro.
487	**sort**	**ordenar| clasificar; el tipo**
	vb; ss	Jim was the sort of man you could get along with.
	[sɔrt]	-Jim era el tipo de hombre con el que te podías llevar bien.

488	**bet**	**la apuesta; apostar**
	ss; vb	I bet five dollars that he will not come.
	[bɛt]	-Me apuesto cinco dólares a que no viene.
489	**company**	**la empresa| la compañía**
	ss	I don't know why he quit the company.
	[ˈkʌmpəni]	-No sé por qué él renunció a la compañía.
490	**follow**	**seguir| vigilar; la continuación**
	vb; ss	Soldiers must follow orders.
	[ˈfɑloʊ]	-Los soldados deben seguir órdenes.
491	**special**	**especial**
	adj	He has a special regard for her.
	[ˈspɛʃəl]	-La distingue de un modo especial.
492	**fast**	**ayunar| tener ayuno; rápido; rápidamente; el ayuno**
	vb; adj; adv; ss	Jim learns pretty fast.
	[fæst]	-Jim aprende bastante rápido.
493	**sweet**	**dulce; el dulce**
	adj; ss	Kim's smile was very sweet.
	[swit]	-La sonrisa de Kim era muy dulce.
494	**sound**	**el sonido| el estrecho; sonar; del sonido; profundamente**
	ss; vb; adj; adv	I realize that this may sound crazy, but I think I've fallen in love with your
	[saʊnd]	younger sister.
		-Comprendo que esto puede sonar loco, pero creo que me he enamorado de tu hermana menor.
495	**catch**	**la captura| la pesca; coger**
	ss; vb	I didn't catch his name.
	[kæʧ]	-No escuché su nombre.
496	**careful**	**cuidadoso| prudente**
	adj	Be careful. Don't drop the tray.
	[ˈkɛrfəl]	-Tenga cuidado, no deje caer la bandeja.
497	**human**	**humano; el humano**
	adj; ss	The attacks of September 11th, 2001 and the continued efforts of these
	[ˈhjumən]	extremists to engage in violence against civilians has led some in my country
		to view Islam as inevitably hostile not only to America and Western countries,
		but also to human rights.
		-Los ataques del 11 de septiembre del 2001 y los continuos esfuerzos de estos extremistas de llamar a violencia contra los civiles ha llevado a algunos en mi país a ver al Islam como inevitablemente hostil no sólo hacia América y los países occidentales, sino también hacia los derechos humanos.
498	**goodbye**	**la despedida**
	ss	I'd like to say "goodbye" and "thank you" in Esperanto. Can you help me out?
	[ˌɡʊdˈbaɪ]	-Me gustaría decir "Adios" y "Gracias" en Esperanto. ¿Puedes ayudarme?
499	**safe**	**seguro; la caja fuerte**
	adj; ss	It is said that Tokyo is a very safe city.
	[seɪf]	-Se dice que Tokio es una ciudad muy segura.
500	**perfect**	**perfeccionar; perfecto**
	vb; adj	The spaceship made a perfect landing.
	[ˈpɜrˌfɪkt]	-La nave espacial hizo un aterrizaje perfecto.
501	**hang**	**colgar| caer; la caída**

	vb; ss		Please hang your coat in the anteroom.
	[hæŋ]		-Por favor cuelga tu abrigo en la antesala.
502	**beat**		**el ritmo| el latido; vencer; derrengado**
	ss; vb; adj		Beat the eggs with a whisk.
	[bit]		-Bate los huevos con un batidor.
503	**million**		**millón| millón**
	adj		The company has a capital of a million dollars.
	['mɪljən]		-La compañía tiene un capital de un millón de dólares.
504	**rather**		**más bien**
	adv		He arrived rather late.
	['ræðər]		-Llegó más bien tarde.
505	**top**		**superior| principal; la parte superior; rematar**
	adj; ss; vb		Your accent is top notch!
	[tɑp]		-¡Tu acento es lo máximo!
506	**parent**		**el padre**
	ss		Which parent does the child resemble?
	['pɛrənt]		-¿A cuál padre se parece el niño?
507	**alright**		**bien**
	adv		Ivan likes you and he's alright.
	[ˌɔl'raɪt]		-Le agradas a Ivan, y él es bueno.
508	**plan**		**el plan| el plano; planificar**
	ss; vb		Let's try this plan.
	[plæn]		-Intentemos este plan.
509	**general**		**general; el general**
	adj; ss		General John Pope made a terrible mistake.
	['dʒɛnərəl]		-El general John Pope cometió un terrible error.
510	**coffee**		**el café**
	ss		Jim asked me if I wanted a cup of coffee.
	['kɑfi]		-Jim me preguntó si quería una taza de café.
511	**Wow!**		**¡Caray!**
	int		Wow! I know. It's a mess.
	[waʊ!]		-¡Vaya!, lo sé, es un error.
512	**lucky**		**afortunado**
	adj		You're a lucky girl.
	['lʌki]		-Eres una chica afortunada.
513	**possible**		**posible; el máximo**
	adj; ss		The brave sentry thinks it's funny that most Spanish 3rd-person-sentences have six possible ways of being translated to German.
	['pɑsəbəl]		-Al custodio valiente le resulta divertido que con la mayoría de frases en tercera persona en español se tengan seis posibilidades para traducirlas al alemán.
514	**past**		**pasado; el pasado; más allá de; por delante**
	adj; ss; prp; adv		Don't forget the past.
	[pæst]		-No olvides el pasado.
515	**calm**		**la calma; calmar; calmo**
	ss; vb; adj		Everything seemed calm.
	[kɑm]		-Todo parecía calmado.

516 pull — el tirón| la tracción; tirar
ss; vb — Grass doesn't grow faster if you pull it.
[pʊl] — -La hierba no crece más rápido si se tira de ella.

517 lie — la mentira; mentir
ss; vb — A good lie is easier to believe than the truth.
[laɪ] — -Una buena mentira es más fácil de creer que la verdad.

518 sign — el signo| la muestra; firmar
ss; vb — Jim wanted Ana to sign a prenuptial agreement.
[saɪn] — -Jim quería que Ana firmara un acuerdo prenupcial.

519 control — controlar| dominar; el control
vb; ss — What happened was out of my control.
[kənˈtroʊl] — -Lo que sucedió estaba fuera de mi control.

520 return — la vuelta| el retorno; volver; de regreso
ss; vb; adj — Return it when you are done.
[rɪˈtɜrn] — -Devuélvelo cuando estés listo.

521 straight — directamente; recto
adv; adj — Ana wishes she had straight hair.
[streɪt] — -Ana desearía tener cabello liso.

522 fall — la caída| el otoño; caer
ss; vb — I couldn't help but fall in love with you.
[fɔl] — -No pude evitar enamorarme de ti.

523 team — el equipo; asociar; común
ss; vb; adj — We elected Jim captain of the team.
[tim] — -Escogimos a Jim como capitán del equipo.

524 longer — más
adv — He was a widower, but a year after his son's wedding, he could not hold it any
[ˈlɔŋgər] — longer and also got married.
— -Era viudo, pero un año después del matrimonio de su hijo no pudo
soportarlo más y se casó también.

525 kiss — el beso; besar
ss; vb — Jim didn't kiss Ana.
[kɪs] — -Jim no besó a Ana.

526 tired — cansado
adj — Are you tired of living?
[ˈtaɪərd] — -¿Estás cansada de vivir?

527 foot — el pie| la pata; pagar
ss; vb — She was soaked from head to foot.
[fʊt] — -Ella se empapó de pies a cabeza.

528 learn — aprender| saber
vb — I like to learn new things.
[lɜrn] — -Me gusta aprender cosas nuevas.

529 drop — la gota| la caída; caer
ss; vb — Drop the anchor!
[drɑp] — -¡Suelta el ancla!

530 mad — loco
adj — She's as mad as a hatter.
[mæd] — -Ella está más loca que una cabra.

531	**quick** adj; adv [kwɪk]	**rápido| ágil; rápidamente** The bus is quick. -El autobús es rápido.
532	**wake** vb; ss [weɪk]	**despertar| velar; la estela** She asked me to wake her up at six. -Ella me pidió que la despierte a las seis.
533	**strange** adj [streɪndʒ]	**extraño| extravagante** It looks strange. -Se ve extraño.
534	**marry** vb [ˈmɛri]	**casarse| casar** Jim isn't going to marry you. -Jim no se va a casar contigo.
535	**train** ss; vb [treɪn]	**el tren| la cola; entrenar** This train is bound for New York. -Este tren se dirige a Nueva York.
536	**throw** ss; vb [θroʊ]	**el tiro| el lanzamiento; lanzar** Don't throw garbage away here. -No tires basura aquí.
537	**road** ss; adj [roʊd]	**la carretera| el camino; de carretera** She helped the old man cross the road. -Ella le ayudó al anciano a cruzar la calle.
538	**land** ss; vb; adj [lænd]	**la tierra| las tierras; aterrizar; terrestre** I am plowing my land. -Estoy arando mi tierra.
539	**somewhere** adv [ˈsʌmˌwɛr]	**en alguna parte** I can hear a saxophone playing somewhere. -Puedo oír un saxofón sonando en alguna parte.
540	**picture** ss; vb [ˈpɪktʃər]	**la imagen| el cuadro; imaginarse** Jim doesn't know who painted that picture. -Jim no sabe quién pintó aquel cuadro.
541	**step** ss; vb [stɛp]	**el paso; pisar** You can't master a foreign language in a short time; you have to study it step by step. -No se puede dominar un idioma extranjero en corto tiempo; uno tiene que estudiarlo paso por paso.
542	**president** ss [ˈprɛzəˌdɛnt]	**el presidente| el rector** Barack Obama is the President of the United States. -Barack Obama es el presidente de los Estados Unidos.
543	**hospital** ss [ˈhɑˌspɪtəl]	**el hospital** He was transported to a local hospital. -Él fue trasladado a un hospital local.
544	**piece** ss; vb [pis]	**la pieza| el pedazo; poner una pieza a** Put a piece of cake aside for me. I have to go. -Guárdame un trozo de tarta, que tengo que irme.
545	**secret** adj; ss [ˈsikrət]	**secreto; el secreto** Your secret is safe with me. -Tu secreto está a salvo conmigo.

546	**sense**	**el sentido| el sentimiento; sentir**
	ss; vb	Jim could sense that Ana was trying to impress him.
	[sɛns]	-Jim podía sentir que Ana estaba tratando de impresionarle.
547	**forgive**	**perdonar**
	vb	Love does not forgive.
	[fərˈgɪv]	-El amor no perdona.
548	**pass**	**el pase| el paso; pasar**
	ss; vb	It's dangerous to pass by the bridge.
	[pæs]	-Es peligroso pasar por el puente.
549	**voice**	**la voz; expresar; laríngeo**
	ss; vb; adj	Hope is a little voice whispering "maybe" when it seems the entire world is
	[vɔɪs]	shouting "no"!
		-La esperanza es una vocecita que susurra " tal vez" cuando parece que el
		mundo entero está gritando ¡no!
550	**clean**	**limpiar; limpio; enteramente**
	vb; adj; adv	Jim wanted Ana to clean the bathtub.
	[klin]	-Jim quería que Ana limpiara la tina.
551	**wonder**	**preguntarse| maravillarse; la maravilla; prodigio**
	vb; ss; adj	I wonder where he is now.
	[ˈwʌndər]	-Me pregunto dónde estará ahora.
552	**song**	**la canción**
	ss	We'd like you to sing a song.
	[sɔŋ]	-Nos gustaría que cantaras una canción.
553	**fault**	**la culpa| la falla; criticar**
	ss; vb	He is polite to a fault.
	[fɔlt]	-Él es sumamente cortés.
554	**state**	**el estado; estatal; declarar**
	ss; adj; vb	The family is the natural and fundamental group unit of society and is entitled
	[steɪt]	to protection by society and the State.
		-La familia es el elemento natural y fundamental de la sociedad y tiene
		derecho a la protección de la sociedad y del Estado.
555	**seven**	**siete**
	num	We must be there at seven, so hurry up.
	[ˈsɛvən]	-Tenemos que estar a las siete, así que date prisa.
556	**bear**	**el oso| bajista; soportar**
	ss; vb	When I was little, I wanted to have a pet brown bear to scare my neighbors.
	[bɛr]	-Cuando era pequeña, yo quería tener de mascota un oso pardo para asustar
		a mis vecinos.
557	**less**	**menos; menos; menos; sin**
	adj; adv; prp; sfj	Edu has more or less a thousand gay friends.
	[lɛs]	-Edu tiene más o menos mil amigos gays.
558	**film**	**la película| el film; filmar; cinematográfico**
	ss; vb; adj	"An Easy Death" is a film based on the novel by Leo Tolstoi "The Death of Ivan
	[fɪlm]	Ilich"
		-"La muerte fácil" es una película basada en la novela de León Tolstói "La
		muerte de Iván Ilich".
559	**ride**	**el paseo; montar**

	ss; vb	Do you want to ride a unicorn to work? Because I do.
	[raɪd]	-¿Quieres montar un unicornio para ir al trabajo? Porque yo sí quiero.
560	**explain**	**explicar| explicarse**
	vb	Please explain the rule to me.
	[ɪkˈspleɪn]	-Acláreme la regla, por favor.
561	**meeting**	**la reunión| la sesión**
	ss	He said each meeting should begin with a prayer.
	[ˈmitɪŋ]	-Dijo que cada reunión debería iniciarse con una oración.
562	**class**	**la clase| la categoría; clasista; clasificar**
	ss; adj; vb	She's the most popular girl in the class.
	[klæs]	-Ella es la chica más popular de la clase.
563	**act**	**el acto| la ley; actuar**
	ss; vb	Let's act like we're foreigners.
	[ækt]	-Actuemos como si fuéramos extranjeros.
564	**none**	**ninguno**
	prn	None of them knows French.
	[nʌn]	-Ninguno de ellos sabe francés.
565	**finally**	**finalmente**
	adv	He finally arrived.
	[ˈfaɪnəli]	-Él llegó al fin.
566	**fool**	**engañar| bromear; tonto; el tonto**
	vb; adj; ss	He must be a fool to do so.
	[ful]	-Él tiene que ser tonto para hacer eso.
567	**yesterday**	**ayer; el ayer**
	adv; ss	The prisoner was set at liberty yesterday.
	[ˈjɛstərˌdeɪ]	-El prisionero fue puesto en libertad ayer.
568	**early**	**temprano; temprano**
	adj; adv	Some people do not like to wake up early in the morning.
	[ˈɜrli]	-A algunas personas no les gusta levantarse temprano por la mañana.
569	**worth**	**el valor; digno de**
	ss; adj	It's not even worth mentioning.
	[wɜrθ]	-No vale la pena ni siquiera mencionarlo.
570	**TV**	**TV**
	abr	He likes to watch baseball games on TV.
	[ˈtiˈvi]	-A él le gusta ver partidos de béisbol en la televisión.
571	**future**	**futuro| porvenir; el futuro**
	adj; ss	He promised me that he would be more careful in the future.
	[ˈfjutʃər]	-Me prometió que sería más cuidadoso en el futuro.
572	**sex**	**el sexo; sexual; determinar el sexo de**
	ss; adj; vb	My boyfriend and I had sex on the first date.
	[sɛks]	-Mi novio y yo hicimos el amor en la primera cita.
573	**strong**	**fuerte| firme**
	adj	This is a bow for a strong person.
	[strɔŋ]	-Este es un arco para una persona fuerte.
574	**army**	**el ejército**
	ss	He returned to the army camp.
	[ˈɑrmi]	-Él volvió al campamento de la armada.

575	**mouth**	**la boca; hablar con afectación**
	ss; vb	Close your mouth!
	[maʊθ]	-¡Cierra la boca!
576	**sing**	**cantar; el canto**
	vb; ss	Every evening, a nightingale would sing us songs.
	[sɪŋ]	-Cada noche, un ruiseñor nos cantaba canciones.
577	**bastard**	**bastardo; el bastardo**
	adj; ss	Forgive your enemy, but remember the name of that bastard.
	[ˈbæstərd]	-Perdona a tu enemigo, pero recuerda el nombre de ese bastardo.
578	**sun**	**el sol; asolear**
	ss; vb	The sun always rises in the east.
	[sʌn]	-El Sol siempre sale por el este.
579	**certainly**	**ciertamente**
	adv	Jim certainly doesn't have any clue about how things work around here.
	[ˈsɜrtənli]	-Jim sin duda no tiene ninguna idea de cómo funcionan las cosas aquí.
580	**American**	**americano; el americano**
	adj; ss	I have an African-American neighbor.
	[əˈmɛrəkən]	-Tengo una vecina afroamericana.
581	**chief**	**el jefe| el principal; principal**
	ss; adj	Jim is having lunch with the police chief.
	[ʧif]	-Jim está almorzando con el jefe de policía.
582	**clothes**	**la ropa**
	ss	He provided food and clothes for his family.
	[kloʊðz]	-Él proporcionó comida y ropa a su familia.
583	**horse**	**el caballo**
	ss	When was the last time you rode a horse?
	[hɔrs]	-¿Cuándo fue la última vez que montaste un caballo?
584	**report**	**el informe; informar**
	ss; vb	He will be able to hand in his report tomorrow.
	[rɪˈpɔrt]	-Él podrá entregar su informe mañana.
585	**sell**	**vender**
	vb	They sell fruit, bread, cakes, and many other things.
	[sɛl]	-Ellos venden frutas, pan, tortas y muchas otras cosas.
586	**mama**	**la mamá**
	ss	I love you, Mama.
	[ˈmɑmə]	-Te quiero, mamá.
587	**dark**	**oscuro| negro; la oscuridad**
	adj; ss	It was getting dark.
	[dɑrk]	-Se estaba oscureciendo.
588	**absolutely**	**absolutamente**
	adv	I'm in absolutely total agreement.
	[ˌæbsəˈlutli]	-Estoy completa y totalmente de acuerdo.
589	**peace**	**la paz**
	ss	War doesn't bring on peace; on the contrary, it brings pains and grief on both sides.
	[pis]	-Las guerras no traen paz; al contrario, traen dolor y tristeza a ambos bandos.
590	**movie**	**la película**

	ss	This is the best movie I've seen in a long time.
	['muvi]	-Esta es la mejor película que he visto en mucho tiempo.
591	**lovely**	**encantador| delicioso; la belleza; hermosamente**
	adj; ss; adv	Ania is a lovely girl.
	['lʌvli]	-Ania es la chica linda.
592	**boat**	**el barco; transportar en barco**
	ss; vb	We're in the same boat.
	[boʊt]	-Estamos en el mismo bote.
593	**blue**	**azul; el azul; azular**
	adj; ss; vb	Paint one end of the rod red and the other end blue.
	[blu]	-Pinta un extremo de la vara rojo y el otro azul.
594	**hotel**	**el hotel**
	ss	Jim has a reservation at this hotel.
	[hoʊ'tɛl]	-Jim tiene una reserva en este hotel.
595	**eight**	**ocho**
	num	Mercury is the smallest of the eight planets in the Solar System.
	[eɪt]	-Mercurio es el más pequeño de los ocho planetas de nuestro sistema solar.
596	**ship**	**enviar| embarcarse; el barco**
	vb; ss	A captain is in charge of his ship and its crew.
	[ʃɪp]	-Un capitán está a cargo de su barco y de su tripulación.
597	**rock**	**la roca| el rock; rock; mecer**
	ss; adj; vb	Jim threw a rock at Ana, but it didn't hit her.
	[rɑk]	-Jim le arrojó una piedra a Ana, pero no le dio.
598	**continue**	**continuar| durar**
	vb	When I was a kid, I thought that if I died the world would just disappear. What a childish delusion! I just couldn't accept that the world could continue to exist without me.
	[kən'tɪnju]	-Cuando era pequeño, pensaba que si moría el mundo simplemente desaparecería. ¡Qué ilusión infantil! Es sólo que no podía aceptar que el mundo pudiera seguir existiendo sin mí.
599	**age**	**la edad| la era; envejecer**
	ss; vb	Jim can already play the drums better than I could at his age.
	[eɪdʒ]	-Jim ya puede tocar batería mejor de lo que yo podía a su edad.
600	**murder**	**el asesinato| la muerte; asesinar**
	ss; vb	Jim and Ana attempted to murder John.
	['mɜrdər]	-Jim y Ana intentaron matar a John.
601	**finish**	**el acabado| el final; terminar**
	ss; vb	I think it'll take more than a year to finish building our house.
	['fɪnɪʃ]	-Creo que va a llevar más de un año para terminar de construir nuestra casa.
602	**letter**	**la carta; rotular**
	ss; vb	I'm writing a letter.
	['lɛtər]	-Estoy escribiendo una carta.
603	**court**	**el tribunal| la corte; cortejar**
	ss; vb	He confessed in court that he was in touch with racist groups.
	[kɔrt]	-Él dijo ante el tribunal, que estaba en contacto con grupos racistas.
604	**swear**	**jurar| prestar**

	vb	Do you swear to tell the truth, the whole truth, and nothing but the truth?
	[swɛr]	-¿Juras decir la verdad, toda la verdad y nada más que la verdad?
605	**expect**	**esperar| contar con**
	vb	In Washington, no one knew what to expect.
	[ɪkˈspɛkt]	-En Washington nadie sabía qué esperar.
606	**finished**	**terminado**
	adj	I should've finished that sooner.
	[ˈfɪnɪʃt]	-Debería haberlo terminado antes.
607	**bill**	**facturar| pasar factura; la factura**
	vb; ss	Did you ask the waiter for the bill?
	[bɪl]	-¿Le ha pedido la cuenta al camarero?
608	**officer**	**el oficial| el funcionario; mandar**
	ss; vb	The police officer blew his whistle.
	[ˈɔfəsər]	-El policía hizo sonar su silbato.
609	**present**	**presente; el presente; presentar**
	adj; ss; vb	What was the best present you got last Christmas?
	[ˈprɛzənt]	-¿Cuál fue el mejor regalo que recibiste la pasada Navidad?
610	**near**	**cerca; cerca de; cercano; aproximarse**
	adv; prp; adj; vb	Is there a golf course near here?
	[nɪr]	-¿Hay un campo de golf cerca de aquí?
611	**busy**	**ocupado**
	adj	I wasn't busy yesterday.
	[ˈbɪzi]	-Ayer no estaba ocupado.
612	**pain**	**el dolor| el sufrimiento; doler**
	ss; vb	I learned not to ignore my pain.
	[peɪn]	-Aprendí a no ignorar mi dolor.
613	**ball**	**el balón| la bola; hacer bolitas**
	ss; vb	He asked me to throw the ball back.
	[bɔl]	-Él me pidió que le tirara la pelota de vuelta.
614	**terrible**	**terrible**
	adj	A terrible fate awaited him.
	[ˈtɛrəbəl]	-Le esperaba un terrible destino.
615	**fear**	**el miedo| el horror; temer**
	ss; vb	His face went white with fear.
	[fɪr]	-Su rostro palideció de miedo.
616	**floor**	**el piso| el suelo; solar**
	ss; vb	The men's room is on the second floor.
	[flɔr]	-El baño de hombres está en el segundo piso.
617	**laugh**	**la risa; reír**
	ss; vb	I remember that laugh.
	[læf]	-Recuerdo que me reí.
618	**wear**	**el desgaste| el uso; usar**
	ss; vb	A lot of kids wear that kind of hat.
	[wɛr]	-Un montón de niños llevan esa clase de gorro.
619	**sea**	**el mar| las vía marítima; del mar**
	ss; adj	Most living creatures in the sea are affected by pollution.
	[si]	-La mayoría de las criaturas del mar son afectadas por la contaminación.

620	**fly**	**la mosca | la bragueta; volar; avispado**
	ss; vb; adj	Spread your wings and fly away.
	[flaɪ]	-Extiende tus alas y sal volando.
621	**imagine**	**imaginar | imaginarse**
	vb	I can't imagine life on another planet.
	[ɪˈmædʒən]	-No puedo imaginarme la vida en otro planeta.
622	**forever**	**siempre | para siempre; la eternidad**
	adv; ss	I want to live forever.
	[fəˈrɛvər]	-Quiero vivir para siempre.
623	**count**	**contar | tener en cuenta; la cuenta**
	vb; ss	You can count on Jack.
	[kaʊnt]	-Puedes contar con Jack.
624	**gold**	**oro; el oro**
	adj; ss	I'll show you how to separate gold from sand.
	[goʊld]	-Te mostraré cómo separar el oro de la arena.
625	**radio**	**la radio**
	ss	He plugged in the radio.
	[ˈreɪdiˌoʊ]	-Él prendió la radio.
626	**attention**	**la atención | el servicio**
	ss	Little attention was paid to the comfort for the passengers.
	[əˈtɛnʃən]	-Se puso poca atención en la comodidad de los pasajeros.
627	**decide**	**decidir | decidirse**
	vb	Jim was unable to decide who he should vote for.
	[ˌdɪˈsaɪd]	-Jim no podía decidir por quién debería votar.
628	**idiot**	**idiota | el tonto**
	ss	Are you an idiot or what?
	[ˈɪdiət]	-¿Serás idiota o qué?
629	**French**	**francés; el francés**
	adj; ss	I spent a lot of my time studying French.
	[frɛntʃ]	-Paso mucho tiempo estudiando francés.
630	**mistake**	**el error | el engaño; confundir**
	ss; vb	I've made a mistake.
	[mɪsˈteɪk]	-He cometido un error.
631	**birthday**	**el cumpleaños**
	ss	His birthday is May 5th.
	[ˈbɜrθˌdeɪ]	-Su cumpleaños es el cinco de mayo.
632	**short**	**corto | poco; a corto; el cortocircuito; poner en cortocircuito**
	adj; adv; ss; vb	I think this lamp has a short because the light comes on only if I jiggle the
	[ʃɔrt]	cord.
		-Creo que esta lámpara tiene un corto porque la luz se prende sólo si meneo el cable.
633	**afternoon**	**la tarde; de la tarde**
	ss; adj	Jim said he wasn't looking forward to this afternoon's meeting.
	[ˌæftərˈnun]	-Jim dijo no tener mucha ansia por la reunión de esta tarde.
634	**soul**	**la alma | el soul**
	ss	Your soul needs rescue.
	[soʊl]	-Tu alma necesita ser salvada.

635 **figure**
ss; vb
['fɪɡjər]

la figura| la cifra; figurar
I can't figure out how to transfer MP3 files from my iPod back to my computer.
-No consigo figurar cómo transferir los archivos MP3 de mi iPod de regreso a mi computadora.

636 **station**
ss; vb
['steɪʃən]

la estación| el puesto; estacionar
Is this the street leading to the station?
-¿Esta calle lleva a la estación?

637 **simple**
adj; ss
['sɪmpəl]

simple| fácil; el simple
Do you want to know my secret? It's very simple...
-¿Querés conocer mi secreto? Es muy simple...

638 **bag**
ss; vb
[bæg]

la bolsa| el bolso; empaquetar
Please allow me to carry your bag.
-Permítame cargar su bolsa.

639 **fish**
vb; ss
[fɪʃ]

pescar; el pescado
She cooked some fish for me.
-Ella me cocinó pescado.

640 **date**
ss; vb
[deɪt]

la fecha| la cita; fechar
I have a date with him at six.
-Tengo una cita con él a las seis.

641 **rich**
adj
[rɪtʃ]

rico| fértil
Jim isn't rich, but he's happy.
-Jim no es rico, pero es feliz.

642 **blow**
ss; vb
[bloʊ]

el golpe| el soplo; volar
It's going to blow up!
-¡Va a explotar!

643 **mile**
ss
[maɪl]

la milla
I walked about a mile.
-Caminé alrededor de una milla.

644 **during**
prp
['dʊrɪŋ]

durante
As far as I am aware, there were no problems during the first semester.
-Por lo que yo sé, no hubo problemas en el primer semestre.

645 **ring**
ss; vb
[rɪŋ]

el anillo| el timbre; sonar
Jim was married, but he didn't wear a ring.
-Jim era casado, pero no usaba anillo.

646 **choice**
ss; adj
[tʃɔɪs]

la elección| la selección; escogido
We have no choice other than thinking of how we'll live here.
-No tenemos ninguna elección salvo pensar cómo queremos vivir aquí.

647 **bank**
ss; vb
[bæŋk]

el banco| la orilla; contar
He had a lot of money in the bank.
-Él tenía mucho dinero en el banco.

648 **relax**
vb
[rɪ'læks]

relajarse| relajar
Don't you tell me to relax.
-¡No me diga que me relaje!

649 **except**
prp; vb; adv
[ɪk'sɛpt]

excepto| salvo; exceptuar; sin
We have really everything in common with America nowadays except, of course, language.

-En realidad tenemos todo en común con los Estados unidos excepto, por supuesto, el lenguaje.

650	**Ooh!**	**¡Oh!**
	int	Ooh! - Meat, beer, vegetables and pudding.
	[u!]	-¡Oh! - Carne, cerveza, verduras y pudin.
651	**attack**	**el ataque| la agresión; atacar**
	ss; vb	The attack was launched by a suicide car bomb.
	[əˈtæk]	-El ataque fue lanzado por un coche bomba suicida.
652	**join**	**unirse| unir; la unión**
	vb; ss	I want to join an athletic club.
	[dʒɔɪn]	-Quiero entrar en un club deportivo.
653	**wed**	**casarse**
	vb	The one who's getting wed.
	[wɛd]	-Ud sabe, la que se va a casar.
654	**worried**	**preocupado**
	adj	His mother is worried about him.
	[ˈwɜrid]	-Su madre está preocupada por él.
655	**table**	**la mesa| la tabla; presentar**
	ss; vb	I got a bit carried away when I was dancing and got up on the table.
	[ˈteɪbəl]	-Cuando estaba bailando me dejé llevar y subí a la mesa.
656	**completely**	**completamente**
	adv	The way I acted was completely stupid.
	[kəmˈplitli]	-La forma en que actué fue totalmente estúpida.
657	**across**	**a través| de un lado a otro; a través de**
	adv; prp	Harry managed to swim across the river.
	[əˈkrɔs]	-Harry consiguió atravesar el río nadando.
658	**paper**	**el papel| el documento; empapelar**
	ss; vb	Be sure to look over your paper again before you hand it in.
	[ˈpeɪpər]	-Asegúrate de echarle un vistazo a tu trabajo antes de entregarlo.
659	**star**	**la estrella; estrellar; principal**
	ss; vb; adj	Ana is a famous pop star.
	[stɑr]	-Ana es una famosa estrella de pop.
660	**message**	**el mensaje**
	ss	When an average person sends a message in a bottle, it's just a childish fantasy. When Christopher Columbus sends a message in a bottle, the fate of an entire country is at stake.
	[ˈmɛsədʒ]	-Cuando una persona normal manda un mensaje en una botella, es sólo una fantasía infantil. Cuando Cristóbal Colón manda un mensaje en una botella el destino de todo un país está en juego.
661	**pleasure**	**el placer**
	ss	Don't mix business with pleasure.
	[ˈplɛʒər]	-No revuelvas el negocio con el placer.
662	**dude**	**el petimetre**
	ss	That dude is rolling in dough.
	[dud]	-Ese tipo caga plata.
663	**building**	**el edificio**

	ss	Most of this building's tenants are artists.
	['bɪldɪŋ]	-La mayoría de los inquilinos de este edificio son artistas.
664	**chuckle**	**la risita; reírse entre dientes**
	ss; vb	You let out a little chuckle and then you die.
	['ʧʌkəl]	-Sueltas una risa y entonces estas muerto.
665	**stick**	**el palo| el bastón; pegarse**
	ss; vb	Fiction is obliged to stick to possibilities. Truth isn't.
	[stɪk]	-La ficción está obligada a apegarse a las posibilidades. La verdad no.
666	**dangerous**	**peligroso**
	adj	He who makes many threats is not dangerous.
	['deɪnʤərəs]	-Quien mucho amenaza no es peligroso.
667	**round**	**redondear| doblar; la ronda; redondo; alrededor; alrededor de**
	vb; ss; adj; adv; prp	There is a bookstore just 'round the corner.
	[raʊnd]	-Hay una librería justo en la esquina.
668	**honor**	**el honor; honrar**
	ss; vb	I give you my supreme word of honor.
	['ɑnər]	-Te doy mi gran palabra de honor.
669	**fair**	**la feria| la exposición; razonable**
	ss; adj	It doesn't seem fair.
	[fɛr]	-No parece justo.
670	**hungry**	**hambriento**
	adj	I haven't eaten since breakfast. I'm hungry.
	['hʌŋgri]	-No he comido desde el desayuno, tengo hambre.
671	**middle**	**medio; el medio**
	adj; ss	Coca-Cola invented Fanta, in the middle of the Second World War, for the German market.
	['mɪdəl]	-La Coca-Cola inventó la Fanta, en plena II Guerra Mundial, para el mercado alemán.
672	**buddy**	**el amigo**
	ss	Oh, buddy, what I need is a strong stimulus, in the most hedonistic meaning of the word.
	['bʌdi]	-Ay, amigo, lo que necesito es un fuerte estímulo, en el sentido más hedonista de la palabra.
673	**unless**	**a menos que**
	con	I think you can't understand that feeling unless you're from the same generation.
	[ənˈlɛs]	-Pienso que no puedes entender ese sentimiento a menos que seas de la misma generación.
674	**drunk**	**bebido| embriagado; la bebida**
	adj; ss	This is certainly the most delicious juice I have ever drunk in my life.
	[drʌŋk]	-Este es ciertamente el jugo más delicioso que jamás he bebido en mi vida.
675	**instead**	**en lugar**
	adv	She seemed to be wallowing in her grief instead of trying to recover from the disaster.
	[ɪnˈstɛd]	-Ella parecía revolcarse en su miseria en vez de tratar de recuperarse del desastre.
676	**government**	**el gobierno| el estado; con referencia a**

	ss; prp ['gʌvərmənt]	I don't think it's always right for local governments to submit to the central government. -No creo que siempre sea correcto que los gobiernos locales se sometan al gobierno central.
677	**spend** vb [spɛnd]	**pasar| gastar** You spend too much time with him. -Pasas demasiado tiempo con él.
678	**certain** adj; ss ['sɜrtən]	**cierto; la seguridad** Jim didn't know for certain when Ana was going to arrive. -Jim no estaba seguro de cuándo iba a llegar Ana.
679	**major** adj; ss; vb ['meɪdʒər]	**mayor; el comandante; especializarse en estudios** There are four major parts to the atmospheric problem: observation, understanding, prediction, and control. -Hay cuatro factores importantes del problema atmosférico: observación, entendimiento, predicción y control.
680	**charge** ss; vb [tʃɑrdʒ]	**la carga| el cobro; cobrar** Jim is in charge of this year's tennis tournament. -Jim está a cargo del torneo de tenis de este año.
681	**deep** adj; adv; ss [dip]	**profundo| oscuro; profundamente; el fondo** This lake is deep. -Este lago es profundo.
682	**hide** vb; ss [haɪd]	**esconder| esconderse; la piel** Can you hide me from the police? -¿Puedes esconderme para que no me encuentre la policía?
683	**hundred** num ['hʌndrəd]	**cien** That's worth three hundred dollars. -Eso vale trecientos dólares.
684	**English** adj; ss ['ɪŋglɪʃ]	**inglés; el inglés** I speak English, Esperanto, French and Japanese. -Hablo inglés, esperanto, francés y japonés.
685	**handle** vb; ss ['hændəl]	**manejar| encargarse de; el mango** Instead of waiting for a contract, we can handle it over the phone. -En vez de esperar un contrato, podemos tratarlo por teléfono.
686	**key** ss; vb [ki]	**la clave| la tecla; teclear** You took the wrong key. -Agarraste la llave equivocada.
687	**cry** ss; vb [kraɪ]	**el grito| el lloro; llorar** I heard a cry for help. -Oí un grito de auxilio.
688	**history** ss ['hɪstəri]	**la historia** One should also study history from the viewpoint of the vanquished. -Hay que estudiar la historia también desde el punto de vista de los vencidos.
689	**interested** adj ['ɪntrəstəd]	**interesado** I am interested in this book. -Estoy interesado en este libro.
690	**trip**	**el viaje| el tropiezo; hacer tropezar**

	ss; vb	We have to cancel our trip to Japan.
	[trɪp]	-Tenemos que cancelar nuestro viaje a Japón.
691	**lead**	**el plomo| el cable; de plomo; conducir**
	ss; adj; vb	I don't work now and I lead a less hectic life.
	[lid]	-Ahora no trabajo y llevo una vida menos ajetreada.
692	**window**	**la ventana**
	ss	Look out your window.
	[ˈwɪndoʊ]	-Mira por la ventana.
693	**lieutenant**	**el teniente**
	ss	You fight an expensive war, flight lieutenant.
	[luˈtɛnənt]	-Ha luchado por una guerra cara, teniente de aviación.
694	**enjoy**	**disfrutar| divertirse**
	vb	I enjoy it more each time.
	[ɛnˈʤɔɪ]	-Cada vez lo disfruto más.
695	**system**	**el sistema**
	ss	Jim explained the system to Ana.
	[ˈsɪstəm]	-Jim le explicó el sistema a Ana.
696	**sake**	**el sake**
	ss	For goodness' sake, please be nice to him.
	[seɪk]	-Por Dios, por favor sé majo con él.
697	**anywhere**	**dondequiera**
	adv	You can't find a pet like that anywhere.
	[ˈɛniˌwɛr]	-En ningún sitio puede encontrar una mascota como esa.
698	**quickly**	**rápidamente**
	adv	Come on! Quickly!
	[ˈkwɪkli]	-¡Vamos! ¡Rápido!
699	**cover**	**cubrir| tapar; la cubierta**
	vb; ss	That's enough money to cover the expenses.
	[ˈkʌvər]	-Ese dinero es suficiente para cubrir los gastos.
700	**church**	**la iglesia; eclesiástico**
	ss; adj	My parents went to church, but I did not go.
	[ʧɜrʧ]	-Mis padres fueron a la iglesia, pero yo no fui.
701	**surprise**	**la sorpresa| la extrañeza; sorprender**
	ss; vb	I wanted it to be a surprise.
	[sərˈpraɪz]	-Quería que fuera una sorpresa.
702	**colonel**	**el coronel**
	ss	He was promoted to colonel two years ago.
	[ˈkɜrnəl]	-Fue ascendido a coronel hace dos años.
703	**carry**	**llevar| cargar; el transportador**
	vb; ss	Let Jim carry it.
	[ˈkæri]	-Deja que Jim lo cargue.
704	**situation**	**la situación**
	ss	The situation got worse.
	[ˌsɪʧuˈeɪʃən]	-La situación empeoró.
705	**tea**	**el té**
	ss	Add sugar to the tea.
	[ti]	-Ponle azúcar al té.

706 **smart**
adj; ss; vb
[smɑrt]

inteligente| elegante; el escozor; escocer
We're pretty smart.
 -Somos bastante listos.

707 **force**
ss; vb
[fɔrs]

la fuerza; forzar
The poorest man may in his cottage bid defiance to all the forces of the Crown. It may be frail — its roof may shake — the wind may blow through it — the storm may enter — the rain may enter — but the King of England cannot enter — all his force dares not cross the threshold of the ruined tenement!
 -El hombre más pobre en su cabaña puede desafiar a todas las fuerzas de la Corona. Puede ser frágil - su techo puede temblar - el viento puede soplar a través del techo - la tormenta puede entrar - la lluvia puede entrar - pero el rey de Inglaterra no puede entrar - toda su fuerza no se atreve a cruzar el umbral del edificio en ruinas!

708 **teach**
vb
[titʃ]

enseñar
Did Mr. John come to Japan to teach English?
 -¿Acaso el señor John vino a Japón a enseñar inglés?

709 **interesting**
adj
[ˈɪntrəstɪŋ]

interesante
Why sentences? ...you may ask. Well, because sentences are more interesting.
 -Puede que te preguntes ¿por qué oraciones?... Bueno, porque las oraciones son más interesantes.

710 **information**
ss
[ˌɪnfərˈmeɪʃən]

la información
I can give you some useful information.
 -Puedo darte información útil.

711 **professor**
ss
[prəˈfɛsər]

el profesor
Professor Reinhard Selten, Nobel laureate in economics, said: Esperanto is good for the mind.
 -El profesor Reinhard Selten, premio nobel en economía, dijo: el esperanto es bueno para la mente.

712 **box**
vb; ss
[bɑks]

encajonar; la caja
Argentinian grapes for five reals a box!
 -¡Uvas argentinas por cinco reales la caja!

713 **holy**
adj
[ˈhoʊli]

santo
Is this animal holy?
 -¿Es este animal sagrado?

714 **often**
adv
[ˈɔfən]

a menudo
Doraemon often smiles.
 -Doraemon sonríe a menudo.

715 **plane**
adj; ss; vb
[pleɪn]

plano; el plano; planear
I wonder if the plane will arrive on time.
 -Me pregunto si el avión llegará a tiempo.

716 **dress**
ss; vb
[drɛs]

el vestido| la ropa; vestir
I need a lot of cloth to make a long dress.
 -Necesito mucha tela para hacer un vestido largo.

717 **lunch**
ss; vb
[lʌntʃ]

el almuerzo| el bocadillo; almorzar
I quickly ate lunch.
 -Almorcé rápido.

718	**thousand**	**mil**
	num	If a sick person folds one thousand paper cranes, her wish will come true.
	['θaʊzənd]	-Si una persona enferma hace mil grullas de papel, su deseo se cumplirá.
719	**smell**	**el olor| el olfato; oler**
	ss; vb	I smell something rotten.
	[smɛl]	-Algo me huele a podrido.
720	**third**	**la tercera; tercero; en tercer lugar**
	ss; adj; adv	All truth passes through three stages. First, it is ridiculed. Second, it is
	[θɜrd]	violently opposed. Third, it is accepted as being self-evident.
		-Cualquier verdad pasa por tres estados. Primero se la ridiculiza. Segundo, recibe una violenta oposición. Tercero, se la acepta como obvia.
721	**ground**	**la tierra; molido; conectar a tierra**
	ss; adj; vb	The house burned to the ground before the fire truck arrived.
	[graʊnd]	-La casa se quemó por completo antes que el camión de bomberos llegara.
722	**service**	**el servicio; de servicio; mantener**
	ss; adj; vb	Is this service available?
	['sɜrvəs]	-¿El servicio está disponible?
723	**respect**	**el respeto| el respecto; respetar**
	ss; vb	I have lost all respect for you.
	[rɪ'spɛkt]	-Te he perdido todo el respeto.
724	**ice**	**el hielo| el helado; helar**
	ss; vb	An ice pack will numb the pain.
	[aɪs]	-Una bolsa con hielo disminuirá el dolor.
725	**accident**	**el accidente| el percance**
	ss	He reported his accident to the police.
	['æksədənt]	-Él le reportó su accidente a la Policía.
726	**tough**	**difícil| duro; el forzudo; pasar**
	adj; ss; vb	At the beginning it'll be tough, but everything's tough at the beginning.
	[tʌf]	-Al principio será duro, pero todo es duro al principio.
727	**heaven**	**el cielo**
	ss	I thought I'd died and gone to heaven.
	['hɛvən]	-Yo pensaba haber muerto y ido al cielo.
728	**proud**	**orgulloso**
	adj	He is proud of being a doctor.
	[praʊd]	-Está orgulloso de ser un médico.
729	**security**	**la seguridad**
	ss	Can someone call security?
	[sɪ'kjʊrəti]	-¿Alguien puede llamar a la seguridad?
730	**sad**	**triste| apagado**
	adj	Jane's farewell speech made us very sad.
	[sæd]	-El discurso de despedida de Jane nos dejo muy tristes.
731	**sigh**	**el suspiro; suspirar**
	ss; vb	He let out a sigh when the job was finished.
	[saɪ]	-Dejó salir un suspiro cuando el trabajo fue terminado.
732	**art**	**el arte**
	ss	I made a scary mask in art class.
	[ɑrt]	-Hice una máscara miedosa en clase de arte.

733 difficult   **difícil| dificultoso**

adj   It is sometimes difficult to tell twins apart.

[ˈdɪfəkəlt]   -A veces es difícil distinguir a los gemelos.

734 mark   **la marca| la huella; marcar**

ss; vb   You cannot make a good mark without working hard.

[mɑrk]   -No puedes sacar una buena nota sin trabajar duro.

735 single   **solo; el individuo; pasar a la primera base**

adj; ss; vb   I don't have a single book to read.

[ˈsɪŋgəl]   -No tengo ningún libro que leer.

736 dare   **el atrevimiento| el reto; atreverse**

ss; vb   How dare you speak to me like that?

[dɛr]   -¿Cómo te atreves hablarme así?

737 group   **el grupo| la cuadrilla; en grupo; agrupar**

ss; adj; vb   He doesn't have the ability to manage that group.

[grup]   -No tiene la habilidad para manejar ese grupo.

738 record   **grabar| registrar; el registro**

vb; ss   If you ever decide to sell your old record collection, I want first dibs!

[ˈrɛkərd]   -Si alguna vez decides vender tu antigua colección de grabaciones, ¡quiero ser el primero al que se la ofrezcas!

739 wind   **el viento| el aliento; del viento; enrollar**

ss; adj; vb   The media got wind of a rumor about his engagement and came quickly.

[wɪnd]   -Los medios se enteraron de un rumor sobre su compromiso y vinieron rápidamente.

740 cop   **el policía| el poli; coger**

ss; vb   Every cop in Boston is now looking for John.

[kɑp]   -Cada policía en Boston está buscando a John.

741 fix   **fijar| arreglar; el arreglo**

vb; ss   I know how to fix that.

[fɪks]   -Yo sé cómo arreglar eso.

742 club   **el club| el palo; aporrear**

ss; vb   They framed a constitution for the club.

[klʌb]   -Redactaron los estatutos para el club.

743 upon   **sobre**

prp   Upon seeing what was happening, we decided to leave.

[əˈpɑn]   -Al ver lo que pasaba, decidimos salir.

744 marriage   **el matrimonio| la boda**

ss   They had a debate on same-sex marriage.

[ˈmɛrɪdʒ]   -Tuvieron un debate sobre el matrimonio igualitario.

745 mess   **el lío| el enredo; ensuciar**

ss; vb   We will work together to clean all that mess.

[mɛs]   -Trabajaremos juntos para limpiar toda esa porquería.

746 besides   **además| por otra parte; además de**

adv; prp   You're the only person I know besides me who would prefer to live in a tent.

[bɪˈsaɪdz]   -Además de mí, tú eres el único que conozco que preferiría vivir en una tienda de campaña.

747 impossible   **imposible; el lo imposible**

	adj; ss [ɪmˈpɑsəbəl]	It's impossible. -No puede ser.
748	**forward** vb; adv; adj; ss [ˈfɔrwərd]	**reenviar; adelante; delantero; el delantero** I look forward to meeting you. -Estoy deseando conocerle.
749	**quit** vb; adj [kwɪt]	**dejar| dejar de; libre** Jim decided to quit his job. -Jim decidió renunciar a su trabajo.
750	**entire** adj; ss [ɪnˈtaɪər]	**todo| completo; el íntegro** He gave away his entire fortune to an old friend's daughter, and expected nothing in return. -Él entregó toda su fortuna a la hija de un viejo amigo, y no esperó nada a cambio.
751	**wine** ss [waɪn]	**el vino** I only had two glasses of wine. -Sólo tomé dos copas de vino.
752	**normal** adj; ss [ˈnɔrməl]	**normal| regular; la normalidad** That's normal. -Eso es normal.
753	**visit** ss; vb [ˈvɪzət]	**la visita; visitar** I visit him often. -Le visito con frecuencia.
754	**offer** ss; vb [ˈɔfər]	**la oferta| el ofrecimiento; ofrecer** I can't believe Jim accepted our offer. -No puedo creer que Jim aceptara nuestra oferta.
755	**public** adj; ss [ˈpʌblɪk]	**público; el público** She is used to speaking in public. -Ella está acostumbrada a hablar en público.
756	**scream** vb; ss [skrim]	**gritar| vociferar; el chillido** It's the first time I scream in presence of the manager. I saw a big cockroach on the table! -Es la primera vez que grito en presencia del gerente. ¡Vi una cucaracha sobre la mesa!
757	**prison** ss; vb [ˈprɪzən]	**la prisión; encarcelar** The judge sentenced him to one year in prison. -El juez lo sentenció a un año de prisión.
758	**smoke** ss; vb [smoʊk]	**el humo; fumar** How about a smoke? -¿Quieres echar un cigarro?
759	**killing** ss; adj [ˈkɪlɪŋ]	**el asesinato; mortal** Time: That which man is always trying to kill, but which ends in killing him. -El Tiempo: aquello que el hombre siempre intenta matar, pero que termina matándole.
760	**agree** vb [əˈgri]	**acordar| estar de acuerdo** I agree with you on this point. -Estoy de acuerdo contigo en ese punto.
761	**river**	**el río; del río**

	ss; adj	Ana was able to swim across the river.
	['rɪvər]	-Ana era capaz de cruzar el río a nado.
762	**neither**	**ni; ni; ninguno; ninguno**
	adv; con; adj; prn	I tried twice, but neither try worked.
	['niðər]	-Traté dos veces, pero ninguna funcionó.
763	**whether**	**si**
	con	I don't know whether I can do it, but I'll try.
	['wɛðər]	-No sé si lo pueda hacer, pero lo voy a intentar.
764	**madam**	**la señora**
	ss	Didn't madam Rodriguez want to see my essay?
	['mædəm]	-¿No quería la señora Rodríguez ver mi redacción?
765	**weird**	**extraño**
	adj	It's not weird.
	[wɪrd]	-No es raro.
766	**green**	**verde| fresco; el verde**
	adj; ss	Is this pear green?
	[grin]	-¿Esta pera está verde?
767	**bloody**	**sangriento; sumamente**
	adj; adv	The walls are bloody.
	['blʌdi]	-Los muros están ensangrentados.
768	**arm**	**el brazo| la arma; armar**
	ss; vb	After a while he came back with a dictionary under his arm.
	[ɑrm]	-Después de un rato él volvió con un diccionario bajo el brazo.
769	**evil**	**el mal| el diablo; malvado**
	ss; adj	Jim is evil.
	['ivəl]	-Jim es malvado.
770	**asshole**	**gilipollas**
	ss	Holy crap, who's the asshole who dares call me in the middle of the night?!
	['æshoʊl]	-¡Por la mierda!, ¡¿quién es el imbécil que se atreve a llamarme a la mitad de la noche?!
771	**south**	**el sur; del sur**
	ss; adj	In the south of China, the situation is different.
	[saʊθ]	-En el sur de China, la situación es diferente.
772	**wall**	**la pared| la barrera; emparedar; mural**
	ss; vb; adj	I turned on the fan and directed it to the wall.
	[wɔl]	-Encendí el abanico y lo direccioné hacia la pared.
773	**bar**	**el bar| la barra; prohibir; excepto**
	ss; vb; prp	It's five and you're still not in bed! You just came back from the bar, didn't you?
	[bɑr]	-Son las cinco y todavía no estás en la cama. Acabas de llegar del bar, ¿verdad?
774	**fat**	**la grasa; gordo**
	ss; adj	Jim is fat.
	[fæt]	-Jim está gordo.
775	**judge**	**el juez| los; juzgar**
	ss; vb	One cannot judge people only by their outward appearances.
	[dʒʌdʒ]	-Uno no puede juzgar a la gente solo por su apariencia externa.

776	**seat**	**el asiento| la sede; asentar**
	ss; vb	Ana offered me her seat on the train.
	[sit]	-Ana me ofreció su asiento en el tren.

777	**queen**	**la reina; coronar**
	ss; vb	After the king's death Elsa became queen.
	[kwin]	-Después de la muerte del rey, Elsa se convirtió en la reina.

778	**slow**	**lento; despacio; retardar**
	adj; adv; vb	It was like watching a slow motion movie.
	[sloʊ]	-Era como ver una película en cámara lenta.

779	**cause**	**la causa| el pleito; causar**
	ss; vb	What was the cause of the explosion?
	[kɑz]	-¿Cuál fue la causa de la explosión?

780	**teacher**	**el profesor| la profesora**
	ss	He's our English teacher.
	[ˈtitʃər]	-Él es nuestro profesor de inglés.

781	**standing**	**permanente; la posición**
	adj; ss	A man standing on the cliff was about to commit suicide by jumping into the void.
	[ˈstændɪŋ]	-Un hombre de pie en el acantilado estaba a punto de suicidarse saltando al vacío.

782	**north**	**el norte; al norte; septentrional**
	ss; adv; adj	Hokkaido is to the north of Honshu.
	[nɔrθ]	-Hokkaido queda al norte de Honshu.

783	**glass**	**el vidrio; de vidrio**
	ss; adj	He asked for a glass of beer.
	[glæs]	-Él pidió una jarra de cerveza.

784	**protect**	**proteger| salvaguardar**
	vb	I'm only an immigrant trying to protect the English language from its native speakers.
	[prəˈtɛkt]	-Solo soy un inmigrante tratando de proteger la lengua inglesa de sus hablantes nativos.

785	**accept**	**aceptar| consentir**
	vb	Please accept my sincerest condolences.
	[ækˈsɛpt]	-Por favor acepte mis más sinceras condolencias.

786	**dirty**	**sucio| manchado; ensuciar**
	adj; vb	"No," Dima replied. "To help me buy this Armani. I'm dirty, remember?"
	[ˈdɜrti]	--No –respondió Dima–, para ayudarme a comprar este armani. Estoy sucio, ¿recuerdas?

787	**beginning**	**el principio| el comienzo**
	ss	He's beginning to cry.
	[bɪˈgɪnɪŋ]	-Se larga a llorar.

788	**difference**	**la diferencia**
	ss	I can't explain the difference between those two.
	[ˈdɪfərəns]	-No puedo explicar la diferencia entre esos dos.

789	**cross**	**cruzar| pasar; la cruz; transversal**
	vb; ss; adj	Cross out the incorrect words.
	[krɔs]	-Tacha las palabras incorrectas.

790	**angry**	**enojado**
	adj	I thought that he was angry.
	[ˈæŋgri]	-Pensaba que él estaba enojado.
791	**machine**	**la máquina| el aparato; a máquina**
	ss; adj	I am assembling the washing machine.
	[məˈʃin]	-Estoy armando la lavadora.
792	**scene**	**la escena**
	ss	It was Jim who discovered the crime scene.
	[sin]	-Fue Jim quien descubrió la escena del crimen.
793	**amazing**	**asombroso**
	adj	His performance was amazing.
	[əˈmeɪzɪŋ]	-Su actuación fue asombrosa.
794	**double**	**doble; doble; duplicar**
	adj; ss; vb	He bought a double-barreled shotgun.
	[ˈdʌbəl]	-Compró una escopeta de dos cañones.
795	**share**	**compartir| dividir; la cuota**
	vb; ss	I share his political position.
	[ʃɛr]	-Comparto su posición política.
796	**totally**	**totalmente**
	adv	I totally forgot.
	[ˈtoʊtəli]	-Me olvidé totalmente.
797	**honest**	**honesto| sincero**
	adj	Not everyone is honest.
	[ˈɑnəst]	-No todos son honestos.
798	**moon**	**la luna; enseñar el culo**
	ss; vb	There will be a full moon tonight.
	[mun]	-Esta noche habrá luna llena.
799	**personal**	**personal| privado**
	adj	She cares a lot about her personal appearance.
	[ˈpɜrsɪnɪl]	-Ella se preocupa mucho de su presentación personal.
800	**private**	**privado| particular; el soldado raso**
	adj; ss	He doesn't let anyone interfere with his private matters.
	[ˈpraɪvət]	-Él no deja que nadie interfiera en sus asuntos privados.
801	**joke**	**la broma| la burla; bromear**
	ss; vb	Jim said it was a joke.
	[dʒoʊk]	-Jim dijo que era una broma.
802	**realize**	**realizar**
	vb	Do you realize that?
	[ˈriəˌlaɪz]	-¿Lo reconoce?
803	**beer**	**la cerveza**
	ss	Jim was sitting at the bar three stools away, drinking beer.
	[bɪr]	-Jim estaba sentado en el bar alejado 3 taburetes y bebiendo cerveza.
804	**space**	**el espacio| las cabida; espacial; espaciar**
	ss; adj; vb	The earth is just a sphere suspended in space.
	[speɪs]	-La Tierra es sólo una esfera suspendida en el espacio.
805	**position**	**la posición| la situación; colocar**

	ss; vb	He promised me the position of company president.
	[pəˈzɪʃən]	-Me prometió el puesto de presidente.
806	**jump**	**el salto| el ascenso; saltar**
	ss; vb	She can jump high.
	[dʒʌmp]	-Ella puede saltar alto.
807	**whose**	**cuyo; cuyo**
	adj; prn	Whose turn is it?
	[huz]	-¿A quién le toca?
808	**jail**	**la cárcel| la prisión; encarcelar**
	ss; vb	Maintaining a criminal in the jail is very expensive.
	[dʒeɪl]	-Mantener a un bandido en la cárcel cuesta muy caro.
809	**area**	**las área| la superficie**
	ss	Do you know the name of the most successful military man from this area?
	[ˈɛriə]	-¿Conoces el nombre del militar más exitoso de esta región?
810	**tree**	**el árbol; ahuyentar por un árbol**
	ss; vb	The boughs of the large tree overhung the pond.
	[tri]	-Las ramas del árbol grande cuelgan por encima del estanque.
811	**test**	**la prueba| el examen; probar; de prueba**
	ss; vb; adj	He studied hard and passed the test.
	[tɛst]	-Estudió duro y aprobó el examen.
812	**cat**	**el gato| el felino**
	ss	She has a cat. The cat is white.
	[kæt]	-Ella tiene un gato. El gato es blanco.
813	**within**	**dentro; dentro**
	adv; prp	She lives within a stone's throw of the school.
	[wɪˈðɪn]	-Vive muy cerca de la escuela.
814	**singing**	**el canto| el zumbido**
	ss	The bird in the cage is singing happily.
	[ˈsɪŋɪŋ]	-El ave canta alegremente en la jaula.
815	**ought**	**debería; el deber**
	va; ss	Jim ought to have called the police.
	[ɔt]	-Jim debería haber llamado a la policía.
816	**brain**	**el cerebro; romper la crisma**
	ss; vb	Computers seem to play the role of the human brain, so they're often called "electric brains".
	[breɪn]	-Los ordenadores parecen desempeñar el papel del cerebro humano, por lo que frecuentemente son llamados "cerebros electrónicos".
817	**sergeant**	**el sargento**
	ss	The father had met the sergeant last year.
	[ˈsɑrdʒənt]	-El padre se había encontrado con el sargento el año pasado.
818	**nine**	**nueve**
	num	I slept for nine hours.
	[naɪn]	-Dormí nueve horas.
819	**village**	**el pueblo| el poblado; comunal**
	ss; adj	Everybody in the village looks up to him.
	[ˈvɪlədʒ]	-Todos en el pueblo lo admiran.
820	**field**	**el campo| la cancha**

	ss	The teams are coming onto the field.
	[fild]	-Los equipos salen al campo.
821	**dollar**	**el dólar**
	ss	Could you give me change out of a hundred-dollar bill?
	[ˈdɑlər]	-¿Podría darme cambio de un billete de cien dólares?
822	**bother**	**la molestia; molestar**
	ss; vb	Does it bother you if I do this?
	[ˈbɑðər]	-¿Te molesta si hago esto?
823	**girlfriend**	**la compañera**
	ss	By chance I met my ex-girlfriend in Portugal.
	[ˈgɜrlˌfrɛnd]	-Me encontré con mi ex-novia en Portugal por casualidad.
824	**bus**	**el autobús; ir en autobús**
	ss; vb	I caught the last bus.
	[bʌs]	-Alcancé el último bus.
825	**crime**	**el crimen| el malhecho**
	ss	Tolerance becomes a crime when applied to evil.
	[kraɪm]	-La tolerancia se convierte en crimen cuando se aplica al mal.
826	**congratulations**	**la enhorabuena**
	ss	But congratulations on that chicken franchise you always wanted.
	[kənˌgrætʃəˈleɪʃənz]	-Pero felicidades con ese pollo a la francesa que siempre quisiste.
827	**doubt**	**la duda| el escrúpulo; dudar**
	ss; vb	When in doubt, in favour of the accused.
	[daʊt]	-Ante la duda, a favor del acusado.
828	**camera**	**la cámara**
	ss	This is my camera.
	[ˈkæmərə]	-Ésta es mi cámara.
829	**German**	**alemán; el alemán**
	adj; ss	I understand a bit of German.
	[ˈdʒɜrmən]	-Yo entiendo un poco de alemán.
830	**shoe**	**el zapato; herrar**
	ss; vb	I bought new shoes at the shoe store.
	[ʃu]	-Compré zapatos nuevos en la zapatería.
831	**truck**	**el camión; llevar**
	ss; vb	This truck transports fresh food from Aomori to Tokyo.
	[trʌk]	-Este camión transporta alimentos frescos de Aomori a Tokio.
832	**kick**	**la patada| el tiro; golpear**
	ss; vb	Kick the door in.
	[kɪk]	-Fuerza la puerta.
833	**card**	**la tarjeta| la carta; cardar**
	ss; vb	I'll pay with my card.
	[kɑrd]	-Pago con tarjeta.
834	**cash**	**el efectivo; gastar**
	ss; vb	I would like to pay with cash. Is breakfast included in the price?
	[kæʃ]	-Quisiera pagar en efectivo. ¿El precio incluye el desayuno?
835	**sleeping**	**durmiente; el sueño**
	adj; ss	Well our sleeping situation could be better.
	[ˈslipɪŋ]	-Nuestra situación con el sueño... podría ser mejor.

836	**push**	**el empuje| la ofensiva; empujar**
	ss; vb	Jim doesn't know which button to push.
	[pʊʃ]	-Jim no sabe cuál botón presionar.
837	**likes**	**las simpatias**
	ss	Colby likes the boyfriend for it.
	[laɪks]	-A Colby le gusta el novio para eso.
838	**cute**	**lindo**
	adj	That was so cute!
	[kjut]	-¡Qué cuchi fue eso!
839	**park**	**el parque| el terreno; aparcar**
	ss; vb	There are many birds in this park.
	[pɑrk]	-Hay muchos pájaros en este parque.
840	**apartment**	**el apartamento| la vivienda**
	ss	I'm busy looking for an apartment.
	[əˈpɑrtmənt]	-Estoy ocupado buscando piso.
841	**bullshit**	**la mierda**
	ss	Don't bullshit me!
	[ˈbʊlˌʃɪt]	-¡No me estés choreando!
842	**evidence**	**la evidencia; demostrar**
	ss; vb	Is there any evidence as to the credibility of the author?
	[ˈɛvədəns]	-¿Hay alguna prueba de la credibilidad del autor?
843	**store**	**almacenar| archivar; la tienda**
	vb; ss	I'm going for oranges to the fruit store.
	[stɔr]	-Voy a por naranjas a la frutería.
844	**grow**	**crecer| cultivar**
	vb	How many kinds of vegetables do you grow in your garden?
	[groʊ]	-¿Cuántos tipos de verduras cultivas en tu jardín?
845	**owe**	**deber**
	vb	I do owe Jim a favor.
	[oʊ]	-A Jim le debo un favor.
846	**especially**	**especialmente**
	adv	The traffic is heavy here, especially in the morning.
	[əˈspɛʃli]	-El tráfico es intenso aquí, sobre todo por las mañanas.
847	**aunt**	**la tía**
	ss	I have a special relationship with my aunt.
	[ænt]	-Tengo una relación especial con mi tía.
848	**reach**	**el alcance| la distancia; llegar**
	ss; vb	Do you think we'll reach his house before noon?
	[ritʃ]	-¿Crees que llegaremos a su casa antes del mediodía?
849	**guard**	**la guardia| el guarda; proteger**
	ss; vb	He caught me off-guard.
	[gɑrd]	-Me cogió con la guardia baja.
850	**summer**	**el verano; de verano**
	ss; adj	I am going to swim a lot this summer.
	[ˈsʌmər]	-Este verano voy a nadar mucho.
851	**enemy**	**el enemigo| el rival**

	ss [ˈɛnəmi]	I am not your enemy. -No soy tu enemigo.
852	**rule** ss; vb [rul]	**la regla| el dominio; gobernar** We cannot rule out the possibility of an accident. -No podemos descartar la posibilidad de un accidente.
853	**duty** ss [ˈduti]	**el deber| el servicio** Jim is on duty. -Jim está de servicio.
854	**island** ss [ˈaɪlənd]	**la isla** They were stranded on a deserted island. -Ellos estaban atrapados en una isla desierta.
855	**smile** ss; vb [smaɪl]	**la sonrisa; sonreír** Jim could tell by the smile on Ana's face that she had had a good time at the party. -Jim podía adivinar por la sonrisa en la cara de Ana que ella se lo había pasado bien en la fiesta.
856	**silly** adj; ss [ˈsɪli]	**tonto| absurdo; el tonto** Of all the silly ideas! -¡De todas las ideas tontas!
857	**folk** ss; adj [foʊk]	**la gente| el pueblo; folk** Many folk songs were about social problems. -Muchas canciones tradicionales trataban de problemas sociales.
858	**suddenly** adv [ˈsʌdənli]	**de repente| de pronto** Our train stopped suddenly. -Nuestro tren se detuvo de repente.
859	**knock** ss; vb [nɑk]	**el golpe| la llamada; golpear** Please knock before entering. -Por favor llame antes de entrar.
860	**pardon** ss; vb [ˈpɑrdən]	**el perdón; perdonar** I beg your pardon. I didn't think this was your seat. -Discúlpeme. No pensé que fuera su asiento.
861	**everywhere** adv [ˈɛvriˌwɛr]	**en todas partes** Jim couldn't find Ana even though he said he looked just about everywhere. -Jim no pudo encontrar a Ana incluso a pesar de que dijo que había buscado en prácticamente todas partes.
862	**crowd** ss; vb [kraʊd]	**la multitud| el grupo; llenar** A crowd waited to see him. -Una multitud esperaba verlo.
863	**beg** vb [bɛg]	**mendigar** I beg you pardon, milord. It's not Hebrew, but Latin. -Perdón, señor, pero eso no es hebreo, es latín.
864	**action** ss [ˈækʃən]	**la acción** Thomas is a man of action. -Thomas es un hombre de acción.
865	**upset** ss; vb; adj [əpˈsɛt]	**el trastorno| el vuelco; alterar; acongojado** The boss is very upset. -El jefe está muy molesto.

866	**driving**	**la conducción; motor**
	ss; adj	Can I see your driving license?
	[ˈdraɪvɪŋ]	-¿Puedo ver tu carné de conducir?
867	**seriously**	**seriamente**
	adv	Jim was not seriously injured.
	[ˈsɪriəsli]	-Jim no fue herido de gravedad.
868	**begin**	**comenzar| entablar**
	vb	Ticket sales will begin Monday.
	[bɪˈgɪn]	-La venta de billetes comenzará el lunes.
869	**prove**	**demostrar| resultar**
	vb	Try to prove that you are right!
	[pruv]	-¡Intenta probar que tienes razón!
870	**grand**	**magnífico| grandioso; los mil dólares**
	adj	She played that tune on her grand piano.
	[grænd]	-Ella tocó esa canción en su piano de cola.
871	**leg**	**la pierna| la pata; ir andando**
	ss; vb	His bad leg prevented him from winning the race.
	[lɛg]	-Su pierna mala le impidió ganar la carrera.
872	**nose**	**la nariz| el morro; husmear**
	ss; vb	The child's nose is bleeding.
	[noʊz]	-La nariz del niño está sangrando.
873	**rid**	**eliminar**
	vb	Do you want me to get rid of this?
	[rɪd]	-¿Quieres que me deshaga de esto?
874	**mum**	**la mamá; tácito; participar en pantomima**
	ss; adj; vb	Your mum must love this place.
	[mʌm]	-A tu mamá le debe encantar este lugar.
875	**list**	**la lista| el listado; listar**
	ss; vb	Jim added his name to the list of people who wanted to attend the dance.
	[lɪst]	-Jim agregó su nombre a la lista de personas que querían asistir al baile.
876	**sky**	**el cielo; bombear**
	ss; vb	Many stars are twinkling in the sky.
	[skaɪ]	-Montones de estrellas brillan en el cielo.
877	**immediately**	**inmediatamente**
	adv	I need to see you immediately.
	[ɪˈmidiətli]	-Necesito verte de inmediato.
878	**definitely**	**seguro**
	adv	That's definitely the goal.
	[ˈdɛfənətli]	-Definitivamente, esa es la meta.
879	**college**	**el colegio| el colegio universitario**
	ss	I just wanted to go to college.
	[ˈkɑlɪdʒ]	-Sólo quise ir a la universidad.
880	**shop**	**la tienda| el taller; hacer compras**
	ss; vb	The shop sells vegetables.
	[ʃɑp]	-La tienda vende verduras.
881	**escape**	**escapar| evitar; el escape**

vb; ss

[ɪˈskeɪp]

He thought he could escape scott free with his erroneous sentence.

-Él pensó que podría salir impune con su frase erronea.

882 gas

ss; vb

[gæs]

el gas; gasear

Turn on the gas.

-Encienda usted el gas.

883 low

adj; adv; ss; vb

[loʊ]

bajo; bajo; el punto más bajo; hacer mugido

She suffers from low blood pressure.

-Ella padece hipotensión.

884 self

ss; prn; adj

[sɛlf]

yo; se; puro

Jim claims he shot Ana in self defense.

-Jim asegura que disparó a Ana en defensa propia.

885 hat

ss; vb

[hæt]

el sombrero; usar sombrero

Christopher Columbus once fought Cerberus, the three-headed guardian of the underworld, with nothing but his hat.

-Cristóbal Colón peleó una vez contra Cancerbero, el guardián de tres cabezas del inframundo, con nada más que su sombrero.

886 hole

ss; vb

[hoʊl]

el agujero| el hoyo; agujerear

Dig a deep hole.

-Cava un agujero profundo.

887 bell

ss; vb

[bɛl]

la campana; acampanarse

Whenever the school bell rang, Ivan would stare into space and drool. Several failed exorcisms later, his parents realized that he was the reincarnation of one of Pavlov's dogs.

-Cada vez que sonaba el timbre de la escuela, Ivan se ponía a mirar al vacío y a babear. Después de varios exorcismos infructuosos, sus padres se dieron cuenta de que era de hecho la reencarnación de uno de los perros de Pavlov.

888 price

ss; vb

[praɪs]

el precio| la cotización; valorar

Observe his facial reaction when we mention a price.

-Observa su reacción facial cuando mencionamos un premio.

889 cell

ss

[sɛl]

la célula| la celda

I'm going to buy a cell phone tomorrow.

-Mañana me voy a comprar un celular.

890 rain

ss; vb

[reɪn]

la lluvia; llover

It's going to rain, for sure.

-Va a llover de seguro.

891 arrive

vb

[əˈraɪv]

llegar

Hopefully, we'll arrive tomorrow.

-Con suerte, llegaremos mañana.

892 warm

vb; adj; ss

[wɔrm]

calentar| calentarse; caliente; el calor

This winter is warm.

-Este invierno es cálido.

893 west

ss; adj

[wɛst]

el oeste; del oeste

Many men set out for the West in search of gold.

-Numerosos hombres partieron hacia el Oeste en busca de oro.

894 board

vb; ss

[bɔrd]

abordar| subir a; el bordo

Who are the members of the board?

-¿Quienes son los miembros de la junta directiva?

895	**boyfriend**	**el amigo**
	ss	Jim is just a friend, not my boyfriend.
	[ˈbɔɪˌfrɛnd]	-Jim es sólo un amigo, no mi novio.
896	**nervous**	**nervioso| tímido**
	adj	I was very nervous as the plane took off.
	[ˈnɜrvəs]	-Estaba muy nervioso cuando despegó el avión.
897	**ourselves**	**nosotros mismos**
	prn	We agreed among ourselves.
	[aʊərˈsɛlvz]	-Nos pusimos de acuerdo entre nosotros.
898	**contact**	**el contacto| el enchufe; contactar**
	ss; vb	I'm looking for my contact lens.
	[ˈkɑnˌtækt]	-Estoy buscando mis lentes de contacto.
899	**nor**	**ni**
	con	I had neither the time to go shopping, nor to say goodbye to my mother.
	[nɔr]	-No tuve tiempo ni para ir de compras ni para despedirme de mi madre.
900	**lawyer**	**el abogado**
	ss	The lawyer's job is to prove that her client is innocent.
	[ˈlɔjər]	-El trabajo del abogado es demostrar la inocencia de su cliente.
901	**upstairs**	**arriba; el piso superior**
	adv; ss	Jim came upstairs.
	[əpˈstɛrz]	-Jim subió las escaleras.
902	**closed**	**cerrado**
	adj	The door remained closed.
	[kloʊzd]	-La puerta se quedó cerrada.
903	**gift**	**el regalo| el don; dar**
	ss; vb	Jim surprised Ana with an expensive gift.
	[gɪft]	-Jim sorprendió a Ana con un regalo caro.
904	**devil**	**el diablo| el aprendiz; fastidiar**
	ss; vb	You sold your soul to the devil and didn't get anything in return? What's
	[ˈdɛvəl]	wrong with you!?
		-¿Le vendiste tu alma al diablo y no recibiste nada a cambio? ¿¡Qué tienes en la cabeza!?
905	**favor**	**el favor| el apoyo; favorecer**
	ss; vb	I did Jim a favor.
	[ˈfeɪvər]	-Le hice un favor a Jim.
906	**empty**	**vacío| desierto; vaciar; la vacía**
	adj; vb; ss	His hands were empty.
	[ˈɛmpti]	-Sus manos estaban vacías.
907	**prince**	**el príncipe**
	ss	The prince fell in love with a woodcutter's daughter.
	[prɪns]	-El príncipe se enamoró de la hija de un leñador.
908	**papa**	**el papá**
	ss	Papa made sure all the lights were turned off before going to bed.
	[ˈpɑpə]	-Papá se aseguró de que todas las luces estuvieran apagadas antes de irse a la cama.
909	**suit**	**el traje| el palo; convenir**

	ss; vb	Mother made me a new suit.
	[sut]	-Mamá me hizo un traje nuevo.
910	**press**	**la prensa| la imprenta; presionar**
	ss; vb	What happens if I press this button?
	[prɛs]	-¿Qué pasa si presiono este botón?
911	**themselves**	**sí mismos**
	prn	They amused themselves by playing a video game.
	[ðɛmˈsɛlvz]	-Se divirtieron jugando a videojuegos.
912	**asleep**	**dormido**
	adj	The baby was fast asleep in her mother's arms.
	[əˈslip]	-El bebe dormía profundamente en los brazos de su madre.
913	**type**	**el tipo; escribir a máquina**
	ss; vb	He is used to that type of situation.
	[taɪp]	-Él está acostumbrado a esta clase de situaciones.
914	**grab**	**agarrar| coger; los agarro**
	vb; ss	Grab the golden egg.
	[græb]	-¡Coge el huevo dorado!
915	**spirit**	**el espíritu| el alcohol; animar**
	ss; vb	These are evil spirits that were sealed in the earth eternally with a sacred war
	[ˈspɪrət]	axe.
		-Estos son espíritus malignos que fueron sellados eternamente en la tierra
		con un hacha de guerra sagrada.
916	**burn**	**la quemadura| el arroyo; quemar**
	ss; vb	Where did you burn them?
	[bɜrn]	-¿Dónde los quemaste?
917	**arrest**	**la detención| el arresto; detener**
	ss; vb	You're under arrest for the murder of Jim Jackson.
	[əˈrɛst]	-Estás bajo arresto por el asesinato de Jim Jackson.
918	**band**	**la banda| la venda; atar**
	ss; vb	They are considered the greatest rock band in history.
	[bænd]	-Ellos son considerados la mejor banda de rock de la historia.
919	**indeed**	**en efecto**
	adv	On the contrary, you speak English very well, indeed!
	[ɪnˈdid]	-Al contrario, realmente usted habla muy bien el inglés.
920	**majesty**	**la majestad**
	ss	How could Her Majesty be wrong..?
	[ˈmædʒəsti]	-¿Cómo podría estar Su Majestad equivocada?
921	**pop**	**popular; la música pop; saltar**
	adj; ss; vb	John is mad about pop music.
	[pɑp]	-A Jon le apasiona la música pop.
922	**involved**	**involucrado**
	adj	Jim doesn't want to be involved.
	[ɪnˈvɑlvd]	-Jim no quiere estar implicado.
923	**agent**	**agente**
	ss	Just so you know, I'm an FBI agent.
	[ˈeɪdʒənt]	-Entonces como sabes, soy un agente del FBI.
924	**above**	**encima; encima de; antedicho**

	adv; prp; adj	Children need many things, but above all they need love.
	[əˈbʌv]	-Los niños necesitan muchas cosas, pero antes que todo, ellos necesitan amor.
925	**wild**	**salvaje| silvestre; la tierra virgen**
	adj; ss	The field is full of wild flowers.
	[waɪld]	-El campo está lleno de flores silvestres.
926	**further**	**promover| adelantar; además; adicional**
	vb; adv; adj	It's not worth reading any further.
	[ˈfɜrðər]	-No vale la pena leer más.
927	**race**	**la raza| la carrera; competir**
	ss; vb	I ran a race with him.
	[reɪs]	-Hice una carrera con él.
928	**spot**	**el lugar| el punto; manchar; al contado**
	ss; vb; adj	Jim parked in his usual spot.
	[spɑt]	-Jim se estacionó en su lugar habitual.
929	**fellow**	**el compañero| el miembro**
	ss	He is a very decent fellow.
	[ˈfɛloʊ]	-Él es extremadamente amable.
930	**blind**	**ciego; cegar; a ciegas; la persiana**
	adj; vb; adv; ss	It is cruel to mock a blind man.
	[blaɪnd]	-Es cruel burlarse de un ciego.
931	**whom**	**quién**
	prn	Tell me whom you talked about.
	[hum]	-Dime de quién hablabas.
932	**awful**	**horrible| detestable**
	adj	I had an awful day.
	[ˈɑfəl]	-Tuve un día horroroso.
933	**killer**	**el asesino**
	ss	Methadone is commonly prescribed as a pain killer.
	[ˈkɪlər]	-Con frecuencia, la metadona se prescribe como analgésico.
934	**flower**	**la flor; florecer**
	ss; vb	That flower tried to attack me.
	[ˈflaʊər]	-Esa flor trató de atacarme.
935	**appreciate**	**apreciar| comprender**
	vb	I appreciate what you're trying to do.
	[əˈpriʃiˌeɪt]	-Agradezco lo que estás intentando hacer.
936	**fit**	**el ajuste| el ataque; en forma; caber**
	ss; adj; vb	I gave away the table because it does not fit in the living room.
	[fɪt]	-La mesa la regalé porque no cabía en la sala.
937	**aye**	**sí; siempre**
	part; adv	Hand off... aye aye, sir.
	[aɪ]	-Manos fueras, entendido, señor.
938	**beauty**	**la belleza**
	ss	Beauty is no quality in things themselves: It exists merely in the mind which contemplates them; and each mind perceives a different beauty.
	[ˈbjuti]	-La belleza no es una cualidad de las cosas por sí mismas: únicamente existe en la mente que las contempla; y cada mente percibe una belleza diferente.

939 partner el socio| la pareja; acompañar

ss; vb
['pɑrtnər]

To my chief strategist, David Axelrod, who's been a partner with me every step of the way. To the best campaign team ever assembled in the history of politics! You made this happen, and I am forever grateful for what you've sacrificed to get it done.
-A mi estratega en jefe, David Axelrod, quien fue mi socio a cada paso del camino. ¡Al mejor equipo de campaña reunido en la historia de la política! Ustedes hicieron esto realidad, y les estoy eternamente agradecido por lo que se sacrificaron para lograrlo.

940 twenty veinte

num
['twɛnti]

Each year, twenty-seven million acres of the tropical rainforests are destroyed.
-Cada año, veintisiete millones de acres de los bosques tropicales son destruidos.

941 bird el pájaro| el volante

ss
[bɜrd]

This dog and that fish are mine, but that bird not.
-Este perro y ese pez son míos, pero aquel pájaro no.

942 dick la polla

ss
[dɪk]

Dick had a traffic accident.
-Dick estuvo involucrado en un accidente de tráfico.

943 lock bloquear| trabar; la cerradura

vb; ss
[lɑk]

Lock the door when you go out.
-Eche usted la llave al salir.

944 blame la culpa; culpar

ss; vb
[bleɪm]

I don't blame you for hitting him.
-No le culpo por pegarle.

945 otherwise de otra manera; si no

adv; con
['ʌðərˌwaɪz]

We have to pick those apples right now, otherwise they'll decay.
-Debemos coger esas manzanas altiro, o si no se van a pudrir.

946 heavy pesado| fuerte; el matón; penosamente

adj; ss; adv
['hɛvi]

The train was delayed on account of a heavy snow.
-El tren se retrasó debido a una fuerte nevada.

947 drinking la bebida

ss
['drɪŋkɪŋ]

Then you start drinking a little slower.
-Después, empiezas a beber un poco más despacio.

948 choose elegir

vb
[ʧuz]

I don't know which book to choose.
-No sé que libro elegir.

949 allow permitir| autorizar

vb
[əˈlaʊ]

A democrat is, at the end of the day, one who admits that an opponent can be right, and therefore lets them express themselves and allows for reflection upon their arguments. When parties or men feel sufficiently persuaded by their own arguments that they allow the silencing of those that contradict them by means of violence, that isn't democracy.
-El demócrata es, después de todo, aquél que admite que un adversario puede tener razón, y por lo tanto le deja expresarse y acepta reflexionar sobre sus argumentos. Cuando los partidos o los hombres se sienten lo suficientemente persuadidos por sus propias razones que aceptan cerrarles la

boca a los que les contradigan por medio de la violencia, entonces, eso ya no es democracia.

950	**twice**	**dos veces**
	adv	I have been to America twice.
	[twaɪs]	-Estuve dos veces en los Estados Unidos.
951	**shout**	**el grito; gritar**
	ss; vb	You don't have to shout at me.
	[ʃaʊt]	-No tienes que gritarme.
952	**magic**	**la magia; mágico**
	ss; adj	He produced a rabbit out of his hat by magic.
	[ˈmædʒɪk]	-Él sacó un conejo de su sombrero con magia.
953	**waste**	**los residuos; perder; inútil**
	ss; vb; adj	Many rivers in Japan are polluted by waste water from factories.
	[weɪst]	-Muchos ríos en Japón están contaminados por aguas residuales provenientes de las fábricas.
954	**address**	**la dirección; dirigirse**
	ss; vb	Please take me to this address.
	[ˈæˌdrɛs]	-Lléveme a esta dirección, por favor.
955	**plenty**	**mucho| muy; la abundancia; abundante**
	adv; ss; adj	I have plenty of money with me.
	[ˈplɛnti]	-Tengo dinero de sobra conmigo.
956	**raise**	**el aumento| la sobremarca; elevar**
	ss; vb	Apparently, we'll be getting a raise within two months.
	[reɪz]	-Aparentemente, obtendremos un aumento dentro de dos meses.
957	**notice**	**el aviso| la nota; notar**
	ss; vb	Did you notice her new dress?
	[ˈnoʊtəs]	-¿Te fijaste en su nuevo vestido?
958	**gasp**	**jadear; el grito**
	vb; ss	Kit's gasp urged him on.
	[gæsp]	-El jadeo de Kit lo alentó a continuar.
959	**mission**	**la misión; despachar con recado**
	ss; vb	This will be a very dangerous mission.
	[ˈmɪʃən]	-Esta va a ser una misión muy peligrosa.
960	**doc**	**el doctor**
	ss	This even works when going from one doc type to another.
	[dɑk]	-Estas combinaciones de teclas funcionan incluso entre documentos de distinto tipo.
961	**taste**	**el gusto| el sabor; probar**
	ss; vb	The misery of others leaves a weird taste.
	[teɪst]	-La miseria ajena deja un extraño sabor.
962	**flight**	**el vuelo| la huida; huir**
	ss; vb	Is this your flight?
	[flaɪt]	-¿Este es tu vuelo?
963	**billy**	**la porra**
	ss	I left my billy club at the Captain's house.
	[ˈbɪli]	-Yo me dejé mi porra en casa del capitán.
964	**kitchen**	**la cocina**

| | ss | There is a cat in the kitchen. |
| | [ˈkɪtʃən] | -Hay un gato en la cocina. |

965 experience — **la experiencia; experimentar**

ss; vb
[ɪkˈspɪriəns]

It is needless to say that an experienced person will do better than someone without experience.
-Es innecesario decir que una persona experimentada lo hará mejor que una sin experiencia.

966 fresh — **fresco| dulce**

adj
[frɛʃ]

Fish such as carp and trout live in fresh water.
-Los peces tales como la carpa o la trucha viven en agua dulce.

967 chicken — **el pollo**

ss
[ˈtʃɪkən]

It tastes a lot like chicken.
-Sabe muy parecido al pollo.

968 cost — **el costo| el precio; costar**

ss; vb
[kɑst]

I want to become a singer, at any cost.
-Quiero convertirme en un cantante a toda costa.

969 nature — **la naturaleza| el carácter**

ss
[ˈneɪtʃər]

It may be impossible to get a completely error-free corpus due to the nature of this kind of collaborative effort. However, if we encourage members to contribute sentences in their own languages rather than experiment in languages they are learning, we might be able to minimize errors.
-Puede que sea imposible obtener un corpus completamente libre de errores debido a la naturaleza de este tipo de esfuerzo de colaboración. Sin embargo, si animamos a los miembros a contribuir frases en sus propios idiomas en lugar de experimentar con los idiomas que están aprendiendo, podríamos ser capaces de minimizar los errores.

970 hero — **el héroe**

ss
[ˈhɪroʊ]

One murder makes a villain, millions a hero.
-Un asesinato hace a un villano, millones a un héroe.

971 breakfast — **el desayuno; desayunar**

ss; vb
[ˈbrɛkfəst]

I bought a loaf of bread for breakfast.
-Compré una hogaza de pan para el desayuno.

972 holding — **la participación| la tenencia**

ss
[ˈhoʊldɪŋ]

Tomorrow, we're holding a farewell gathering for Nancy.
-Mañana le haremos una reunión de despedida a Nancy.

973 planet — **el planeta**

ss
[ˈplænət]

Earth is a planet.
-La Tierra es un planeta.

974 search — **buscar| buscar en; la búsqueda**

vb; ss
[sɜrtʃ]

She went from place to place in search of him.
-Ella iba de lugar en lugar buscándolo.

975 however — **sin embargo; de todos modos**

con; adv
[ˌhaʊˈɛvər]

Barter, however, was a very unsatisfactory system because people's needs seldom matched exactly.
-El trueque, sin embargo, fue un sistema muy insatisfactorio dado que las necesidades de la gente rara vez coincidían exactamente.

976 battle — **la batalla| la pelea; combatir**

	ss; vb	Eighteen minutes later, the battle was over.
	[ˈbætəl]	-Dieciocho minutos después, la batalla había terminado.
977	**crap**	**la mierda; cagar**
	ss; vb	Rap is crap.
	[kræp]	-El rap es una mierda.
978	**steal**	**robar| refalar**
	vb	The law, in its majestic equality, forbids the rich as well as the poor to sleep
	[stil]	under bridges, to beg in the streets, and to steal bread.
		-La Ley, en su majestuosa igualdad, le prohíbe al rico al igual que al pobre dormir bajo los puentes, mendigar en las calles y robar pan.
979	**usually**	**en general**
	adv	Where do you usually go to get a haircut?
	[ˈjuʒəwəli]	-¿Dónde sueles ir a que te corten el pelo?
980	**neck**	**el cuello| el mástil; acariciarse**
	ss; vb	Jim had his key dangling around his neck on a chain.
	[nɛk]	-Jim tenía su llave colgando en una cadena alrededor de su cuello.
981	**mate**	**el mate| el compañero; acoplar**
	ss; vb	Christopher Columbus was notorious for repeatedly snoozing his alarm clock
	[meɪt]	by hitting it with his fist. Unfortunately, his "alarm clock" was usually his first mate.
		-Cristóbal Colón era conocido por silenciar a su despertador repetidamente golpeándolo con su puño. Desafortunadamente, su "despertador" era normalmente su primer oficial.
982	**hardly**	**apenas**
	adv	She can hardly speak.
	[ˈhɑrdli]	-Apenas puede hablar.
983	**decision**	**la decisión| el fallo**
	ss	This decision was hard.
	[dɪˈsɪʒən]	-Esta decisión fue difícil.
984	**destroy**	**destruir| acabar con**
	vb	The soldiers' mission was to destroy the bridge.
	[dɪˈstrɔɪ]	-La misión de los soldados era destruir el puente.
985	**sweetheart**	**el novio| los querido**
	ss	Good morning, sweetheart.
	[ˈswitˌhɑrt]	-Buenos días, cariño.
986	**study**	**el estudio| el despacho; estudiar**
	ss; vb	Jim wants to study in Boston.
	[ˈstʌdi]	-Jim quiere estudiar en Boston.
987	**famous**	**famoso| afamado**
	adj	His daughter, as well as his son, were famous.
	[ˈfeɪməs]	-Su hija, al igual que su hijo, eran famosos.
988	**animal**	**animal; el animal**
	adj; ss	Change the animal!
	[ˈænəməl]	-¡Cambia el animal!
989	**simply**	**simplemente**
	adv	Wars don't simply start like winter starts, but rather it is people that start a
	[ˈsɪmpli]	war.

-Las guerras no empiezan simplemente como el invierno, sino que son las personas las que comienzan una guerra.

990	**princess**	**la princesa**
	ss	The princess was sent out to the lake to be fed to the dragon.
	[ˈprɪnsɛs]	-Enviaron a la princesa al lago para alimentar al dragón.

991	**language**	**el idioma| el lenguaje; lingüístico**
	ss; adj	Being a language, mathematics may be used not only to inform but also, among other things, to seduce.
	[ˈlæŋgwədʒ]	-Siendo un lenguaje, la matemática puede ser utilizada no solo para informar, sino también, entre otras cosas, para seducir.

992	**memory**	**la memoria**
	ss	Jim lost his memory.
	[ˈmɛməri]	-Jim perdió la memoria.

993	**throat**	**la garganta**
	ss	If you do that again, I'll come and cut your throat when you're asleep.
	[θroʊt]	-Si lo vuelves a hacer, iré y te rebanaré el pescuezo mientras duermes.

994	**herself**	**sí misma**
	prn	She is muttering to herself.
	[hərˈsɛlf]	-Ella está murmurando consigo misma.

995	**interest**	**interesar| interesarse; el interés**
	vb; ss	I have an interest in cello and piano.
	[ˈɪntrəst]	-Me interesan el chelo y el piano.

996	**faith**	**la fe| la creencia**
	ss	My faith in the next generation is increasing.
	[feɪθ]	-Mi confianza en la próxima generación crece.

997	**guilty**	**culpable**
	adj	It is clear that he is guilty.
	[ˈgɪlti]	-Está claro que es culpable.

998	**shame**	**la vergüenza| la lástima; avergonzar**
	ss; vb	He tried to hide his shame.
	[ʃeɪm]	-Intentaba ocultar su vergüenza.

999	**director**	**el director**
	ss	After Jim was promoted to managing director, Ana told him to splurge on the made-to-measure Italian suit he'd always wanted but never before could afford.
	[dəˈrɛktər]	-Luego de que Jim fuera promovido a director de administración, Ana le dijo que derrochara en el traje italiano a la medida que siempre había querido pero nunca había podido pagar.

1000	**stone**	**la piedra| el hueso; de piedra; apedrear**
	ss; adj; vb	He crushed the stone completely.
	[stoʊn]	-Machacó la piedra completamente.

1001	**innocent**	**inocente; inocente**
	adj; ss	I'll say this: I am innocent.
	[ˈɪnəsənt]	-Diré esto: yo soy inocente.

1002	**bottle**	**la botella; embotellar**
	ss; vb	There is a little water in the bottle.
	[ˈbɑtəl]	-Hay un poco de agua en la botella.

| 1003 | **mister** | **el señor** |

	ss	Why is there a Miss Italy but no Mister Italy?
	['mɪstər]	-¿Por qué existe Miss Italia y no Mister Italia?
1004	**pray**	**orar| rezar**
	vb	She used to pray before going to bed.
	[preɪ]	-Ella solía rezar antes de acostarse.
1005	**bunch**	**el manojo; agrupar**
	ss; vb	The man ran into the room wearing a boot on his head, shouted a bunch of gibberish, and promptly exited.
	[bʌntʃ]	-El hombre entró corriendo con una bota sobre su cabeza, gritó un montón de incoherencias, y salió inmediatamente.
1006	**necessary**	**necesario| preciso; las cosa necesaria**
	adj; ss	Manual labor is necessary in this company.
	['nɛsəˌsɛri]	-En esta compañía, el trabajo manual es necesario.
1007	**form**	**formar| formarse; la forma**
	vb; ss	Please put your age on the form.
	[fɔrm]	-Por favor, indique su edad en el formulario.
1008	**department**	**el departamento| el ministerio**
	ss	He's in charge of the sales department.
	[dɪ'partmənt]	-Él está a cargo del departamento de ventas.
1009	**bomb**	**la bomba; bombardear**
	ss; vb	I have a bomb.
	[bɑm]	-Yo tengo una bomba.
1010	**stage**	**la etapa| el escenario; organizar**
	ss; vb	Have you seen Jim on stage?
	[steɪdʒ]	-¿Has visto a Jim en el escenario?
1011	**roll**	**rodar; el rollo**
	vb; ss	She sat on the empty beach watching the waves roll in one after the other.
	[roʊl]	-Ella se sentó en la playa vacía, viendo las olas venir una tras otra.
1012	**east**	**el este; del este; oriente**
	ss; adj; adv	The wind is blowing from the east.
	[ist]	-El viento sopla del este.
1013	**dancing**	**el baile; de baile**
	ss; adj	When the long, hearty dinner was over, the guests began dancing and singing.
	['dænsɪŋ]	-Cuando la larga y copiosa cena terminó, los invitados comenzaron a bailar y cantar.
1014	**faster**	**asegurado**
	adj	Skin burns faster at higher altitudes.
	['fæstər]	-La piel se quema más rápido a mayores alturas.
1015	**van**	**la furgoneta**
	ss	He imitated the works of Van Gogh.
	[væn]	-Él imitó las obras de Van Gogh.
1016	**soldier**	**el soldado; militar**
	ss; vb	The soldier acted bravely.
	['soʊldʒər]	-El soldado actuó valientemente.
1017	**military**	**militar; el militar**

	adj; ss [ˈmɪləˌtɛri]	Myanmar is ruled by a military dictatorship. -Birmania es gobernado por una dictadura militar.
1018	**final** adj; ss [ˈfaɪnəl]	**final| definitivo; el final** Sometimes I ask myself, what a raven, with its decisive final presence, and its mournful persistent color , may have to say to the aged mountains. -A veces me pregunto qué tendrá que decirle un cuervo, con su decisiva presencia final y su persistente color funesto, a las ancianas montañas.
1019	**apart** adj; adv [əˈpɑrt]	**aparte; aparte** I think I'm going to quit my job. The company is falling apart. -Creo que voy a renunciar a mi trabajo. La compañía se está desmoronando.
1020	**match** ss; vb [mætʃ]	**el partido| la cerilla; igualar** He struck a match. -Él encendió un fósforo.
1021	**computer** ss [kəmˈpjutər]	**el ordenador| el computador** Jim is a computer programmer. -Jim es un programador de computadores.
1022	**detective** ss; adj [dɪˈtɛktɪv]	**el detective; policíaco** He is a detective. -Él es detective.
1023	**admit** vb [ədˈmɪt]	**admitir| reconocer** She was further in debt than she was willing to admit. -Estaba más endeudada de lo que quería admitir.
1024	**tight** adj; adv [taɪt]	**ajustado| apretado; herméticamente** Honey, I know the budget is tight, but do you think we could splurge a bit and have a night out at a fancy restaurant this weekend? -Cariño. Sé que el presupuesto es apretado pero, ¿crees que podríamos despilfarrar un poco y salir una noche a un restaurante lujoso este fin de semana?
1025	**engine** ss [ˈɛnʤən]	**el motor** Please tell me how to start the engine. -Dime por favor cómo arrancar el motor.
1026	**build** vb; ss [bɪld]	**construir| fortalecer; la estructura** It took many years to build it. -Construirlo tomó muchos años.
1027	**treat** vb; ss [trit]	**tratar| curar; el convite** Jim doesn't know how to treat his employees properly. -Jim no sabe tratar apropiadamente a sus empleados.
1028	**sight** ss; vb [saɪt]	**la vista| la mira; avistar** We lost sight of him. -Lo perdimos de vista.
1029	**closer** adv [ˈkloʊsər]	**íntimamente** The Flower Market and Rembrandtplein are even closer. -El Mercado de las Flores y Rembrandtplein están incluso más cerca.
1030	**huge** adj [hjuʤ]	**enorme| grandote** The building is a huge structure. -El edificio es una estructura enorme.
1031	**complete**	**completar; completo**

	vb; adj	We want complete sentences.
	[kəmˈplit]	-Queremos frases completas.
1032	**excellent**	**excelente**
	adj	Dinner was excellent.
	[ˈɛksələnt]	-La cena fue estupenda.
1033	**beach**	**la playa; varar**
	ss; vb	Which way is the beach?
	[bitʃ]	-¿Por dónde queda la playa?
1034	**ridiculous**	**ridículo**
	adj	That's a ridiculous idea.
	[rɪˈdɪkjələs]	-Esa es una idea ridícula.
1035	**unite**	**unir| unirse**
	vb	I always unite those two.
	[ˈjuˌnaɪt]	-Siempre uno los dos.
1036	**among**	**entre**
	prp	National pride counts among those things which I don't understand.
	[əˈmʌŋ]	-El orgullo patriótico cuenta entre una de esas cosas que no entiendo.
1037	**hall**	**la sala**
	ss	The audience filled the hall.
	[hɔl]	-El público llenó el auditorio.
1038	**danger**	**el peligro**
	ss	You're in danger, Jim.
	[ˈdeɪndʒər]	-Estás en peligro, Jim.
1039	**itself**	**sí mismo**
	prn	Competition is neither good nor evil in itself.
	[ɪtˈsɛlf]	-La competición en sí misma no es ni buena ni mala.
1040	**cup**	**la taza; tomar a**
	ss; vb	Would you like a cup of milk?
	[kʌp]	-¿Quieres una taza de leche?
1041	**knife**	**el cuchillo; acuchillar**
	ss; vb	Jim followed Ana into the kitchen, picked up a knife and threatened her with
	[naɪf]	it.
		-Jim siguió a Ana hasta la cocina, tomó un cuchillo y la amenazó con él.
1042	**support**	**el apoyo; apoyar**
	ss; vb	His income is too small to support his family.
	[səˈpɔrt]	-Sus ingresos son muy pequeños para sostener a su familia.
1043	**milk**	**la leche; ordeñar; de leche**
	ss; vb; adj	Get me a glass of milk.
	[mɪlk]	-Tráeme un vaso de leche.
1044	**mention**	**la mención; mencionar**
	ss; vb	In a recent article about activities to keep your brain young, they mention
	[ˈmɛnʃən]	Esperanto along with Sudoku, which shows that Esperanto is becoming part
		of popular culture.
		-En un artículo reciente acerca de actividades para mantener joven nuestro
		cerebro, se menciona el esperanto al mismo tiempo que el Sudoku, lo cual
		muestra que el esperanto empieza a formar parte de la cultura popular.
1045	**pant**	**jadear; el jadeo**

	vb; ss	There are stains on the pant as well.
	[pænt]	-También hay manchas en el pantalón.
1046	**cousin**	**el primo**
	ss	My cousin is a journalist.
	[ˈkʌzən]	-Mi prima es periodista.
1047	**main**	**principal; la cañería**
	adj; ss	The main valve is turned off.
	[meɪn]	-La válvula principal está cerrada.
1048	**cook**	**el cocinero; cocinar**
	ss; vb	We boil water to cook spaghetti.
	[kʊk]	-Hervimos agua para hacer fideos.
1049	**meat**	**la carne; de carne**
	ss; adj	What kinds of meat dishes do you serve?
	[mit]	-¿Qué tipos de platos de carne sirven?
1050	**grandma**	**la abuelita**
	ss	We're worried about Grandma and Grandpa.
	[ˈgræma]	-Estamos preocupados por el abuelito y la abuelita.
1051	**obviously**	**obviamente**
	adv	That's obviously inevitable.
	[ˈɑbviəsli]	-Eso es obviamente inevitable.
1052	**ill**	**enfermo; mal; el mal**
	adj; adv; ss	He fell ill three years ago.
	[ɪl]	-Él enfermó hace tres años.
1053	**angel**	**el ángel**
	ss	Angela is not an angel.
	[ˈeɪndʒəl]	-Angela no es un ángel.
1054	**risk**	**el riesgo; arriesgar**
	ss; vb	He ran a great risk in the jungle.
	[rɪsk]	-Él corrió un gran riesgo en la jungla.
1055	**bathroom**	**el cuarto de baño**
	ss	In the bathroom there's a sink, a bidet, a toilet, and a shower. There used to
	[ˈbæˌθrum]	be a bath.
		-En el baño hay un lavabo, un bidé, un inodoro y una ducha. Antes había una bañera.
1056	**relationship**	**la relación**
	ss	Have you ever been in a long distance relationship?
	[riˈleɪʃənˌʃɪp]	-¿Has tenido una relación de larga distancia alguna vez?
1057	**tape**	**la cinta; grabar en cinta**
	ss; vb	Do you have any tape?
	[teɪp]	-¿Tiene esparadrapo?
1058	**sword**	**la espada**
	ss	Those who live by the sword die by the sword.
	[sɔrd]	-Aquellos que viven por la espada por la espada mueren.
1059	**nonsense**	**los disparates**
	ss	You speak nonsense, my friend.
	[ˈnɑnsɛns]	-Solo dices tonterías, colega.
1060	**freedom**	**la libertad| la soltura**

	ss ['fridəm]	Everyone has the right to freedom of movement and residence within the borders of each State. -Toda persona tiene derecho a circular libremente y a elegir su residencia en el territorio de un Estado.
1061	**extra** ss; adj; adv ['ɛkstrə]	**el extra; adicional; extraordinariamente** He didn't know what to do with the extra food. -No sabía que hacer con la comida extra.
1062	**pregnant** adj ['prɛgnənt]	**embarazada** Jim is pretty sure that he can't become pregnant. -Jim está bastante seguro de no poder quedarse embarazado.
1063	**corner** ss; vb ['kɔrnər]	**la esquina| el córner; arrinconar** I have a corner in my liver just for you, alcohol. -Tengo un rincón de mi hígado sólo para ti, alcohol.
1064	**beyond** adv; prp [bɪ'ɑnd]	**más allá; más allá de** My team has never advanced beyond the quarter-finals. -Mi equipo nunca ha avanzado de cuartos de final.
1065	**hiding** ss ['haɪdɪŋ]	**la ocultación** I'm hiding from her. -Me estoy escondiendo de ella.
1066	**belong** vb [bɪ'lɔŋ]	**pertenecer a** Ideas do not belong to anyone, they float in the air. -Las ideas no le pertenecen a nadie, flotan en el aire.
1067	**wash** ss; vb [wɑʃ]	**el lavado| la colada; lavar** Wash your hands. -Lávate las manos.
1068	**drug** ss; adj; vb [drʌg]	**la droga| el fármaco; narcótico; drogar** The effects of the drug are intense but brief. -Los efectos de la droga son intensos pero breves.
1069	**Chinese** adj; ss [tʃaɪ'niz]	**chino; el chino** I've never eaten Chinese food. -Jamás comí comida china.
1070	**skin** ss; vb [skɪn]	**la piel| el cutis; pelar** She is all skin and bone. -Ella es piel y hueso.
1071	**breathe** vb [brið]	**respirar| espirar** Through many cascades, the water shoots loudly into the valley. I breathe deeply and for some reason think about Ana, who is always going on a new adventure. I know she feels an unbridled emotion when she is free. That's why she doesn't want to be tied to me. -Tras muchas cascadas el agua se lanza ruidosamente en el valle. Respiro profundamente y por alguna razón pienso en Ana, que siempre se lanza a una nueva aventura. Yo sé que siente una emoción desenfrenada al estar libre. Por eso ella no quiere unirse a mi.
1072	**large** adj [lɑrdʒ]	**gran| amplio** We received a large package. -Recibimos un gran paquete.
1073	**motherfucker**	**los hijo de puta**

ss   We finally got that little motherfucker.

['mʌðərˈfʌkər]   -Al fin agarramos al pequeño hijo de puta.

1074 driver   **el conductor| el operador**

ss   Jim is a reckless driver.

['draɪvər]   -Jim es un conductor imprudente.

1075 health   **la salud; balneario**

ss; adj   It is said that smoking is bad for your health.

[hɛlθ]   -Es sabido que fumar es malo para tu salud.

1076 command   **el mando| el comando; mandar**

ss; vb   Take control of the command post.

[kəˈmænd]   -Toma el control del puesto de mando.

1077 ugly   **feo**

adj   He is neither handsome nor ugly.

[ˈʌgli]   -No es ni guapo ni feo.

1078 patient   **paciente; paciente**

adj; ss   The patient has no pulse.

[ˈpeɪʃənt]   -El paciente no tiene pulso.

1079 note   **la nota| el apunte; observar**

ss; vb   It wasn't very smart of you to throw that note away.

[noʊt]   -No fue muy astuto de tu parte haber tirado esa nota.

1080 bridge   **el puente; tender un puente sobre**

ss; vb   This bridge is made of wood.

[brɪdʒ]   -Este puente está hecho de madera.

1081 strength   **la fuerza| la intensidad**

ss   We took pride in our strength.

[strɛŋkθ]   -Tomamos orgullo en nuestra fuerza.

1082 rise   **la altura| el aumento; subir**

ss; vb   Rise and shine, Johnny.

[raɪz]   -Levántate, Johnny.

1083 pig   **el cerdo| el chancho; parir**

ss; vb   The spell was broken and the pig turned into a man.

[pɪg]   -El hechizo fue roto y el cerdo se transformó en hombre.

1084 dumb   **mudo**

adj   He remained dumb.

[dʌm]   -Él permaneció mudo.

1085 level   **el nivel; nivelar; a nivel; a nivel**

ss; vb; adj; adv   Water boils at 100 degrees Celsius at sea level.

[ˈlɛvəl]   -El agua hierve a los 100 grados Celsius a nivel del mar.

1086 nut   **la tuerca| la nuez; recoger nueces**

ss; vb   He's a health nut.

[nʌt]   -Es un fanático de la salud.

1087 Sunday   **el domingo; del domingo**

ss; adj   We went to church every Sunday when we were in America.

[ˈsʌnˌdeɪ]   -Cada domingo íbamos a la iglesia cuando estábamos en Estados Unidos.

1088 track   **la pista| la vía; rastrear**

ss; vb   It's easy to lose track of time when you are in Las Vegas.

[træk]   -Es fácil perder la noción del tiempo cuando estás en Las Vegas.

1089	**commander**	**el comandante**
	ss	The commander called reinforcements up.
	[kəˈmændər]	-El comandante llamó a los refuerzos.

1090	**strike**	**la huelga| el ataque; golpear**
	ss; vb	The bus drivers are on strike today.
	[straɪk]	-Los conductores de colectivos están de paro hoy.

1091	**weapon**	**la arma**
	ss	The murder weapon wasn't found.
	[ˈwɛpən]	-El arma homicida no fue hallada.

1092	**common**	**común; la comunidad**
	adj; ss	Sodium benzoate is a very common food preservative.
	[ˈkɑmən]	-El benzoato de sodio es un conservante muy común.

1093	**consider**	**considerar**
	vb	I doubt that Jim would ever consider going to Iraq.
	[kənˈsɪdər]	-Dudo que Jim considerara alguna vez ir a Irak.

1094	**grunt**	**el gruñido; gruñir**
	ss; vb	It's got a remarkably clear yes/no answer, and just requires phenomenal grunt.
	[grʌnt]	-Tiene una respuesta muy clara, sí o no, y sólo requiere un gruñido fenomenal.

1095	**accord**	**el acuerdo| la armonía; conceder**
	ss; vb	The nuclear accord simultaneously accomplished two things.
	[əˈkɔrd]	-El acuerdo nuclear significó dos cosas al mismo tiempo.

1096	**storey**	**el piso**
	ss	He tied this rope around a radiator and jumped from the fourth storey.
	[ˈstɔri]	-Ató la cuerda alrededor de un radiador y saltó de la ventana del cuarto piso.

1097	**speed**	**la velocidad| la marcha; acelerar**
	ss; vb	He calculated the speed of light.
	[spid]	-Él calculó la velocidad de la luz.

1098	**favorite**	**favorito; el favorito**
	adj; ss	Who's your favorite song writer?
	[ˈfeɪvərɪt]	-¿Quién es tu compositor favorito?

1099	**due**	**debido; debidamente; el deber**
	adj; adv; ss	The accident was due to the drunken driving of a certain film star.
	[du]	-El accidente fue provocado por una cierta estrella de cine conduciendo ebria.

1100	**sheriff**	**el alguacil**
	ss	Honorable sheriff may now make arrest.
	[ˈʃɛrəf]	-El honorable sheriff ahora puede hacer el arresto.

1101	**serve**	**servir| atender; el saque**
	vb; ss	Serve hot or cold with cream, ice cream, or custard sauce.
	[sɜrv]	-Servir caliente o frío con nata, helado, o salsa de natillas.

1102	**tooth**	**el diente**
	ss	The siblings are fighting tooth and nail over the estate their father left them in his will.
	[tuθ]	-Los hermanos se están peleando con uñas y dientes por la herencia que su padre les dejó en su testamento.

1103	**Japanese**	**japonés; el japonés**
	adj; ss	My Japanese is terrible.
	[ˌdʒæpəˈniz]	-Mi japonés es terrible.
1104	**shirt**	**la camisa**
	ss	Jim took a small envelope from his shirt pocket and gave it to Ana.
	[ʃɜrt]	-Jim sacó un pequeño sobre del bolsillo de su camisa y se lo dio a Ana.
1105	**size**	**el tamaño; clasificar según el tamaño**
	ss; vb	The price depends on the size.
	[saɪz]	-El precio depende del tamaño.
1106	**feed**	**alimentar; el pienso**
	vb; ss	Please feed the dog every day.
	[fid]	-Alimenta al perro diario por favor.
1107	**bobby**	**el poli**
	ss	OK, so sadly a young bobby from our district, PC Martin Summers...
	[ˈbɑbi]	-Bien, tristemente un joven policía de nuestro distrito el agente Martin Summers.
1108	**coach**	**el entrenador| el autocar; entrenar**
	ss; vb	The coach called off the game because many of the players were down with the flu.
	[koʊtʃ]	-El entrenador suspendió el partido porque muchos de los jugadores estaban de baja con la gripe.
1109	**dry**	**seco| árido; secar**
	adj; vb	The shirts are dry.
	[draɪ]	-Las camisetas están secas.
1110	**pack**	**el paquete| el envase; empacar**
	ss; vb	Pack them in the box.
	[pæk]	-Empácalas en la caja.
1111	**natural**	**natural; el becuadro**
	adj; ss	They have no natural predators.
	[ˈnætʃərəl]	-Ellos no tienen depredadores naturales.
1112	**grace**	**la gracia| la elegancia; honrar**
	ss; vb	Jim has fallen from grace.
	[greɪs]	-Jim ha caído en desgracia.
1113	**prefer**	**preferir| presentar**
	vb	The survey revealed that most pregnant women prefer girls.
	[prəˈfɜr]	-La encuesta reveló que la mayoría de las mujeres embarazadas prefieren niñas.
1114	**bottom**	**el fondo| el pie; del fondo; tocar fondo**
	ss; adj; vb	Jim found the treasure at the bottom of the lake.
	[ˈbɑtəm]	-Jim encontró el tesoro en el fondo del lago.
1115	**mountain**	**la montaña| el montón; montañés**
	ss; adj	There was a tower on the top of the mountain.
	[ˈmaʊntən]	-Había una torre en la cima de la montaña.
1116	**national**	**nacional; el nacional**
	adj; ss	I wonder how a government would go about measuring gross national happiness.
	[ˈnæʃənəl]	-Me pregunto cómo un gobierno podría medir la felicidad nacional bruta.
1117	**witness**	**el testigo| el testimonio; presenciar**

ss; vb   May I call my first witness?

['wɪtnəs]   -¿Puedo llamar a mi primer testigo?

1118   **view**   **ver| considerar; la vista**

vb; ss   We have a magnificent view of the ocean from our hotel room.

[vju]   -Tenemos una magnífica vista al mar desde nuestra habitación de hotel.

1119   **breath**   **el aliento| el soplo**

ss   I held my breath and waited.

[brɛθ]   -Contuve mi respiración y esperé.

1120   **ticket**   **el billete| el boleto; rotular**

ss; vb   How much is the ticket?

['tɪkət]   -¿Cuánto cuesta el boleto?

1121   **energy**   **la energía**

ss   I'm a happy and healthy person, who is full of energy, with a positive attitude

['ɛnərdʒi]   and outlook on life.

    -Soy una persona feliz y saludable que está llena de energía con una actitud positiva y visión de la vida.

1122   **emergency**   **la emergencia**

ss   In an emergency, use the stairway, not the elevator.

[ɪˈmɜrdʒənsi]   -En caso de emergencia, usa las escaleras, no el ascensor.

1123   **code**   **el código| el prefijo; cifrar**

ss; vb   But you know, it would be sad to collect all these sentences, and keep them

[koʊd]   for ourselves. Because there's so much you can do with them. Which is why Tatoeba is open. Our source code is open. Our data is open.

    -Pero sería triste recoger estas frases y guardárnoslas para nosotros, porque se pueden hacer tantas cosas con ellas... Por eso Tatoeba está abierta, nuestro código fuente está abierto. Nuestra información está abierta al público.

1124   **cheer**   **animar| aplaudir; el humor**

vb; ss   Hopefully someone that's better at cheering me up than you are.

[tʃɪr]   -Espero que sea alguien más animado que tú.

1125   **correct**   **correcto| exacto; corregir**

adj; vb   To change the flag, click on the flag icon and choose the correct language.

[kəˈrɛkt]   -Para cambiar la bandera, haga clic en el icono de la bandera y elija el idioma correcto.

1126   **responsible**   **responsable**

adj   That scientist is responsible for many discoveries.

[riˈspɑnsəbəl]   -Ese científico es responsable de muchos descubrimientos.

1127   **earlier**   **más temprano**

adv   Is not a coincidence that all the stores closed earlier today.

['ɜrliər]   -No es casualidad que todo el comercio haya cerrado temprano hoy.

1128   **remain**   **permanecer| quedar**

vb   You have the right to remain silent.

[rɪˈmeɪn]   -Tiene el derecho a mantener silencio.

1129   **trick**   **el truco| la trampa; engañar; de pega**

ss; vb; adj   He tied his son's shoe with a double knot and said, "There, that should do the

[trɪk]   trick."

    -Él ató el zapato de su hijo con un nudo doble y dijo "ya está, eso debería funcionar".

1130	**weekend**	**los fin de semanha**
	ss	My brother goes fishing every weekend.
	[ˈwiˌkɛnd]	-Mi hermano va a pescar todos los fines de semana.
1131	**inspector**	**el inspector| el interventor**
	ss	I know who killed the police inspector.
	[ɪnˈspɛktər]	-Yo sé quién mató al comisario.
1132	**pal**	**camarada**
	ss	"You're here to follow my orders." "In your dreams, pal!"
	[pæl]	-"Estás aquí para seguir mis órdenes." "¡Sueña, socio!"
1133	**account**	**la cuenta; considerar**
	ss; vb	He gave up taking part in the marathon on account of his cold.
	[əˈkaʊnt]	-Renunció a participar en la maratón por su resfriado.
1134	**ex**	**ex; el pasado**
	prp; ss	Financial inspection is riddled with loopholes, both ex-ante and ex-post.
	[ɛks]	-El control financiero presenta enormes lagunas, tanto ex-ante como ex-post.
1135	**usual**	**usual| común**
	adj	Jim got to work later than usual this morning. I wonder why.
	[ˈjuʒəwəl]	-Jim fue a trabajar más tarde de lo normal. Me pregunto por qué.
1136	**hanging**	**colgante; la cuelga**
	adj; ss	I am hanging up a picture of my grandmother.
	[ˈhæŋɪŋ]	-Estoy colgando una foto de mi abuela.
1137	**deserve**	**merecer**
	vb	You deserve a present.
	[dɪˈzɜrv]	-Te mereces un regalo.
1138	**ringing**	**el zumbido; resonante**
	ss; adj	The busy woman ignored the ringing telephone.
	[ˈrɪŋɪŋ]	-La ocupada mujer ignoró al teléfono que sonaba.
1139	**groan**	**el gemido; gemir**
	ss; vb	But coaches don't have to groan so loud.
	[groʊn]	-Pero las ayudantes no tenéis que gemir.
1140	**example**	**el ejemplo**
	ss	Follow your sister's example.
	[ɪgˈzæmpəl]	-Sigue el ejemplo de tu hermana.
1141	**practice**	**la práctica| el ejercicio; practicar**
	ss; vb	I need more practice.
	[ˈpræktəs]	-Necesito más práctica.
1142	**grandpa**	**el abuelo**
	ss	How old is your grandpa?
	[ˈgrændˌpɑ]	-¿Cuántos años tiene tu abuelo?
1143	**brown**	**marrón; el marrón; dorar**
	adj; ss; vb	Jim has brown hair.
	[braʊn]	-Jim tiene el pelo castaño.
1144	**several**	**varios**
	adj	It took me several hours to prepare it.
	[ˈsɛvrəl]	-Me tomó varias horas prepararlo.
1145	**happiness**	**la felicidad| la alegría**

	ss	Every man is a suffering-machine and a happiness-machine combined.
	[ˈhæpinəs]	-Todo hombre es una máquina de aflicción y una máquina de felicidad combinadas.
1146	**apologize**	**disculparse**
	vb	Jim thinks Ana should apologize to John.
	[əˈpɑləˌʤaɪz]	-Jim piensa que Ana se debería disculpar con John.
1147	**monster**	**el monstruo; monstruoso**
	ss; adj	He who fights with monsters should look to it that he himself does not
	[ˈmɑnstər]	become a monster. And when you gaze long into an abyss the abyss also gazes into you.
		-El que lucha contra los monstruos tiene que procurar no convertirse en uno, ya que, cuando se mira durante demasiado tiempo a un abismo, el abismo también os observa.
1148	**pressure**	**la presión| la tensión**
	ss	The nurse took my blood pressure.
	[ˈprɛʃər]	-La enfermera me tomó la presión.
1149	**center**	**centrar| centralizar; el centro**
	vb; ss	The station is in the center of the city.
	[ˈsɛntər]	-La estación de tren está en el centro de la ciudad.
1150	**coat**	**la capa| el abrigo; recubrir**
	ss; vb	He put on his coat and left the house.
	[koʊt]	-Se puso el abrigo y se fue de casa.
1151	**silence**	**el silencio; silenciar**
	ss; vb	Speech is silver, but silence is golden.
	[ˈsaɪləns]	-La palabra es plata y el silencio oro.
1152	**prepare**	**preparar| prepararse**
	vb	He'll be back in two hours. In the meantime, let's prepare dinner.
	[priˈpɛr]	-Él volverá en dos horas; mientras tanto, preparemos la cena.
1153	**justice**	**la justicia**
	ss	Without justice there will be no peace.
	[ˈʤʌstəs]	-Sin justicia no habrá paz.
1154	**ours**	**la nuestra**
	prn	The books are ours.
	[ˈaʊərz]	-Los libros son nuestros.
1155	**copy**	**la copia| el ejemplar; copiar**
	ss; vb	Make a copy of this report.
	[ˈkɑpi]	-Haz una copia de este reporte.
1156	**market**	**el mercado; comercializar**
	ss; vb	I bought three apples and two bunches of grapes for dessert at the market.
	[ˈmɑrkət]	-Compré tres manzanas y dos racimos de uvas para el postre en el mercado.
1157	**operation**	**la operación| el funcionamiento**
	ss	The army continues its anti-terrorism operation.
	[ˌɑpəˈreɪʃən]	-El ejército continúa con su operación antiterrorismo.
1158	**noise**	**el ruido| el estruendo**
	ss	I was suddenly awakened by a loud noise.
	[nɔɪz]	-Fui despertado bruscamente por un ruido fuerte.
1159	**fill**	**llenar| tapar; el llenado**

	vb; ss	Fill in this form.
	[fɪl]	-Llene este formulario.
1160	**advice**	**el asesoramiento| el consejo**
	ss	She advised him to take a rest, but he didn't follow her advice.
	[ædˈvaɪs]	-Le aconsejó que tomara un descanso, pero no siguió su consejo.
1161	**society**	**la sociedad**
	ss	I'm interested in the society page of that newspaper.
	[səˈsaɪəti]	-Me interesa la página de sociedad de ese periódico.
1162	**Russian**	**ruso; el ruso**
	adj; ss	They're Russian.
	[ˈrʌʃən]	-Ellos son rusos.
1163	**cream**	**la crema; batir**
	ss; vb	I like chocolate ice cream.
	[krim]	-Me gusta el helado de chocolate.
1164	**ghost**	**el fantasma; escribir por otro**
	ss; vb	As a kid I was possessed by a ghost.
	[goʊst]	-Cuando pequeño me poseyó un fantasma.
1165	**exist**	**existir| vivir**
	vb	This sentence doesn't exist.
	[ɪgˈzɪst]	-Esta frase no existe.
1166	**oil**	**el aceite; petrolero; engrasar**
	ss; adj; vb	She fried fish in salad oil.
	[ɔɪl]	-Ella frio pescado en aceite para ensalada.
1167	**horrible**	**horrible| detestable**
	adj	What a horrible smell!
	[ˈhɔrəbəl]	-¡Qué baranda!
1168	**willing**	**complaciente**
	adj	I'd be willing to bet Jim will be late.
	[ˈwɪlɪŋ]	-Te apuesto que Jim llegará tarde.
1169	**tie**	**la corbata| el lazo; atar**
	ss; vb	That tie goes well with your shirt.
	[taɪ]	-Esa corbata va bien con tu camisa.
1170	**leader**	**el líder| el jefe**
	ss	You're the leader.
	[ˈlidər]	-Eres el líder.
1171	**draw**	**dibujar| sacar; el empate**
	vb; ss	Draw two concentric circles of differing diameters.
	[drɔ]	-Dibuja dos círculos concéntricos de diferentes diámetros.
1172	**loud**	**fuerte| ruidoso; alto**
	adj; adv	Jim read the document out loud.
	[laʊd]	-Jim leyó en voz alta el documento.
1173	**lift**	**el ascensor| el elevador; levantar**
	ss; vb	As for physical exercise, although I loathe most sports (I think they're really
	[lɪft]	boring), I do like going to the gym to lift weights.
		-En cuanto al ejercicio físico, aunque detesto la mayoría de los deportes (pienso que son muy aburridos) me gusta ir al gimnasio a levantar pesas.
1174	**student**	**estudiante; estudiantil**

	ss; adj		A high school student made this robot.
	['studənt]		-Un estudiante de enseñanza media hizo este robot.

1175 nearly   **casi**

adv

['nɪrli]

You very nearly guessed it.

-Casi, casi lo ha acertado.

1176 post   **enviar| fijar; el poste**

vb; ss

[poʊst]

I had rather be shut up in a very modest cottage with my books, my family and a few old friends, dining on simple bacon, and letting the world roll on as it liked, than to occupy the most splendid post, which any human power can give.

-Prefería quedarme encerrado en una modesta cabaña con mis libros, mi familia y unos cuantos viejos amigos, comiendo solo tocino y dejando que el mundo siguiera adelante como quisiera, que ocupar el puesto más espléndido que cualquier poder humano puede dar.

1177 jealous   **celoso**

adj

['dʒɛləs]

They are jealous of our success.

-Ellos tienen celos de nuestro éxito.

1178 travel   **el viaje; viajar; de viajes**

ss; vb; adj

['trævəl]

If I were rich, I would travel.

-Si yo fuera rico, viajaría.

1179 surely   **seguramente| por supuesto**

adv

['ʃʊrli]

God is not dead, He is surely alive.

-Dios no está muerto, Él sin duda está vivo.

1180 bread   **el pan; empanar**

ss; vb

[brɛd]

I'll buy some cheese and bread.

-Compraré un poco de queso y pan.

1181 recognize   **reconocer| identificar**

vb

['rɛkəgˌnaɪz]

I think I recognize that man.

-Creo que reconozco a esa hombre.

1182 perfectly   **perfectamente**

adv

['pɜrfəktli]

It's perfectly normal.

-Es perfectamente normal.

1183 restaurant   **el restaurante**

ss

['rɛstəˌrɑnt]

They're at the restaurant looking at the menu.

-Ellos están en el restaurante mirando el menú.

1184 heat   **el calor; calentar**

ss; vb

[hit]

What with the heat and the humidity, I didn't sleep well.

-Que con el calor y la humedad, no dormí bien.

1185 weather   **el tiempo| el clima; capear; del tiempo**

ss; vb; adj

['wɛðər]

Farmers always complain about the weather.

-Los granjeros se la pasan quejando del clima.

1186 opinion   **la opinión| la idea**

ss

[əˈpɪnjən]

I agree with your opinion.

-Estoy de acuerdo con tu opinión.

1187 crew   **la tripulación**

ss

[kru]

Christopher Columbus once used the same joke 256 times in one day... thereby causing his entire crew to die of laughter.

-Una vez, Cristóbal Colón contó la misma broma 256 veces en el mismo día... lo cual provocó que toda la tripulación muriera de risa.

1188	**cake**	**el pastel| el bizcocho; apelmazarse**
	ss; vb	Is the cake ready?
	[keɪk]	-¿Está lista la torta?

1189	**character**	**el carácter; tener carácter**
	ss; vb	He's a man of very good character.
	[ˈkɛrɪktər]	-Es un hombre de muy buen carácter.

1190	**suicide**	**el suicidio**
	ss	In 2009, Korea suffered the dishonor of having the highest suicide rate amongst OECD countries.
	[ˈsuəˌsaɪd]	-En 2009, Corea sufrió la deshonra de tener la tasa de suicidios más alta entre los países de la OCDE.

1191	**telephone**	**el teléfono; llamar por teléfono; telefónico**
	ss; vb; adj	My secretary is typing my texts and my assistant is talking on telephone.
	[ˈtɛləˌfoʊn]	-Mi secretaria está escribiendo mis textos y mi asistente está hablando por teléfono.

1192	**buck**	**el dólar; corcovear**
	ss; vb	He wants the most bang for his buck.
	[bʌk]	-Él quiere el mejor resultado para su dinero.

1193	**pity**	**la lástima; compadecerse de**
	ss; vb	Jim doesn't want Ana's pity.
	[ˈpɪti]	-Jim no quiere la lástima de Ana.

1194	**minister**	**el ministro; atender a**
	ss; vb	He was appointed Minister of Finance.
	[ˈmɪnəstər]	-Él fue nombrado ministro de finanzas.

1195	**although**	**aunque**
	con	Ana, this mischievous girl, came sticking her name at the beginning of this sentence, in order to not leave that monopoly to John, although it wasn't necessary at all.
	[ˌɔlˈðoʊ]	-Ana, esta chica traviesa, vino a dejar su nombre al comienzo de esta frase, para no entregarle ese monopolio a John, aunque era absolutamente innecesario.

1196	**introduce**	**introducir| lanzar**
	vb	Stand up and introduce yourself, please.
	[ˌɪntrəˈdus]	-Levántese y preséntese, por favor.

1197	**brave**	**valiente; valiente; desafiar**
	adj; ss; vb	Filiberto has not shown a very brave character.
	[breɪv]	-Filiberto no ha mostrado un carácter muy valiente.

1198	**chair**	**la silla; presidir**
	ss; vb	How much does the wooden chair cost?
	[ʧɛr]	-¿Cuánto cuesta la silla de madera?

1199	**fantastic**	**fantástico| fabuloso**
	adj	You are fantastic.
	[fænˈtæstɪk]	-Eres fantástico.

1200	**bless**	**bendecir**
	vb	May God bless the United Nations, and may God bless the dreams of its peoples.
	[blɛs]	

-Que Dios bendiga a las Naciones Unidas y que Dios bendiga los sueños de sus pueblos.

1201	**wet**	**mojado; mojar; la humedad**
	adj; vb; ss	Wet firewood doesn't burn well.
	[wɛt]	-La leña mojada no arde bien.

1202	**priest**	**el sacerdote| el clérigo**
	ss	The priest frantically came into the church saying he had a message from
	[prist]	God.
		-El sacerdote entró desesperado a la iglesia diciendo que tenía un mensaje de Dios.

1203	**nowhere**	**en ninguna parte**
	adv	Nowhere is safe.
	[ˈnoʊˌwɛr]	-Ningún sitio es seguro.

1204	**somehow**	**de alguna manera**
	adv	We'll get along without that much money somehow.
	[ˈsʌmˌhaʊ]	-De alguna forma saldremos adelante sin dinero.

1205	**truly**	**verdaderamente**
	adv	I truly do not understand the question.
	[ˈtruli]	-De verdad que no entiendo la pregunta.

1206	**gate**	**la puerta| la compuerta**
	ss	Where is the gate?
	[geɪt]	-¿Dónde está la puerta de embarque?

1207	**nurse**	**la enfermera| el enfermero; cuidar**
	ss; vb	The nurse hit a blood vessel.
	[nɜrs]	-La enfermera daño un vaso sanguíneo.

1208	**towards**	**hacia**
	prp	Vegetables slowly lean towards the light.
	[təˈwɔrdz]	-Los vegetales se inclinan lentamente en dirección a la luz.

1209	**horn**	**el claxon**
	ss	Jim played a Spanish folk tune on his English horn at a Chinese restaurant in
	[hɔrn]	France.
		-Jim tocó una canción popular española con su corno inglés en un restaurante chino de Francia.

1210	**slowly**	**despacio**
	adv	You speak a bit too fast for me. Could you speak a bit more slowly, please?
	[ˈsloʊli]	-Habla demasiado rápido para mi, ¿puede hablar un poco más lento, por favor?

1211	**naked**	**desnudo| abierto**
	adj	I accidentally saw her naked.
	[ˈneɪkəd]	-Accidentalmente la vi desnuda.

1212	**thou**	**tú**
	prn	Do not fear, little Vasilissa. Go where thou hast been sent. While I am with
	[ðaʊ]	thee no harm shall come to thee from the old witch.
		-No temas, pequeña Vasilisa. Ve adonde has sido enviada. Mientras yo esté contigo ningún daño vendrá a ti desde la vieja bruja.

1213	**local**	**local; el local**
	adj; ss	I'll give you a local anaesthetic.
	[ˈloʊkəl]	-Te daré un anestésico local.

1214	**style**	**el estilo; estilizar**
	ss; vb	I like your style.
	[staɪl]	-Me gusta tu estilo.
1215	**manager**	**gerente**
	ss	Have you ever argued with your manager?
	[ˈmænədʒər]	-¿Has discutido alguna vez con tu gerente?
1216	**soft**	**suave| blando**
	adj	I have soft stools.
	[sɑft]	-Tengo heces blandas.
1217	**suspect**	**sospechar; sospechoso; el sospechoso**
	vb; adj; ss	He was suspect in that he had no alibi.
	[ˈsʌˌspɛkt]	-Se sospechaba de él porque no tenía una coartada.
1218	**spring**	**la primavera; brotar**
	ss; vb	In spring, the dawn.
	[sprɪŋ]	-En primavera, el alba.
1219	**dig**	**cavar| excavar; la excavación**
	vb; ss	I'm so embarrassed I could dig a hole and crawl into it.
	[dɪg]	-Estoy tan avergonzado que podría cavar un agujero y arrastrarme a él.
1220	**shake**	**la sacudida| el movimiento; agitar**
	ss; vb	Shake the medicine bottle before use.
	[ʃeɪk]	-Agite la botella de medicina antes de utilizarla.
1221	**settle**	**resolver| establecerse; el banco**
	vb; ss	Settle the argument soon.
	[ˈsɛtəl]	-Solucionad la discusión pronto.
1222	**mare**	**la yegua**
	ss	A mare is a female horse.
	[mɛr]	-Una yegua es un caballo hembra.
1223	**excite**	**excitar| emocionar**
	vb	More Morse nonsense there to excite the internet.
	[ɪkˈsaɪt]	-Más tonterías en morse para excitar a los de Internet.
1224	**incredible**	**increíble**
	adj	It's incredible that your mother speaks six languages!
	[ɪnˈkrɛdəbəl]	-¡Es increíble que tu madre hable seis idiomas!
1225	**possibly**	**probablemente**
	adv	I could not possibly finish the work in a few days.
	[ˈpɑsəbli]	-Es imposible que yo termine el trabajo en unos pocos días.
1226	**whoever**	**quien**
	prn	Whoever can listen to butterflies laughing can also know how clouds taste.
	[huˈɛvər]	-Quién puede escuchar a mariposas riendo, también puede saber a qué saben las nubes.
1227	**handsome**	**hermoso| guapo**
	adj	Jim is exceptionally handsome.
	[ˈhænsəm]	-Jim es excepcionalmente apuesto.
1228	**lonely**	**solo| solitario; solitariamente**
	adj; adv	She always comforted herself with music when she was lonely.
	[ˈloʊnli]	-Cuando ella se sentía sola, oír música siempre la confortaba.
1229	**sweetie**	**el cariño| la novia**

	ss	What's wrong sweetie?
	['switi]	-¿Cuál es el problema, che?
1230	**garden**	**el jardín; cultivar un huerto**
	ss; vb	I'm never so happy as when I'm in my garden.
	['gɑrdən]	-Nunca estoy tan feliz como cuando estoy en mi jardín.
1231	**enter**	**entrar| escribir**
	vb	The police observed the man enter the bank.
	['ɛntər]	-La policía vio al hombre entrar al banco.
1232	**prepared**	**preparado**
	adj	Rebel forces prepared to fight.
	[pri'pɛrd]	-Las fuerzas rebeldes se prepararon para combatir.
1233	**Saturday**	**el sábado**
	ss	A week is divided into seven days: Monday, Tuesday, Wednesday, Thursday,
	['sætərdi]	Friday, Saturday, and Sunday.
		-Una semana esta dividida en siete días: Lunes, martes, miércoles, jueves
		viernes, sábado y domingo.
1234	**science**	**la ciencia**
	ss	Some people try to explain the truth of the Bible through science.
	['saɪəns]	-Algunas personas buscan explicar la veracidad de la Biblia a través de la
		ciencia.
1235	**weak**	**los débiles| el ñango; débil**
	ss; adj	The strong must help the weak.
	[wik]	-El fuerte debe ayudar al débil.
1236	**discuss**	**discutir| hablar de**
	vb	We'll discuss it later.
	[dɪ'skʌs]	-Lo discutiremos más tarde.
1237	**powerful**	**potente| fuerte**
	adj	What is the most powerful prayer in the world?
	['paʊərfəl]	-¿Cuál es la oración más poderosa del mundo?
1238	**screw**	**el tornillo| la tuerca; atornillar**
	ss; vb	The screw, the lever, the wedge, the pulley, etc. are called simple machines.
	[skru]	-El tornillo, la palanca, la cuña, la polea, etc. se llaman máquinas simples.
1239	**fate**	**el destino**
	ss	It's a perfect example of cruel fate.
	[feɪt]	-Es un perfecto ejemplo de un destino cruel.
1240	**split**	**la división| la escisión; dividido; dividirse**
	ss; adj; vb	Two years ago Jim and Ana split up, but recently they got together again.
	[splɪt]	-Hace dos años, Jim y Ana se separaron, pero recientemente se han vuelto a
		juntar.
1241	**flat**	**el piso| el plano; plano; completamente**
	ss; adj; adv	He lives alone in his flat.
	[flæt]	-Él vive solo en su departamento.
1242	**opportunity**	**la oportunidad| el chance**
	ss	I should have learnt German when I had the opportunity to do it fifteen years
	[ˌɑpər'tunəti]	ago.
		-Debería haber aprendido alemán cuando tuve la oportunidad de hacerlo
		hace quince años.
1243	**proof**	**la prueba; a prueba de; impermeabilizar**

	ss; adj; vb	The proof is left to the reader.
	[pruf]	-La demostración es dejada al lector.
1244	**medicine**	**la medicina| el talismán**
	ss	The doctor prescribed medicine for the patient.
	[ˈmɛdəsən]	-El doctor recetó medicina para el paciente.
1245	**loose**	**suelto| flojo; soltar; el aire**
	adj; vb; ss	This tooth is loose.
	[lus]	-Este diente está suelto.
1246	**gang**	**la banda| la cuadrilla**
	ss	A gang of thieves broke into the bank.
	[gæŋ]	-Una banda de ladrones asaltó el banco.
1247	**trial**	**el juicio| el ensayo; de prueba**
	ss; adj	We learn by trial and error.
	[ˈtraɪəl]	-Aprendemos por el método prueba-error.
1248	**Spanish**	**español| castellano; el español**
	adj; ss	I prefer to leave my Spanish sentences in the loving arms of a Hispanophone.
	[ˈspænɪʃ]	-Prefiero dejar mis frases en español en los amorosos brazos de un hispano-hablante.
1249	**bite**	**la mordedura| el bocado; morder**
	ss; vb	He was curious about how it would taste, so he took a small bite.
	[baɪt]	-Él tenía curiosidad de que sabor tendría, así que le dio una pequeña mordida.
1250	**medical**	**médico; el reconocimiento médico**
	adj; ss	I don't feel fine. Where is the nearest medical center?
	[ˈmɛdəkəl]	-No me siento bien. ¿Dónde está el consultorio médico más cercano?
1251	**pleased**	**contento| de satisfacción**
	adj	I'm very pleased to meet you today.
	[plizd]	-Estoy muy contento de encontrarme hoy contigo.
1252	**afford**	**permitirse**
	vb	Jim can't afford that kind of computer.
	[əˈfɔrd]	-Jim no puede permitirse ese tipo de ordenador.
1253	**comfortable**	**cómodo**
	adj	Everybody feels comfortable with him.
	[ˈkʌmfərtəbəl]	-Todos se sienten a gusto con él.
1254	**snow**	**la nieve; de nieve; nevar**
	ss; adj; vb	"Why is everything white?" "Because of the snow."
	[snoʊ]	-"¿Por qué todo está blanco?" "Por la nieve."
1255	**bright**	**brillante| luminoso; brillantemente**
	adj; adv	With a mild, bright night like today, I always feel like going for a stroll at midnight.
	[braɪt]	-Con una noche tan apaciguada y brillante como esta, siempre me dan ganas de dar un paseo a medianoche.
1256	**Friday**	**el viernes**
	ss	We went to a dance last Friday.
	[ˈfraɪdi]	-El viernes pasado nos fuimos a un baile.
1257	**guest**	**el huésped| la visit**

	ss	Bear in mind that you're a guest here and should behave accordingly.
	[gɛst]	-Ten en cuenta que tú aquí eres un invitado y deberías comportarte como corresponde.
1258	**invite**	**la invitación; invitar**
	ss; vb	I'd like to invite you to lunch, if you're not busy.
	[ɪnˈvaɪt]	-Quisiera invitarle a almorzar, si no está ocupado.
1259	**ear**	**el oído**
	ss	Jim is deaf in one ear.
	[ir]	-Jim es sordo de un oído.
1260	**purpose**	**el propósito| el uso; proponerse**
	ss; vb	Do you think he made that mistake on purpose?
	[ˈpɜrpəs]	-¿Crees que cometió ese error intencionalmente?
1261	**career**	**la carrera; correr a toda velocidad**
	ss; vb	Jim has a bright career as a medical doctor.
	[kəˈrɪr]	-Jim tiene una brillante carrera como doctor.
1262	**survive**	**sobrevivir a**
	vb	One cannot survive without money.
	[sərˈvaɪv]	-No se puede sobrevivir sin dinero.
1263	**hearing**	**la audición| la vista**
	ss	His face turned pale on hearing the news.
	[ˈhirɪŋ]	-Cuando oyó la noticia se quedó blanco.
1264	**color**	**el color; colorear**
	ss; vb	The style is nice, but do you have it in a different color?
	[ˈkʌlər]	-El estilo me gusta, pero ¿lo tienes en otro color?
1265	**laughter**	**la risa**
	ss	This couple approaches humor so dryly that enormous chains of jokes will
	[ˈlæftər]	blossom without an iota of laughter.
		-Esta pareja tiene un humor tan seco que dicen montones de chistes seguidos sin dejar salir la más mínima risa.
1266	**condition**	**la condición; condicionar**
	ss; vb	You may go on condition that you return by five.
	[kənˈdɪʃən]	-Puedes ir con la condición de que vuelvas a las cinco.
1267	**mayor**	**el alcalde**
	ss	Do you know who the mayor of Boston is?
	[ˈmeɪər]	-¿Sabes quién es el alcalde de Boston?
1268	**training**	**la formación; de instrucción**
	ss; adj	I ran away from the training camp.
	[ˈtreɪnɪŋ]	-Huí del campo de entrenamiento.
1269	**manage**	**manejar| administrar**
	vb	I cannot manage a company. It's too hard for me.
	[ˈmænədʒ]	-No puedo manejar una compañía. Es demasiado difícil para mí.
1270	**victim**	**la víctima**
	ss	The US judicial system and press are incredible: One day you're a poor examplary housewife, victim of a rape, the next, you're an illegal immigrant, having committed perjury and being suspected of whitewashing drug money.
	[ˈvɪktəm]	-El sistema judicial y la prensa de los Estados Unidos son increíbles: Un día eres un pobre ama de casa ejemplar víctima de violación, y el siguiente eres

una inmigrante ilegal que ha cometido perjurio y es sospechosa de blanquear dinero proveniente de las drogas.

1271	**finger**	**el dedo	el corredor; señalar**
	ss; vb	I cut my finger peeling potatoes.
	[ˈfɪŋgər]	-Me corté el dedo pelando papas.
1272	**pretend**	**fingir	disimular**
	vb	I can't pretend to like him.
	[priˈtɛnd]	-No puedo fingir que me gusta.
1273	**roof**	**el techo; techar**
	ss; vb	I saw a house whose roof was red.
	[ruf]	-Vi una casa de techo rojo.
1274	**file**	**presentar; el expediente**
	vb; ss	I'll have time to file my nails while you're dressing.
	[faɪl]	-Tendré tiempo para limarme las uñas mientras tú te vistes.
1275	**suggest**	**sugerir	indicar**
	vb	What do you suggest?
	[səgˈdʒɛst]	-¿Qué sugieres?
1276	**whore**	**la puta	la prostituta; putear**
	ss; vb	She is a whore.
	[hɔr]	-Ella es una ramera.
1277	**lake**	**el lago**
	ss	We camped on the side of the lake.
	[leɪk]	-Acampamos al lado del lago.
1278	**ashamed**	**avergonzado**
	adj	I was ashamed of my behavior.
	[əˈʃeɪmd]	-Estaba avergonzado de mi comportamiento.
1279	**turning**	**el torneado	la vuelta**
	ss	Would you mind turning down the radio?
	[ˈtɜrnɪŋ]	-¿Te importaría bajar la radio?
1280	**plus**	**más; los más; además de**
	adj; ss; prp	Four plus three is seven.
	[plʌs]	-Cuatro más tres son siete.
1281	**whenever**	**cuando; cuando**
	adv; con	Come to my house whenever you like.
	[wɛˈnɛvər]	-Ven a mi casa cuando quieras.
1282	**chatter**	**la charla	el parloteo; charlar**
	ss; vb	Apparent from ardent chatter and inactivity.
	[ˈtʃætər]	-Seguramente por la charla ardiente y la inactividad.
1283	**spare**	**de repuesto; escatimar**
	adj; vb	Oh please, spare me the sob story.
	[spɛr]	-Oh por favor, ahórrame el recuento patético.
1284	**farm**	**la granja	la hacienda; cultivar**
	ss; vb	He works on the farm from sunrise to sunset.
	[farm]	-Él trabaja en la granja desde la mañana a la noche.
1285	**rent**	**alquilar; la renta**
	vb; ss	If you don't pay the rent in five days, you'll be evicted.
	[rɛnt]	-Si usted no paga la renta en cinco días, será desalojado.

1286	**repeat**	**repetir| repetirse; la repetición**
	vb; ss	Let me repeat that.
	[rɪˈpit]	-Déjame repetir eso.
1287	**release**	**el estreno| la liberación; soltar**
	ss; vb	They refused to release the hostages.
	[riˈlis]	-Se negaron a liberar a los rehenes.
1288	**sugar**	**el azúcar; azucarar**
	ss; vb	The sugar is in the bag.
	[ˈʃʊgər]	-El azúcar está en el bolso.
1289	**fortune**	**la fortuna| la ventura**
	ss	I thought that a laptop would cost a fortune; however, the prices have gone
	[ˈfɔrtʃən]	down considerably.
		-Pensé que un notebook costaría una fortuna; sin embargo, los precios han caído considerablemente.
1290	**alarm**	**la alarma; alarmar**
	ss; vb	In case the alarm rings walk, don't run.
	[əˈlɑrm]	-Si suena la alarma camina, no corras.
1291	**winter**	**el invierno**
	ss	Why does my nose run when I eat soup in winter?
	[ˈwɪntər]	-¿Por qué estoy moqueando cuando tomo sopa en invierno?
1292	**insane**	**insano**
	adj	That old man must be insane.
	[ɪnˈseɪn]	-Ese anciano ha de estar insano.
1293	**base**	**la base| la basa; basar; básico**
	ss; vb; adj	This city lies at the base of a mountain.
	[beɪs]	-Esta ciudad queda al pie de una montaña.
1294	**total**	**total| totalizado; el total; totalizar**
	adj; ss; vb	Can you work out the total cost of the trip?
	[ˈtoʊtəl]	-¿Puedes calcular el costo total del viaje?
1295	**thief**	**el ladrón**
	ss	It was proved that he was a thief.
	[θif]	-Se probó que él era un ladrón.
1296	**hill**	**la colina| el cerro**
	ss	The royal palace was built on a hill.
	[hɪl]	-El palacio real se construyó en una colina.
1297	**fancy**	**la fantasía; lujoso; imaginarse**
	ss; adj; vb	Bob mounted the portrait in a fancy frame, but it was upside down.
	[ˈfænsi]	-Bob montó el retrato en un ostentoso marco, pero lo dejó invertido.
1298	**female**	**hembra; la hembra**
	adj; ss	Female drivers are a constant danger.
	[ˈfiˌmeɪl]	-Mujer al volante, peligro constante.
1299	**tongue**	**la lengua**
	ss	A slip of the tongue often brings about unexpected results.
	[tʌŋ]	-Un lapsus a menudo ocasiona resultados inesperados.
1300	**sooner**	**antes**
	adv	Why didn't you come sooner?
	[ˈsunər]	-¿Por qué no viniste antes?

1301	**liar**	**el mentiroso**
	ss	I am not a liar.
	[ˈlaɪər]	-No soy mentirosa.

1302	**target**	**el objetivo; blanco; elegir como blanco**
	ss; adj; vb	The arrow hit the target.
	[ˈtɑrgət]	-La flecha dio en el blanco.

1303	**downstairs**	**abajo; de abajo; el piso inferior**
	adv; adj; ss	The kitchen is downstairs.
	[ˈdaʊnˈstɛrz]	-La cocina está abajo.

1304	**joy**	**la alegría| el gozo; gozar**
	ss; vb	You are my pride and joy.
	[dʒɔɪ]	-Eres mi orgullo y alegría.

1305	**subject**	**someter| sojuzgar; el sujeto; subyugado**
	vb; ss; adj	Tired of being the subject of the accusations from John, Ana fled to France,
	[ˈsʌbdʒɪkt]	whose language has no accusative case.
		-Cansada de ser el objeto de las acusaciones de John, Ana huyó a Francia,
		cuya lengua no conoce el caso acusativo.

1306	**mail**	**el correo; enviar por correo**
	ss; vb	You have a mail.
	[meɪl]	-Tienes un correo.

1307	**criminal**	**criminal; criminal**
	adj; ss	The criminal charge is not the matter, it's about the attitude we adopt toward
	[ˈkrɪmənəl]	those abuses.
		-La denuncia no es importante, se trata de la actitud que adoptas ante estos
		abusos.

1308	**client**	**cliente**
	ss	My client isn't saying another word.
	[ˈklaɪənt]	-Mi cliente no está diciendo una palabra más.

1309	**receive**	**recibir| acoger**
	vb	Workers in France receive four weeks of paid vacation each year.
	[rəˈsiv]	-En Francia, los trabajadores tienen cuatro semanas de vacaciones pagadas al
		año.

1310	**cheap**	**barato**
	adj	This camera is cheap.
	[tʃip]	-Esta cámara es barata.

1311	**distance**	**la distancia| la lejanía; distanciarse**
	ss; vb	We saw a mountain in the distance.
	[ˈdɪstəns]	-Vimos una montaña a lo lejos.

1312	**credit**	**el crédito| el honor; acreditar**
	ss; vb	Jim doesn't have any credit cards.
	[ˈkrɛdət]	-Jim no tiene tarjetas de crédito.

1313	**concerned**	**preocupado**
	adj	He is very concerned about his elderly parent's health.
	[kənˈsɜrnd]	-Él está muy preocupado por la salud de su anciano padre.

1314	**responsibility**	**la responsabilidad**
	ss	This lack of responsibility is driving me crazy.
	[riˌspansəˈbɪləti]	-Esta falta de responsabilidad me está volviendo loco.

1315	**harm**	**el daño; dañar**
	ss; vb	Half the harm that is done in this world is due to people who want to feel important.
	[harm]	-La mitad del daño que se hace en este mundo se debe a las personas que quieren sentirse importantes.

1316	**castle**	**el castillo; hacer castillos**
	ss; vb	There used to be a small castle on this hill.
	['kæsəl]	-Solía haber un pequeño castillo en esta colina.

1317	**grandfather**	**el abuelo**
	ss	My grandfather has never consulted a doctor in his life.
	['grænd͵faðər]	-Mi abuelo nunca ha consultado a un doctor en su vida.

1318	**male**	**masculino; el masculino**
	adj; ss	I have three dogs. One is male and the other two are female.
	[meɪl]	-Tengo tres perros. Uno es macho, y las otras dos son hembras.

1319	**stomach**	**el estómago; aguantar**
	ss; vb	I was just wondering how it would feel to be punched in the stomach.
	['stʌmək]	-Justo me estaba preguntando cómo se sentiría ser golpeado en el estómago.

1320	**birth**	**el nacimiento| el parto**
	ss	Where did you give them birth?
	[bɜrθ]	-¿Dónde les diste a luz?

1321	**spread**	**la propagación| la extensión; difundir**
	ss; vb	A small forest fire can easily spread and quickly become a great conflagration.
	[sprɛd]	-Un pequeño fuego en un bosque puede propagarse con facilidad y rápidamente convertirse en un gran incendio.

1322	**storm**	**la tormenta; asaltar**
	ss; vb	The storm stopped the train.
	[stɔrm]	-La tormenta paró el tren.

1323	**brilliant**	**brillante; el brillante**
	adj; ss	Jim is brilliant.
	['brɪljənt]	-Jim es brillante.

1324	**British**	**británico; los británicos**
	adj; ss	The British defeated the French in North America in 1763.
	['brɪtɪʃ]	-Los ingleses derrotaron a los franceses en Norteamérica en 1763.

1325	**opening**	**la apertura; de apertura**
	ss; adj	Avoid opening the window; I have no great desire to feel air currents on my back.
	['oʊpənɪŋ]	-Evite abrir la ventana, no tengo deseos de sentir el aire en mi espalda.

1326	**paint**	**la pintura| la falsedad; pintar**
	ss; vb	Are you saying you don't want to help us paint the ceiling?
	[peɪnt]	-¿Dices que no quieres ayudarnos a pintar el techo?

1327	**piss**	**mear; el pis**
	vb; ss	Do you want to piss before going downstairs to the street?
	[pɪs]	-¿Quieres hacer pis antes de bajar a la calle?

1328	**lover**	**amante**
	ss	I am a theatre lover.
	['lʌvər]	-Soy aficionado al teatro.

1329	**universe**	**el universo**

	ss [ˈjunəˌvɜrs]	It is clear that there is no classification of the Universe that is not arbitrary and full of conjectures. -Notoriamente no hay clasificación del universo que no sea arbitraria y conjetural.
1330	**reality** ss [ˌriˈæləˌti]	**la realidad** Meet the twisted reality! -¡Conoce la retorcida realidad!
1331	**funeral** ss; adj [ˈfjunərəl]	**el funeral; fúnebre** Jim's funeral is on Monday. -El funeral de Jim es el lunes.
1332	**bath** ss; vb [bæθ]	**el baño; bañar** I take a bath every day. -Me baño todos los días.
1333	**contract** ss; vb [ˈkɑnˌtrækt]	**el contrato| el convenio; contratar** A contract with that company is worth next to nothing. -Un contrato con esa compañía no vale casi nada.
1334	**taxi** ss; vb [ˈtæksi]	**el taxi; carretear** Which is quicker, a taxi or the subway? -¿Qué es más rápido, un taxi o el metro?
1335	**trade** ss; adj; vb [treɪd]	**el comercio; comercial; comerciar** No one shall be held in slavery or servitude; slavery and the slave trade shall be prohibited in all their forms. -Nadie estará sometido a esclavitud ni a servidumbre, la esclavitud y la trata de esclavos están prohibidas en todas sus formas.
1336	**lately** adv [ˈleɪtli]	**últimamente** What have you been up to lately? -¿Qué has hecho últimamente?
1337	**video** ss [ˈvɪdioʊ]	**el vídeo** Whenever you visit him, you will find him playing video games. -Cuando sea que lo visites lo vas a encontrar jugando videojuegos.
1338	**editor** ss [ˈɛdətər]	**el editor** Please open the file circled in red with a text editor. -Por favor, abra con un editor de texto, el archivo marcado con un círculo rojo.
1339	**weight** ss; vb [weɪt]	**el peso| la pesa; ponderar** I'm very worried about my weight. -Estoy muy preocupado por mi peso.
1340	**disappear** vb [ˌdɪsəˈpɪr]	**desaparecer** Quite frustrated, we saw our dreams disappear. -Con gran frustración vimos esfumarse nuestros sueños.
1341	**square** ss; adj; vb [skwɛr]	**la plaza; cuadrado; cuadrar** The square root of one is one. -La raíz cuadrada de uno es uno.
1342	**tear** ss; vb [tɛr]	**la lágrima| el rasgón; rasgar** She wiped a tear from her cheek. -Se secó una lágrima de su mejilla.
1343	**airport**	**el aeropuerto**

	ss	The plane had already taken off when I reached the airport.
	['ɛrˌpɔrt]	-El avión ya había despegado cuando llegué al aeropuerto.
1344	**block**	**bloquear| obstruir; el bloque**
	vb; ss	I put my fingers in my ears to block out the terrible sounds.
	[blɑk]	-Me metí los dedos en las orejas para tapar esos ruidos terribles.
1345	**cigarette**	**el cigarrillo**
	ss	She sat and lit a cigarette up.
	[ˌsɪgəˈrɛt]	-Ella se sentó y se encendió un cigarrillo.
1346	**egg**	**el huevo; tener huevo**
	ss; vb	The egg is a universal symbol of life and rebirth.
	[ɛg]	-El huevo es un símbolo universal de vida y renacimiento.
1347	**onto**	**sobre**
	prp	Put it onto the table.
	['ɑntu]	-Póngalo sobre la mesa.
1348	**program**	**el programa; programar**
	ss; vb	May I have a program?
	['proʊˌgræm]	-¿Tendría un programa para mí?
1349	**defense**	**la defensa**
	ss	It is sickness to be obsessed with winning, it is sickness to be obsessed with using the martial arts, and it is sickness to be obsessed with putting forth all one has learned. It is sickness to be obsessed with offense, and it is also sickness to be obsessed with defense.
	[dɪˈfɛns]	-Es una enfermedad estar obsesionado con ganar, es una enfermedad estar obsesionado con usar las artes marciales, y es una enfermedad estar obsesionado con mostrar todo lo que has aprendido. Es una enfermedad estar obsesionado con la ofensa, y también es una enfermedad estar obsesionado con la defensa.
1350	**forest**	**el bosque; forestal; pasear**
	ss; adj; vb	He took a shortcut through the forest.
	['fɔrəst]	-Tomó un atajo a través del bosque.
1351	**unfortunately**	**desafortunadamente**
	adv	Unfortunately, I can't do that for you.
	[ənˈfɔrtʃənətli]	-Desafortunadamente, no puedo hacer eso por ti.
1352	**pool**	**la piscina| el estanque; aunar**
	ss; vb	In the summer I go to the pool every day.
	[pul]	-En verano voy a la piscina todos los días.
1353	**tiny**	**minúsculo| pequeñito**
	adj	The houses and cars looked tiny from the sky.
	['taɪni]	-Las casas y los coches se veían pequeños desde el cielo.
1354	**jeans**	**los jeans**
	ss	A long-sleeved t-shirt, possibly jeans.
	[dʒinz]	-Una camiseta de manga larga, posiblemente jeans.
1355	**apparently**	**aparentemente**
	adv	Apparently, Jim doesn't like me.
	[əˈpɛrəntli]	-Aparentemente no le agrado a Jim.
1356	**conversation**	**la conversación| el coloquio**

	ss	I'd been on my own all week and was starving for conversation.
	[ˌkɑnvərˈseɪʃən]	-Había estado yo solo toda la semana, y me moría por una conversación.
1357	**super**	**súper| estupendo; súper; superintendente**
	adj; adv; ss	It's super easy!
	[ˈsupər]	-¡Es muy fácil!
1358	**signal**	**la señal; indicar; señalado**
	ss; vb; adj	From a social perspective, menarche is typically considered the central event
	[ˈsɪgnəl]	of female puberty - but menarche does not necessarily signal that ovulation
		has begun occurring.
		-Desde una perspectiva social, la menarquia normalmente se considera el
		acontecimiento central de la pubertad femenina - pero la menarquia no
		necesariamente indica que la ovulación haya comenzado.
1359	**permission**	**el permiso| la venia**
	ss	I don't have the authority to give you permission.
	[pərˈmɪʃən]	-No tengo autoridad para darte permiso.
1360	**thought**	**el pensamiento| la idea; reflexionado**
	ss; adj	I thought you knew that.
	[θɔt]	-Pensaba que lo sabíais.
1361	**murderer**	**el asesino**
	ss	"You're a murderer!" "No, I'm not!"
	[ˈmɜrdərər]	-"¡Sos un asesino!" "¡No, no soy!"
1362	**project**	**el proyecto; proyectar**
	ss; vb	You can also find many books in various formats at Project Gutenberg.
	[ˈprɑdʒɛkt]	-Puedes encontrar muchos libros en diversos formatos también en Proyecto
		Gutenberg.
1363	**rat**	**la rata**
	ss	He's successfully caught the big rat in the kitchen.
	[ræt]	-Él ha logrado coger el ratón grande en la cocina.
1364	**mercy**	**la misericordia**
	ss	The ship was at the mercy of the wind and the waves.
	[ˈmɜrsi]	-El barco estaba a merced del viento y de las olas.
1365	**yellow**	**amarillo; el amarillo; ponerse amarillo**
	adj; ss; vb	Where is the yellow jug of milk?
	[ˈjɛloʊ]	-¿Dónde está la jarra amarilla de leche?
1366	**desk**	**el escritorio**
	ss	The desk is in a state of total disorder.
	[dɛsk]	-El escritorio está totalmente desordenado.
1367	**shower**	**la ducha; ducharse**
	ss; vb	May I take a shower?
	[ˈʃaʊər]	-¿Me puedo duchar?
1368	**clearly**	**claramente**
	adv	Clearly, this is the most important point.
	[ˈklɪrli]	-Claramente, este es el punto más importante.
1369	**scare**	**el susto| la alarma; asustar**
	ss; vb	Don't scare me like that!
	[skɛr]	-¡No me asustes así!
1370	**regret**	**el pesar| el remordimiento; lamentar**

	ss; vb	We should so act that we shall have nothing to regret.
	[rəˈgrɛt]	-Debemos actuar de tal forma que luego no nos arrepintamos de nada.
1371	**bury**	**enterrar**
	vb	Dogs often bury bones.
	[ˈbɛri]	-A menudo, los perros entierran huesos.
1372	**create**	**crear| introducir**
	vb	It was a good idea to create Tatoeba.
	[kriˈeɪt]	-Fue una buena idea crear Tatoeba.
1373	**property**	**la propiedad**
	ss	In some societies, wives are still considered the property of their husbands.
	[ˈprɑpərti]	-En algunas sociedades, las esposas se consideran aún la propiedad de sus esposos.
1374	**remind**	**recordar**
	vb	Will you remind me to mail these letters?
	[riˈmaɪnd]	-¿Me recordarás enviar estas cartas?
1375	**planning**	**la planificación; planificador**
	ss; adj	Are you planning on staying long in Berlin?
	[ˈplænɪŋ]	-¿Piensas quedarte mucho tiempo en Berlín?
1376	**swim**	**nadar; la nadada**
	vb; ss	Jim can swim like a fish.
	[swɪm]	-Jim puede nadar como un pez.
1377	**merry**	**alegre; la cereza**
	adj; ss	Good morning, sir! A merry Christmas to you!
	[ˈmɛri]	-¡Buenos días, señor! ¡Una feliz Navidad a usted!
1378	**pocket**	**el bolsillo| el hueco; embolsarse**
	ss; vb	I've got exactly 13 dollars in my pocket.
	[ˈpɑkət]	-Tengo exactamente 13 dólares en el bolsillo.
1379	**secretary**	**el secretario**
	ss	The new secretary types faster than the old one.
	[ˈsɛkrəˌtɛri]	-La nueva secretaria escribe más rápido que la anterior.
1380	**path**	**el camino| la trayectoria**
	ss	No matter what you do you must follow the right path.
	[pæθ]	-No importa qué hagas, pero debes seguir el camino correcto.
1381	**speech**	**el discurso| las habla**
	ss	His speech went on for such a long time that some people began to fall asleep.
	[spitʃ]	-Su discurso duró tanto que algunos empezaron a dormirse.
1382	**aware**	**consciente**
	adj	I was aware of that fact.
	[əˈwɛr]	-Yo conocía ese hecho.
1383	**burning**	**ardiente; el ardor**
	adj; ss	Life is a flame that is always burning itself out, but it catches fire again every time a child is born.
	[ˈbɜrnɪŋ]	-La vida es una llama que se va consumiendo pero prende otra vez cada vez que un niño nace.
1384	**pair**	**el par| la yunta; emparejar**

	ss; vb [pɛr]	When I woke up today, I yawned, stretched, rubbed the sleep out of my eyes, and put on a pair of slippers. -Hoy cuando me desperté, bostecé, me estiré, me quité las legañas de los ojos y me puse las zapatillas de estar en casa.
1385	**ocean**	**el océano**
	ss [ˈoʊʃən]	He crossed the Pacific Ocean in thirty days. -El cruzó el Océano Pacífico en treinta días.
1386	**foreign**	**exterior| extranjero**
	adj [ˈfɔrən]	They say they cannot compete with low-priced foreign products. -Dicen que no pueden competir con los bajos precios de los productos extranjeros.
1387	**goodness**	**la bondad**
	ss [ˈgʊdnəs]	For goodness' sake, don't say that! -¡Por Dios! No diga usted eso.
1388	**page**	**la página; paginar**
	ss; vb [peɪdʒ]	Please make three copies of this page. -Por favor, hacé tres copias de esta página.
1389	**audience**	**la audiencia**
	ss [ˈɑdiəns]	Jim was in the audience. -Jim estaba en el público.
1390	**research**	**la investigación; de investigación; investigar**
	ss; adj; vb [riˈsɜrtʃ]	He is neglecting his research these days. -Él ha descuidado su investigación últimamente.
1391	**fake**	**falso; la falsificación; fingir**
	adj; ss; vb [feɪk]	His ID was fake. -Su identificación era falsa.
1392	**amen**	**los amén**
	ss [eɪˈmɛn]	And bless us our Lord, amen. -Y bendícenos, Señor. Amén.
1393	**courage**	**el valor| el ánimo**
	ss [ˈkɜrədʒ]	Jim admired Ana for her courage. -Jim admiraba a Ana por su coraje.
1394	**expensive**	**caro| rico**
	adj [ɪkˈspɛnsɪv]	I can't afford to buy such an expensive car. -No nos alcanza el dinero para comprar un automóvil tan caro como ése.
1395	**pure**	**puro**
	adj [pjʊr]	This argument is pure rhetoric. -Este argumento es pura retórica.
1396	**bullet**	**la bala**
	ss [ˈbʊlət]	The bullet penetrated his chest, leaving him in critical condition. -La bala penetró su pecho, dejándolo en una situación crítica.
1397	**photo**	**la foto; fotografiar**
	ss; vb [ˈfoʊˌtoʊ]	When you start looking like your passport photo you should go on vacation. -Cuando empieces a parecerte a la foto de tu pasaporte deberías irte de vacaciones.
1398	**yell**	**el grito| el alarido; gritar**

ss; vb
[jɛl]

Don't yell at him.
-No le grites a él.

1399 depend

depender

vb
[dɪˈpɛnd]

A man's happiness doesn't depend on what he has, but on what he is.
-La felicidad de un hombre no depende de lo que tiene, sino de lo que es.

1400 social

social; la tertulia

adj; ss
[ˈsoʊʃəl]

The social worker was asked to follow up the information about the Stevenson family.
-El trabajador social recibió una petición para estar al tanto de la información relacionada con la familia Stevenson.

1401 warning

la advertencia| la alarma

ss
[ˈwɔrnɪŋ]

War is not a natural disaster like an earthquake or a tsunami. It does not come without warning.
-La guerra no es una catástrofe como un terremoto o un tsunami. No viene sin aviso.

1402 genius

el genio

ss
[ˈʤinjəs]

I'm an alcoholic. I'm a drug addict. I'm homosexual. I'm a genius.
-Soy alcohólico. Soy drogadicto. Soy homosexual. Soy un genio.

1403 desert

desierto; el desierto; desertar

adj; ss; vb
[ˈdɛzɜrt]

China's desert supports more people than are in Japan.
-El desierto de China alberga a más personas que Japón.

1404 player

el jugador| el actor

ss
[ˈpleɪər]

I hear that you are a good tennis player.
-Oí que sos un buen tenista.

1405 grave

la tumba; grave; enterrar

ss; adj; vb
[greɪv]

Jim placed the flowers on Ana's grave.
-Jim colocó las flores en la tumba de Ana.

1406 map

el mapa| la carta; trazar un mapa

ss; vb
[mæp]

Where can I buy a map of the city?
-¿Dónde puedo comprar un mapa de la ciudad?

1407 staff

el personal; proveer de personal

ss; vb
[stæf]

She did it in front of the staff.
-Ella lo hizo delante del personal.

1408 vote

votar| ir a votar; el voto

vb; ss
[voʊt]

Some voters waited hours to vote.
-Algunos votantes esperaron por horas para votar.

1409 success

el éxito| el acierto

ss
[səkˈsɛs]

A word of encouragement during a failure is worth more than an hour of praise after success.
-Una palabra que anima durante un fracaso vale más que una hora de elogios tras un éxito.

1410 easily

fácilmente

adv
[ˈizəli]

He won't forgive me so easily.
-No va a perdonarme tan fácilmente.

1411 monkey

el mono; juguetear

ss; vb
[ˈmʌŋki]

Hey, look, a three-headed monkey!
-¡Eh, mira! ¡Un mono de tres cabezas!

1412 Italian

italiano; el italiano

	adj; ss		His mother speaks Italian.
	[ɪˈtæljən]		-Su madre habla italiano.
1413	**rough**		**áspero| aproximado; duro; el terreno**
	adj; adv; ss		The skin is rough.
	[rʌf]		-La piel está áspera.
1414	**journey**		**el viaje| el camino; viajar**
	ss; vb		What a pleasant journey we had!
	[ˈdʒɜrni]		-¡Qué viaje agradable tuvimos!
1415	**personally**		**personalmente**
	adv		I know them personally.
	[ˈpɜrsənəli]		-Yo las conozco personalmente.
1416	**wise**		**sabio; el modo**
	adj; ss		The tribal wise man shared his knowledge with all the young.
	[waɪz]		-El sabio de la tribu compartía su conocimiento con todos los jóvenes.
1417	**discover**		**descubrir| abrir**
	vb		Discover all the services and advantages of first class.
	[dɪˈskʌvər]		-Descubre todos los servicios y ventajas de primera clase.
1418	**sudden**		**repentino| imprevisto**
	adj		There was a sudden drop in the temperature last night.
	[ˈsʌdən]		-Anoche hubo un descenso repentino de temperatura.
1419	**television**		**la televisión| la TV; de televisión**
	ss; adj		I'm tired of watching television.
	[ˈtɛləˌvɪʒən]		-Estoy cansado de ver televisión.
1420	**silver**		**la plata; de plata; platear**
	ss; adj; vb		Can you distinguish silver from tin?
	[ˈsɪlvər]		-¿Puedes distinguir la plata del estaño?
1421	**pound**		**la libra| la perrera; aporrear**
	ss; vb		Yesterday I bought a three pound watermelon.
	[paʊnd]		-Ayer compré una sandía de tres libras.
1422	**political**		**político**
	adj		Man is by nature a political animal.
	[pəˈlɪtəkəl]		-El hombre es un animal político por naturaleza.
1423	**add**		**añadir| poner**
	vb		If your coffee is too strong, add some sugar.
	[æd]		-Si tu café es demasiado fuerte, añádele algo de azúcar.
1424	**painting**		**la pintura| la pincelada**
	ss		I am painting the garage.
	[ˈpeɪntɪŋ]		-Estoy pintando la cochera.
1425	**suck**		**chupar| mamar; el sorbo**
	vb; ss		Just sit here and suck on my balls.
	[sʌk]		-Solo sentarnos aquí y chupar mis bolas.
1426	**century**		**el siglo**
	ss		Time has no divisions to mark its passage, there is never a thunderstorm or blare of trumpets to announce the beginning of a new month or year. Even when a new century begins it is only we mortals who ring bells and fire off pistols.
	[ˈsɛntʃəri]		-El tiempo no tiene divisiones para marcar su paso, nunca hay una tormenta

o un soplar de trompetas para indicar el comienzo de un nuevo mes o año. Incluso cuando empieza un nuevo siglo sólo somos nosotros, los mortales, los que tocamos las campanas y disparamos con nuestras pistolas.

1427	**desire**	**el deseo; desear**
	ss; vb	Don't confuse desire with love.
	[dɪˈzaɪər]	-No confundas deseo con amor.
1428	**fail**	**fallar| fracasar; la falta**
	vb; ss	I fail to understand his true aim.
	[feɪl]	-No logro entender su verdadero objetivo.
1429	**football**	**el fútbol; futbolístico**
	ss; adj	I am playing football now.
	[ˈfʊtˌbɔl]	-Ahora estoy jugando al fútbol.
1430	**Monday**	**el lunes**
	ss	I should be there on Monday.
	[ˈmʌndi]	-Debería estar allí el lunes.
1431	**badly**	**mal**
	adv	The girl was badly injured in the traffic accident.
	[ˈbædli]	-La niña salió herida de gravedad en el accidente de tránsito.
1432	**ancient**	**antiguo; el anciano**
	adj; ss	Hercules, an ancient Greek hero celebrated for his superhuman strength, was pursued throughout his life by the hatred of Juno, the goddess of birth, matrimony and care, worshipped as queen of gods by the romans.
	[ˈeɪntʃənt]	-Hércules, un antiguo héroe griego famoso por su fuerza sobrehumana, fue perseguido durante toda su vida por el odio de Juno, la diosa del nacimiento, del matrimonio y del cuidado, adorada como reina de los dioses por los romanos.
1433	**below**	**abajo| por debajo; debajo de**
	adv; prp	Fill out the form below.
	[bɪˈloʊ]	-Rellene el siguiente formulario.
1434	**jerk**	**el tirón| la sacudida; sacudirse**
	ss; vb	He's a cold-hearted jerk.
	[dʒɜrk]	-Es un idiota sin corazón.
1435	**factory**	**la fábrica| la comisaría**
	ss	His son took on the management of the factory.
	[ˈfæktəri]	-Su hijo asumió la administración de la fábrica.
1436	**clock**	**el reloj; registrar**
	ss; vb	Whose clock is it?
	[klɑk]	-¿De quién es el reloj?
1437	**member**	**el miembro**
	ss	Jim can no longer be a member of our committee.
	[ˈmɛmbər]	-Jim ya no puede ser más un miembro de nuestro comité.
1438	**piano**	**piano; el piano**
	adv; ss	Chopin sits at the piano and begins to play.
	[piˈænoʊ]	-Chopin se sienta al piano y empieza a tocar.
1439	**lesson**	**la lección; enseñar**
	ss; vb	If the student had known his lesson better, the teacher would not have
	[ˈlɛsən]	punished him.

-Si el estudiante hubiese sabido mejor su lección, el maestro no lo hubiera castigado.

1440 carefully
adv
[ˈkɛrfəli]

cuidadosamente
Listen carefully to what I say.
-Escucha atentamente lo que digo.

1441 rush
ss; vb
[rʌʃ]

la prisa | la carrera; precipitarse
A rush-hour traffic jam delayed my arrival by two hours.
-Llegué tarde porque el atasco de la hora punta me retraso dos horas.

1442 lip
ss; adj; vb
[lɪp]

el labio; labial; picar
I had to bite my lip to prevent myself from laughing.
-Tuve que morderme el labio para evitar reírme.

1443 unit
ss
[ˈjunət]

la unidad
In youth we may have an absolutely new experience, subjective or objective, every hour of the day. Apprehension is vivid, retentiveness strong, and our recollections of that time, like those in a time spent in rapid and interesting travel, are of something intricate, multitudinous, and long-drawn-out. But as each passing year converts some of this experience into automatic routine which we hardly note at all, the days and the weeks smooth themselves out in recollection to a contentless unit, and the years grow hollow and collapse.
-En la juventud podemos tener una experiencia absolutamente nueva, subjetiva u objetiva, a todas las horas del día. La aprensión es vívida, la retentiva es fuerte, y nuestros recuerdos de esa época, como aquellos del tiempo durante un viaje rápido e interesante, son algo intrincado, multitudinario e interminable, pero a medida que pasan los años parte de esta experiencia se convierte en una rutina automática que casi no se nota en absoluto; los días y las semanas pasan suavemente dejando los recuerdos como un elemento sin contenido, y con los años crece en ellos el vacío y se atenúa su existencia.

1444 tall
adj
[tɔl]

alto
The tall man looked at Jim and smiled.
-El hombre alto lo miró a Jim y sonrió.

1445 safety
ss
[ˈseɪfti]

la seguridad
I'm responsible for Jim's safety.
-Soy responsable de la seguridad de Jim.

1446 bedroom
ss
[ˈbɛˌdrum]

el dormitorio | la recámara
Jim lives in a three-bedroom house on the outskirts of Boston.
-Jim vive en una casa de tres dormitorios en las afueras de Boston.

1447 disgusting
adj
[dɪsˈgʌstɪŋ]

asqueroso
How disgusting!
-¡Qué asco!

1448 therefore
adv
[ˈðɛrˌfɔr]

por lo tanto
I think, therefore I am.
-Pienso, luego existo.

1449 season
ss; vb
[ˈsizən]

la temporada; sazonar
Summer is the hottest season.
-El verano es la temporada más cálida.

1450 China

la china

	ss	China's growth rate is the fastest in human history.
	[ˈtʃaɪnə]	-La taza de crecimiento en China es la más rápida de la historia humana.
1451	**thirty**	**treinta**
	num	She is thirty-one.
	[ˈθɜrdi]	-Ella tiene 31 años.
1452	**odd**	**extraño| impar**
	adj	There's something odd going on.
	[ɑd]	-Está pasando algo raro.
1453	**revenge**	**la venganza| la revancha; vengarse**
	ss; vb	Revenge is sweet.
	[riˈvɛndʒ]	-La venganza es dulce.
1454	**wood**	**la madera; de madera**
	ss; adj	He carved a Buddha statue from wood.
	[wʊd]	-Él talló una imagen budista en madera.
1455	**clever**	**inteligente| hábil**
	adj	It wasn't very clever of you to throw away that note.
	[ˈklɛvər]	-No fue muy astuto de tu parte haber tirado esa nota.
1456	**royal**	**real; la persona real**
	adj; ss	Scores of people gathered in front of the Royal Palace.
	[ˈrɔɪəl]	-Multitudes de gente se reunieron en frente del Palacio Real.
1457	**divorce**	**el divorcio; divorciarse**
	ss; vb	I'm sorry to hear that you got a divorce.
	[dɪˈvɔrs]	-Lamento oír que te divorciaste.
1458	**artist**	**artista**
	ss	Not everybody wants to be an artist.
	[ˈɑrtəst]	-No todo el mundo quiere ser artista.
1459	**someday**	**algún día**
	adv	Your country will regret this someday.
	[ˈsʌmˌdeɪ]	-Tu país se arrepentirá de esto algún día.
1460	**suffer**	**sufrir| padecer**
	vb	Black Americans continued to suffer from racism.
	[ˈsʌfər]	-Los negros estadounidenses siguen siendo víctimas del racismo.
1461	**wherever**	**donde; dondequiera**
	adv; con	I take my camera wherever I go.
	[wɛˈrɛvər]	-Llevo mi cámara allá donde voy.
1462	**dawn**	**el amanecer; amanecer**
	ss; vb	Dawn clears yesterday's dreams away.
	[dɔn]	-El alba disipa los sueños de ayer.
1463	**union**	**la unión| el sindicato; sindical**
	ss; adj	Communism was the political system in the Union of Soviet Socialist
	[ˈjunjən]	Republics, but that stopped in 1993.
		-El comunismo fue el sistema político de la Unión de Repúblicas Socialistas Soviéticas pero finalizó en 1993.
1464	**nation**	**la nación**
	ss	The whole nation wants peace.
	[ˈneɪʃən]	-Toda la nación quiere paz.
1465	**theory**	**la teoría**

	ss	It's not just a theory.
	['θɪri]	-No es solo una teoría.
1466	**lay**	**laico| lego; poner; el canto**
	adj; vb; ss	And Jacob put his rough hand reverently upon the open Bible that lay on Ana's knees.
	[leɪ]	-Y, con reverencia, Jacó colocó su mano áspera sobre la biblia abierta que estaba encima de las piernas de Ana.
1467	**champagne**	**el champán**
	ss	The champagne cork popped out.
	[ʃæmˈpeɪn]	-El corcho del champán salió disparado.
1468	**mood**	**el humor**
	ss	Mother was in a bad mood since she could not play golf because of bad weather.
	[mud]	-Mamá estaba de mal humor porque no pudo jugar al golf a causa del mal tiempo.
1469	**useless**	**inútil**
	adj	John claimed that the dishonest salesman had tricked him into buying a useless piece of machinery.
	['jusləs]	-John alegó que el vendedor deshonesto lo había estafado para que comprara una pieza de maquinaria inútil.
1470	**awesome**	**impresionante**
	adj	That was awesome.
	['ɑsəm]	-Eso fue asombroso.
1471	**soup**	**la sopa; aumentar la potencia**
	ss; vb	Mother makes soup for the child once again.
	[sup]	-La madre cocina sopa para el niño otra vez.
1472	**miracle**	**el milagro**
	ss	We hoped for a miracle.
	['mɪrəkəl]	-Esperamos un milagro.
1473	**university**	**la universidad**
	ss	When I was at university, I liked to study Latin.
	[ˌjunəˈvɜrsəti]	-Cuando estaba en la universidad me gustaba estudiar latín.
1474	**model**	**el modelo| la maqueta; modelar**
	ss; vb	This model can be combined with any color.
	['mɑdəl]	-Este modelo puede ser usado con cualquier color.
1475	**period**	**el período| la época**
	ss	There is a very short period within which we can act.
	['pɪriəd]	-Hay un periodo muy breve en el que podemos actuar.
1476	**smoking**	**de fumar; el el fumar**
	adj; ss	Smoking can cause impotence.
	['smoʊkɪŋ]	-El cigarrillo puede producir impotencia sexual.
1477	**toilet**	**de tocador; el inodoro**
	adj; ss	Is there a toilet near here?
	['tɔɪlət]	-¿Hay un servicio cerca de aquí?
1478	**deliver**	**entregar**
	vb	Can you deliver this?
	[dɪˈlɪvər]	-¿Le importaría repartir esto?
1479	**babe**	**el bebé**

	ss [beɪb]	Babe Ruth was casual to the extreme; sometimes he offhandedly struck the ball far out of the baseball park while seeming to have scarcely thought about it. -Babe Ruth era de lo más relajado; a veces sacaba la pelota lejos del parque de béisbol sin aparentar que lo haya meditado en lo más mínimo.
1480	**golden** adj ['goʊldən]	**dorado** A young, golden god of war. -Un joven, dorado dios de la guerra.
1481	**cheese** ss; vb [tʃiz]	**el queso; poner fin a** Butter, bread and green cheese; whoever can't say that is not an upright Frisian. -Mantequilla, pan y queso verde; quienquiera que no pueda decir eso no es un frisón hecho y derecho.
1482	**victory** ss ['vɪktəri]	**la victoria** Graduating from university without studying is a victory, isn't it. -Graduarse de la universidad sin estudiar es una victoria, ¿no?
1483	**plant** ss; vb [plænt]	**la planta| la instalación; plantar** This plant grew little by little. -Esta planta creció de poco a poco.
1484	**proper** adj; ss; adv ['prɑpər]	**apropiado| correcto; el propio; muy** This is not a proper English sentence. -Esta no es una frase correcta en inglés.
1485	**shape** ss; vb [ʃeɪp]	**la forma| la figura; dar forma** Jim really knows how to stay in shape. -Jim verdaderamente sabe cómo estar en forma.
1486	**ruin** ss; vb ['ruən]	**la ruina| la perdición; arruinar** Will the coffee stain ruin the carpet? -¿La mancha de café va a arruinar la alfombra?
1487	**vacation** ss; adj; vb [veɪ'keɪʃən]	**las vacaciones; de vacaciones; pasar las vacaciones** "It's a good time for you to take a vacation," the boss said to Jim. -"Es un buen momento para que te tomes unas vacaciones", dijo el jefe a Jim.
1488	**legal** adj ['ligəl]	**legal| jurídico** Legal help is here. -Ayuda legal está aquí.
1489	**governor** ss ['gʌvərnər]	**el gobernador** I congratulate him and Governor Palin for all they have achieved, and I look forward to working with them to renew this nation's promise in the months ahead. -Lo felicito a él y al gobernador Palin por todo lo que han logrado, y ansío a trabajar con ellos para renovar la promesa de esta nación en los meses venideros.
1490	**original** adj; ss [ə'rɪdʒənəl]	**original| originario; el original** I prefer to watch films in the original. -A mí me gusta más ver las películas en versión original.
1491	**butt** ss; vb [bʌt]	**el extremo; topar** There are things I'd like to say but to butt in now would be what they call uncouth.

-Hay cosas que yo quisiera hablar pero sería falta de educación si me metiera ahora en su conversación.

1492	**request**	**solicitar| recabar; la solicitud**
	vb; ss	The official informed Bob that his request for a parking permit had been
	[rɪˈkwɛst]	rejected.
		-El oficial le informó a Bob que su solicitud por un permiso de estacionamiento había sido rechazada.
1493	**issue**	**emitir| expedir; la cuestión**
	vb; ss	This is a very serious issue.
	[ˈɪʃu]	-Esto es un asunto sumamente serio.
1494	**refuse**	**la basura; rechazar; inservible**
	ss; vb; adj	Jim can't refuse.
	[rɪˈfjuz]	-Jim no puede rehusarse.
1495	**per**	**por**
	prp	She earns 30 dollars per day.
	[pɜr]	-Ella gana 30 dólares al día.
1496	**crash**	**el choque; estrellarse**
	ss; vb	Do you know how many people died in yesterday's plane crash?
	[kræʃ]	-¿Sabes cuántas personas murieron en el accidente de avión de ayer?
1497	**honestly**	**honestamente**
	adv	You must answer honestly.
	[ˈɑnəstli]	-Tienes que responder con sinceridad.
1498	**bride**	**la novia**
	ss	You may kiss the bride.
	[braɪd]	-Puede besar a la novia.
1499	**exciting**	**emocionante; la excitación**
	adj; ss	Soccer is an exciting game.
	[ɪkˈsaɪtɪŋ]	-El fútbol es un juego emocionante.
1500	**awake**	**despierto| alerta; despertarse**
	adj; vb	There are mothers and fathers who will lie awake after the children fall asleep
	[əˈweɪk]	and wonder how they'll make the mortgage, or pay their doctor's bills, or save enough for their child's college education.
		-Hay madres y padres que se quedan despiertos después de que sus hijos se hayan dormido y se preguntan cómo conseguir pagar la hipoteca o las facturas del médico, o cómo ahorrar el suficiente dinero para la educación universitaria de sus hijos.
1501	**cow**	**la vaca; intimidar fuertemente**
	ss; vb	Don't have a cow.
	[kaʊ]	-No te comas un cable.
1502	**load**	**la carga| el peso; cargar**
	ss; vb	Between the four of them, they picked up the load.
	[loʊd]	-Entre los cuatro levantaron la carga.
1503	**pa**	**el papá**
	ss	Vigilant to detail like his pa.
	[pɑ]	-Atento a los detalles, como su papá.
1504	**grant**	**conceder| otorgar; la subvención**
	vb; ss	For rescuing me, I shall grant you one wish.
	[grænt]	-Por rescatarme, voy a concederte un deseo.

1505	**knowledge**	**el conocimiento**
	ss [ˈnɑlədʒ]	There is a cult of ignorance in the United States, and there always has been. The strain of anti-intellectualism has been a constant thread winding its way through our political and cultural life, nurtured by the false notion that democracy means that "my ignorance is just as good as your knowledge." -Hay un culto a la ignorancia en los Estados Unidos y siempre lo ha habido. El esfuerzo del anti-intelectualismo ha sido un constante lastre en el modo de funcionar de nuestra política y vida cultural. Inculcada por la equivocada creencia de que la democracia significa que "mi ignorancia es tan buena como tu cultura".
1506	**freak**	**el monstruo; anormal; hacer anormalmente**
	ss; adj; vb [frik]	Ana is a fitness freak. -Ana es una chalada en forma.
1507	**temple**	**el templo**
	ss [ˈtɛmpəl]	In Asian culture it's customary to take one's shoes off before entering a house or temple. -Es costumbre en Asia quitarse los zapatos antes de entrar a una casa o templo.
1508	**romantic**	**romántico; el romántico**
	adj; ss [roʊˈmæntɪk]	The antique casual latin system has evolved to make greater use of prepositions in romantic languages. -El antiguo sistema casual latino ha evolucionado hacia un mayor uso de preposiciones en las lenguas románicas.
1509	**decent**	**decente**
	adj [ˈdisənt]	As soon as I can get a decent video camera, I'll start making videos to put online. -Tan pronto consiga una videocámara decente, comenzaré a hacer vídeos para ponerlos en línea.
1510	**hidden**	**oculto**
	adj [ˈhɪdən]	The sun was hidden by the mountain. -El Sol estaba escondido por la montaña.
1511	**midnight**	**los medianoche; de medianoche**
	ss; adj [ˈmɪdˌnaɪt]	Jim usually goes to bed before midnight. -Jim suele irse a la cama antes de medianoche.
1512	**sin**	**el pecado; pecar**
	ss; vb [sɪn]	Christianity has done a great deal for love by making it a sin. -El Cristianismo hizo mucho por el amor convirtiéndolo en pecado.
1513	**jacket**	**la chaqueta; ponerse una americana**
	ss; vb [ˈdʒækət]	I left my jacket in the classroom. -Dejé la chaqueta en la clase.
1514	**insurance**	**el seguro; de seguros**
	ss; adj [ɪnˈʃʊrəns]	In case the shipment is delayed, we have special delay insurance. -En caso que el envío se retrase, contamos con un seguro especial de retrasos.
1515	**investigation**	**la investigación| el desarrollo**
	ss [ɪnˌvɛstəˈgeɪʃən]	We're under investigation. -Estamos bajo investigación.
1516	**professional**	**profesional; el profesional**

adj; ss
[prəˈfɛʃənəl]

Ana is a professional dancer.
-Ana es una bailarina profesional.

1517 boring   **aburrido; la perforación**

adj; ss
[ˈbɔrɪŋ]

This place is boring.
-Este sitio es aburrido.

1518 bang   **la explosión| el golpe; golpear; justo**

ss; vb; adv
[bæŋ]

This is the way the world ends. Not with a bang but a whimper.
-Esta es la forma en que el mundo termina. No con una explosión sino con un gemido.

1519 wolf   **el lobo; comer vorazmente**

ss; vb
[wʊlf]

My co-worker is a wolf in sheep's clothing.
-Mi colega es un lobo vestido de oveja.

1520 mirror   **el espejo; reflejar**

ss; vb
[ˈmɪrər]

Staring in the smudged mirror, he was not certain if his affliction was loneliness or madness.
-Mirando fijo hacia el manchado espejo, él no estaba seguro de si su aflicción era soledad o era locura.

1521 fan   **el ventilador| fan; aventar**

ss; vb
[fæn]

I am a big fan of the arts.
-Soy un gran fanático del arte.

1522 charming   **encantador**

adj
[ˈtʃɑrmɪŋ]

I think she is charming and attractive.
-Creo que ella es atractiva y encantadora.

1523 saint   **santo; el santo; canonizar**

adj; ss; vb
[seɪnt]

Every saint has a past and every sinner has a future.
-Todo santo tiene un pasado y todo pecador tiene un futuro.

1524 obvious   **obvio| evidente**

adj
[ˈɑbviəs]

Such observations showed him obvious examples of chemical perturbations of health.
-Tales observaciones le presentaron ejemplos evidentes de perturbaciones químicas de la salud.

1525 avoid   **evitar| eludir**

vb
[əˈvɔɪd]

The trainer advised Angela to avoid strenuous exercise.
-El entrenador aconsejó a Angela evitar el ejercicio extenuante.

1526 bike   **la bicicleta**

ss
[baɪk]

His bike is better than mine.
-Su bicicleta es mejor que la mía.

1527 assistant   **asistente; asistente**

adj; ss
[əˈsɪstənt]

I'm Jim's assistant.
-Soy el asistente de Jim.

1528 worker   **el obrero**

ss
[ˈwɜrkər]

Jim is really a good worker.
-Jim es realmente un buen trabajador.

1529 talent   **el talento**

ss
[ˈtælənt]

The author shows a great talent in the creation of his characters.
-El autor revela un gran talento en la creación de los personajes.

1530 fifty   **cincuenta**

	num	Fifty families live in this tiny village.
	['fɪfti]	-Cincuenta familias viven en este pequeño pueblo.
1531	**stranger**	**el desconocido**
	ss	I don´t carelessly give my address to a stranger.
	['streɪndʒər]	-Me cuido mucho de dar mi correo a un extraño.
1532	**chest**	**el pecho**
	ss	The boy hugged the puppy to his chest.
	[tʃɛst]	-El chico abrazó a su pecho al cachorro.
1533	**regular**	**regular; el regular**
	adj; ss	Five gallons of regular, please.
	['rɛgjələr]	-Cinco galones de normal, por favor.
1534	**particular**	**particular; el rasgo distintivo**
	adj; ss	Do you have anything to say in particular?
	[pər'tɪkjələr]	-¿Tienes algo en particular que decir?
1535	**recently**	**recientemente**
	adv	She has put on weight recently.
	['risəntli]	-Ella ha engordado últimamente.
1536	**image**	**la imagen; tener reputación**
	ss; vb	The word "house" evokes the mental image of a rectangular building with a roof and smoking chimney, which may be surrounded by grass and trees and inhabited by a happy family.
	['ɪmədʒ]	-La palabra "casa" da en la mente la imagen de un edificio de forma rectangular con un techo y una chimenea que solta humo, el cual puede ser rodeado por hierbas y árboles, y habitado por una familia feliz.
1537	**Indian**	**indio; el indio**
	adj; ss	Paris during the Indian summer is an earthly heaven.
	['ɪndiən]	-París durante el veranillo de san Martín es un paraíso terrenal.
1538	**trap**	**la trampa| el sifón; atrapar**
	ss; vb	It could be a trap; don't let your guard down.
	[træp]	-Podría ser una trampa; no bajes tu guardia.
1539	**interview**	**la entrevista; entrevistarse con**
	ss; vb	Jim was impeccably dressed and well prepared for his job interview with the finance company.
	['ɪntərˌvju]	-Jim estaba vestido impecablemente y bien preparado para su entrevista de trabajo con la compañía financiera.
1540	**familiar**	**familiar| conocido; la comunidad**
	adj; ss	I am familiar with your name.
	[fə'mɪljər]	-Tu nombre me es familiar.
1541	**eve**	**la víspera**
	ss	On the eve of the festival, people go out for a walk by the river.
	[iv]	-En vísperas de la feria, la gente sale a caminar por el río.
1542	**celebrate**	**celebrar**
	vb	We celebrate Christmas every year.
	['sɛləˌbreɪt]	-Festejamos la Navidad cada año.
1543	**shock**	**el choque; escandalizar**
	ss; vb	Dan was in a state of shock.
	[ʃɑk]	-Dan estaba en un estado de shock.

1544	**detail**	**el detalle; detallar**
	ss; vb	She explained the rules in detail.
	[dɪˈteɪl]	-Ella explicó las reglas en detalles.

1545	**iron**	**planchar; el hierro; de hierro**
	vb; ss; adj	Spinach is a rich source of iron and calcium.
	[ˈaɪərn]	-La espinaca es una fuente rica de fierro y calcio.

1546	**wide**	**ancho; lejos**
	adj; adv	Life is not long, it is wide!
	[waɪd]	-¡La vida no es larga sino ancha!

1547	**hunt**	**cazar| perseguir; la caza**
	vb; ss	I can teach you how to hunt.
	[hʌnt]	-Puedo enseñarte a cazar.

1548	**emperor**	**el emperador**
	ss	Emperor Nero was an extremely evil tyrant.
	[ˈɛmpərər]	-El emperador Nerón fue un tirano extremadamente malvado.

1549	**poison**	**envenenar; el tóxico; veneroso**
	vb; ss; adj	Jim spit out the poison.
	[ˈpɔɪzən]	-Jim escupió el veneno.

1550	**destiny**	**el destino**
	ss	Maybe it's destiny.
	[ˈdɛstəni]	-Tal vez es el destino.

1551	**prisoner**	**el prisionero**
	ss	He's a prisoner of war.
	[ˈprɪzənər]	-Es prisionero de guerra.

1552	**bone**	**el hueso; deshuesar**
	ss; vb	For whom have you brought the bone?
	[boʊn]	-¿Para quién has traído el hueso?

1553	**owner**	**el propietario| el poseedor**
	ss	He's the owner of the company.
	[ˈoʊnər]	-Él es el dueño de la compañía.

1554	**crack**	**la grieta| el crujido; agrietarse**
	ss; vb	I heard a twig crack.
	[kræk]	-Escuché crujir una rama.

1555	**appointment**	**la cita| el nombramiento**
	ss	Make an appointment with him.
	[əˈpɔɪntmənt]	-Haz una cita con él.

1556	**glory**	**la gloria; gloriarse de**
	ss; vb	Glory to Ukraine!
	[ˈglɔri]	-¡Gloria a Ucrania!

1557	**violence**	**la violencia**
	ss	He believed that blacks could win their fight for equal rights without violence.
	[ˈvaɪələns]	-Él creyó que los negros podían ganar su lucha por derechos iguales sin violencia.

1558	**cab**	**el taxi**
	ss	Jim leaned forward and tapped the cab driver on the shoulder.
	[kæb]	-Jim se inclinó hacia delante y golpeó suavemente en el hombro al conductor del taxi.

1559 chocolate   el chocolate; de chocolate

ss; adj   Jim knows a woman who doesn't like to eat chocolate.
['tʃɔklət]   -Jim conoce a una mujer que no le gusta comer chocolate.

1560 meal   la comida; comer

ss; vb   Take this medicine after each meal.
[mil]   -Tome este medicamento después de cada comida.

1561 hook   el gancho| el enganche; enganchar

ss; vb   Hang your coat on the hook.
[hʊk]   -Cuelga tu abrigo en el gancho.

1562 freeze   congelar| congelarse; la congelación

vb; ss   My ears are going to freeze if I don't go in.
[friz]   -Se me van a congelar las orejas si no entro.

1563 candy   el caramelo| el dulce; azucarar

ss; vb   Try this candy.
['kændi]   -Prueba este dulce.

1564 sometime   a veces

adv   Call me sometime.
['sʌmˌtaɪm]   -Llámame alguna vez.

1565 shot   el tiro| el plano; tornasolado

ss; adj   He shot a tiger through the head.
[ʃɑt]   -Él le disparó a un tigre en la cabeza.

1566 tower   la torre; elevarse; de viviendas

ss; vb; adj   The queen was imprisoned in the Tower of London.
['taʊər]   -La reina fue encarcelada en la Torre de Londres.

1567 grandmother   la abuela; ser abuela

ss; vb   Her grandmother lived to be eighty-eight years old.
['grændˌmʌðər]   -La abuela de ella vivió hasta los 88 años.

1568 Bravo!   ¡Bravo!

int   Their debut album is called Bravo!
['brɑvoʊ!]   -Su álbum debut se llama ¡Bravo!

1569 dust   el polvo; desempolvar

ss; vb   Everything is covered with dust.
[dʌst]   -¡Todo está lleno de polvo!

1570 precious   precioso; muy

adj; adv   With such little benefit gained, this is a habit it would be best for me to curb. I
['prɛʃəs]   could be doing more productive things with my precious time.
    -Con tan poco beneficio ganado, este es un hábito que sería mejor para mí frenar. Podría estar haciendo cosas más productivas con mi precioso tiempo.

1571 warn   advertir| prevenir

vb   We must warn him.
[wɔrn]   -Tenemos que avisarle.

1572 toast   la tostada; brindar por

ss; vb   Raspberry jam on toast is my favorite breakfast meal.
[toʊst]   -Tostadas con mermelada de frambuesa es mi desayuno preferido.

1573 virgin   virgen; la virgen

adj; ss   As I thought, she's a virgin!
['vɜrdʒɪn]   -¡Como lo pensé, ella es virgen!

1574	**appear**	**aparecer| parecer**
	vb	Speak of the devil and he is sure to appear.
	[əˈpɪr]	-Hablando del rey de Roma, por la puerta asoma.
1575	**pride**	**el orgullo**
	ss	Losing injured their pride.
	[praɪd]	-La derrota hirió su orgullo.
1576	**switch**	**cambiar| agitar; el interruptor**
	vb; ss	When the dump truck fills up, call to have them come and switch it.
	[swɪtʃ]	-Cuando se llene el volquete, llamá para que vengan a cambiarlo.
1577	**community**	**la comunidad**
	ss	It is high time Japan played an important role in the international community.
	[kəmˈjunəti]	-Ya es hora de que Japón jugara un papel importante en la comunidad internacional.
1578	**thunder**	**el trueno; tronar**
	ss; vb	The heavy rain was accompanied with thunder.
	[ˈθʌndər]	-El aguacero vino acompañado de truenos.
1579	**pilot**	**el piloto; pilotar**
	ss; vb	This is every pilot's worst nightmare.
	[ˈpaɪlət]	-Está es la peor pesadilla de todo piloto.
1580	**damage**	**dañar; el daño**
	vb; ss	There was damage to the pipe.
	[ˈdæmədʒ]	-Hubo daños a las tuberías.
1581	**loving**	**amoroso| de amante**
	adj	Jim is a loving and caring gentleman.
	[ˈlʌvɪŋ]	-Jim es un caballero amoroso y atento.
1582	**confused**	**confuso**
	adj	I think you're a little confused.
	[kənˈfjuzd]	-Me parece que estás algo confundido.
1583	**rice**	**el arroz**
	ss	Do you eat rice in your country?
	[raɪs]	-¿Comes arroz en tu país?
1584	**knee**	**la rodilla; dar un rodillazo**
	ss; vb	Jim shot Ana in the knee.
	[ni]	-Jim le disparó a Ana en la rodilla.
1585	**coast**	**la costa; deslizar**
	ss; vb	On a good day, you can see the coast of Estonia from Helsinki.
	[koʊst]	-Cuando hace buen tiempo, desde Helsinki puede verse la costa de Estonia.
1586	**beast**	**la bestia**
	ss	You're a beast! You haven't even missed one question!
	[bist]	-¡Eres un lince! ¡No has fallado ni una pregunta!
1587	**japan**	**la laca japonesa; charolar con laca japonesa**
	ss; vb	The population of Japan is much larger than that of Australia.
	[dʒəˈpæn]	-La población de Japón es mucho mayor que la de Australia.
1588	**duke**	**el duque**
	ss	The duke holds a lot of land.
	[duk]	-El duque tiene muchas tierras.
1589	**silent**	**silencioso**

	adj	She was angry. That is why she remained silent.
	[ˈsaɪlənt]	-Estaba enfadada. Por eso se quedó callada.
1590	**tour**	**recorrer| visitar; la gira; de gira**
	vb; ss; adj	The band upped the number of shows in their tour.
	[tʊr]	-La banda subió el número de shows en su gira.
1591	**grateful**	**agradecido**
	adj	I'm very grateful to you.
	[ˈɡreɪtfəl]	-Te estoy muy agradecido.
1592	**central**	**central**
	adj	Germany is in Central Europe.
	[ˈsɛntrəl]	-Alemania está en Europa Central.
1593	**traffic**	**el tráfico| la trata; de tráfico; traficar**
	ss; adj; vb	The traffic's congested.
	[ˈtræfɪk]	-El tráfico está congestionado.
1594	**fourth**	**cuarto; el cuarto**
	adj; ss	The fourth month is called April.
	[fɔrθ]	-El cuarto mes se llama abril.
1595	**actor**	**el actor**
	ss	Do you want to be an actor in a movie?
	[ˈæktər]	-¿Quieres ser actor en una película?
1596	**official**	**oficial; el oficial**
	adj; ss	The official start is on Saturday.
	[əˈfɪʃəl]	-El comienzo oficial es el sábado.
1597	**applause**	**los aplausos**
	ss	The astronauts were greeted with cheers and applause of an enthusiastic
	[əˈplɔz]	crowd.
		-Los astronautas fueron recibidos con aclamaciones y aplausos de una
		entusiasmada multitud.
1598	**palace**	**el palacio**
	ss	The road of excess leads to the palace of wisdom.
	[ˈpæləs]	-La carretera del exceso lleva al palacio de la sabiduría.
1599	**troop**	**la tropa| el grupo; desfilar**
	ss; vb	This troop's reputation is about to change.
	[trup]	-La reputación de esta tropa está a punto de cambiar.
1600	**rate**	**la tarifa| la velocidad; calificar**
	ss; vb	What's today's exchange rate?
	[reɪt]	-¿Cuál es el tipo de cambio de hoy?
1601	**writer**	**el escritor| el autor**
	ss	Jim is a talented writer.
	[ˈraɪtər]	-Jim es un escritor talentoso.
1602	**hire**	**el alquiler| el arriendo; contratar**
	ss; vb	Have you been told why we didn't hire you?
	[ˈhaɪər]	-¿Se te dijo por qué nosotros no te contratamos?
1603	**junior**	**el júnior| el menor; joven; juvenilmente**
	ss; adj; adv	I was a member of the soccer club when I was in junior high.
	[ˈdʒunjər]	-Yo fui miembro del club de fútbol cuando estaba en secundaria.
1604	**process**	**el proceso; procesar**

	ss; vb	But the student has an obligation because he's more likely to understand the financial and social phenomenon and global realities; it is his obligation being a dynamic factor in a process of change, but also never losing sight of reality.
	['prɑ‚sɛs]	-Pero el que es estudiante tiene una obligación porque tiene más posibilidades de comprender los fenómenos económicos y sociales y las realidades del mundo; tiene la obligación de ser un factor dinámico del proceso de cambio, pero sin perder los perfiles, también, de la realidad.

1605 **committed** — **comprometido**

adj
['kəˈmɪtəd]

Jim committed suicide by jumping off a bridge.
-Jim se suicidió tirándose de un puente.

1606 **amount** — **la cantidad; ascender**

ss; vb
[əˈmaʊnt]

I have two dogs and I try to feed them each the same amount of food.
-Tengo dos perros, y trato de alimentarlos a cada uno con la misma cantidad de comida.

1607 **percent** — **el por ciento; del por ciento**

ss; adj
[pərˈsɛnt]

30 percent of our households gave.
-El 30 por ciento de nuestros hogares donaron.

1608 **affair** — **el asunto| la aventura**

ss
[əˈfɛr]

Jim and Ana's custody battle for their children was a long, drawn-out affair.
-La batalla por la custodia, de los niños de Jim y Ana, fue un largo e interminable asunto.

1609 **rob** — **robar**

vb
[rɑb]

Maybe Tommy Grazetti was helping radicals rob a casino.
-A lo mejor Tommy Grazetti estaba ayudando a radicales a robar un casino.

1610 **frightened** — **asustado**

adj
['fraɪtənd]

Your screams frightened me.
-Me asustaron tus gritos.

1611 **license** — **la licencia| el carnet; licenciar**

ss; vb
['laɪsəns]

You're not old enough to get a driver's license.
-No eres lo suficientemente mayor para conseguir una licencia de conducir.

1612 **bull** — **el toro; en alza; jugar al alza con**

ss; adj; vb
[bʊl]

The bull is stronger than the bullfighter, but he almost always loses.
-El toro es más fuerte que el torero, pero casi siempre pierde.

1613 **direction** — **la dirección| el rumbo**

ss
[dəˈrɛkʃən]

Jim has no sense of direction.
-Jim no tiene sentido de orientación.

1614 **saving** — **el ahorro| la salvación; salvo; económico**

ss; prp; adj
['seɪvɪŋ]

If you want security in your old age, begin saving now.
-Si quieres seguridad en tu vejez, empieza a ahorrar ya.

1615 **snake** — **la serpiente; deslizarse**

ss; vb
[sneɪk]

Seen from the sky, the river looked like a huge snake.
-Visto desde el cielo, el río se parecía a una enorme serpiente.

1616 **pussy** — **el coño| el gatito**

ss
['pʊsi]

Ana, Ana, quite contrary, trim that pussy, it's damn hairy.
-Ana, Ana, muy al contrario, arregla tu coño, se ve estrafalario.

1617 **holiday** — **la fiesta; pasar las vacaciones; festivo**

ss; vb; adj
['hɑləˌdeɪ]

He phoned me to talk about his holiday plans.
-Él me telefoneó para hablar sobre sus planes para vacaciones.

1618	**indistinct**	**indistinto**
	adj	(indistinct crowd chatter, sirens blaring)
	[ˌɪndɪˈstɪŋkt]	-(indistinto charla multitud, sirenas a todo volumen)

1619	**theater**	**el teatro**
	ss	There's a movie theater on the corner.
	[ˈθiətər]	-Hay un cine en la esquina.

1620	**loss**	**la pérdida**
	ss	Their loss is our gain.
	[lɔs]	-Su pérdida supone nuestra ganancia.

1621	**mighty**	**poderoso; muy**
	adj; adv	Beyond his small fleet of ships anchored safely past the shallow mud flats, the
	[ˈmaɪti]	captain could just make out a row of low hills in the offing, but even with
		binoculars he could not see beyond the horizon to the mighty offshore wind
		turbines which he had sailed by on his approach to the inlet.
		-Más allá de su pequeña flota de barcos anclados de manera segura, después
		de las marismas poco profundas, el capitán podría simplemente describir una
		hilera de colinas bajas que van apareciendo, pero incluso con binoculares, él
		no podría ver más allá del horizonte a las poderosas turbinas eólicas lejos de
		la costa, frente a las que había navegado durante su acercamiento a la
		entrada.

1622	**whistle**	**silbar; el silbo**
	vb; ss	He can't whistle.
	[ˈwɪsəl]	-Él no sabe silbar.

1623	**youth**	**la juventud; juvenil; juvenilmente**
	ss; adj; adv	The memory of youth is sweet in the heart of old men.
	[juθ]	-El recuerdo de la juventud es dulce en el corazón de los hombres de edad.

1624	**lab**	**el laboratorio**
	ss	The stain on the lab coat is due to silver nitrate.
	[læb]	-La mancha en la bata de laboratorio se debe al nitrato de plata.

1625	**boom**	**el auge; retumbar**
	ss; vb	And boom, boom, boom. The president of Mongolia.
	[bum]	-Y boom, boom, boom. El presidente de Mongolia.

1626	**border**	**la frontera| la orilla; bordear**
	ss; vb	Jim lives 10 miles from the Canadian border.
	[ˈbɔrdər]	-Jim vive a 10 millas de la frontera canadiense.

1627	**ordinary**	**ordinario| normal; el lo ordinario**
	adj; ss	He is no ordinary student.
	[ˈɔrdəˌnɛri]	-Él no es un estudiante ordinario.

1628	**cast**	**el elenco| el molde; emitir**
	ss; vb	The die has been cast.
	[kæst]	-La suerte está echada.

1629	**statement**	**la declaración| el estado**
	ss	You told me you had a nice ass. Was that a misleading statement then?
	[ˈsteɪtmənt]	-Me dijiste que tenías un bonito culo. ¿Fue eso una declaración falsa
		entonces?

1630	**rescue**	**el rescate; rescatar; de salvamento**
	ss; vb; adj	I came near being drowned, trying to rescue a boy.
	[ˈrɛskju]	-Estuve a punto de ahogarme al intentar rescatar a un chico.

1631 sharp | **fuerte | agudo; en punto**
adj; ss; adv | The kitchen knife wasn't sharp enough to cut the meat, so I used my pocket
[ʃɑrp] | knife.
| -El cuchillo de cocina no estaba lo suficientemente afilado para cortar la carne, así que me serví de mi navaja de bolsillo.

1632 creature | **la criatura**
ss | The human being is a creature of habit.
[ˈkritʃər] | -El hombre es un animal de costumbres.

1633 zero | **cero; el cero; poner en el cero**
adj; ss; vb | It's six degrees below zero.
[ˈzɪroʊ] | -Hace seis grados bajo cero.

1634 sexy | **sexy**
adj | He's very sexy.
[ˈsɛksi] | -Es muy sexy.

1635 borrow | **pedir prestado**
vb | I don't dare ask the boss to borrow the car.
[ˈbɑˌroʊ] | -No me atrevo a pedirle al jefe prestado el coche.

1636 uniform | **el uniforme; constante**
ss; adj | Where's your uniform?
[ˈjunəˌfɔrm] | -¿Dónde está tu uniforme?

1637 unbelievable | **increíble**
adj | That's unbelievable!
[ˌʌnbəˈlivəbəl] | -¡Eso es increíble!

1638 naturally | **naturalmente**
adv | Singing comes as naturally to her as flying does to birds.
[ˈnætʃərəli] | -El canto le es tan natural como el volar para los pájaros.

1639 treasure | **el tesoro; atesorar**
ss; vb | I'll never tell anyone where I've hidden the treasure.
[ˈtrɛʒər] | -Nunca le diré a nadie dónde he escondido el tesoro.

1640 flesh | **la carne**
ss | Can a being create the fifty billion galaxies, each with one hundred billion
[flɛʃ] | stars, then rejoice in the smell of burning goat flesh?
| -¿Puede un ser crear los cincuenta mil millones de galaxias, cada una con cien mil millones de estrellas, y después regocijarse con el olor de la carne de cabra asada?

1641 row | **la fila | el renglón; remar**
ss; vb | We went to the lake to row a boat.
[roʊ] | -Fuimos al lago a remar en bote.

1642 friendly | **amable | amistoso; amistosamente; el partido amistoso**
adj; adv; ss | Jim is a good-looking guy, but he's not too friendly.
[ˈfrɛndli] | -Jim es un tipo apuesto, pero no es muy amistoso.

1643 modern | **moderno; el moderno**
adj; ss | There are many modern buildings around here.
[ˈmɑdərn] | -Hay muchos edificios modernos por acá.

1644 score | **calificar | conseguir; la puntuación**
vb; ss | We lost by a score of three to one.
[skɔr] | -Perdimos con el marcador tres a uno.

1645	**neighborhood**	**el barrio**
	ss	Bill boasts of owning the biggest car in the neighborhood.
	[ˈneɪbərˌhʊd]	-Bill se jacta de tener el coche más grande del barrio.
1646	**pill**	**la píldora**
	ss	I should have taken the blue pill.
	[pɪl]	-Debería haber tomado la pastilla azul.
1647	**highness**	**la altura| el punto alto**
	ss	I shall not weary your serene highness.
	[ˈhaɪnəs]	-No cansaré a Vuestra Alteza Serenísima.
1648	**gee**	**caramba**
	int	Well, gee, I don't know.
	[ʤi]	-Bueno, caramba, no sabía.
1649	**studio**	**el estudio**
	ss	There are hundreds of books in his studio.
	[ˈstudiˌoʊ]	-Hay cientos de libros en su estudio.
1650	**positive**	**positivo| seguro; el positivo**
	adj; ss	State intervention should be conducted by generating positive and intense incentives.
	[ˈpɑzətɪv]	-La intervención estatal debe hacerse generando incentivos correctos e intensos.
1651	**tip**	**la propina| la punta; verter**
	ss; vb	I'll give you a little tip.
	[tɪp]	-Te voy a dar un pequeño consejo.
1652	**defend**	**defender**
	vb	We must defend our freedom at all cost.
	[dɪˈfɛnd]	-Debemos defender nuestra libertad cueste lo que cueste.
1653	**complicated**	**complicado**
	adj	It's more complicated than that.
	[ˈkɑmpləˌkeɪtəd]	-Es más complicado que eso.
1654	**hunting**	**la caza**
	ss	Hunting is prohibited in this area.
	[ˈhʌntɪŋ]	-En esta área está prohibido cazar.
1655	**darkness**	**la oscuridad| las tinieblas**
	ss	She fumbled around in the darkness.
	[ˈdɑrknəs]	-Ella andaba a tientas en la oscuridad.
1656	**disease**	**la enfermedad| el mal**
	ss	He gave a speech about Alzheimer's disease.
	[dɪˈziz]	-Él dio un discurso sobre el mal de Alzheimer.
1657	**climb**	**la subida| la escalada; escalar**
	ss; vb	I want to climb Mt. Fuji.
	[klaɪm]	-Quiero escalar el Monte Fuji.
1658	**role**	**el papel| el rol**
	ss	Blood spatter analysis plays an important role in determining what has happened at a crime scene.
	[roʊl]	-El análisis de salpicaduras de sangre juega un papel importante en la determinación de lo que ha sucedido en la escena del crimen.
1659	**terrific**	**estupendo| terrífico**

	adj	Ana looks terrific for her age.
	[təˈrɪfɪk]	-Ana se ve estupenda para su edad.
1660	**event**	**el evento| el acontecimiento**
	ss	The fall of the Berlin Wall was really an epochal event.
	[ɪˈvɛnt]	-La caída del muro de Berlín fue en verdad un acontecimiento histórico.
1661	**effect**	**el efecto| el hecho; efectuar**
	ss; vb	The medicine had an immediate effect.
	[ɪˈfɛkt]	-El remedio tuvo un efecto inmediato.

1662 seek

vb

[sik]

buscar| solicitar

When I was a kid, we used to play hide and seek quite a lot.

-Cuando era niño, solíamos jugar bastante al escondite.

1663 revolution

ss

[ˌrɛvəˈluʃən]

la revolución

The digital revolution is paving the way towards strikingly new forms of social relationships.

-La revolución digital esta haciendo el camino hacia sorprendentes nuevas formas de relaciones sociales.

1664 include

vb

[ɪnˈklud]

incluir| abarcar

Possible side effects include blurred vision and shortness of breath.

-Posibles efectos secundarios incluyen visión borrosa y dificultad respiratoria.

1665 chase

ss; vb

[tʃeɪs]

la persecución| la carrera; perseguir

It was a wild goose chase.

-Fue un objetivo inalcanzable.

1666 shopping

ss

[ˈʃɑpɪŋ]

las compras

Her mother has gone shopping.

-Su madre ha ido de compras.

1667 wave

ss; vb

[weɪv]

la onda| la oleada; agitar

The shock wave came and obliterated everything and everyone.

-La onda expansiva vino y se llevó por delante todo y a todos.

1668 mystery

ss

[ˈmɪstəri]

el misterio| el enigma

Space is full of mystery.

-El espacio está lleno de misterios.

1669 attorney

ss

[əˈtɜrni]

el abogado

You have the right to an attorney.

-Tienes derecho a un abogado.

1670 stair

ss

[stɛr]

la escalera

The way to great office is by a winding stair.

-El camino a un gran cargo es por una escalera de caracol.

1671 newspaper

ss; adj

[ˈnuzˌpeɪpər]

el periódico; de periódico

What's your favorite newspaper?

-¿Cuál es tu periódico favorito?

1672 presence

ss

[ˈprɛzəns]

la presencia

I always get nervous in her presence.

-Siempre me pongo nervioso en su presencia.

1673 beloved

adj; ss

[bɪˈlʌvd]

amado; el amado

During the imprisonment of Sir Thomas a frequent intercourse of letters passed between him and this beloved daughter and when deprived of pen and ink he contrived to write to her with a coal.

-Durante el encarcelamiento de sir Thomas se produjo un intercambio frecuente de cartas entre él y esta querida hija y, cuando se le privó de pluma y tinta, se las ingenió para escribirla con un carbón.

1674	**rope**	**la cuerda| el cabo**
	ss	He let go of the rope.
	[roʊp]	-Él soltó la cuerda.
1675	**delicious**	**delicioso**
	adj	The curry was very delicious.
	[dɪˈlɪʃəs]	-El curry estaba deliciosísimo.
1676	**comrade**	**camarada| el amigo**
	ss	Look comrade Gane. Just like I said.
	[ˈkɑmˌræd]	-Mire, camarada Gane, tal como le dije.
1677	**dragon**	**el dragón**
	ss	In many places in China, there were temples of the dragon-king.
	[ˈdrægən]	-En muchos sitios en China había templos consagrados al rey dragón.
1678	**bow**	**el arco| la proa; inclinarse**
	ss; vb	I dreamed about a bow.
	[baʊ]	-Soñé con un arco.
1679	**section**	**la sección| el artículo; seccionar**
	ss; vb	You will find that book in the historical section of the library.
	[ˈsɛkʃən]	-Encontrarás ese libro en la sección de historia de la biblioteca.
1680	**pot**	**la olla; matar**
	ss; vb	The pot is boiling over.
	[pɑt]	-La olla está hirviendo.
1681	**winner**	**el ganador**
	ss	If the loser smiled the winner will lose the thrill of victory.
	[ˈwɪnər]	-Si el perdedor sonriera, el ganador pierde la emoción de la victoria.
1682	**barely**	**apenas| difícilmente**
	adv	I can barely remember what my grandfather looked like.
	[ˈbɛrli]	-Apenas puedo recordar cómo lucía mi abuelo.
1683	**senator**	**el senador**
	ss	The magazine spread many important charges against the Senator.
	[ˈsɛnətər]	-La revista divulgó importantes denuncias contra el senador.
1684	**aboard**	**a bordo; a bordo de**
	adv; prp	All of us climbed aboard quickly.
	[əˈbɔrd]	-Todos subimos rápidamente a bordo.
1685	**healthy**	**saludable**
	adj	A carrot is a healthy snack.
	[ˈhɛlθi]	-La zanahoria es un bocado saludable.
1686	**curious**	**curioso**
	adj	Small children are very curious.
	[ˈkjʊriəs]	-Los niños pequeños son muy curiosos.
1687	**mass**	**la masa| la misa; en masa; concentrarse**
	ss; adj; vb	Mass is a Catholic ceremony of remembering Jesus Christ by eating and drinking.
	[mæs]	-La misa es una ceremonia católica de recordación de Jesucristo por medio de la comida y la bebida.

1688 grade
ss; vb
[greɪd]

el grado| la calidad; calificar

His essay gave only a superficial analysis of the problem, so it was a real surprise to him when he got the highest grade in the class.
-Su ensayo hacía sólo un análisis superficial del problema, así que fue una gran sorpresa para él conseguir la nota más alta de la clase.

1689 aside
adv; ss
[əˈsaɪd]

aparte; el aparte

Christopher Columbus demanded that an entire "Columbus Week" be set aside to celebrate his glory, but in the end only got a day, and only in America.
-Cristóbal Colón pidió que se le dedicara toda una "semana de Colón" para celebrar su gloria, pero al final sólo consiguió un día, y únicamente en América.

1690 wire
ss; vb
[ˈwaɪər]

el alambre| el cable; alambrar

The children made sculptures out of wire.
-Los niños hicieron esculturas de alambre.

1691 terribly
adv
[ˈtɛrəbli]

terriblemente

The soup is terribly hot.
-La sopa está muy caliente.

1692 bleed
vb
[blid]

sangrar

With a weak beat, it continues to bleed.
-Con un pulso débil, continúa sangrando.

1693 nasty
adj
[ˈnæsti]

asqueroso| repugnante

The coffee is nasty.
-El café está feo.

1694 stare
ss; vb
[stɛr]

la mirada fija; mirar fijamente

It is rude to stare at strangers.
-Es grosero quedársele viendo a los desconocidos.

1695 yard
ss; vb
[jɑrd]

la yarda; acorralar

There used to be a garden in our yard.
-Solía haber un jardín en nuestro patio.

1696 button
ss; vb
[ˈbʌtən]

el botón; abotonar

All you have to do is push this button to take a picture.
-Solo tienes que pulsar este botón para sacar una foto.

1697 kingdom
ss
[ˈkɪŋdəm]

el reino

Every man in the kingdom fell under the spell of her look.
-Todos los hombres del reino caían bajo el hechizo de su mirada.

1698 quarter
ss; vb
[ˈkwɔrtər]

el trimestre| el cuarto; cuartear

The third quarter GNP growth was 1% over the preceding quarter.
-En el tercer trimestre el crecimiento del GNP fue un uno por ciento mayor que en trimestre anterior.

1699 plate
ss; vb
[pleɪt]

la placa| el plato; platear

Bring her a plate of salad.
-Tráigale un plato de ensalada.

1700 dump
ss; vb
[dʌmp]

el tugurio; deshacerse de

This place is a first-class dump.
-Este lugar es un basurero de primera clase.

1701 tail

la cola| el rabo; seguir

| | | ss; vb | This type of cat has no tail. |
| | | [teɪl] | -Esta clase de gatos no tiene cola. |

1702 **sacrifice**   **el sacrificio; sacrificar**

ss; vb   Jim was willing to sacrifice everything for you.

[ˈsækrəˌfaɪs]   -Jim estaba dispuesto a sacrificar todo por ti.

1703 **bored**   **perforado**

adj   I'm bored and don't know what to do.

[bɔrd]   -Me aburro y no sé qué hacer.

1704 **salt**   **la sal; de sal; salpicar**

ss; adj; vb   Salt was a rare and costly commodity in ancient times.

[sɔlt]   -Antiguamente la sal era una comodidad rara y costosa.

1705 **metal**   **el metal; metálico; cubrir con grava**

ss; adj; vb   Who's your favorite heavy metal guitarist?

[ˈmɛtəl]   -¿Cuál es tu guitarrista de heavy metal favorito?

1706 **sand**   **la arena; lijar**

ss; vb   Jim sat down on the sand next to Ana.

[sænd]   -Jim se sentó al lado de Ana en la arena.

1707 **cancer**   **el cáncer**

ss   That man died of lung cancer a week ago.

[ˈkænsər]   -Aquel hombre murió de cáncer al pulmón hace una semana.

1708 **subtitle**   **subtitular; el subtítulo**

vb; ss   Now "Women Searching for Someone" is just a subtitle.

[ˈsʌbˌtaɪtəl]   -Ahora es "Mujeres buscando Alguien" es sólo un subtítulo.

1709 **fruit**   **la fruta; dar fruto**

ss; vb   What fruit is red?

[frut]   -¿Qué fruta es roja?

1710 **claim**   **reclamar| reivindicar; la reclamación**

vb; ss   I do not want to reject this claim.

[kleɪm]   -No quiero rechazar esta demanda.

1711 **bark**   **ladrar; el ladrido**

vb; ss   Dogs bark.

[bɑrk]   -Los perros ladran.

1712 **goal**   **el objetivo| el gol**

ss   They achieved their goal.

[goʊl]   -Consiguieron su objetivo.

1713 **concern**   **la preocupación| el asunto; referirse**

ss; vb   Don't interfere with matters that do not concern you!

[kənˈsɜrn]   -¡No interfieras en asuntos que no te conciernen!

1714 **shadow**   **la sombra| el sombreado; sombrear**

ss; vb   The mouse's shadow at dusk is longer than the cat's shadow at noon.

[ˈʃæˌdoʊ]   -La sombra del ratón al atardecer es más larga que la del gato al mediodía.

1715 **beep**   **pitar; la señal**

vb; ss   Leave your message after hearing the beep.

[bip]   -Deje su mensaje después de oír la señal.

1716 **firm**   **la empresa| las casa de comercio; firme; endurecer**

ss; adj; vb   This firm prints a lot of educational books.

[fɜrm]   -Esta compañía imprime muchos libros educacionales.

1717 **friendship** **la amistad**
ss What is better than friendship?
[ˈfrɛndʃɪp] -¿Qué es mejor que la amistad?

1718 **prime** **principal| primo; la prima; cebar**
adj; ss; vb Two is the only prime whose successor is prime.
[praɪm] -2 es el único primo cuyo sucesor es primo.

1719 **advantage** **la ventaja| las ventajas; favorecer**
ss; vb At the train can start taking advantage of the time from the first minute,
[ædˈvæntɪdʒ] something that does not happen on a flight.
-En el tren puedes empezar a aprovechar el tiempo desde el primer minuto,
algo que no sucede en un vuelo.

1720 **punch** **el puñetazo| el ponche; perforar**
ss; vb He was knocked out by a punch in the first round.
[pʌntʃ] -Fue noqueado de un puñetazo en el primer asalto.

1721 **non-** **pfj; no-**
pfj This right may not be invoked in the case of prosecutions genuinely arising
[nɑn-] from non-political crimes or from acts contrary to the purposes and principles
of the United Nations.
-Este derecho no podrá ser invocado contra una acción judicial realmente
originada por delitos comunes o por actos opuestos a los propósitos y
principios de las Naciones Unidas.

1722 **steady** **estable| continuo; estabilizarse; el novio**
adj; vb; ss My employment is not steady, only seasonal work.
[ˈstɛdi] -Mi empleo no es estable, solamente trabajo por temporadas.

1723 **extremely** **extremadamente**
adv Both were extremely rich.
[ɛkˈstrimli] -Ambos eran extremadamente ricos.

1724 **protection** **la protección| el blindaje**
ss Jim asked for police protection after Ana and John threatened to kill him.
[prəˈtɛkʃən] -Jim pidió protección policial después que John y Ana lo amenazaran con
matarlo.

1725 **tiger** **el tigre**
ss It was during the ice age that the saber-toothed tiger became extinct.
[ˈtaɪɡər] -El tigre dientes de sable se extinguió durante la era de hielo.

1726 **giant** **gigante; el gigante**
adj; ss Christopher Columbus's "The Idiot's Guide to Killing a Shark Barehanded" and
[ˈdʒaɪənt] "The Twenty Ways to Strangle a Giant Squid" both went on to become
bestsellers.
-"La guía para idiotas de cómo matar a un tiburón con las manos desnudas" y
"las veinte formas de estrangular a un calamar gigante", ambos de Cristóbal
Colón, llegaron a convertirse en best sellers.

1727 **edge** **el borde| la orilla; afilar**
ss; vb I shouldn't have put my laptop so close to the edge of the table.
[ɛdʒ] -No debí haber puesto mi laptop tan cerca del borde de la mesa.

1728 **chuck** **arrojar; el tiro**
vb; ss You can chuck it in their wine cellar downstairs.
[tʃʌk] -Se puede tirar en su vino abajo sótano.

1729 **loser** **el perdedor**

	ss	Second place is just the first loser.
	['luzər]	-El segundo no es más que el primero de los perdedores.
1730	**assume**	**asumir**
	vb	Let's not indulge in magical thinking and assume this breeds unicorns.
	[ə'sum]	-No consintamos pensamientos mágicos y el asumir que este cría unicornios.
1731	**behave**	**comportarse**
	vb	How dare you behave like that!
	[bɪ'heɪv]	-¡Cómo te atreves a portarte así!
1732	**direct**	**directo| continuo; dirigir; directamente**
	adj; vb; adv	Foreign direct investments in China amounted to $3 billion last year.
	[də'rɛkt]	-El año pasado la inversión directa extranjera en China totalizó $3 mil millones.
1733	**pen**	**la pluma; escribir**
	ss; vb	I had lost my pen.
	[pɛn]	-Había perdido mi bolígrafo.
1734	**wheel**	**la rueda| el volante; girar**
	ss; vb	Don't be silly, you can't drive without a wheel!
	[wil]	-¡No seas tonto, no se puede conducir sin volante!
1735	**drag**	**arrastrar; la calada**
	vb; ss	Don't drag the table! You lift it and then you move it.
	[dræg]	-¡No arrastres la mesa! Levántala y luego la mueves.
1736	**sexual**	**sexual**
	adj	I bought all sorts of sexual toys for my honeymoon.
	['sɛkʃuəl]	-Compré todo tipo de juguetes sexuales para mi luna de miel.
1737	**passion**	**la pasión| el apasionamiento**
	ss	This tastes like passion fruit.
	['pæʃən]	-Esto sabe a granadillas.
1738	**maid**	**la criada| la camarera**
	ss	Please have the maid carry it to my room.
	[meɪd]	-Por favor, diga a la sirvienta que lo lleve a mi habitación.
1739	**county**	**el condado**
	ss	This county is poor in natural resources.
	['kaʊnti]	-Este condado es pobre en recursos naturales.
1740	**chick**	**el polluelo| el pollito**
	ss	That wuss is at home after breaking up with some chick I've never heard of
	[ʧɪk]	and claims to be trying to think of a way to make things up to this other girl he truly loves and frankly I question if either of these women actually exist.
		-Ese cobarde está en casa después de romper con una chica de la que nunca he oído hablar y pretende estar pensando en una forma de hacer las paces con esta otra chica que realmente ama y, francamente, me pregunto si alguna de estas mujeres existe realmente.
1741	**magazine**	**la revista**
	ss	I often read "Veja", but last week I read another magazine.
	['mægə,zin]	-A menudo leo "Veja", pero la semana pasada leí otra revista.
1742	**remove**	**quitar| eliminar; el apartamiento**
	vb; ss	We're going to have to remove your wisdom teeth. Right now.
	[ri'muv]	-Vamos a tener que quitarle las muelas del juicio. Ahora mismo.

1743	**available**	**disponible**
	adj	Soon, newspapers won't be printed on paper. They'll only be available through the Internet.
	[əˈveɪləbəl]	-Pronto los periódicos no se imprimirán en papel, sino que solo estarán disponibles en internet.

1744	**spell**	**el hechizo| el encanto; deletrear**
	ss; vb	The witch cast a spell on the naughty boy.
	[spɛl]	-La bruja le lanzó un hechizo al niño travieso.

1745	**term**	**el plazo| el término; llamar; temporal**
	ss; vb; adj	The term sanitation worker is a euphemism for a garbage man.
	[tɜrm]	-El término trabajador de saneamiento es un eufemismo para hombre de la basura.

1746	**engage**	**contratar| acoplar**
	vb	His father was a mayor, but he didn't want to engage in politics.
	[ɛnˈgeɪdʒ]	-El padre fue intendente, pero él prefirió no entrar en la política.

1747	**focus**	**el foco| el centro; enfocar**
	ss; vb	Adjust the focus of the microscope.
	[ˈfoʊkəs]	-Enfoca el microscopio.

1748	**stock**	**surtir| abastecer; los valores; de serie**
	vb; ss; adj	The stock reached its high point last July.
	[stɑk]	-Las acciones alcanzaron su punto más alto el julio pasado.

1749	**valley**	**el valle**
	ss	We went down to the valley where the village is.
	[ˈvæli]	-Nosotros bajamos al valle en donde se ubica la villa.

1750	**duck**	**el pato| la pata; agacharse**
	ss; vb	We ate Peking duck in the Chinese restaurant.
	[dʌk]	-Comimos pato a la pequinesa en el restaurante chino.

1751	**wounded**	**herido**
	adj	He was wounded in the battle.
	[ˈwundəd]	-Le hirieron en la batalla.

1752	**chosen**	**preferido**
	adj	They were chosen at random.
	[ˈtʃoʊzən]	-Fueron elegidos al azar.

1753	**likely**	**probable; probablemente**
	adj; adv	Jim thought that Ana was likely to get the job.
	[ˈlaɪkli]	-Jim creyó que probablemente Ana conseguiría el trabajo.

1754	**wound**	**la herida; herir**
	ss; vb	Stop the flow of blood from the wound.
	[wund]	-Detén el flujo de sangre de la herida.

1755	**object**	**el objeto| la cosa; oponerse**
	ss; vb	I don't object to your going out to work, but who will look after the children?
	[ˈɑbdʒɛkt]	-No me opongo a que vayas a trabajar fuera de casa, pero ¿quién se ocupará de los niños?

1756	**sale**	**la venta**
	ss	That house is for sale.
	[seɪl]	-Esa casa está a la venta.

| 1757 | **mummy** | **la momia** |

	ss	When police come, mummy goes away.
	[ˈmʌmi]	-Cuando la policía llegue, mamá tendrá que huir.
1758	**tank**	**el tanque; machar**
	ss; vb	The tank is full.
	[tæŋk]	-El tanque está lleno.
1759	**look in**	**mirar hacia dentro**
	vb	Science should look in all directions.
	[lʊk ɪn]	-La ciencia deber mirar en todas las direcciones.
1760	**pie**	**el pastel| la empanada**
	ss	Would you mind if I ate a piece of this pie?
	[paɪ]	-¿Te importaría si me como un trozo de este pastel?
1761	**gut**	**el intestino; destripar**
	ss; vb	I've developed a bit of a gut lately, so I've decided that, starting tomorrow,
	[gʌt]	I'm going to go to the gym.
		-Últimamente he echado un poco de barriga, así que he decidido que,
		empezando desde mañana, voy a ir al gimnasio.
1762	**bound**	**obligado; el límite; botar**
	adj; ss; vb	She combed her hair and bound it with a ribbon.
	[baʊnd]	-Se peinó el pelo y se lo amarró con un listón.
1763	**scary**	**asustadizo**
	adj	"I fell asleep?" "Totally." "Really?" "You were very restless, did you have a
	[ˈskɛri]	scary dream?"
		-"¿Me quedé dormido?" "Totalmente." "¿De Verdad?" "Estabas muy
		inquieto, ¿tuviste un sueño aterrador?"
1764	**reporter**	**el reportero**
	ss	You're a reporter.
	[rɪˈpɔrtər]	-Eres un reportero.
1765	**physical**	**físico; el reconocimiento médico**
	adj; ss	Bernard of Chartres used to say that we are like dwarfs on the shoulders of
	[ˈfɪzɪkəl]	giants, so that we can see more than they, and things at a greater distance,
		not by virtue of any sharpness of sight on our part, or any physical distinction,
		but because we are carried high and raised up by their giant size.
		-Bernardo de Chartres decía que somos como enanos sobre los hombros de
		gigantes, podemos ver más allá y más lejos que ellos, no por la virtud de una
		aguda visión de nuestra parte, o cualquier otra distinción física, sino porque
		somos elevados por su gigantesco tamaño.
1766	**basically**	**fundamentalmente**
	adv	I believe men are basically good.
	[ˈbeɪsɪkli]	-Creo que los hombres son básicamente buenos.
1767	**hop**	**el salto| el lúpulo; saltar**
	ss; vb	They love to hide out in your nerve cells, so we hop aboard for a ride.
	[hɑp]	-Les encanta esconderse en las células nerviosas, así que... se los vamos a
		subir a bordo para que los lleve.
1768	**value**	**el valor; valorar**
	ss; vb	I have the conviction that a few weeks in a well-organized summer camp may
	[ˈvælju]	be of more value educationally than a whole year of formal school work.
		-Estoy convencido de que unas semanas en una colonia de verano bien

organizada pueden poseer un valor educativo mucho mayor que un año entero consagrado al trabajo escolar tradicional.

1769	**surface**	**la superficie; emerger**
	ss; vb	Only the surface of things reveals the essence of things.
	[ˈsɜrfəs]	-Sólo la superficie de las cosas revela su esencia.
1770	**closing**	**el cierre| la fecha tope**
	ss	Thank you for closing the door.
	[ˈkloʊzɪŋ]	-Gracias por cerrar la puerta.
1771	**slip**	**el resbalón| la desliz; deslizarse**
	ss; vb	Jim talked too much and let the secret slip.
	[slɪp]	-Jim habló demasiado y dejó escapar el secreto.
1772	**result**	**el resultado| resulta; resultar**
	ss; vb	The result proved disappointing.
	[rɪˈzʌlt]	-El resultado fue decepcionante.
1773	**politics**	**la política**
	ss	He distanced himself from politics.
	[ˈpɑləˌtɪks]	-Él se distanció de la política.
1774	**popular**	**popular**
	adj	Light-roasted coffee brands remain the most popular.
	[ˈpɑpjələr]	-Las marcas de café ligeramente tostado siguen siendo las más populares.
1775	**slave**	**el esclavo; trabajar como un esclavo**
	ss; vb	I won't let you treat me like a slave.
	[sleɪv]	-No te permitiré que me trates como a un esclavo.
1776	**desperate**	**desesperado**
	adj	Suicide is a desperate act.
	[ˈdɛsprɪt]	-El suicidio es un acto de desesperación.
1777	**shine**	**el brillo| el buen tiempo; brillar**
	ss; vb	Please shine those shoes.
	[ʃaɪn]	-Por favor lústrese esos zapatos.
1778	**joint**	**conjunto| común; la articulación; articular**
	adj; ss; vb	The elbow is the joint between the arm and forearm.
	[dʒɔɪnt]	-El codo es la articulación entre el brazo y el antebrazo.
1779	**mostly**	**principalmente**
	adv	Mostly, criminals are as naive as children.
	[ˈmoʊstli]	-Principalmente, los criminales son tan ingenuos como niños.
1780	**rare**	**raro; extraordinariamente**
	adj; adv	I think this is very rare.
	[rɛr]	-Pienso que esto es muy raro.
1781	**witch**	**la bruja**
	ss	I am not a witch.
	[wɪtʃ]	-No soy una bruja.
1782	**jury**	**el jurado**
	ss	The jury's still out regarding the health effects posed by cell phone use.
	[ˈdʒʊri]	-Todavía no se conocen a ciencia cierta los efectos sobre la salud que el uso de teléfonos celulares puede causar.
1783	**intend**	**intentar**

	vb [ɪnˈtɛnd]	Maybe I am unhappy, but I don't intend to kill myself. -Tal vez yo sea infeliz, pero no pretendo matarme.
1784	**connection**	**la conexión| la relación**
	ss [kəˈnɛkʃən]	Kamakura is a place noted in connection with the Genji family. -Kamakura es un célebre lugar en conexión con la familia Genji.
1785	**wing**	**la ala| la aleta; volar**
	ss; vb [wɪŋ]	Someone has breached security in the manufacturing wing.A -lguien ha violado la seguridad en el ala de manufacturación.
1786	**gorgeous**	**maravilloso| vistoso**
	adj [ˈgɔrdʒəs]	What a gorgeous sunset! Let's hang around for a couple of minutes and watch it. -¡Qué puesta de sol más bonita! Rondemos por aquí unos cuantos minutos para verla.
1787	**pink**	**rosa; la rosa; picar**
	adj; ss; vb [pɪŋk]	We all laughed at his pink tuxedo. -Todos nos reímos de su esmoquin rosa.
1788	**cruel**	**cruel| endurecido**
	adj [ˈkruəl]	I never thought he was capable of doing something so cruel. -Nunca pensé que sería capaz de hacer algo tan cruel.
1789	**doll**	**la muñeca**
	ss [dɑl]	Then the little doll's eyes would begin to shine like glowworms, and it would become alive. -Entonces los ojos de la muñequita empezarían a brillar como luciérnagas, y ella se convertiría en viva.
1790	**unusual**	**raro| insólito**
	adj [ənˈjuʒˌuəl]	Some clarinetists use clarinets tuned to A instead of B flat in passages which would otherwise be written in unusual keys. -Algunos clarinetistas usan clarinetes afinados en La en lugar de Si bemol en pasajes que de otra forma se escribirían en llaves poco comunes.
1791	**education**	**la educación**
	ss [ˌɛdʒəˈkeɪʃən]	It is education that is key to the success. -Es la educación la llave al éxito.
1792	**challenge**	**el reto| el desafiador; desafiar**
	ss; vb [ˈtʃæləndʒ]	The challenge there is getting on time. -El desafío está en llegar a tiempo.
1793	**range**	**el alcance| el intervalo; oscilar**
	ss; vb [reɪndʒ]	This looks like a close-range gunshot wound. -Esta se ve como una herida de tiro a quemarropa.
1794	**brand**	**la marca| el hierro; marcar**
	ss; vb [brænd]	What's your favorite lipstick brand? -¿Cuál es tu marca favorita de lápiz labial?
1795	**pee**	**el pis; hacer pis**
	ss; vb [pi]	I need to go pee. -Necesito mear.
1796	**elevator**	**el ascensor**
	ss [ˈɛləˌveɪtər]	Could you do me the favor of telling the doorman the elevator doesn't work? -¿Puedes hacerme el favor de avisar al portero de que el ascensor no funciona?

1797	**equipment**	**el equipo**
	ss	We use really state-of-the-art equipment.
	[ɪˈkwɪpmənt]	-Utilizamos aparatos muy de vanguardia.

1798	**shy**	**tímido; asustarse; la espantada**
	adj; vb; ss	I was too shy.
	[ʃaɪ]	-Fui demasiado tímido.

1799	**screen**	**la pantalla| la criba; cribar**
	ss; vb	The aim of this game is to explode all the bombs on the screen.
	[skrin]	-El objetivo de este juego es explotar todas las bombas en la pantalla.

1800	**sentence**	**la frase; sentenciar**
	ss; vb	Example sentence no. 12 created a lot of confusion on the website.
	[ˈsɛntəns]	-La frase ejemplo número 12 causó mucha confusión en la página web.

1801	**rabbit**	**el conejo; cazar a los conejos**
	ss; vb	Why is the rabbit a symbol for Easter?
	[ˈræbət]	-¿Por qué es la liebre un símbolo de la Semana Santa?

1802	**apple**	**la manzana**
	ss	Who stole the apple?
	[ˈæpəl]	-¿Quién robó la manzana?

1803	**production**	**la producción| la fabricación; de serie**
	ss; adj	Steel production will increase 2% this month from last month.
	[prəˈdʌkʃən]	-La producción de acero crecerá un 2% con respecto al mes anterior.

1804	**swing**	**la oscilación| el columpio; oscilar**
	ss; vb	He was playing on the swing in the park when a stranger came by and offered
	[swɪŋ]	him caramels.
		-Estaba en el parque, jugando en los columpios, cuando se le acercó un
		desconocido y le ofreció unos caramelos.

1805	**circumstance**	**la circunstancia**
	ss	Therefore repeat offence will be considered as aggravating circumstance.
	[ˈsɜrkəmˌstæns]	-Por consiguiente, su reincidencia se considerará como una circunstancia
		agravante.

1806	**prize**	**el premio; premiado; apreciar mucho**
	ss; adj; vb	They will not give the prize to her.
	[praɪz]	-No le darán el premio a ella.

1807	**deeply**	**profundamente**
	adv	He looked deeply into his crystal ball and predicted my future.
	[ˈdipli]	-Él observó profundamente dentro de su esfera de cristal y predijo mi futuro.

1808	**attitude**	**la actitud**
	ss	Try to have a positive attitude about everything.
	[ˈætəˌtud]	-Trata de tener una actitud positiva hacia todo.

1809	**authority**	**la autoridad| el poder**
	ss	He couldn't maintain his authority.
	[əˈθɔrəti]	-No supo mantener su autoridad.

1810	**Jewish**	**judío**
	adj	I have a Jewish neighbor.
	[ˈdʒuɪʃ]	-Tengo un vecino judío.

1811	**shoulder**	**el hombro; cargar con**

	ss; vb	Jim gave Ana a pat on the shoulder.
	[ˈʃoʊldər]	-Jim le dio una palmada en el hombro a Ana.
1812	**coward**	**cobarde; cobarde**
	adj; ss	He is too much of a coward to attempt it.
	[ˈkaʊərd]	-Él es demasiado cobarde para intentarlo.
1813	**site**	**el sitio; situar**
	ss; vb	I'm very glad to have found this site, because it rocks!
	[saɪt]	-¡Estoy muy contenta de haber encontrado esta página, porque está buenísima!
1814	**committee**	**el comité| el consejo**
	ss	All the members of the committee hate one another.
	[kəˈmɪti]	-Todos los miembros del comité se odian.
1815	**thus**	**así**
	adv	Thus the term has two distinct usages.
	[ðʌs]	-Por lo tanto, el término tiene dos usos distintos.
1816	**advance**	**avanzar| promover; el avance**
	vb; ss	The boss had to advance him some money.
	[ədˈvæns]	-El patrón tuvo que aprontarle algún dinero.
1817	**material**	**material| físico; el material**
	adj; ss	This material will wear very well.
	[məˈtɪriəl]	-Este género es de mucha duración.
1818	**mixed**	**mezclado**
	adj	Not all of us who have dyslexia mixed up "d" and "b" when we were little.
	[mɪkst]	-No todos los que tenemos dislexia confundíamos de pequeños la 'd' y la 'b'.
1819	**ambulance**	**la ambulancia**
	ss	Why didn't you call an ambulance?
	[ˈæmbjələns]	-¿Por qué no llamaste una ambulancia?
1820	**earn**	**ganar| obtener**
	vb	How much does he earn per month?
	[ɜrn]	-¿Cuánto gana él al mes?
1821	**convinced**	**convencido**
	adj	I am convinced that my son is innocent.
	[kənˈvɪnst]	-Estoy convencido de que mi hijo es inocente.
1822	**exchange**	**intercambiar| canjear; el intercambio**
	vb; ss	Jim stayed with us while he was in Japan as an exchange student.
	[ɪksˈtʃeɪndʒ]	-Jim vivió con nosotros mientras estuvo en Japón como estudiante de intercambio.
1823	**eventually**	**eventualmente**
	adv	Jim eventually calmed down.
	[ɪˈvɛntʃəwəli]	-Jim finalmente se calmó.
1824	**separate**	**separar| separarse; independiente; la separata**
	vb; adj; ss	To me it doesn't seem at all normal to separate the children from their mothers.
	[ˈsɛprət]	-No me parece nada normal separar a los hijos de sus madres.
1825	**rude**	**grosero| rudo**
	adj	He was always a rude man; not even his wife made him change.
	[rud]	-Siempre fue un hombre rudo; ni su esposa logró que cambie.

1826	**cooking**	**la cocina**
	ss	She is cooking for him.
	[ˈkʊkɪŋ]	-Ella está cocinando para él.

1827	**kitty**	**el bote**
	ss	We think that little kitty cat is up to something.
	[ˈkɪti]	-Creemos que la linda gatita está metida en algo.

1828	**progress**	**el progreso; progresar**
	ss; vb	Oil has played an important part in the progress of Japanese industry.
	[ˈprɑˌɡrɛs]	-El petróleo ha jugado un papel importante en el progreso de la industria japonesa.

1829	**collect**	**recoger| cobrar; la colecta**
	vb; ss	"Oh, it's a lot more," John smiled. "But actually, this is a collect call. So you're the noob, 'cause you're paying."
	[kəˈlɛkt]	-—Oh, mucho más —sonrió John—. Pero de hecho, ésta es una llamada a cobro revertido. Así que tú eres el novato, porque tú eres el que paga.

1830	**curse**	**la maldición; maldecir**
	ss; vb	He knows how to curse in Chinese.
	[kɜrs]	-Él sabe cómo maldecir en chino.

1831	**wasting**	**debilitante| emaciación**
	adj	Let the wasting of time begin.
	[ˈweɪstɪŋ]	-Que empiece la pérdida de tiempo.

1832	**chain**	**la cadena; encadenar**
	ss; vb	It started a chain reaction.
	[tʃeɪn]	-Empezó una reacción en cadena.

1833	**understanding**	**la comprensión; comprensivo**
	ss; adj	These figures are beyond human understanding.
	[ˌʌndərˈstændɪŋ]	-Estos números van más allá de la comprensión humana.

1834	**cure**	**la cura| la curación; curar**
	ss; vb	One can cure oneself of the "not un-" formation by memorizing this sentence: "A not unblack dog was chasing a not unsmall rabbit across a not ungreen field."
	[kjʊr]	-Uno se puede curar a sí mismo de la formación del "sin un-" memorizando esta frase: "Un perro negro estaba persiguiendo a un pequeño conejo a través de un campo verde."

1835	**properly**	**correctamente**
	adv	Certain poisons, properly used, are useful.
	[ˈprɑpərli]	-Ciertos venenos, usados adecuadamente, son útiles.

1836	**performance**	**el rendimiento| el funcionamiento**
	ss	The pianist's performance of a Haydn sonata threw the woman into a rapture bordering on frenzy.
	[pərˈfɔrməns]	-La interpretación de una sonata de Haydn por el pianista sumió a la mujer en un éxtasis que bordeaba el frenesí.

1837	**international**	**internacional; el internacional**
	adj; ss	International disputes must be settled peacefully.
	[ˌɪntərˈnæʃənəl]	-Las disputas internacionales deben resolverse de forma pacífica.

1838	**spy**	**espiar| divisar; espía**
	vb; ss	He was under suspicion of being a spy.
	[spaɪ]	-Él era sospechoso de ser un espía.

1839	**capable**	**capaz**
	adj	No matter how capable you are, you're not going to get a promotion.
	[ˈkeɪpəbəl]	-No importa cuán capacitado estés, no vas a conseguir un ascenso.

1840	**noble**	**noble; el noble**
	adj; ss	"Hello." "..." "Are you on guard duty again today?" "Yes." "You don't talk
	[ˈnoʊbəl]	much, right?" "No. ...Listen, I am a samurai. People expect noble reservation and iron self-discipline of me. That just leaves no room for small talk..."
		-"Hola." "..." "¿Estás de guardia hoy de nuevo ? " " Sí . " " No hablas mucho , ¿verdad? " "No ... Escucha, soy un samurai . La gente espera noble de reservas y hierro autodisciplina de mí. Eso no deja espacio para una pequeña charla ... "

1841	**swimming**	**la natación**
	ss	John goes swimming day after day.
	[ˈswɪmɪŋ]	-John va a nadar día tras día.

1842	**juice**	**el jugo| el fluido**
	ss	My stepsister finished the last of the cranberry juice.
	[dʒus]	-Mi hermanastra acabó el restante del zumo de arándano rojo.

1843	**confess**	**confesar| confesarse**
	vb	The suspect began to confess at last.
	[kənˈfɛs]	-El sospechoso comenzaba a confesarse al fin.

1844	**champion**	**campeón; el campeón; defender**
	adj; ss; vb	My mother was once a champion swimmer.
	[ˈtʃæmpiən]	-Mi madre fue una vez campeona de natación.

1845	**source**	**la fuente| la procedencia**
	ss	We mustn't burn our forest, because it is the source of the oxygen we breathe.
	[sɔrs]	-No debemos quemar nuestro bosque, porque es la fuente del oxígeno que respiramos.

1846	**circle**	**el círculo| el cerco; rodear**
	ss; vb	Jim wasn't wearing a wedding ring, but Ana noticed a white circle on his ring finger.
	[ˈsɜrkəl]	-Jim no llevaba anillo de boda pero Ana se percató de una marca blanca alrededor de su dedo anular.

1847	**plain**	**la llanura| la planicie; simple; claramente**
	ss; adj; adv	His meaning is quite plain.
	[pleɪn]	-Lo que él trata de decir es bien sencillo de comprender.

1848	**sue**	**demandar**
	vb	They should sue John.
	[su]	-Ellos deberían demandar a John.

1849	**twelve**	**doce**
	num	I went to bed at twelve last night.
	[twɛlv]	-Anoche me fui a la cama a las doce.

1850	**directly**	**directamente**
	adv	I didn't speak with Jim directly.
	[dəˈrɛktli]	-No hablé directamente con Jim.

1851	**illegal**	**ilegal**
	adj	It is illegal to park a car there.
	[ɪˈligəl]	-Es ilegal parar el carro ahí.

1852	**rotten**	**podrido**
	adj	Half of these apples are rotten.
	[ˈrɑtən]	-La mitad de estas manzanas está podrida.
1853	**lad**	**el muchacho| el chaval**
	ss	Her boyfriend's a nice lad.
	[læd]	-Su novio es un muchacho simpático.
1854	**intelligence**	**la inteligencia**
	ss	It is man's intelligence that makes him so often behave more stupidly than
	[ɪnˈtɛlədʒəns]	the beasts. ... Man is impelled to invent theories to account for what happens
		in the world. Unfortunately, he is not quite intelligent enough, in most cases,
		to find correct explanations.
		-Es la inteligencia del hombre la que tan a menudo lo hace comportarse más
		ridículamente que las bestias. ... El hombre es impulsado a inventar teorías
		que den cuenta de lo que sucede en el mundo. Desafortunadamente, en la
		mayoría de los casos, él no es lo suficientemente inteligente para encontrar
		las explicaciones correctas.
1855	**movement**	**el movimiento| la circulación**
	ss	Each movement of the dancer was perfect.
	[ˈmuvmənt]	-Cada movimiento del bailarín fue perfecto.
1856	**grass**	**la hierba| el césped; cubrir de hierba**
	ss; vb	Grandmother mows the grass in the garden.
	[græs]	-La abuela corta el césped en el jardín.
1857	**squad**	**el equipo**
	ss	My brother is a member of the rescue squad.
	[skwɑd]	-Mi hermano es un miembro del equipo de rescate.
1858	**jungle**	**la selva**
	ss	This is the law of the jungle.
	[ˈdʒʌngəl]	-Esto es la ley de la selva.
1859	**bond**	**el enlace| el bono; esclavo; garantizar**
	ss; adj; vb	The yield on the bond is 6%.
	[bɑnd]	-El rendimiento del bono es del 6%.
1860	**miserable**	**miserable| desgraciado**
	adj	Suddenly she felt tiny, worthless and miserable.
	[ˈmɪzərəbəl]	-Ella de repente se sintió pequeña, despreciable y miserable.
1861	**effort**	**el esfuerzo**
	ss	No one succeeds in the world without effort.
	[ˈɛfərt]	-Nadie tiene éxito en el mundo sin esfuerzo.
1862	**series**	**la serie| la tanda**
	ss	When left to my own devices, I tend to daydream and get lost in a series of
	[ˈsɪriz]	tangential thought patterns.
		-Cuando tengo que apañarme yo solo, tiendo a soñar despierto y a perderme
		en una serie de patrones de pensamiento divagantes.
1863	**expert**	**experto| pericial; el experto**
	adj; ss	My father is an expert surgeon.
	[ˈɛkspərt]	-Mi padre es un cirujano experto.
1864	**filthy**	**inmundo|sucio**
	adj	Don't come near me. You're filthy.
	[ˈfɪlθi]	-No te acerques, estás hecho un asco.

1865	**belt**	**el cinturón| la correa; ceñir**
	ss; vb	A rogue asteroid from the Kuiper Belt is on a collision course with the Earth.
	[bɛlt]	-Un asteroide errante del Cinturón de Kuiper está en curso de colisión con la Tierra.
1866	**customer**	**cliente**
	ss	I'm only a customer.
	[ˈkʌstəmər]	-No soy más que un cliente.
1867	**n/a**	**no está**
	abr	a n/a = Information category not applicable to the registration practices.
	[ɛn/eɪ]	-a n/a = Tipo de información no aplicable a las prácticas de registro.
1868	**Thursday**	**el jueves**
	ss	Are you asking him if he has time to attend, Thursday at two in the afternoon?
	[ˈθɜrzˌdeɪ]	-¿Le puedes preguntar si tiene tiempo para atenderme el jueves a las dos de la tarde?
1869	**counting**	**el cálculo**
	ss	Start counting.
	[ˈkaʊntɪŋ]	-Empieza a contar.
1870	**thin**	**delgado| fino; delgadamente; adelgazar**
	adj; adv; vb	This suit's too thin for me.
	[θɪn]	-Este traje me queda demasiado estrecho.
1871	**commit**	**cometer| perpetrar**
	vb	Jim is going to go to prison for a crime he didn't commit if you don't confess.
	[kəˈmɪt]	-Jim va a ir a la cárcel por un crimen que no cometió si vos no confesás.
1872	**solution**	**la solución**
	ss	I want to be part of the solution, not part of the problem.
	[səˈluʃən]	-Quiero ser parte de la solución, no del problema.
1873	**boot**	**la bota; dar una patada a**
	ss; vb	This car has the boot under the bonnet. The engine is in the back.
	[but]	-Este coche lleva el maletero bajo el capó. Tiene el motor detrás.
1874	**punk**	**el punk; malo**
	ss; adj	Japanese punk rockers and Medellín punk rockers are only alike in the way they dress; but, in terms of attitude, Medellín punk rockers are rebellious, while those from Japan are posing just for the hell of it.
	[pʌŋk]	-Los punkeros japoneses y los punkeros de Medellín solamente se parecen en la forma de vestir; pero, en cuanto a la actitud, el punkero de Medellín es contestatario, mientras que el japonés es pura pose.
1875	**competition**	**la competencia| el concurso**
	ss	Competition for the position is very intense.
	[ˌkɑmpəˈtɪʃən]	-La competencia por el puesto es muy intensa.
1876	**treatment**	**el tratamiento| la cura**
	ss	The treatment is going successfully.
	[ˈtritmənt]	-El tratamiento está siendo exitoso.
1877	**guarantee**	**la garantía; garantizar**
	ss; vb	I guarantee I'll get you a job.
	[ˌgɛrənˈti]	-Te garantizo que te encontraré un trabajo.
1878	**sheep**	**la oveja**

	ss	Draw me a sheep.
	[ʃip]	-Dibújame una oveja.
1879	**pleasant**	**agradable| simpático**
	adj	We held a pleasant conversation.
	[ˈplɛzənt]	-Mantuvimos una agradable conversación.
1880	**guitar**	**la guitarra**
	ss	Whose guitar is this?
	[gɪˈtɑr]	-¿De quién es esta guitarra?
1881	**garbage**	**la basura**
	ss	Don't dump garbage here.
	[ˈgɑrbɪdʒ]	-No tires basura aquí.
1882	**access**	**el acceso| el ataque; entrar**
	ss; vb	Everyone has the right of equal access to public service in his country.
	[ˈækˌsɛs]	-Toda persona tiene el derecho de acceso, en condiciones de igualdad, a las funciones públicas de su país.
1883	**bust**	**el busto| la quiebra; quebrar; arruinado**
	ss; vb; adj	One expressed interest in a Frederic Remington bust.
	[bʌst]	-Una se mostró interesada en un busto de Frederic Remington.
1884	**district**	**el distrito| el barrio; recelar**
	ss; vb	The power plant supplies the remote district with electricity.
	[ˈdɪstrɪkt]	-La central eléctrica manda electricidad hasta un distrito lejano.
1885	**federal**	**federal**
	adj	Germany is a federal state.
	[ˈfɛdərəl]	-Alemania es un estado federal.
1886	**flag**	**la bandera; languidecer**
	ss; vb	British scientists have established that if you turn the flag of Japan upside
	[flæg]	down, you get the flag of Japan.
		-Científicos británicos han establecido que si uno pone de cabeza la bandera japonesa, da la bandera japonesa.
1887	**panic**	**pánico; el pánico; asustarse**
	adj; ss; vb	I don't want to cause a panic.
	[ˈpænɪk]	-No quiero causar pánico.
1888	**council**	**el consejo| el concilio**
	ss	The council held a meeting to analyse the rescheduling.
	[ˈkaʊnsəl]	-El consejo se ha reunido para analizar la recalendarización.
1889	**pizza**	**la pizza**
	ss	Jim is baking a pizza.
	[ˈpitsə]	-Jim está horneando una pizza.
1890	**extraordinary**	**extraordinario| increíble**
	adj	I'm fascinated by the extraordinary flexibility of this language.
	[ɪkˈstrɔrdəˌnɛri]	-La gran flexibilidad de esa lengua me fascina.
1891	**deny**	**negar| denegar**
	vb	Don't deny it.
	[dɪˈnaɪ]	-No lo niegues.
1892	**reputation**	**la reputación**
	ss	Many scientists have the reputation of being eccentric.
	[ˌrɛpjəˈteɪʃən]	-Muchos científicos tienen la reputación de ser excéntricos.

1893	**Tuesday**	**el martes**
	ss	Next Monday and Tuesday are consecutive holidays.
	[ˈtuzdi]	-El próximo lunes y martes son días festivos consecutivos.
1894	**nightmare**	**la pesadilla**
	ss	I feel as if I've woken up from a nightmare.
	[ˈnaɪtˌmɛr]	-Me siento como si hubiera despertado de una pesadilla.
1895	**bush**	**el arbusto| el monte; forrar**
	ss; vb	A friend in hand is worth two in the bush!
	[bʊʃ]	-¡Más vale amigo en mano que ciento volando!
1896	**deck**	**la cubierta| la baraja; engalanar**
	ss; vb	The suits in a standard deck of cards are clubs, diamonds, hearts and spades.
	[dɛk]	-Los palos en una baraja de cartas estándar son tréboles, diamantes, corazones y picas.
1897	**express**	**exprimir; expreso; el expreso**
	vb; adj; ss	No words can express how amazing you are.
	[ɪkˈsprɛs]	-No existen palabras para expresar lo increíble que eres.
1898	**blessed**	**bendito**
	adj	I am blessed with my life.
	[blɛst]	-Estoy bendecido con mi vida.
1899	**hunter**	**el cazador**
	ss	The hunter shot a fox.
	[ˈhʌntər]	-El cazador le disparó a un zorro.
1900	**former**	**el ex; antiguo**
	ss; adj	Deposed in a military coup in September 2006 and having effectively been in exile, the Former premier of Thailand Thaksin has returned after about a year and a half.
	[ˈfɔrmər]	-Depuesto en un golpe militar en septiembre de 2006 y después de haber estado realmente en el exilio, el ex primer ministro de Tailandia, Thaksin, ha regresado después de un año y medio.
1901	**insist**	**insistir**
	vb	If you insist on going alone, please do so.
	[ɪnˈsɪst]	-Si insistes en ir solo, adelante por favor.
1902	**estate**	**los inmuebles| la finca**
	ss	Real estate agencies have many independent brokers.
	[ɪˈsteɪt]	-Las agencias de bienes raíces tienen agentes independientes.
1903	**schedule**	**programar; el horario**
	vb; ss	I might be able to fit that in my schedule.
	[ˈskɛdʒʊl]	-Es posible que pueda encajar eso en mi calendario.
1904	**assure**	**asegurar**
	vb	I can assure you that honesty pays in the long run.
	[əˈʃʊr]	-Te puedo asegurar que tu honestidad paga a la larga.
1905	**navy**	**la marina de guerra; trabajar de zapador**
	ss; vb	A language is a dialect with an army and navy.
	[ˈneɪvi]	-Un idioma es un dialecto con armada y navío.
1906	**debt**	**la deuda**
	ss	What's your debt?
	[dɛt]	-¿Cuánto debes?

1907	**fever**	**la fiebre; coger fiebre**
	ss; vb	Fever indicates sickness.
	['fivər]	-La fiebre indica enfermedad.
1908	**surrender**	**la entrega| la rendición; rendirse**
	ss; vb	We have to surrender.
	[sə'rɛndər]	-Tenemos que rendirnos.
1909	**reward**	**la recompensa; recompensar**
	ss; vb	He is entitled to receive the reward.
	[rɪ'wɔrd]	-Él es apto para recibir el premio.
1910	**negative**	**negativo; el negativo; negar**
	adj; ss; vb	That experience guides my conviction that partnership between America and Islam must be based on what Islam is, not what it isn't. And I consider it part of my responsibility as President of the United States to fight against negative stereotypes of Islam wherever they appear.
	['nɛgətɪv]	-Esa experiencia guía mi convicción de que esa alianza entre Estados Unidos y el Islam se debe basar en lo que es el Islam, no en lo que no es, y considero que es parte de mi responsabilidad como Presidente de Estados Unidos luchar contra los estereotipos negativos del Islam dondequiera que surjan.
1911	**ease**	**la facilidad| la comodidad; aliviar**
	ss; vb	The pain has started to ease now.
	[iz]	-El dolor ha empezado a calmarse ahora.
1912	**fetch**	**ir a buscar**
	vb	Fetch me my hat.
	[fɛtʃ]	-Tráeme mi sombrero.
1913	**imagination**	**la imaginación**
	ss	Anyone who can only think of one way to spell a word obviously lacks imagination.
	[ɪˌmædʒə'neɪʃən]	-Aquél al que sólo se le ocurra una forma de escribir una palabra obviamente no tiene imaginación.
1914	**garage**	**el garaje**
	ss	Why should I pay you to put my car in my garage?
	[gə'rɑʒ]	-¿Por qué debo pagarte por poner mi auto en mi garage?
1915	**punishment**	**el castigo| la paliza**
	ss	You can teach good manners to children without resorting to punishment.
	['pʌnɪʃmənt]	-Tú puedes enseñar buenos modales a los niños sin recurrir al castigo.
1916	**threat**	**la amenaza**
	ss	The school closed due to a bomb threat.
	[θrɛt]	-La escuela se cerró por la amenaza de bomba.
1917	**afterwards**	**después**
	adv	What shall we do afterwards?
	['æftərwərdz]	-¿Qué haremos luego?
1918	**degree**	**el grado| el título**
	ss	Jim has a degree in biology.
	[dɪ'gri]	-Jim tiene un grado en biología.
1919	**pathetic**	**patético**
	adj	Waste your pathetic life.
	[pə'θɛtɪk]	-Desperdicia tu patética vida.
1920	**zone**	**la zona; parcelar en zonas**

	ss; vb	This is a no-swimming zone.
	[zoʊn]	-Prohibido nadar en esta zona.

1921 solve — **resolver| disolver**

vb
[sɑlv]

It is not easy to solve the problem.
-No es tan fácil resolver el problema.

1922 title — **el título; titular**

ss; vb
[ˈtaɪtəl]

What's the title of your new book?
-¿Cuál es el título de tu nuevo libro?

1923 policy — **la política**

ss
[ˈpɑləsi]

The policy of the government was criticized by the opposition party.
-La política del Gobierno fue criticada por la oposición.

1924 cock — **la polla; amartillar**

ss; vb
[kɑk]

My heart and cock swell with pride.
-Mi corazón y mi polla están hinchados de satisfacción.

1925 conference — **la conferencia**

ss
[ˈkɑnfərəns]

The conference ended at five.
-La conferencia terminó a las cinco.

1926 entirely — **enteramente**

adv
[ɪnˈtaɪərli]

You're not entirely wrong.
-No estás del todo equivocado.

1927 robbery — **el robo**

ss
[ˈrɑbəri]

A little, old woman foiled the robbery by whacking the thief on the head with her cane.
-Una pequeña mujer mayor frustró el atraco al aporrear al ladrón en la cabeza con su bastón.

1928 someplace — **en algún lugar**

adv
[ˈsʌmˌpleɪs]

It only looks for content on a webpage that comes from someplace other than the website you're on.
-Solamente busca contenido en una página web que provenga de algún lugar que no sea el sitio web en el que se encuentra.

1929 crown — **la corona; coronar**

ss; vb
[kraʊn]

The crown of this hat is too high.
-La copa de este sombrero es demasiado alta.

1930 religion — **la religión**

ss
[rɪˈlɪdʒən]

Religion consists in a set of things which the average man thinks he believes, and wishes he was certain.
-La religión consiste en un conjunto de cosas que el hombre medio piensa que cree, y desearía estar seguro.

1931 lion — **el león**

ss
[ˈlaɪən]

And thus the lion fell in love with the ewe.
-Y así se enamoró el león de la oveja.

1932 guide — **guía| el baqueano; guiar**

ss; vb
[gaɪd]

This museum needs a new guide.
-El museo necesita un nuevo guía.

1933 bay — **la bahía| el laurel; bayo; ladrar**

ss; adj; vb
[beɪ]

The detention camp in Guantánamo Bay is a reflection of this tragic situation.
-El centro de detención en la bahía de Guantánamo es un reflejo de esta situación trágica.

1934	**servant**	**el servidor| el sirviente**
	ss	Money is a terrible master but an excellent servant.
	[ˈsɜrvənt]	-El dinero es un amo terrible, pero un excelente siervo.
1935	**demand**	**pedir| exigir; la demanda**
	vb; ss	They did not demand better working conditions.
	[dɪˈmænd]	-Ellos no demandaban mejores condiciones de trabajo.
1936	**trash**	**la basura; destrozar**
	ss; vb	John was talking trash.
	[træʃ]	-John andaba ajerando.
1937	**tone**	**el tono| el matiz; entonar**
	ss; vb	His tone lead me to think that he already knew.
	[toʊn]	-Su tono me llevó a pensar que ya lo sabía.
1938	**foolish**	**tonto**
	adj	It is foolish of me not to think of that.
	[ˈfulɪʃ]	-Que tonto de mi no haber pensado en eso.
1939	**vision**	**la visión| el sueño**
	ss	Please check my vision.
	[ˈvɪʒən]	-Revise mi vista, por favor.
1940	**supper**	**la cena**
	ss	She became drowsy after supper.
	[ˈsʌpər]	-Le entró sueño tras la cena.
1941	**Bible**	**la Biblia**
	ss	No other book is read as widely as the Bible.
	[ˈbaɪbəl]	-Ningún libro se lee tanto como la Biblia.
1942	**unknown**	**desconocido; el desconocido; sin saber**
	adj; ss; adv	The source of the fire is unknown.
	[ənˈnoʊn]	-La causa del incendio es desconocida.
1943	**hip**	**la cadera; moderno**
	ss; adj	The old lady fell down and broke her hip.
	[hɪp]	-La anciana se cayó y se rompió la cadera.
1944	**successful**	**exitoso**
	adj	I was feeling guilty in the beginning; it was frustrating to be successful when a
	[səkˈsɛsfəl]	lot of my friends weren't.
		-Al comienzo me sentía culpable; era frustrante tener éxito mientras que
		muchos de mis amigos no.
1945	**route**	**la ruta| el itinerario; encaminar**
	ss; vb	Which is the route to Paris?
	[rut]	-¿Cuál es la ruta a París?
1946	**lack**	**la falta| la carencia; carecer de**
	ss; vb	The boredom, routine and lack of curiosity are the major enemies of our
	[læk]	brain.
		-El aburrimiento, la rutina y la falta de curiosidad son los mayores enemigos
		de nuestro cerebro.
1947	**port**	**el puerto; portuario; poner a babor**
	ss; adj; vb	When we arrived at the port, the wind subsided.
	[pɔrt]	-En cuanto llegamos al puerto, el viento amainó.
1948	**spit**	**escupir; la saliva**

	vb; ss [spɪt]	Upon explaining plosives to his class, the linguistics teacher instantly became covered in spit. -Al explicar las oclusivas a la clase, el profesor de lingüística acabó cubierto de saliva en un instante.
1949	**unhappy** adj [ənˈhæpi]	**infeliz| triste** I know Jim was unhappy. -Sé que Jim no estaba feliz.
1950	**dozen** ss [ˈdʌzən]	**la docena** I want to buy a dozen bananas. -Quiero comprar una docena de plátanos.
1951	**dirt** ss [dɜrt]	**la suciedad** They authorize their children to play with dirt. -Ellas autorizan a sus niños a jugar con tierra.
1952	**medium** ss; adj [ˈmidiəm]	**el medio| el médium; mediano** Anyone who uses or works with Esperanto is an Esperantist, and every Esperantist has the right to consider their language a simple medium for international comprehension. -Toda persona que utilice el esperanto o trabaje con él es un esperantista, y cada esperantista tiene el justo derecho de considerar la lengua como un simple medio de comprensión internacional.
1953	**location** ss [loʊˈkeɪʃən]	**la ubicación| la localidad** If your orchid has yellowish leaves, it means that it was placed in inappropriate location. -Si su orquídea tiene hojas amarillentas, significa que no la puso en un lugar apropiado.
1954	**paradise** ss [ˈpɛrəˌdaɪs]	**el paraíso** Marriage, in peace, is this world's paradise; in strife, this life's purgatory. -El matrimonio, en paz, es el paraíso de este mundo; con disputas, es el purgatorio en vida.
1955	**exact** adj; vb [ɪgˈzækt]	**exacto; exigir** It isn't totally exact. -No es del todo exacto.
1956	**secure** adj; vb [sɪˈkjʊr]	**seguro; asegurar** Please choose a more secure password. -Por favor, elija una contraseña más segura.
1957	**whispering** ss; adj [ˈwɪspərɪŋ]	**el susurro; de rumores** He craned his neck a bit in hopes of hearing what they were whispering. -Él estiró el cuello un poco esperando oír lo que estaban susurrando.
1958	**culture** ss [ˈkʌltʃər]	**la cultura** We're all human beings, so in my opinion each country's culture is 90% the same. -Todos somos seres humanos, por lo que en mi opinión la cultura de cada país es en un 90% igual.
1959	**lousy** adj [ˈlaʊzi]	**malísimo| horrible** I went to college for four years and all I got was this lousy diploma. -Fui a la universidad por cuatro años y todo lo que obtuve fue este miserable diploma.
1960	**confidence**	**la confianza| la confidencia**

	ss	To succeed in life, you need two things: ignorance and confidence.
	[ˈkɑnfədəns]	-Para triunfar en la vida necesitas dos cosas: ignorancia y confianza.
1961	**deaf**	**sordo**
	adj	He turned a deaf ear to their request.
	[dɛf]	-Hizo oídos sordos a su petición.
1962	**rip**	**el rasgón; rasgar**
	ss; vb	Strong enough to rip through those gates like they were tinfoil.
	[rɪp]	-Fuerte como para rasgar esas puertas como si fueran de hojalata.
1963	**fox**	**el zorro; fingir**
	ss; vb	The quick brown fox didn't jump over the lazy dog.
	[fɑks]	-El rápido zorro marrón no saltó por encima del perro vago.
1964	**bum**	**el culo; malo; gorronear**
	ss; adj; vb	I'm a good-for-nothing bum.
	[bʌm]	-Soy un vago bueno para nada.
1965	**urgent**	**urgente**
	adj	She sent me an urgent telegram.
	[ˈɜrdʒənt]	-Ella me envió un telegrama urgente.
1966	**failure**	**el fracaso| el fallo**
	ss	Jim is a complete failure as a father.
	[ˈfeɪljər]	-Jim es un completo fracaso como padre.
1967	**sensitive**	**sensible**
	adj	She is sensitive to the heat.
	[ˈsɛnsətɪv]	-Es sensible al calor.
1968	**library**	**la biblioteca**
	ss	They have access to the library.
	[ˈlaɪˌbrɛri]	-Tienen acceso a la biblioteca.
1969	**mask**	**la máscara| la mascarilla; enmascarar**
	ss; vb	The policeman is wearing a gas mask.
	[mæsk]	-El policía lleva puesta una máscara de gas.
1970	**gather**	**reunir| recoger; los**
	vb; ss	We have to gather information.
	[ˈgæðər]	-Tenemos que reunir información.
1971	**stopping**	**la parada**
	ss	Far from stopping, the storm became much more intense.
	[ˈstɑpɪŋ]	-Lejos de terminar, la tormenta se volvió mucho más intensa.
1972	**highly**	**muy**
	adv	The poem's rhyme scheme is highly complex.
	[ˈhaɪli]	-El sistema de rimas del poema es enormemente complejo.
1973	**useful**	**útil**
	adj	That's useful, isn't it?
	[ˈjusfəl]	-Eso sí es conveniente, ¿no?
1974	**tire**	**el neumático; cansar**
	ss; vb	Jim pumped up the tire.
	[ˈtaɪər]	-Jim infló el neumático.
1975	**forty**	**las cuarenta| cuarenta**
	ss	It's one forty-five.
	[ˈfɔrti]	-Es la una y cuarenta y cinco.

1976	**narrator**	**el narrador**
	ss	That the narrator stories and the princess.
	[ˈnɛɾeɪtər]	-Aquella sobre el narrador de historias y la princesa.
1977	**gentle**	**suave| amable; ser suave**
	adj; vb	She is gentle.
	[ˈʤɛntəl]	-Ella es amable.
1978	**convince**	**convencer**
	vb	There's no way to convince him. He absolutely insists that the only way to solve the problem is his way.
	[kənˈvɪns]	-No hay forma de convencerle, está obcecado en que la única manera de solucionar el problema es la suya.
1979	**sob**	**el sollozo; sollozar; sentimental**
	ss; vb; adj	Don't like that tear-jerking sob stuff.
	[sɑb]	-No me gusta lo sentimental que te hace llorar.
1980	**background**	**el fondo**
	ss	The CIA runs a thorough background check on all new employees.
	[ˈbækˌɡraʊnd]	-La CIA realiza un exhaustivo control de antecedentes para todos los nuevos empleados.
1981	**solid**	**sólido| macizo**
	adj	Columns provide a solid foundation.
	[ˈsɑləd]	-Las columnas confieren una base sólida.
1982	**cutting**	**el corte| la corta; cortante**
	ss; adj	Jim is cutting the bread.
	[ˈkʌtɪŋ]	-Jim está cortando el pan.
1983	**quality**	**la calidad| la clase; de calidad**
	ss; adj	The quality of life of the citizens is always of secondary importance.
	[ˈkwɑləti]	-La calidad de vida de los ciudadanos es siempre un tema secundario.
1984	**alcohol**	**el alcohol**
	ss	His breath reeks of alcohol.
	[ˈælkəˌhɑl]	-Su aliento apesta a alcohol.
1985	**wipe**	**limpiar| enjugar; el limpión**
	vb; ss	She had no tissues to wipe away her tears.
	[waɪp]	-Ella no tenía pañuelos para secar sus lágrimas.
1986	**launch**	**el lanzamiento| la lancha; lanzar**
	ss; vb	Iran plans to launch a monkey into space.
	[lɔntʃ]	-Irán planea mandar un mono al espacio.
1987	**approach**	**el enfoque| la aproximación; acercarse**
	ss; vb	Self-help approach for rehabilitation of dwellings.
	[əˈproʊtʃ]	-Aplicación del enfoque de la autosuficiencia para la rehabilitación de las viviendas.
1988	**sweat**	**el sudor; sudar**
	ss; vb	It was tough, but worth every drop of sweat.
	[swɛt]	-Fue duro, pero cada gota de sudor valió la pena.
1989	**steel**	**el acero**
	ss	The soldiers were wearing steel helmets.
	[stil]	-Los soldados llevaban cascos de acero.
1990	**explosion**	**la explosión**

	ss	Stars emit gamma rays at the time of their explosion.
	[ɪkˈsploʊʒən]	-Las estrellas liberan rayos gama en el momento de su explosión.
1991	**disappoint**	**decepcionar**
	vb	I'm sorry to disappoint you.
	[ˌdɪsəˈpɔɪnt]	-Lamento decepcionarte.
1992	**headquarters**	**la sede**
	ss	There are few volunteers here at the headquarters.
	[ˈhɛdˌkwɔrtərz]	-Hay pocos voluntarios aquí en la sede.
1993	**alert**	**alerta; la alerta; alertar**
	adj; ss; vb	Jim will alert Ana.
	[əˈlɜrt]	-Jim alertará a Ana.
1994	**fifth**	**quinto; el quinto**
	adj; ss	She went down to the fifth floor.
	[fɪfθ]	-Ella bajó al quinto piso.
1995	**rolling**	**la laminación; rodante**
	ss; adj	Rolling a kayak in white water is an advanced skill.
	[ˈroʊlɪŋ]	-Kayak esquimotaje en las aguas bravas es un técnico avanzado.
1996	**script**	**el guión| la escritura**
	ss	It's a pretty amazing script.
	[skrɪpt]	-Es un guion bastante asombroso.
1997	**lend**	**prestar| prestarse**
	vb	Can you lend me a dollar?
	[lɛnd]	-¿Puedes prestarme un dólar?
1998	**agreement**	**el acuerdo**
	ss	I'm in agreement on that matter.
	[əˈgrimənt]	-Sobre ese asunto estoy de acuerdo.
1999	**nuclear**	**nuclear**
	adj	If World War III is fought with nuclear weapons, World War IV will be fought
	[ˈnukliər]	with sticks and stones.
		-Si la Tercera Guerra Mundial es peleada con armas nucleares, la Cuarta Guerra Mundial será peleada con palos y piedras.
2000	**attractive**	**atractivo**
	adj	She is remarkably attractive.
	[əˈtræktɪv]	-Ella es especialmente atractiva.
2001	**toward**	**hacia**
	prp	I walked toward the park.
	[təˈwɔrd]	-Caminé hacia el parque.
2002	**aim**	**el objetivo| la puntería; apuntar**
	ss; vb	I started to learn English with the aim of becoming a teacher.
	[eɪm]	-Comencé a aprender inglés con el fin de ser profesor.
2003	**tune**	**la melodía| el afinado; afinar**
	ss; vb	I can't remember the tune of that song.
	[tun]	-No puedo recordar la melodía de esa canción.
2004	**agency**	**la agencia**
	ss	We will ask at a travel agency.
	[ˈeɪdʒənsi]	-Preguntemos en una agencia de viajes.
2005	**proceed**	**proceder| pasar**

		vb	He has no distinct idea of how to proceed.
		[prəˈsid]	-No tiene una idea clara de cómo proceder.
2006	**spending**		**el gasto**
		ss	Social spending should be targeted at the needy.
		[ˈspɛndɪŋ]	-El gasto público debe estar dirigido a los sectores más necesitados.
2007	**sacred**		**sagrado**
		adj	God, so atrocious in the Old Testament, so attractive in the New - the Jekyl
		[ˈseɪkrəd]	and Hyde of sacred romance.
			-Dios, tan atroz en el antiguo Testamento, tan atractivo en el Nuevo...el Jekyll y Hyde de la novela sacra.
2008	**vehicle**		**el vehículo**
		ss	Don't get off while the vehicle is in motion.
		[ˈvihɪkəl]	-Se prohíbe apearse en marcha.
2009	**childhood**		**la infancia| la edad juvenil; infantil**
		ss; adj	The first 40 years of childhood are the most difficult.
		[ˈtʃaɪldˌhʊd]	-Los primeros 40 años de la infancia son los más difíciles.
2010	**empire**		**imperio**
		ss	Romans did not wish for the fall of their empire, but it happened.
		[ˈɛmpaɪər]	-Los romanos no deseaban la caída de su imperio, pero pasó.
2011	**arrange**		**organizar| ordenar**
		vb	I have to arrange my hair.
		[əˈreɪndʒ]	-Tengo que arreglarme el pelo.
2012	**vice**		**el vicio; en vez de**
		ss; prp	Vice President Roosevelt hurried to Buffalo.
		[vaɪs]	-El Vice Presidente Roosevelt se apresuró a Buffalo.
2013	**satisfied**		**satisfecho**
		adj	The teacher was far from satisfied with the result.
		[ˈsætəˌsfaɪd]	-El maestro estaba lejos de estar satisfecho con el resultado.
2014	**fashion**		**la moda| la manera; modelar**
		ss; vb	It's fashion!
		[ˈfæʃən]	-¡Es la moda!
2015	**coincidence**		**la coincidencia| la concurrencia**
		ss	It could be a coincidence.
		[koʊˈɪnsɪdəns]	-Podría ser una coincidencia.
2016	**farewell**		**la despedida**
		ss	He gave me his favorite book as a farewell gift and moved to Osaka.
		[ˌfɛrˈwɛl]	-Me dio su libro favorito como regalo de despedida y se mudó a Osaka.
2017	**argue**		**argumentar| discutir**
		vb	Some people hate to argue.
		[ˈɑrgju]	-Algunas personas odian discutir.
2018	**opposite**		**opuesto; frente a; el lo contrario; en frente**
		adj; prp; ss; adv	His remarks had the opposite effect.
		[ˈɑpəzət]	-Sus comentarios tuvieron el efecto contrario.
2019	**fairy**		**la hada; mágico**
		ss; adj	Because the fairy appeared before me.
		[ˈfɛri]	-Debido a que el hada se apareció delante de mí.
2020	**gunshot**		**el cañonazo**

ss
[ˈgʌnˌʃɑt]

The policeman said that it looked like a self-inflicted gunshot wound to the head.

-El policía dijo que parecía tratarse de una herida auto-infligida a la cabeza.

2021 violent **violento**

adj
[ˈvaɪələnt]

There was a violent storm at sea.

-Hubo una tormenta violenta en el mar.

2022 mental **mental**

adj
[ˈmɛntəl]

Society exists only as a mental concept; in the real world there are only individuals.

-La sociedad existe solo como un concepto mental; en el mundo real hay solo individuos.

2023 disaster **el desastre**

ss
[dɪˈzæstər]

The flood caused a disaster in their community.

-La inundación ocasionó un desastre en su comunidad.

2024 anger **la ira| el enojo; enfadar**

ss; vb
[ˈæŋɡər]

In spite of his anger, he listened to me patiently.

-A pesar de su ira, él me escuchó pacientemente.

2025 quietly **tranquilamente**

adv
[ˈkwaɪətli]

Why is everyone speaking so quietly?

-¿Por qué todos están hablando tan despacio?

2026 sonny **el hijo**

ss
[ˈsʌni]

I'm still kicking, thanks, sonny.

-Todavía estoy pateando, gracias, hijo.

2027 fifteen **quince**

num
[fɪfˈtin]

At the time, we were just fifteen years old.

-Aquella vez, tan sólo teníamos quince años.

2028 mistress **amante**

ss
[ˈmɪstrəs]

April is in my mistress' face, and July in her eyes hath place; Within her bosom is September, but in her heart a cold December.

-Abril, en el rostro de mi señora está; julio, en sus ojos va; dentro del pecho, yace septiembre; pero en el corazón, campa el frío diciembre.

2029 museum **el museo**

ss
[mjuˈziəm]

Thieves plundered the museum.

-Ladrones saquearon el museo.

2030 tax **el impuesto; de impuestos; tasar**

ss; adj; vb
[tæks]

We must pay the tax.

-Tenemos que pagar el impuesto.

2031 flash **el flash| el destello; destellar**

ss; vb
[flæʃ]

She did her homework in a flash.

-Ella hizo su tarea en un abrir y cerrar de ojos.

2032 conscience **la conciencia**

ss
[ˈkɑnʃəns]

He'll have no rest from his guilty conscience until he confesses what he's done.

-Su conciencia culpable no le dejará descansar hasta que confiese lo que ha hecho.

2033 datum **el dato**

ss
[ˈdætəm]

This positive datum should not obscure the fact that some peoples do not follow such demographic dynamics.

-No obstante, este dato positivo no debe hacer olvidar el hecho de que algunos pueblos no siguen ese patrón demográfico.

2034	embarrassing	embarazoso
	adj	It was embarrassing the way my parents bragged about me at the concert.
	[ɪmˈbɛrəsɪŋ]	-Me avergonzaba la manera en que mis padres se jactaban de mí en el concierto.
2035	capital	capital| principal; el capital
	adj; ss	Ankara is the capital of Turkey.
	[ˈkæpətəl]	-Ankara es la capital de Turquía.
2036	channel	el canal; encauzar
	ss; vb	I was able to swim across The English Channel.
	[ˈtʃænəl]	-Pude cruzar a nado el Canal de la Mancha.
2037	dean	el decano| el deán
	ss	The dean set no definite time.
	[din]	-El deán no estableció un día concreto.
2038	gray	gris; el gris; encanecer
	adj; ss; vb	The short woman wears a gray suit.
	[greɪ]	-La mujer baja lleva un traje gris.
2039	struggle	la lucha; luchar
	ss; vb	There is no happiness without courage, nor virtue without struggle.
	[ˈstrʌgəl]	-No hay felicidad sin valor, ni virtud sin combate.
2040	sport	el deporte; divertirse
	ss; vb	There's too much sport on TV.
	[spɔrt]	-Pasan demasiado deporte en la televisión.
2041	senior	mayor; el mayor
	adj; ss	He is three years senior to me.
	[ˈsinjər]	-Tiene tres años más que yo.
2042	Roman	romano; el romano
	adj; ss	There are many Roman statues in the next room.
	[ˈroʊmən]	-Hay muchas estatuas romanas en la próxima sala.
2043	chasing	que caza; el cazador
	adj; ss	I'm chasing a government deal.
	[ˈtʃeɪsɪŋ]	-Estoy detrás de un acuerdo con el gobierno.
2044	reckon	contar| calcular
	vb	I reckon it's time for us to leave.
	[ˈrɛkən]	-Creo que es hora de que nos marchemos.
2045	singer	cantante
	ss	She is a better singer than any other student in her class.
	[ˈsɪŋər]	-Ella es mejor cantante que cualquier otro estudiante de su clase.
2046	any time	en cualquier momento
	adv	Dr. Kenley calls me any time Jackson's here.
	[ˈɛni taɪm]	-El Dr. Kenley me llama cada vez que viene Jackson.
2047	cap	la tapa| el tapón; tapar
	ss; vb	It's best to wear a cap on your head during the cold Moscow winters.
	[kæp]	-Lo mejor es traer puesta una gorra en la cabeza durante los inviernos fríos de Moscú.
2048	firing	el disparo

	ss	The boss is thinking of firing an employee.
	[ˈfaɪrɪŋ]	-El jefe está pensando en despedir a un empleado.
2049	**beside**	**junto a**
	prp	Ai sat down beside me.
	[bɪˈsaɪd]	-Ai se sentó a mi lado.
2050	**daily**	**diario; diario; el diario**
	adj; adv; ss	Numerous buses arrive daily from centers further south in Chile.
	[ˈdeɪli]	-Buses numerosos llegan a diario desde lugares del lejano sur en Chile.
2051	**fully**	**completamente**
	adv	He fully realizes that he was the cause of the accident.
	[ˈfʊli]	-Él comprende plenamente de que él fue la razón del accidente.
2052	**clue**	**la pista**
	ss	We have no clue where he is.
	[klu]	-No tenemos idea de dónde está él.
2053	**diamond**	**diamante; el diamante**
	adj; ss	Nothing is as hard as a diamond.
	[ˈdaɪmənd]	-Nada es tan duro como un diamante.
2054	**abandoned**	**abandonado**
	adj	The floorboards in the abandoned house creaked when we stepped on them.
	[əˈbændənd]	-Las tablas del suelo de la casa abandonada crujieron cuando las pisamos.
2055	**circus**	**el circo**
	ss	The tallest and smallest men in the world both joined the circus.
	[ˈsɜrkəs]	-El hombre más alto y el más bajo del mundo se unieron al circo.
2056	**torture**	**la tortura; torturar**
	ss; vb	Where did you torture them?
	[ˈtɔrtʃər]	-¿Dónde los torturaron a ellos?
2057	**shift**	**el cambio| el movimiento; cambiar**
	ss; vb	Have you ever driven with a standard shift transmission?
	[ʃɪft]	-¿Has conducido alguna vez un coche manual?
2058	**cloud**	**la nube; oscurecer**
	ss; vb	Look at the cloud over there.
	[klaʊd]	-Mira la nube por allá.
2059	**actress**	**la actriz**
	ss	Spanish actress Sara Montiel's mortal remains now rest in Madrid's San Justo
	[ˈæktrəs]	Graveyard beside her mother and sister, after a touching funeral in which
		relatives, friends and admirers gave her a last farewell.
		-Los restos mortales de la actriz española Sara Montiel descansan ya en el
		Cementerio de San Justo de Madrid junto a su madre y su hermana tras un
		emotivo funeral en el que familiares, amigos y admiradores le han dado el
		último adiós a la actriz.
2060	**closet**	**el armario| el ropero; encerrarse**
	ss; vb	The kidnappers gagged Jim and locked him up in a closet.
	[ˈklɑzət]	-Los secuestradores amordazaron a Jim y lo encerraron en un armario.
2061	**forth**	**adelante**
	adv	Nothing in this Declaration may be interpreted as implying for any State,
	[fɔrθ]	group or person any right to engage in any activity or to perform any act
		aimed at the destruction of any of the rights and freedoms set forth herein.
		-Nada en esta Declaración podrá interpretarse en el sentido de que confiere

derecho alguno al Estado, a un grupo o a una persona, para emprender y desarrollar actividades o realizar actos tendientes a la supresión de cualquiera de los derechos y libertades proclamados en esta Declaración.

2062	**comfort**	**la comodidad| el confort; consolar**
	ss; vb	She cried and cried, but nobody came to comfort her.
	[ˈkʌmfərt]	-Ella lloró y lloró, pero nadie vino a consolarla.
2063	**article**	**el artículo| el artejo; formular**
	ss; vb	I want to correct this article.
	[ˈɑrtəkəl]	-Quiero corregir este artículo.
2064	**prayer**	**la oración| el ruego**
	ss	What is your favorite prayer?
	[prɛr]	-¿Cuál es tu oración favorita?
2065	**explanation**	**la explicación**
	ss	How many times have I explained to you that your explanation is most unconvincing?
	[ˌɛkspləˈneɪʃən]	-¿Cuántas veces te he explicado que tu explicación es poco convincente?
2066	**loan**	**el préstamo; prestar**
	ss; vb	He paid his loan back to the bank.
	[loʊn]	-Él devolvió al banco su deuda.
2067	**entrance**	**la entrada; encantar**
	ss; vb	Someone is guarding the entrance.
	[ˈɛntrəns]	-Alguien está vigilando la entrada.
2068	**attempt**	**el intento| el esfuerzo; intentar**
	ss; vb	Equations are just the boring part of mathematics. I attempt to see things in terms of geometry.
	[əˈtɛmpt]	-Las ecuaciones son sencillamente la parte aburrida de la matemática. Trato de ver las cosas en términos de geometría.
2069	**trace**	**el rastro| la huella; rastrear**
	ss; vb	Some day, the boy disappeared without a trace.
	[treɪs]	-El niño desapareció de un día para otro sin dejar rastro.
2070	**civil**	**civil| cortés**
	adj	A new civil marriage law in Lebanon allows marriages between individuals of different religions.
	[ˈsɪvəl]	-La nueva ley de matrimonio civil del Líbano permite matrimonios entre individuos de religión diferente.
2071	**orange**	**la naranja; anaranjado**
	ss; adj	They gave him a glass of orange juice laced with vodka.
	[ˈɔrəndʒ]	-Le dieron a él un vaso de zumo de naranja mezclado con vodka.
2072	**despite**	**a pesar de**
	prp	Despite our bad luck, we had one bit of good luck: we had performed a full backup the day before.
	[dɪˈspaɪt]	-A pesar de nuestra mala suerte, tuvimos una pizca de buena suerte: habíamos realizado una copia de seguridad completa el día anterior.
2073	**particularly**	**particularmente| especialmente**
	adv	Mental exercise is particularly important for young children.
	[ˌpɑrˈtɪkjələrli]	-El ejercicio mental es particularmente importante para los chiquillos.
2074	**scratch**	**rayar| arañar; el rasguño; sin ventaja**

	vb; ss; adj	There's a scratch here. Could you give me a discount?
	[skrætʃ]	-Aquí está rayado. ¿Me podría dar un descuento?
2075	**nerve**	**el nervio| el descaro; nervioso; infundir a uno ánimo**
	ss; adj; vb	It takes real nerve to leave without paying!
	[nɜrv]	-¡Hay que tener cara para irse sin pagar!
2076	**outfit**	**equipar| enviar equipando; el equipo**
	vb; ss	This outfit was typical of a colonist at that time.
	[ˈaʊtˌfɪt]	-Este conjunto era típico de un colono de aquella época.
2077	**campaign**	**la campaña; hacer campaña**
	ss; vb	A little bit earlier this evening, I received an extraordinarily gracious call from Senator McCain. Senator McCain fought long and hard in this campaign.
	[kæmˈpeɪn]	-Un poco antes esta tarde, recibí una llamada extraordinariamente cortés del senador McCain. El senador McCain luchó por mucho tiempo duramente en esta campaña.
2078	**patience**	**la paciencia**
	ss	Just a little more patience.
	[ˈpeɪʃəns]	-Sólo un poco más de paciencia.
2079	**concert**	**el concierto; dar un concierto**
	ss; vb	What time yesterday was the concert?
	[ˈkɑnsɜrt]	-¿A qué hora fue ayer el concierto?
2080	**ceremony**	**la ceremonia**
	ss	At the inauguration ceremony a plaque was unveiled in honor of the founder.
	[ˈsɛrəˌmoʊni]	-En la ceremonia de inauguración se descubrió una placa en honor al fundador.
2081	**concentrate**	**concentrado; el concentrado; concentrarse**
	adj; ss; vb	They're too noisy; I can't concentrate.
	[ˈkɑnsənˌtreɪt]	-Son demasiado ruidosos, no puedo concentrarme.
2082	**cheat**	**engañar| trampear; la trampa**
	vb; ss	Don't cheat.
	[tʃit]	-No copiéis.
2083	**chat**	**la charla; charlar**
	ss; vb	I hope we chat soon.
	[tʃæt]	-Espero que hablemos por chat pronto.
2084	**practically**	**prácticamente**
	adv	The job is practically done.
	[ˈpræktəkli]	-El trabajo está casi listo.
2085	**starve**	**morir de hambre**
	vb	I would rather starve to death than steal.
	[stɑrv]	-Preferiría morir de hambre que robar.
2086	**citizen**	**el ciudadano| habitante**
	ss	I am a Roman citizen.
	[ˈsɪtəzən]	-Soy un ciudadano romano.
2087	**noon**	**el mediodía; de mediodía**
	ss; adj	The train will probably arrive at the station before noon.
	[nun]	-El tren debería llegar a la estación antes del mediodía.
2088	**baseball**	**el béisbol**

	ss	I got overheated playing baseball.
	['beɪs'bɔl]	-Me acaloré jugando al béisbol.
2089	**cabin**	**la cabina**
	ss	We followed him single file till we reached the cabin.
	['kæbən]	-Le seguimos en fila india hasta llegar a la cabaña.
2090	**incident**	**incidente; el incidente**
	adj; ss	I do remember the incident quite well.
	['ɪnsədənt]	-Claro que recuerdo el incidente bastante bien.
2091	**hug**	**el abrazo; abrazar**
	ss; vb	"Do you want to hug me or kiss me?" "I want to do both."
	[hʌg]	-"¿Quieres abrazarme o besarme?" "Quiero hacer las dos cosas."
2092	**surgery**	**la cirugía**
	ss	He died during surgery.
	['sɜrdʒəri]	-Murió durante la cirugía.
2093	**generous**	**generoso| abundante**
	adj	Jim is generous with his money.
	['dʒɛnərəs]	-Jim es generoso con su dinero.
2094	**pipe**	**el tubo| la pipa**
	ss	I was sitting while smoking a pipe.
	[paɪp]	-Yo estaba sentado mientras fumaba en pipa.
2095	**whiskey**	**el whisky**
	ss	I have a bottle of whiskey.
	['wɪski]	-Tengo una botella de whisky.
2096	**selfish**	**egoísta**
	adj	You shouldn't allow your son to act like a selfish brat.
	['sɛlfɪʃ]	-No deberías permitir que tu hijo se comporte como un mocoso engreído.
2097	**alien**	**el extranjero; ajeno**
	ss; adj	Compassion is alien to them.
	['eɪliən]	-No conocen ninguna piedad.
2098	**neighbor**	**vecino; el vecino**
	adj; ss	My neighbor's house was featured in last month's issue of Architectural Digest.
	['neɪbər]	-La casa de mi vecino salió en el último número de Architectural Digest.
2099	**similar**	**similar**
	adj	The climate here is very similar to that of England.
	['sɪmələr]	-El clima de aquí se parece mucho al de Inglaterra.
2100	**delivery**	**la entrega| el parto**
	ss	The pizza delivery guy hasn't come by yet.
	[dɪ'lɪvəri]	-El repartidor de pizza aún no ha llegado.
2101	**lifetime**	**la vida**
	ss	"I Love You" is the title of more songs than anyone can sing in her lifetime.
	['laɪf̩taɪm]	-"I love you" es el título de más canciones de las que cualquiera puede cantar en su vida.
2102	**mix**	**la mezcla; mezclar**
	ss; vb	Do you want your whiskey straight or should I mix it with water?
	[mɪks]	-¿Quiere whisky puro o lo mezclo con agua?
2103	**hail**	**el granizo; granizar**

	ss; vb [heɪl]	Aid to compensate farmers for the losses caused by the adverse weather events (hail). -Ayuda para indemnizar a los agricultores de las pérdidas causadas por las adversas condiciones climatológicas (granizo).
2104	**supply** ss; vb [səˈplaɪ]	**el suministro| la oferta; suministrar** Supply is relative to demand. -La oferta es proporcional a la demanda.
2105	**bat** ss; vb [bæt]	**el murciélago; batear** You must be blind as a bat if you couldn't see it. -Tienes que estar ciego como un topo si no podías verlo.
2106	**cent** ss [sɛnt]	**los centavo** I won't give you one cent. -No te daré ni un centavo.
2107	**transfer** vb; ss; adj [ˈtrænsfər]	**transferir; la transferencia; de transferencia** The company rejected his request for a transfer. -La compañía rechazó su solicitud de una transferencia.
2108	**opera** ss [ˈɑprə]	**la ópera** They are often together, and go to the opera or visit art galleries. -Suelen estar juntos, e ir a la ópera o visitar galerías de arte.
2109	**bug** ss; vb [bʌg]	**el error; fastidiar** The difference between the right word and almost the right word is the difference between lightning and the lightning bug. -La diferencia entre la palabra correcta y la casi correcta, es la misma que entre el rayo y la luciérnaga.
2110	**provide** vb [prəˈvaɪd]	**proporcionar| prestar** He has a wife and two young children to provide for. -Él tiene una esposa y dos niños pequeños que mantener.
2111	**design** ss; vb [dɪˈzaɪn]	**el diseño| el proyecto; proyectar** Are you suggesting it's a design flaw? -¿Estás sugeriendo que se trata de un diseño defectuoso?
2112	**behavior** ss [bɪˈheɪvjər]	**el comportamiento| el funcionamiento** I'm surprised at your behavior. -Tu conducta me sorprende.
2113	**pour** vb [pɔr]	**derramar| colar** Why are you just sitting there? Pour the champagne! -¿Qué haces ahí sentado? ¡Sirve la champaña!
2114	**mysterious** adj [mɪsˈtɪriəs]	**misterioso** This man's behaviour is mysterious and suspect. -El comportamiento de este hombre es misterioso y sospechoso.
2115	**current** adj; ss [ˈkɜrənt]	**corriente| presente; la corriente** Low-income countries rarely have budgetary or current account surpluses. -Los países de bajos ingresos rara vez tienen superávit presupuestario o por cuenta corriente.
2116	**instance** ss; vb [ˈɪnstəns]	**el ejemplo| la instancia; citar como ejemplo** The increasing awareness of the possibility of infringement of environmental law is another instance.-El creciente reconocimiento de la posibilidad de infringir el derecho medioambiental es otro ejemplo.
2117	**cave**	**la cueva**

	ss	This is a cave.
	[keɪv]	-Esto es una cueva.
2118	**connected**	**conectado**
	adj	We are more closely connected to the invisible than to the visible.
	[kəˈnɛktəd]	-Estamos conectados más estrechamente con lo invisible que con lo visible.
2119	**gear**	**el engranaje| el equipo; engranar**
	ss; vb	Make sure the brain is engaged before putting the mouth in gear.
	[gɪr]	-Asegúrate de tener el cerebro encendido antes de poner la boca en marcha.
2120	**passport**	**el pasaporte**
	ss	Jim needs to renew his passport before the fifteenth of next month.
	[ˈpæˌspɔrt]	-Jim necesita renovar su pasaporte antes del quince del próximo mes.
2121	**announcer**	**el locutor**
	ss	The radio announcer had a masculine voice.
	[əˈnaʊnsər]	-El locutor de la radio tenía una voz masculina.
2122	**beaten**	**vencido**
	adj	The victim had been beaten up and left for dead.
	[ˈbitən]	-La víctima había recibido una paliza y la habían dejado morir.
2123	**legend**	**la leyenda**
	ss	The legend says he was invulnerable.
	[ˈlɛdʒənd]	-La leyenda cuenta que él era invulnerable.
2124	**nephew**	**el sobrino**
	ss	My nephew was accustomed to staying up late.
	[ˈnɛfju]	-Mi sobrino estaba acostumbrado a quedarse desplerto hasta tarde.
2125	**belly**	**el vientre| el seno; hinchar**
	ss; vb	The eye is bigger than the belly.
	[ˈbɛli]	-Te entra más por los ojos que por la boca.
2126	**religious**	**religioso; el religioso**
	adj; ss	The religious man remained kneeling for hours.
	[rɪˈlɪdʒəs]	-El hombre religioso siguió arrodillado por horas.
2127	**dancer**	**el bailarín; danzante**
	ss; adj	She is a good dancer.
	[ˈdænsər]	-Es una buena bailarina.
2128	**producer**	**el productor| el realizador**
	ss	The United States is the largest producer of cheese in the world.
	[prəˈdusər]	-Estados Unidos es el productor de queso más grande del mundo.
2129	**exercise**	**el ejercicio| la prueba; ejercer**
	ss; vb	Walking is a healthy form of exercise.
	[ˈɛksərˌsaɪz]	-Caminar es una forma sana de ejercicio.
2130	**thick**	**grueso| espeso; mucho**
	adj; adv	The wall is two meters thick.
	[θɪk]	-La pared tiene dos metros de grosor.
2131	**ignore**	**ignorar**
	vb	Ignore them.
	[ɪgˈnɔr]	-Ignoralos.
2132	**fuel**	**el combustible; aprovisionar de combustible; energético**
	ss; vb	Don't shout at the crying child. It only adds fuel to the fire.
	[ˈfjuəl]	-No le grites al niño que está llorando. Solo le echas combustible al fuego.

2133 **traitor**   **el traidor**
ss   Jim was a traitor.
[ˈtreɪtər]   -Jim fue un traidor.

2134 **technology**   **la tecnología**
ss   The formation and movement of hurricanes are capricious, even with our
[tɛkˈnɑlədʒi]   present-day technology.
    -La formación y el movimiento de los huracanes son caprichosos, incluso para
    la tecnología de nuestros días.

2135 **frankly**   **francamente**
adv   Frankly speaking, I don't agree with you.
[ˈfræŋkli]   -Francamente hablando, yo no estoy de acuerdo contigo.

2136 **pat**   **la palmadita; acariciar; oportuno; oportunamente**
ss; vb; adj; adv   Pat stripped off his clothes and dived in.
[pæt]   -Pat se deshizo de su ropa y saltó al agua.

2137 **lane**   **el carril| la calle; divisorias**
ss; adj   A fence separates the garden from the lane.
[leɪn]   -Una valla separa el jardín de un caminito.

2138 **touching**   **conmovedor**
adj   Jim doesn't like people touching his stuff.
[ˈtʌtʃɪŋ]   -A Jim no le gusta que los demás toquen sus cosas.

2139 **bowl**   **el tazón; jugar a los bolos**
ss; vb   After Jim had eaten all the popcorn in the bowl, he went back into the kitchen
[boʊl]   to pop some more.
    -Después de haber comido todo el pochoclo que había en el pote, Jim fue a la
    cocina a preparar un poco más.

2140 **butter**   **la mantequilla; untar con mantequilla**
ss; vb   I ate bread and butter this morning.
[ˈbʌtər]   -Comí pan con manteca esta mañana.

2141 **intelligent**   **inteligente**
adj   Beautiful, intelligent and hot - this describes what he is not.
[ɪnˈtɛlədʒənt]   -Bello, inteligente y sexy – esto describe lo que él no es.

2142 **net**   **neto; los neto; enredar**
adj; ss; vb   He fixed the net.
[nɛt]   -Reparó la red.

2143 **betray**   **traicionar| engañar**
vb   I did not betray you.
[bɪˈtreɪ]   -Yo no te he traicionado.

2144 **basement**   **el sótano**
ss   Can we hide in your basement?
[ˈbeɪsmənt]   -¿Podemos escondernos en tu sótano?

2145 **footstep**   **el paso**
ss   Never knowing if the next footstep on the porch is yours or...
[ˈfʊtˌstɛp]   -Sin saber si el próximo paso en la entrada será tuyo o...

2146 **downtown**   **el centro de la ciudad; céntrico; en el centro de la ciudad**
ss; adj; adv   My office is located downtown.
[ˈdaʊnˌtaʊn]   -Mi oficina está localizada en el centro.

2147 **defeat**   **la derrota; derrotar**

ss; vb | You will never defeat me!
[dɪˈfit] | -¡Nunca me derrotarás!

2148 distant | **distante| lejano**
adj | We can see distant objects with a telescope.
[ˈdɪstənt] | -Con el telescopio se pueden ver objetos lejanos.

2149 surround | **rodear**
vb | Emptiness is going to surround people.
[səˈraʊnd] | -El vacío va a rodear a la gente.

2150 impression | **la impresión| la idea**
ss | One should always give the impression that they can change the course of
[ɪmˈprɛʃən] | things.
| -Uno siempre debe dar la impresión de que puede cambiar el rumbo de las cosas.

2151 toy | **el juguete; de juguete; jugar**
ss; adj; vb | I want to buy this toy doll.
[tɔɪ] | -Quiero comprar esta muñeca de juguete.

2152 wallet | **la cartera**
ss | My wallet and passport are missing.
[ˈwɔlət] | -Me faltan el pasaporte y la cartera.

2153 trunk | **el tronco; troncal**
ss; adj | Jim and Ana couldn't move the heavy trunk.
[trʌŋk] | -Jim y Ana no podían mover el pesado tronco.

2154 coke | **el coque**
ss | Can I have a gin and coke please?
[koʊk] | -¿Me podría dar un cubalibre por favor?

2155 turkey | **el pavo**
ss | I assume Argentina will beat Turkey.
[ˈtɜrki] | -Doy por sentado que Argentina le ganará a Turquía.

2156 accuse | **acusar| tachar de**
vb | They do not accuse me, they insult; they do not fight me, they calumniate,
[əˈkjuz] | and they don't allow me the right of defense.
| -No me acusan, me insultan; no me combaten, me calumnian, y no me dan el derecho de defensa.

2157 plastic | **plástico; el plástico**
adj; ss | Paper, glass and plastic are recyclable materials.
[ˈplæstɪk] | -El papel, el vidrio y el plástico son materiales reciclables.

2158 landing | **el aterrizaje| el desembarco; aterrizante**
ss; adj | The plane made a forced landing.
[ˈlændɪŋ] | -El avión hizo un aterrizaje forzoso.

2159 Ouch! | **¡Ay!**
int | Draws a ball that periodically extrudes many random spikes. Ouch! Written by
[aʊtʃ!] | Jamie Zawinski; 2001.
| -Dibuja una pelota que saca de manera periódica muchos pinchos al azar. ¡Ay! Escrito por Jamie Zawinski; 2001.

2160 territory | **el territorio**
ss | We are an art portal where writers, illustrators, poets, musicians coexist. They
[ˈtɛrɪˌtɔri] | explore every Latin American territory and every writing style known.
| -Somos el portal de arte donde coexisten escritores, ilustradores, poetas,

cineastas, músicos y comiqueros, cuyo interés es de explorar todos los territorios latinoamericanos y los estilos narrativos conocidos y por conocer.

2161	**obey**	**obedecer**
	vb	Always obey your father.
	[oʊˈbeɪ]	-Obedece siempre a tu padre.

2162	**marshal**	**el mariscal; formar**
	ss; vb	You will remain a marshal of France.
	[ˈmɑrʃəl]	-Continuaréis de mariscal de Francia y cuando haya nuevas guerras mandaréis uno de mis ejércitos.

2163	**fort**	**el fuerte| el fortín**
	ss	The Qutub Minar and Red Fort are in Delhi.
	[fɔrt]	-El Qutab Minar y el Fuerte Rojo están en Delhi.

2164	**trail**	**el rastro| el sendero; arrastrarse**
	ss; vb	The trail has gone cold.
	[treɪl]	-El rastro se ha enfriado.

2165	**league**	**la liga| la legua**
	ss	Ulster has the fewest losses of any boxer in the league.
	[lig]	-Ulster tiene el menor número de derrotas que cualquier boxeador en la liga.

2166	**kidnap**	**secuestrar**
	vb	Why would anybody kidnap John?
	[ˈkɪdˌnæp]	-¿Por qué alguien secuestraría a John?

2167	**shore**	**apuntalar| escorar; la orilla**
	vb; ss	We walked along the shore of the lake.
	[ʃɔr]	-Paseamos por la orilla del lago.

2168	**task**	**la tarea| la labor; encargar**
	ss; vb	The task is so difficult that I cannot accomplish it.
	[tæsk]	-La tarea es tan difícil que no puedo hacerla.

2169	**western**	**occidental; el western**
	adj; ss	However, other aspects have already surpassed the standards of many Western countries.
	[ˈwɛstərn]	-Sin embargo, en otros aspectos ya han superado los niveles de muchos países occidentales.

2170	**impress**	**impresionar| imprimir; la huella**
	vb; ss	I bet you think I'm just writing that to impress you.
	[ˈɪmˌprɛs]	-Apuesto que piensas que yo escribo esto solo para impresionarte.

2171	**confession**	**la confesión**
	ss	The law does not accept confession under torture.
	[kənˈfɛʃən]	-La ley no permite la confesión bajo tortura.

2172	**rape**	**la violación| la colza; violar**
	ss; vb	A severed penis constitutes a solid piece of evidence for rape.
	[reɪp]	-Un pene cortado constituye una pieza importante de evidencia en una violación.

2173	**embarrass**	**avergonzar**
	vb	This would embarrass anyone.
	[ɪmˈbɛrəs]	-Esto avergonzaría a cualquiera.

2174	**motion**	**el movimiento| la moción; hacer señales**
	ss; vb	This relation between the Sun and planetary motion is not an odd and inexplicable coincidence.
	[ˈmoʊʃən]	

-Esta relación entre el Sol y los movimientos planetarios no es una extraña e inexplicable casualidad.

2175	**blast**	**la explosión| la ráfaga; arruinar**
	ss; vb	The rocket blast opens the celebrations.
	[blæst]	-El zambombazo del cohete inaugura las fiestas.
2176	**mouse**	**el ratón; cazar ratones**
	ss; vb	John played cat and mouse with Dick.
	[maʊs]	-John y Dick jugaron al gato y el ratón.
2177	**growl**	**el gruñido; gruñir**
	ss; vb	When he isn't making me growl like a tiger.
	[graʊl]	-Cuando no me hace gruñir como león.
2178	**merely**	**simplemente**
	adv	Her strongest oath was merely "By Saint Loy!", and she was called Madame Eglentine.
	[ˈmɪrli]	-Su juramento más fuerte fue meramente "¡Por Saint Loy!" y a ella la llamaban Madame Eglentine.
2179	**package**	**el paquete| el envase; empaquetar**
	ss; vb	I cut my finger while trying to open the package.
	[ˈpækədʒ]	-Me corté el dedo tratando de abrir el paquete.
2180	**anti-**	**anti-**
	pfj	I have no sympathy for anti-Americanism or anti-anyone-else-ism for that matter.
	[ˈænti-]	-No tengo simpatía por el anti-americanismo ni por ningún otro anti-nadie.
2181	**monk**	**el monje**
	ss	I think I want to be a monk.
	[mʌŋk]	-Creo que quiero meterme a monje.
2182	**division**	**la división| el reparto**
	ss	I'm not leaving this division.
	[dɪˈvɪʒən]	-Yo no me voy a ir de esta división.
2183	**balance**	**equilibrar| equilibrarse; el equilibrio**
	vb; ss	The Paris syndrome is a type of culture shock. It's a psychiatric term used to describe foreigners who start living in Paris, drawn to the image of the city as a center of fashion, don't adapt well to the local customs and culture, lose their mental balance and exhibit symptoms close to depression.
	[ˈbæləns]	-El síndrome de París es una clase de choque cultural. Es un término psiquiátrico usado para describir a los extranjeros que empiezan a vivir en París seducidos por la imagen de la ciudad como centro de la moda, no se adaptan bien a las costumbres locales ni culturales, pierden su equilibrio mental y muestran síntomas parecidos a los de la depresión.
2184	**inform**	**informar| informarse**
	vb	I regret that I have to inform you of the bad news.
	[ɪnˈfɔrm]	-Lamento tener que informarte de la mala noticia.
2185	**accent**	**el acento| el acento gráfico; acentuar**
	ss; vb	The other kids at school made fun of him because of his strange accent.
	[ˈæksɛnt]	-Los demás niños en la escuela se burlaron de él por su acento extraño.
2186	**sandwich**	**el sándwich| el emparedado; intercalar**
	ss; vb	Jim made a sandwich for lunch.
	[ˈsændwɪtʃ]	-Jim preparó un sándwich para el almuerzo.

2187	**being**	**el ser**
	ss	He made an apology to us for being late.
	[ˈbiɪŋ]	-Se disculpó con nosotros por haber llegado tarde.
2188	**attend**	**asistir| atender**
	vb	Jim couldn't attend the meeting because of a previous engagement.
	[əˈtɛnd]	-Jim no pudo asistir a la reunión por un compromiso previo.
2189	**policeman**	**el policía**
	ss	If you don't know the way, ask a policeman.
	[pəˈlismən]	-Si no te sabes el camino, pregúntale a un policía.
2190	**reasonable**	**razonable| juicioso**
	adj	Jim seems reasonable.
	[ˈrizənəbəl]	-Jim parece razonable.
2191	**tunnel**	**el túnel; construir un túnel**
	ss; vb	There is another tunnel up there.
	[ˈtʌnəl]	-Hay otro túnel por allá.
2192	**routine**	**la rutina; de rutina**
	ss; adj	I am tired of the day-to-day routine of life.
	[ruˈtin]	-Estoy cansado de la rutina de cada día.
2193	**perform**	**realizar| ejecutar**
	vb	You must perform your duty.
	[pərˈfɔrm]	-Tienes que cumplir con tu deber.
2194	**recall**	**recordar; la retirada**
	vb; ss	Somewhere in La Mancha, in a place whose name I cannot recall, there lived
	[ˈriˌkɔl]	not long ago a nobleman. To his name he had a lance in its sheath, an old
		leather buckler, a scrawny workhorse and a greyhound that scurried about.
		-En un lugar de la Mancha, de cuyo nombre no quiero acordarme, no hace
		mucho tiempo que vivía un hidalgo de los de lanza en astillero, adarga
		antigua, rocín flaco y galgo corredor.
2195	**eternal**	**eterno**
	adj	When it comes to love, women are experts and men eternal novices.
	[ɪˈtɜrnəl]	-Cuando se trata de amor, las mujeres son expertas y los hombres siempre
		novatos.
2196	**awfully**	**muy**
	adv	Jim seems awfully sad, doesn't he?
	[ˈɑfli]	-Jim parece tristísimo, ¿no?
2197	**Wednesday**	**el miércoles**
	ss	Wednesday is near!
	[ˈwɛnzdi]	-¡El miércoles se acerca!
2198	**influence**	**la influencia| ascendiente; influenciar**
	ss; vb	Paracelsus influence was intense and long lasting.
	[ˈɪnfluəns]	-La influencia de Paracelso fue intensa y duradera.
2199	**Greek**	**griego; el griego**
	adj; ss	Greek is difficult to learn.
	[grik]	-El griego es difícil de aprender.
2200	**poetry**	**la poesía**
	ss	In 1935 a writer published a book of poetry with funds provided by his
	[ˈpoʊətri]	mother. In the dedication he thanked all the editors who had rejected his
		manuscript.

-En 1935, un escritor publicó un libro de poesías con fondos proporcionados por su madre. En la dedicatoria él agradeció a todos los editores que habían rechazado su manuscrito.

2201	**liberty**	**la libertad**
	ss	They fought for their liberty.
	[ˈlɪbərti]	-Lucharon por su libertad.
2202	**swell**	**hincharse| crecer; mar de fondo; estupendo**
	vb; ss; adj	Why, a Sherwood sister on each arm would be swell.
	[swɛl]	-Una hermana Sherwood en cada brazo sería estupendo.
2203	**painful**	**doloroso**
	adj	That might be the most painful experience in my life.
	[ˈpeɪnfəl]	-Esa podría ser la experiencia más dolorosa de mi vida.
2204	**suspicious**	**suspicaz**
	adj	Did he notice something suspicious?
	[səˈspɪʃəs]	-¿Él notó algo sospechoso?
2205	**knight**	**el caballero; armar caballero**
	ss; vb	The knight swore an oath of allegiance to the king.
	[naɪt]	-El caballero hizo un juramento de lealtad al rey.
2206	**chill**	**frío; el frío; enfriar| calmar**
	adj; ss; vb	You need to chill out, dude.
	[ʧɪl]	-Te tienes que calmar, camarada.
2207	**tit**	**la teta**
	ss	Can't touch my tit in front of my sIster.
	[tɪt]	-No puedes tocarme una teta delante de mi hermana.
2208	**admiral**	**el almirante**
	ss	I had my training under the admiral.
	[ˈædmərəl]	-Bueno, tuve un buen entrenamiento con el Almirante.
2209	**Mars**	**el Marte**
	ss	Amanda Carter, Mars Colony Business Affairs Committee.
	[mɑrz]	-Amanda Carter, del Comité de Asuntos de Negocios Coloniales de Marte.
2210	**cough**	**la tos; toser**
	ss; vb	I have a cough.
	[kɑf]	-Tengo tos.
2211	**adjust**	**ajustar| modificar**
	vb	You are a busy man, so I will adjust myself to your schedule.
	[əˈʤʌst]	-Eres un hombre ocupado así que me adaptaré a tu horario.
2212	**moron**	**idiota| imbécil**
	ss	You are a moron.
	[ˈmɔˌrɑn]	-Sos un idiota.
2213	**prick**	**el pinchazo| la polla; pinchar**
	ss; vb	My lady-friends fondly call my prick 'Rumor', because it goes from mouth to mouth.
	[prɪk]	-A mi pija mis amigas le dicen cariñosamente "chisme" porque va de boca en boca.
2214	**everyday**	**diario**
	adj	TV plays an important part in everyday life.
	[ˈɛvriˈdeɪ]	-La televisión ocupa un lugar importante en el diario vivir.

2215	**rifle**	**el rifle; saquear**
	ss; vb	Have you ever shot a rifle?
	[ˈraɪfəl]	-¿Alguna vez has disparado con un rifle?
2216	**bishop**	**el obispo**
	ss	The chess pieces are pawn, knight, bishop, rook, queen, and king.
	[ˈbɪʃəp]	-Las piezas de ajedrez son peón, caballo, alfil, roque, dama y rey.
2217	**warrant**	**la orden| la autorización; justificar**
	ss; vb	The warrant was produced only after his arrest.
	[ˈwɔrənt]	-La orden se presentó después de que hubiera sido detenido.
2218	**fond**	**aficionado**
	adj	Are you fond of listening to the radio?
	[fɑnd]	-¿Eres aficionado a escuchar la radio?
2219	**rocky**	**rocoso**
	adj	The river has its source in the Rocky Mountains.
	[ˈrɑki]	-El río nace en las montañas Rocosas.
2220	**unique**	**único**
	adj	A work of art is the unique result of a unique temperament.
	[juˈnik]	-Una obra de arte es el resultado único de un temperamento único.
2221	**ability**	**la capacidad| la aptitud**
	ss	A mistake young people often make is to start learning too many languages at the same time, as they underestimate the difficulties and overestimate their own ability to learn them.
	[əˈbɪləti]	-Un error que cometen a menudo los jóvenes es el de comenzar a aprender demasiadas lenguas al mismo tiempo, porque subestiman sus dificultades y sobrestiman sus propias capacidades para aprenderlas.
2222	**slut**	**la puta| la mujerzuela**
	ss	I mean your slut friend Magdalena.
	[slʌt]	-Me refiero a tu amiga puta, esa Magdalena.
2223	**crush**	**aplastar| apabullar; la aglomeración**
	vb; ss	Do you have a crush on my brother?
	[krʌʃ]	-¿Estás enamorada de mi hermano?
2224	**golf**	**el golf; jugar al golf**
	ss; vb	Would you rather play tennis or golf?
	[gɑlf]	-¿Preferirías jugar al tenis o al golf?
2225	**stake**	**la estaca| la hoguera; apostar**
	ss; vb	There are lives at stake.
	[steɪk]	-Hay vidas en peligro.
2226	**fence**	**las cerca| la valla; cercar**
	ss; vb	The ball hit the fence.
	[fɛns]	-La pelota golpeó la cerca.
2227	**woo**	**cortejar**
	vb	I've got an hour and 20 minutes to woo Christine.
	[wu]	-Tengo una hora y 20 minutos para cortejar a Christine.
2228	**patrol**	**la patrulla; patrullar**
	ss; vb	The marauders have been on continuous patrol.
	[pəˈtroʊl]	-Capitán, los merodeadores han estado en patrulla continua.
2229	**sire**	**el padre| el mi señor; engendrar un caballo**

ss; vb
One small thing remains yours, sire.
['saɪər]
-Una de las cosas pequeñas sigue siendo la suya, señor.

2230 **resist** **resistir**

vb
I don't watch a lot of movies, but I can't resist a good documentary.
[rɪˈzɪst]
-No suelo ver muchas películas, pero no puedo resistirme a un buen documental.

2231 **chairman** **el presidente**

ss
He talked to the chairman.
['ʧɛrmən]
-Habló con el presidente.

2232 **habit** **el hábito| la maña**

ss
I am in the habit of taking a walk every day.
['hæbət]
-Tengo el hábito de caminar cada día.

2233 **thirsty** **sediento**

adj
I'm not thirsty at the moment.
['θɜrsti]
-De momento no tengo sed.

2234 **possibility** **la posibilidad**

ss
There is the possibility of what he said being true.
[ˌpɑsəˈbɪləti]
-Existe la posibilidad de que lo que dijo sea cierto.

2235 **novel** **la novela; nuevo**

ss; adj
How do you find his new novel?
['nɑvəl]
-¿Qué te parece su nueva novela?

2236 **normally** **normalmente**

adv
Potassium levels rise normally after death.
['nɔrməli]
-Los niveles de potasio, normalmente suben tras la muerte.

2237 **mistaken** **equivocado**

adj
I am often mistaken for my brother.
[mɪsˈteɪkən]
-A menudo me confunden con mi hermano.

2238 **reverend** **reverendo; el padre**

adj; ss
This is the fantasy business, reverend.
['rɛvərənd]
-Esto es el negocio de la fantasía, reverendo.

2239 **wagon** **el vagón; transportar en furgón**

ss; vb
He had been dry for almost a year, but he fell off the wagon around New
['wægən]
Year's Day.
-Había estado sobrio durante casi un año, pero cayó en la tentación por Año Nuevo.

2240 **emotional** **emocional**

adj
I was really emotional.
[ɪˈmoʊʃənəl]
-Estaba realmente sensible.

2241 **widow** **la viuda**

ss
The widow suffered from stomach cancer.
['wɪdoʊ]
-La viuda sufría de cáncer de estómago.

2242 **dope** **la droga; drogar**

ss; vb
Glad my family never got into that dope.
[doʊp]
-Me alegro de que mi familia nunca se metió en la droga.

2243 **boo** **el abucheo; patear**

ss; vb
Anything could happen, like they invent a silent boo.
[bu]
-Puede que inventen un abucheo mudo.

2244	**cheating**	**la trampa; engañado**
	ss; adj	Did you know that his wife was cheating on him with the milkman?
	[ˈtʃitɪŋ]	-¿Sabías que su esposa lo está engañando con el lechero?
2245	**atmosphere**	**la atmósfera**
	ss	According to scientists, the atmosphere is getting warmer year after year.
	[ˈætməˌsfɪr]	-Según los científicos, la atmósfera se vuelve más caliente año tras año.
2246	**generation**	**la generación**
	ss	They weren't able to pass on that tradition unto the next generation.
	[ˌdʒɛnəˈreɪʃən]	-Ellos no pudieron transmitir esa tradición hacia la próxima generación.
2247	**siren**	**la sirena**
	ss	The siren blew.
	[ˈsaɪrən]	-La sirena sonó.
2248	**delighted**	**encantado**
	adj	I am delighted to meet you.
	[dɪˈlaɪtəd]	-Estoy encantado de conocerte.
2249	**exit**	**la salida; salir de**
	ss; vb	Don't you see the exit sign over there?
	[ˈɛgzɪt]	-¿No ven el cartel de salida por ahí?
2250	**beef**	**la carne de vaca; quejarse**
	ss; vb	Jim doesn't like beef.
	[bif]	-A Jim no le gusta el vacuno.
2251	**collection**	**la colección| el cobro**
	ss	One would like to have a collection of last words of famous people.
	[kəˈlɛkʃən]	-A uno le gustaría tener una colección de las últimas palabras de personas famosas.
2252	**auntie**	**la tía**
	ss	Your landlady looks a bit like my auntie.
	[ˈænti]	-Tu casera se parece un poco a mi tía.
2253	**precisely**	**precisamente**
	adv	Using words, one can fight precisely.
	[prɪˈsaɪsli]	-Usando palabras, se puede luchar con precisión.
2254	**bud**	**el brote; florecer**
	ss; vb	Shop's closed right now, bud.
	[bʌd]	-La tienda está cerrada, amigo.
2255	**principal**	**principal; el principal**
	adj; ss	I'd like to see the principal.
	[ˈprɪnsəpəl]	-Me gustaría ver a la directora.
2256	**nail**	**el clavo| la uña; clavar**
	ss; vb	I'm looking for a lipstick to go with this nail polish.
	[neɪl]	-Estoy buscando un pintalabios que pegue con este pintaúñas.
2257	**disturb**	**molestar| perturbar**
	vb	Don't disturb me while I'm studying.
	[dɪˈstɜrb]	-No me molestes cuando estoy estudiando.
2258	**skip**	**omitir; el salto**
	vb; ss	If you skip my class, I will kill you.
	[skɪp]	-Si faltas a mi clase, te mato.
2259	**trigger**	**desencadenar; el gatillo**

	vb; ss	Jim couldn't bring himself to pull the trigger.
	[ˈtrɪgər]	-Jim no tuvo el coraje de apretar el gatillo.
2260	**crisis**	**la crisis**
	ss	The crisis led to the 1968 Nuclear Non-Proliferation Treaty.
	[ˈkraɪsəs]	-La crisis llevó al Tratado de No Proliferación Nuclear de 1968.
2261	**identity**	**la identidad; personal**
	ss; adj	I lost my identity.
	[aɪˈdɛntəti]	-Perdí mi identidad.
2262	**describe**	**describir**
	vb	Describe the process used to make the estimate of annual operating expenses.
	[dɪˈskraɪb]	-Describa el proceso que usó para hacer la estimación de los gastos de funcionamiento anual.
2263	**washed**	**lavado**
	adj	I washed your mother's feet and yours...
	[waʃt]	-Te he atendido a ti y a tu difunta madre, le he lavado los pies...
2264	**sink**	**hundir| hundirse; el fregadero**
	vb; ss	There's a lot of dirty dishes in the sink.
	[sɪŋk]	-Hay muchos platos sucios en la fregadera.
2265	**stretch**	**estirar| estirarse; el tramo**
	vb; ss	These socks don't stretch when you wash them.
	[strɛtʃ]	-Estos calcetines no dan de sí cuando se lavan.
2266	**instruction**	**la instrucción| la enseñanza**
	ss	From reading good books we can derive pleasure, friendship, experience and instruction.
	[ɪnˈstrʌkʃən]	-Al leer buenos libros podemos obtener placer, amistad, experiencia y enseñanzas.
2267	**sail**	**la vela| el velero; navegar**
	ss; vb	The ship set sail.
	[seɪl]	-La nave zarpó.
2268	**average**	**el promedio| el medio; medio; calcular la media de**
	ss; adj; vb	The temperature is above average this winter.
	[ˈævərɪdʒ]	-Este invierno, la temperatura es más alta que el promedio.
2269	**demon**	**el demonio**
	ss	"Listen to me," said the Demon, placing his hand upon my head.
	[ˈdimən]	-"Escúchame", dijo el demonio, reposando su mano sobre mi cabeza.
2270	**dough**	**la masa| la guita**
	ss	We must add yeast to this dough.
	[doʊ]	-Tenemos que agregarle levadura a esta masa.
2271	**baron**	**el barón**
	ss	The Wall Street baron remarried only yesterday.
	[ˈbærən]	-Gilbert Griffin. El barón de Wall Street se volvió a casar ayer.
2272	**worrying**	**preocupante**
	adj	The specter of rising racial tensions is worrying enough.
	[ˈwɜriɪŋ]	-El espectro de las crecientes tensiones raciales es lo suficientemente preocupante.
2273	**charity**	**la caridad| la beneficencia**

	ss	I'm going through my closet to find clothes to give to charity.
	['tʃɛrɪti]	-Estoy mirando en el armario a ver si encuentro ropa que dar a la caridad.
2274	**magnificent**	**magnífico| suntuoso**
	adj	The royal wedding was a magnificent occasion.
	[mægˈnɪfəsənt]	-La boda real fue un evento magnífico.
2275	**pet**	**acariciar; el animal favorito; mimado**
	vb; ss; adj	She told me that she wanted a pet dog.
	[pɛt]	-Ella me dijo que quería un perro de mascota.
2276	**existence**	**la existencia| la residencia**
	ss	Three out of four Americans believe in the existence of paranormal phenomena.
	[ɛgˈzɪstəns]	-Tres de cada cuatro americanos creen en la existencia de fenómenos paranormales.
2277	**photograph**	**la fotografía; fotografiar**
	ss; vb	Let's get our photograph taken.
	[ˈfoʊtəˌɡræf]	-Vamos a pedir que nos hagan una foto.
2278	**complain**	**quejarse**
	vb	We have nothing to complain about.
	[kəmˈpleɪn]	-No tenemos nada de qué quejarnos.
2279	**wicked**	**malvado| perverso; el bellaco**
	adj; ss	Jim is wicked.
	[ˈwɪkəd]	-Jim es malvado.
2280	**flow**	**el flujo| la corriente; fluir**
	ss; vb	Parts facing the oncoming flow are said to be windward, and parts facing away from the flow are said to be leeward.
	[floʊ]	-Las partes enfrentada al flujo del viento están a barlovento y las más alejadas del origen del viento están a sotavento.
2281	**invent**	**inventar**
	vb	If God did not exist, it would be necessary to invent him.
	[ɪnˈvɛnt]	-Si Dios no existiera, habría que inventarlo.
2282	**nigger**	**el negro**
	ss	Got a nigger riding a bike going nowhere.
	[ˈnɪɡər]	-Tener a un negro montando una bicicleta sin ir a ningún lado.
2283	**halt**	**detener| interrumpir; el alto**
	vb; ss	As the train came to a halt, all of the passengers wondered what was happening.
	[hɔlt]	-Como el tren paró abruptamente, todos los pasajeros se preguntaron qué estaba ocurriendo.
2284	**aid**	**la ayuda| el socorro; ayudar**
	ss; vb	Can you give him first aid?
	[eɪd]	-¿Puedes darle primeros auxilios?
2285	**underground**	**subterráneo; el metro; bajo tierra**
	adj; ss; adv	There are people who think pineapples grow underground.
	[ˈʌndərˌɡraʊnd]	-Hay gente que piensa que el ananá crece bajo tierra.
2286	**charm**	**el encanto| el hechizo; encantar**
	ss; vb	Third time's the charm.
	[tʃɑrm]	-A la tercera va la vencida.
2287	**cattle**	**el ganado| el ganado vacuno**

	ss	The cattle are marked with brands.
	['kætəl]	-El ganado está marcado.
2288	**occasion**	**la ocasión| el motivo; ocasionar**
	ss; vb	His speech was suitable for the occasion.
	[əˈkeɪʒən]	-Su discurso fue apropiado para la ocasión.
2289	**species**	**las especies**
	ss	Not all species of spiders are poisonous.
	[ˈspiʃiz]	-No todas las especies de arañas son venenosas.
2290	**hood**	**la capucha**
	ss	Jim was wearing a hood.
	[hʊd]	-Jim llevaba puesto una capucha.
2291	**moan**	**el gemido| el quejido; gemir**
	ss; vb	The child may cry or moan.
	[moʊn]	-El niño puede llorar o gemir.
2292	**electric**	**eléctrico; el eléctrico**
	adj; ss	An electric current can generate magnetism.
	[ɪˈlɛktrɪk]	-Una corriente eléctrica puede generar magnetismo.
2293	**jam**	**el atasco| la mermelada; atascar**
	ss; vb	This is homemade jam.
	[dʒæm]	-Esta es mermelada hecha en casa.
2294	**throughout**	**en todo; en todas partes**
	prp; adv	And throughout history, Islam has demonstrated through words and deeds
	[θruˈaʊt]	the possibilities of religious tolerance and racial equality.
		-Y a lo largo de la historia, el islam a demostrado por medio de sus palabras y sus acciones las posibilidades de la tolerancia religiosa y la equidad racial.
2295	**purse**	**el monedero; fruncir**
	ss; vb	My purse was stolen on the bus.
	[pɜrs]	-Me robaron mi cartera en el autobús.
2296	**smooth**	**liso| fluido; alisar**
	adj; vb	Her skin is smooth.
	[smuð]	-Su piel es lisa.
2297	**divine**	**adivinar| milagrear; divino; el divino**
	vb; adj; ss	There's nothing without divine will.
	[dɪˈvaɪn]	-No hay nada sin voluntad divina.
2298	**seal**	**sellar; el sello**
	vb; ss	Preserves must be stored in a jar with an airtight seal.
	[sil]	-Las conservas deben ser guardadas en un tarro con selle hermético.
2299	**temperature**	**la temperatura**
	ss	During warm weather, sweating helps man regulate his body temperature.
	[ˈtɛmprətʃər]	-Durante tiempo calurosos, sudar ayuda al hombre a regular su temperatura corporal.
2300	**experiment**	**experimentar| probar; el experimento**
	vb; ss	The experiment was successful.
	[ɪkˈspɛrəmənt]	-El experimento fue un éxito.
2301	**chop**	**la tajada| la chuleta; cortar**
	ss; vb	What's the best way to chop an onion?
	[tʃɑp]	-¿Cuál es la mejor forma de cortar una cebolla?

2302	**tradition**	**la tradición**
	ss	The tradition of making a wish when you see a shooting star is very old.
	[trəˈdɪʃən]	-La tradición de pedir un deseo al ver una estrella fugaz es muy antigua.
2303	**equal**	**igual| equitativo; el igual; ser igual a**
	adj; ss; vb	Unfortunately, the Internet gives extremists and intolerants of all persuasions
	[ˈikwəl]	an equal opportunity to portray wrongful and dangerous views.
		-Por desgracia, Internet ofrece a los extremistas e intolerantes de toda laya la misma posibilidad de exponer ideas desatinadas y peligrosas.
2304	**virus**	**el virus**
	ss	Because of that virus, many elephants lost their lives.
	[ˈvaɪrəs]	-Por culpa de ese virus, muchos elefantes perdieron la vida.
2305	**sec**	**segundo**
	abr	Hold on a sec.
	[sɛk]	-Aguarda un segundo.
2306	**tragedy**	**la tragedia; de tragedia**
	ss; adj	There's a strong probability of a nuclear tragedy.
	[ˈtrædʒədi]	-Hay una gran posibilidad de una tragedia nuclear.
2307	**organization**	**la organización**
	ss	The result is calculated according to general reading table created by World Health Organization (WHO) - the same for male and female regardless the age.
	[ˌɔrgənəˈzeɪʃən]	-El resultado es calculado de acuerdo a la tabla de lectura general diseñada por la Organización Mundial de Salud (OMS) - es lo mismo para hombres o mujeres sin consideración por la edad.
2308	**powder**	**el polvo; empolvar**
	ss; vb	In order to make this cake you need baking powder and unsalted butter.
	[ˈpaʊdər]	-Para hacer este pastel se necesita polvo de hornear y mantequilla sin sal.
2309	**martial**	**marcial**
	adj	Ana thinks martial arts are silly.
	[ˈmɑrʃəl]	-Ana piensa que las artes marciales son tontas.
2310	**splendid**	**espléndido| lucido**
	adj	That's a splendid idea.
	[ˈsplɛndəd]	-Esa es una espléndida idea.
2311	**mud**	**el barro**
	ss	The car was stuck in the mud.
	[mʌd]	-El coche se atoró en el lodo.
2312	**wrap**	**envolver; el chal**
	vb; ss	Please wrap it up.
	[ræp]	-Envuélvalo, por favor.
2313	**standard**	**el estándar| el nivel**
	ss	Justice in this country is a bit of a double standard: there is the justice of the poor and the justice of the rich.
	[ˈstændərd]	-La justicia en este país tiene un poco de doble rasero: la justicia del pobre y la justicia del rico.
2314	**valuable**	**valioso**
	adj	Today I've learned a valuable lesson.
	[ˈvæljəbəl]	-Hoy he aprendido una valiosa lección.
2315	**couch**	**el sofá| la cama; reposar**

	ss; vb	Jim sat next to Ana on the couch.
	[kaʊtʃ]	-Jim se sentó junto a Ana en el sofá.
2316	**contest**	**el concurso| la liza; impugnar**
	ss; vb	Did you enter the singing contest?
	[ˈkɑntɛst]	-¿Entraste al concurso de canto?
2317	**skill**	**la habilidad| la experiencia**
	ss	This part of the tune needs some real skill. It took me ages to learn how to play it on the piano.
	[skɪl]	-Este fragmento es el más técnico de esta obra para piano. Le he dedicado mucho tiempo para saberlo tocar.
2318	**ad**	**el anuncio**
	ss	When was the last time you clicked on an Internet ad?
	[æd]	-¿Cuándo fue la última vez que pinchaste en un anuncio de Internet?
2319	**highway**	**la carretera| la carretera nacional**
	ss	We've come by the highway.
	[ˈhaɪˌweɪ]	-Hemos venido por la autopista.
2320	**homework**	**la tarea**
	ss	I want to help you with your homework.
	[ˈhoʊmˌwɜrk]	-Quiero ayudarte con los deberes.
2321	**interrupt**	**interrumpir**
	vb	Don't interrupt people when they are talking.
	[ˌɪntəˈrʌpt]	-No interrumpas la gente cuando está hablando.
2322	**threaten**	**amenazar| amagar**
	vb	Jim said he heard Ana threaten to kill John.
	[ˈθrɛtən]	-Jim dijo que oyó a Ana amenazar con matar a John.
2323	**industry**	**la industria**
	ss	Out of consideration to the pig farming industry the name 'pig influenza' has been changed into 'influenza A(H1N1)'.
	[ˈɪndəstri]	-Por consideración a la industria de la cría de cerdos, el nombre de 'gripe porcina' ha sido cambiado a 'gripe A(H1N1)'.
2324	**print**	**imprimir| imprimirse; la impresión; estampado**
	vb; ss; adj	I print 100 pages.
	[prɪnt]	-Imprimo 100 páginas.
2325	**pole**	**el polo| el poste; empujar con una pértiga**
	ss; vb	The Arctic is the area round the North Pole.
	[poʊl]	-El Ártico es el área que rodea al Polo Norte.
2326	**ward**	**la sala; guardar**
	ss; vb	We sprinkle salt to ward off bad luck.
	[wɔrd]	-Espolvoreamos la sal para alejar la mala suerte.
2327	**offering**	**la ofrenda**
	ss	Sometimes, accepting help is harder than offering it.
	[ˈɔfərɪŋ]	-A veces, aceptar ayuda cuesta más que ofrecerla.
2328	**theme**	**el tema**
	ss	Distinguishing Truth from everything else is a theme filling many pages in the history of philosophy.
	[θim]	-Definir qué es realmente verdad o no es un tema que ocupa muchas páginas en la historia de la filosofía.
2329	**soap**	**el jabón; enjabonar**

	ss; vb	A nurse brought me some bread and coffee, but the bread was stale and the coffee tasted of soap.
	[soʊp]	-Una enfermera me trajo pan y café, pero el pan era viejo y el café tenía gusto a jabón.
2330	**string**	**la cadena| la cuerda; ensartar**
	ss; vb	She's wearing only pasties and a G-string.
	[strɪŋ]	-Ella solo viste pezoneras y un tanga de hilo.
2331	**scientific**	**científico**
	adj	Some people say the corpus is intended for learners, some think it's more for scientific purposes.
	[ˌsaɪənˈtɪfɪk]	-Algunas personas dicen que el corpus está dirigido a los estudiantes de una lengua, y algunos piensan que es más para propósitos científicos.
2332	**impressive**	**impresionante**
	adj	The ceremony was impressive.
	[ɪmˈprɛsɪv]	-La ceremonia fue imponente.
2333	**farmer**	**el agricultor| el labrador**
	ss	Jim worked as a farmer.
	[ˈfɑrmər]	-Jim trabajaba como granjero.
2334	**punish**	**castigar**
	vb	Until 1986, in the schools of England, it was legal to punish children with belts, sticks, and clubs.
	[ˈpʌnɪʃ]	-Hasta el año 1986 fue legal el castigo de los niños en las escuelas de Inglaterra, con correas, varas y cachiporras.
2335	**fabulous**	**fabuloso**
	adj	Today is a fabulous day.
	[ˈfæbjələs]	-Hoy es un día fabuloso.
2336	**gain**	**la ganancia| el aumento; ganar**
	ss; vb	You have little to gain and much to lose.
	[geɪn]	-Tienes poco que ganar y mucho que perder.
2337	**adventure**	**la aventura; de aventuras; aventurarse**
	ss; adj; vb	He likes adventure.
	[ædˈvɛntʃər]	-Le gustan las aventuras.
2338	**commissioner**	**el notario**
	ss	You have twice dared to contradict me in front of the commissioner.
	[kəˈmɪʃənər]	-Usted se atrevió a contradecirme dos veces ante el Comisario.
2339	**poem**	**el poema**
	ss	The love of a young maiden is a poem. The love of an old maid is philosophy.
	[ˈpoʊəm]	-El amor de una muchacha es un poema. El amor de una mujer madura es filosofía.
2340	**financial**	**financiero**
	adj	Russia is facing great financial difficulties.
	[fəˈnænʃəl]	-Rusia está enfrentando una gran dificultad financiera.
2341	**inch**	**las pulgada; avanzar poco a poco**
	ss; vb	Jim was every inch a gentleman.
	[ɪntʃ]	-Jim era un caballero hecho y derecho.
2342	**escort**	**escolta; escoltar**
	ss; vb	Tyr, escort Captain Valentine to V-deck.
	[ˈɛskɔrt]	-Tyr, escolta a la Capitán Valentine a la cubierta de aislamiento.

2343	polish	pulir	perfeccionar; el pulimento
	vb; ss	I speak a little Polish, just enough to make myself understood.
	[ˈpɑlɪʃ]	-Hablo un poco de polaco, lo suficiente para que me entiendan.
2344	vampire	el vampiro
	ss	She's a vampire hunter.
	[ˈvæmpaɪr]	-Es una cazavampiros.
2345	chef	el cocinero
	ss	Who's your favorite TV chef?
	[ʃɛf]	-¿Quién es tu chef de televisión favorito?
2346	pro	pro; favorable; el profesional; a favor
	prp; adj; ss; adv	I'm a pro.
	[proʊ]	-Soy un pro.
2347	headache	los dolor de cabeza
	ss	I have a slight headache now.
	[ˈhɛˌdeɪk]	-Tengo un ligero dolor de cabeza en estos momentos.
2348	dramatic	dramático
	adj	Medical science has made a dramatic advance.
	[drəˈmætɪk]	-La medicina ha hecho progresos dramáticos.
2349	network	la red; conectar a la red
	ss; vb	A massive flood paralyzed the local transportation network.
	[ˈnɛˌtwɜrk]	-Una masiva inundación paralizó la red de transporte local.
2350	scientist	el científico
	ss	He said, "I want to be a scientist."
	[ˈsaɪəntɪst]	-Él dijo: "Quiero ser científico".
2351	electricity	la electricidad
	ss	The discovery of electricity changed our history.
	[ɪˌlɛkˈtrɪsəti]	-El descubrimiento de la electricidad cambió nuestra historia.
2352	invitation	la invitación
	ss	Has Jim received an invitation yet?
	[ˌɪnvɪˈteɪʃən]	-¿Jim ya recibió una invitación?
2353	furniture	los muebles
	ss	I prefer modern furniture.
	[ˈfɜrnɪtʃər]	-Prefiero los muebles modernos.
2354	reaction	la reacción
	ss	What was her reaction to the news?
	[riˈækʃən]	-¿Cómo reaccionó con la noticia?
2355	suitcase	la maleta
	ss	I put my suitcase in the baggage room yesterday, but now it seems to be missing.
	[ˈsutˌkeɪs]	-Ayer puse mi maleta en la sala de equipajes, pero ahora parece haberse perdido.
2356	device	el dispositivo	el artefacto
	ss	A computer is a modern device.
	[dɪˈvaɪs]	-Un ordenador es un dispositivo moderno.
2357	bend	doblar	curvar; la curva
	vb; ss	Bend your knees and look in front of you.
	[bɛnd]	-Ponte de rodillas y mira al frente.

2358	**basic**	**básico**
	adj	I think your basic theory is wrong.
	[ˈbeɪsɪk]	-Creo que tú teoría básica es errónea.
2359	**instrumental**	**instrumental**
	adj	The only metal that a metal detector can detect is the metal in another metal
	[ˌɪnstrəˈmɛntəl]	detector. That fact was instrumental in my parents' meeting.
		-El único metal que puede detectar un detector de metales es el metal de otro detector de metales. Ese hecho fue de gran importancia cuando mis padres se conocieron.
2360	**slap**	**la bofetada| la palmada; abofetear**
	ss; vb	She gave him a slap in the face.
	[slæp]	-Le dio un tortazo.
2361	**cowboy**	**el vaquero| el gaucho**
	ss	Have you ever put on a cowboy's hat?
	[ˈkaʊˌbɔɪ]	-¿Alguna vez te has puesto un sombrero de vaquero?
2362	**related**	**emparentado**
	adj	Crime has often been related to poverty.
	[rɪˈleɪtɪd]	-El crimen ha estado frecuentemente relacionado con la pobreza.
2363	**stubborn**	**obstinado**
	adj	I never thought he was all that stubborn.
	[ˈstʌbərn]	-Nunca pensé que era tan testarudo.
2364	**studied**	**estudiado**
	adj	I have always studied the Romance languages, but I also hope to study a
	[ˈstʌdid]	Germanic language. German, perhaps.
		-Siempre estudié lenguas neolatinas, pero pretendo estudiar también una lengua germánica. El alemán, tal vez.
2365	**wee**	**pequeñito; hacer pipí**
	adj; vb	I remember when you were a wee baby.
	[wi]	-Recuerdo cuando eras un bebé pequeño.
2366	**develop**	**desarrollar| elaborar**
	vb	Blind people sometimes develop a compensatory ability to sense the
	[dɪˈvɛləp]	proximity of objects around them.
		-La gente ciega a veces desarrolla una habilidad compensatoria de percibir la proximidad de los objetos alrededor de ellos.
2367	**destruction**	**la destrucción**
	ss	The destruction of the environment is appalling.
	[dɪˈstrʌkʃən]	-La destrucción del medio ambiente es atroz.
2368	**praise**	**la alabanza; alabar**
	ss; vb	Proper praise stinks.
	[preɪz]	-Las propias alabanzas dan asco.
2369	**cable**	**el cable| el conductor**
	ss	I need a new USB cable.
	[ˈkeɪbəl]	-Necesito un cable USB nuevo.
2370	**manner**	**la manera| la clase**
	ss	George did business in the same manner as his father.
	[ˈmænər]	-Jorge hacía negocios de la misma forma en que lo hacía su padre.
2371	**laundry**	**la lavandería**

			I'm just about finished doing the laundry.
	ss		
	['lɔndri]		-Acabo de terminar de lavar la ropa.
2372	**beneath**		**debajo; bajo**
	adv; prp		You shouldn't be concerned about the exam. I'm sure it is far beneath your
	[bɪˈniθ]		talents.
			-No deberías estar preocupado por el examen. Estoy seguro de que está muy
			por debajo de tus capacidades.
2373	**moral**		**moral| virtuoso; la moral**
	adj; ss		The Koran does not permit Mohammedans to drink. Their natural instincts do
	[ˈmɔrəl]		not permit them to be moral.
			-El Corán no permite la bebida a los musulmanes, pero sus instintos naturales
			no les permiten ser morales.
2374	**lightning**		**el relámpago**
	ss		Jim was struck by lightning and died.
	[ˈlaɪtnɪŋ]		-A Jim le golpeó un rayo y murió.
2375	**engineer**		**el ingeniero| maquinista; tramar**
	ss; vb		Jim is working as a software engineer.
	[ˈɛnʤəˈnɪr]		-Jim está trabajando como ingeniero de software.
2376	**permit**		**el permiso| el pase; permitir**
	ss; vb		I'll permit you to go.
	[ˈpɜrˌmɪt]		-Te dejaré ir.
2377	**exhale**		**exhalar**
	vb		If you can see your breath when you exhale, you know it's cold.
	[ɛksˈheɪl]		-Si puedes ver tu aliento cuando exhalas, sabes que hace frío.
2378	**behalf**		**el favor| en nombre de**
	ss		I am answering on behalf of the Council and not on behalf of the French
	[bɪˈhæf]		Government.
			-Respondo en nombre del Consejo y no en nombre del Gobierno francés.
2379	**fighter**		**combatiente**
	ss		Jim is a fighter.
	[ˈfaɪtər]		-Jim es un luchador.
2380	**swallow**		**la golondrina; tragarse**
	ss; vb		I can't swallow these tablets without a drink of water.
	[ˈswɑloʊ]		-No puedo tragar estas pastillas sin un vaso de agua.
2381	**whisper**		**el susurro; susurrar**
	ss; vb		Don't raise your voice above a whisper.
	[ˈwɪspər]		-No eleves tu voz más fuerte que un susurro.
2382	**clown**		**el payaso; payasear**
	ss; vb		His dress is that of gentleman, but his speech and behavior are those of a
	[klaʊn]		clown.
			-Él se viste como un caballero pero habla y actúa como un payaso.
2383	**Latin**		**el latín; latino**
	ss; adj		This word derives from Latin.
	[ˈlætən]		-Esta palabra viene del latín.
2384	**doorbell**		**el timbre de la puerta**
	ss		And she said he ran off when the doorbell rang.
	[ˈdɔrˌbɛl]		-Y dijo que corrió cuando sonó el timbre.
2385	**worthy**		**digno**

	adj	He is a poet worthy of the title.
	[ˈwɜrði]	-Es un poeta digno de ese apelativo.
2386	**cinema**	**el cine**
	ss	We go to the cinema to be scared by watching horror movies.
	[ˈsɪnəmə]	-Vamos al cine a asustarnos mirando películas de terror.
2387	**cage**	**la jaula; enjaular**
	ss; vb	Free the animals from the cage.
	[keɪʤ]	-Libera a los animales de la jaula.
2388	**waiter**	**el camarero| el mesero**
	ss	The food was horrible, and the waiter, surly.
	[ˈweɪtər]	-La comida era horrible, y el camarero, malhumorado.
2389	**junk**	**la basura; echar a la basura**
	ss; vb	Jim has accumulated a lot of junk.
	[ʤʌŋk]	-Jim ha acumulado mucha basura.
2390	**strip**	**la tira; desnudarse**
	ss; vb	Be careful or you'll strip the gears.
	[strɪp]	-Cuidado que puede romper los dientes de los engranajes.
2391	**guilt**	**la culpa**
	ss	Defendant admit her guilt.
	[gɪlt]	-La acusada reconoció su culpa.
2392	**passenger**	**el pasajero**
	ss	Almost all of the passenger in the bus were asleep when the accident happened.
	[ˈpæsənʤər]	-Casi todos los pasajeros del autobús estaban dormidos cuando tuvo lugar el accidente.
2393	**buzz**	**el zumbido; zumbar**
	ss; vb	The flies buzz restlessly.
	[bʌz]	-Las moscas zumban sin descanso.
2394	**kit**	**el equipo**
	ss	Our P.E. kit was just shorts but now it's spats from today.
	[kɪt]	-Nuestro uniforme de gimnasia eran normalmente calzonas cortas, pero desde hoy tienen que ser mallas.
2395	**deputy**	**el diputado**
	ss	John was deputy brigade commander.
	[ˈdɛpjəti]	-John trabajaba como adjunto del comandante de brigada.
2396	**granny**	**la abuelita**
	ss	"Granny, what kind of berries are these?" "Black currants." "But why are they red?" "Because they are green."
	[ˈgræni]	-Yaya, ¿estas bayas qué son?" "Grosellas." "¿Y por qué son rojas?" "Porque todavía están verdes."
2397	**underneath**	**debajo; debajo de; de abajo; las superficie inferior**
	adv; prp; adj; ss	The gasoline tank was underneath.
	[ˌʌndərˈniθ]	-En la parte inferior iba el depósito de gasolina.
2398	**cunt**	**el coño| la concha**
	ss	The cunt you was playing pool with.
	[kʌnt]	-El puto con el que jugabas billar.
2399	**hers**	**suyo**

	prn	It's hers.
	[hərz]	-Es de ella.
2400	**shark**	**el tiburón**
	ss	Jim was attacked by a shark.
	[ʃɑrk]	-Jim fue atacado por un tiburón.
2401	**construction**	**la construcción**
	ss	The construction of the building will be started next year.
	[kənˈstrʌkʃən]	-La construcción del edificio comenzará el próximo año.
2402	**eagle**	**la águila**
	ss	The eagle is the queen of the winds.
	[ˈigəl]	-El águila es la reina de los vientos.
2403	**poet**	**el poeta**
	ss	The poet wrote many poems.
	[ˈpoʊət]	-El poeta escribió muchos poemas.
2404	**cliff**	**el acantilado**
	ss	His son fell over the cliff.
	[klɪf]	-Su hijo se cayó por el precipicio.
2405	**absolute**	**absoluto| rotundo; el lo absoluto**
	adj; ss	Jim has absolute trust in Ana.
	[ˈæbsəˌlut]	-Jim confía plenamente en Ana.
2406	**capture**	**capturar| apresar; la captura**
	vb; ss	To be honest, we came to capture you.
	[ˈkæptʃər]	-Para ser sincero, vinimos a capturarte.
2407	**peaceful**	**pacífico**
	adj	Country life is very peaceful in comparison with city life.
	[ˈpisfəl]	-La vida en el campo es muy pacífica comparada con la vida en la ciudad.
2408	**madness**	**la locura| la demencia**
	ss	He who lives without madness is not as wise as he thinks.
	[ˈmædnəs]	-Aquél que vive sin locura no es tan sabio como cree.
2409	**softly**	**suavemente**
	adv	It rains softly on the town.
	[ˈsɔftli]	-Llueve suavemente sobre la ciudad.
2410	**prevent**	**evitar| excusar**
	vb	We must prevent this type of incident from recurring.
	[prɪˈvɛnt]	-Debemos evitar que este tipo de incidente se repita.
2411	**snap**	**el chasquido| la instantánea; chasquear**
	ss; vb	This new camera is a snap to use.
	[snæp]	-Esta nueva cámara es fácil de usar.
2412	**ambassador**	**el embajador**
	ss	The ambassador is leaving Japan tonight.
	[æmˈbæsədər]	-El embajador abandona Japón esta noche.
2413	**honeymoon**	**la luna de miel**
	ss	Jim and Ana went to Australia for their honeymoon.
	[ˈhʌniˌmun]	-Jim y Ana fueron a Australia de luna de miel.
2414	**bail**	**la fianza; achicar**
	ss; vb	Your client is remanded without bail.
	[beɪl]	-Su cliente queda con prisión preventiva sin fianza.

2415	**beard**	**la barba; desafiar**
	ss; vb	Jim is shaving his beard.
	[bɪrd]	-Jim está afeitándose su barba.
2416	**superior**	**superior; el superior**
	adj; ss	Machines that his company produces are superior to ours.
	[suˈpɪriər]	-Las máquinas que produce su compañía son superiores a las nuestras.
2417	**hut**	**la choza**
	ss	From every hole and corner in the hut mice came pattering along the floor, squeaking and saying: "Little girl, why are your eyes so red? If you want help, then give us some bread."
	[hʌt]	-De todos los rincones y rendijas en la cabaña de los ratones vino repiqueteando a lo largo del suelo, chillando y diciendo: "Niña, ¿por qué están tus ojos tan rojos? Si deseas ayudar, entonces danos un poco de pan."
2418	**yen**	**el yen**
	ss	I paid 800 yen for this book.
	[jɛn]	-Pagué 800 yenes por este libro.
2419	**of the**	**de los**
	adj	Integration of the principle of the best interests of the child in judicial and administrative decisions.
	[ʌv ði]	-Integración del principio del Interés Superior del Niño en las resoluciones judiciales y administrativas.
2420	**underwear**	**la ropa interior**
	ss	I am not wearing any underwear.
	[ˈʌndərˌwɛr]	-No llevo ropa interior.
2421	**smith**	**el herrero**
	ss	Smith replied that he was sorry.
	[smɪθ]	-Smith respondió que lo sentía.
2422	**tale**	**el cuento| la historia**
	ss	My frightening tale is based on facts.
	[teɪl]	-Mi aterradora historia se basa en hechos reales.
2423	**heck**	**el infierno**
	ss	What the heck!
	[hɛk]	-La madre que te trajo!
2424	**warrior**	**el guerrero**
	ss	God created man in his own image, God is a warrior.
	[ˈwɔriər]	-Dios creó el hombre a su propia imagen, Dios es un guerrero.
2425	**chip**	**el chip; astillarse**
	ss; vb	My mom will be making ten batches of chocolate chip cookies for tomorrow's party.
	[tʃɪp]	-Mi madre preparará diez tandas de galletas de chocolate para la fiesta de mañana.
2426	**bitter**	**amargo| encarnizado; la cerveza amarga**
	adj; ss	The bitter gourd, even if fried in butter and put in sugar, remains bitter nonetheless.
	[ˈbɪtər]	-La calabaza amarga, aunque la frías en mantequilla y la pongas en azúcar, permanece no obstante amarga.
2427	**injure**	**lesionar| perjudicar**

	vb	He would injure or even kill foot soldiers.
	['ɪndʒər]	-Podría herir, e incluso matar a todos los soldados.
2428	**contrary**	**contrario; contrariamente; el lo contrario**
	adj; adv; ss	They said so, but she thought to the contrary.
	['kɑntrɛri]	-Él lo dijo, pero ella no lo creía.
2429	**terrorist**	**terrorista; terrorista**
	adj; ss	The terrorist group was responsible for the bomb explosion outside the embassy.
	['tɛrərɪst]	-El grupo terrorista fue responsable por la explosión de bomba en el exterior de la embajada.
2430	**shelter**	**el abrigo| el albergue; albergar**
	ss; vb	He sought shelter from the rain.
	['ʃɛltər]	-Él buscó refugio de la lluvia.
2431	**eleven**	**once**
	num	Our bus left at eight, arriving in Boston at eleven.
	[ɪ'lɛvən]	-Nuestro autobús partió a las ocho y llegó a Boston a las once.
2432	**scoff**	**la burla; burlarse**
	ss; vb	We used to scoff at using maggots to eat bacteria...
	[skɔf]	-Se utilizó para burlarse de utilizando gusanos para comer bacterias...
2433	**mount**	**montar| aumentar; el monte**
	vb; ss	We scaled up Mount Fuji last year.
	[maʊnt]	-El año pasado escalamos el monte Fuji.
2434	**dealer**	**comerciante| el repartidor**
	ss	He is a fish dealer.
	['dilər]	-Él es un pescadero.
2435	**forbidden**	**prohibido**
	adj	It's forbidden to lean out of windows.
	['fɔrbɪdən]	-Se prohíbe asomarse al exterior.
2436	**limit**	**el límite; limitar**
	ss; vb	Don't exceed the speed limit.
	['lɪmət]	-No excedas la máxima velocidad.
2437	**liquor**	**el espíritu**
	ss	I bought a bottle of beer at the liquor store.
	['lɪkə]	-He comprado una botella de cerveza en la licorería.
2438	**chamber**	**la cámara| la sala; estar en el cuarto**
	ss; vb	When Scrooge awoke, it was so dark, that looking out of bed, he could scarcely distinguish the transparent window from the opaque walls of his chamber.
	['tʃeɪmbər]	-Cuando Scrooge despertó, estaba tan oscuro, que, mirando de la cama, apenas podía distinguir de la ventana transparente las paredes opacas de su habitación.
2439	**sauce**	**la salsa; añadir**
	ss; vb	It's not blood. It's tomato sauce.
	[sɔs]	-Eso no es sangre, es salsa de tomates.
2440	**produce**	**producir| fabricar; los productos**
	vb; ss	As a general rule, it's simple to criticize, but difficult to produce alternative suggestions.
	['proʊdus]	

-Como regla general, es fácil criticar pero difícil ofrecer sugerencias alternativas.

2441 combat

vb; ss

['kɑmbæt]

combatir| luchar contra; el combate

Most of these who are thrust into combat soon find it impossible to maintain the mythic perception of war.

-La mayoría de estos que son empujados al combate pronto encontrarán imposible mantener la percepción mítica de la guerra.

2442 baker

ss

['beɪkər]

el panadero

The house whose roof you can see is Mr Baker's.

-La casa, cuyo techo puedes ver, es del Sr. Baker.

2443 corn

ss; vb

[kɔrn]

el maíz; usar maíz

He can finish ten boxes of corn flakes in one sitting.

-Él logra acabar con diez cajas de cereales de maíz de un tirón.

2444 costume

ss

[kɑˈstum]

el traje| el disfraz

He wore a pirate costume for Halloween.

-En Halloween él llevaba un disfraz de pirata.

2445 potential

adj; ss

[pəˈtɛnʃəl]

potencial; el potencial

He has the potential to become world champion.

-Tiene el potencial para ser campeón del mundo.

2446 succeed

vb

[səkˈsid]

tener éxito| suceder a

He is bound to succeed.

-Él está destinado a triunfar.

2447 argument

ss

['ɑrgjəmənt]

el argumento| la discusión

She rebutted his argument.

-Ella refutó su argumento.

2448 propose

vb

[prəˈpoʊz]

proponer| proponerse

What do you propose we do?

-¿Qué propones que hagamos?

2449 shed

ss; vb

[ʃɛd]

el cobertizo; perder

He is not the sharpest tool in the shed.

-Él no es el tipo más listo de la clase.

2450 insult

ss; vb

['ɪnˌsʌlt]

el insulto; insultar

Your remark amounts almost to insult.

-Tu observación se asemeja casi a un insulto.

2451 relative

adj; ss

['rɛlətɪv]

relativo| familiar; el relativo

Jim is my relative.

-Jim es mi pariente.

2452 pitch

vb; ss

[pɪtʃ]

lanzar| cabecear; el campo

So let us summon a new spirit of patriotism, of responsibility, where each of us resolves to pitch in and work harder and look after not only ourselves but each other.

-Así que hagamos un llamamiento a un nuevo espíritu de patriotismo, de responsabilidad, en que cada uno da una mano, trabaja más y se preocupa no solo de si mismo sino también del otro.

2453 bean

ss

[bin]

la haba| la judía

Acaraje, a Brazilian food from Africa, is a ball of caupi bean dough, onions, and salt, fried in palm oil and served with shrimp and a spicy sauce.

-Acarajé, comida brasileña de África, es una bola de masa caupí, cebolla y sal, frita en aceite de palma y servida con camarones y salsa picante.

2454	**salad**	**la ensalada**
	ss	Salad forks are smaller than dinner forks and are placed further from the plate.
	[ˈsæləd]	-Los tenedores para las ensaladas son más pequeños que los tenedores normales y se colocan más lejos del plato.
2455	**complex**	**complejo| total; el complejo**
	adj; ss	Computers are complex machines.
	[ˈkɑmplɛks]	-Los computadores son máquinas complejas.
2456	**corpse**	**el cadáver**
	ss	Digging up a corpse is profanity.
	[kɔrps]	-Es profano desenterrar un cadáver.
2457	**commission**	**la comisión| el comité; encargar**
	ss; vb	I met a woman with a lot of money. So I made $250 worth of commission.
	[kəˈmiʃən]	-Encontré a una mujer que debe mucho dinero... y gané $250 de comisión.
2458	**meanwhile**	**mientras tanto**
	adv	Meanwhile, we depict aliens doing really weird stuff.
	[ˈminˌwaɪl]	-En este momento nosotros imaginamos a los seres extraterrestres haciendo todo tipo de cosas extrañas.
2459	**gym**	**el gimnasio**
	ss	I won my six pack in the gym.
	[dʒɪm]	-Me he ganado mi tableta de chocolate en el gimnasio.
2460	**lazy**	**perezoso**
	adj	How lazy you are!
	[ˈleɪzi]	-¡Qué flojo eres!
2461	**nearby**	**cerca; cercano**
	adv; adj	Where is a nearby pharmacy?
	[ˈnɪrˈbaɪ]	-¿Dónde hay una farmacia cerca?
2462	**landed**	**aterrizado**
	adj	The jet landed at Tokyo.
	[ˈlændəd]	-El avión a reacción aterrizó en Tokio.
2463	**granted**	**concedido**
	adj	We have gladly granted this wish.
	[ˈɡræntəd]	-Le hemos concedido ese deseo con mucho gusto.
2464	**rose**	**rosado; la rosa; hacer rosado**
	adj; ss; vb	There is no rose without thorns.
	[roʊz]	-No hay rosa sin espinas.
2465	**goat**	**la cabra**
	ss	A long time ago, there lived a tailor who had three sons, but only one goat.
	[ɡoʊt]	-Hace mucho tiempo, vivía un sastre que tenía tres hijos, pero solo una cabra.
2466	**scum**	**la escoria; espumar**
	ss; vb	You are scum.
	[skʌm]	-Eres un desgraciado.
2467	**foul**	**la falta; ensuciar; asqueroso; sucio**
	ss; vb; adj; adv	Jim is in a foul mood today.
	[faʊl]	-Jim está de mal humor hoy día.

2468	operator	el operador| agente
	ss	Please hang up and the operator will call you back.
	[ˈɑpəˌreɪtər]	-Por favor cuelgue y el operador le devolverá la llamada.
2469	meter	el metro| el medidor; medir
	ss; vb	The subway was so full that there were around five people per square meter.
	[ˈmitər]	-El subte estaba tan lleno que había unas cinco personas por metro cuadrado.
2470	helicopter	el helicóptero
	ss	Hovering is very challenging for new helicopter pilots.
	[ˈhɛlɪˌkɑptər]	-El vuelo estacionario es muy desafiante para los nuevos pilotos de helicóptero.
2471	Internet	el Internet
	ss	Broadband Internet access required for online multiplayer.
	[ˈɪntərˌnɛt]	-Se requiere acceso a internet de banda ancha para el modo multijugador online.
2472	frame	el marco| el bastidor; encuadrar
	ss; vb	The TickDisplay function has to be called every frame in order to play the animation.
	[freɪm]	-La función TickDisplay tiene que ser activada en cada fotograma con objeto de reproducir la animación.
2473	cancel	cancelar| anular; la cancelación
	vb; ss	Why did Jim cancel his trip?
	[ˈkænsəl]	-¿Por qué Jim canceló su viaje?
2474	link	enlazar| vincular; el enlace
	vb; ss	Would you be able to write down the link to the site?
	[lɪŋk]	-¿Podrías escribir la dirección del enlace al sitio?
2475	exhaust	el escape; agotar
	ss; vb	Contrails are long, narrow, ice-crystal clouds that form behind jet planes flying at high altitudes in below-freezing temperatures. They result from the condensation of water vapor remaining in jet exhaust.
	[ɪgˈzɑst]	-Las estelas de condensación son nubes largas y estrechas de cristales de hielo que se forman tras los aviones a propulsión a gran altitud a temperaturas bajo cero. Son el resultado de la condensación del vapor de agua contenido en el escape del jet.
2476	pin	el perno; prender con alfileres
	ss; vb	The pin pierced his finger and it began to bleed.
	[pɪn]	-El alfiler perforó su dedo y se empezó a sangrar.
2477	absurd	absurdo| disparatado
	adj	It's almost as absurd as building a nuclear reactor inside a castle.
	[əbˈsɜrd]	-Es casi tan absurdo como construir un reactor nuclear dentro de un castillo.
2478	hammer	el martillo; martillar
	ss; vb	I keep my hammer in the toolbox.
	[ˈhæmər]	-Yo dejo mi martillo en la caja de herramientas.
2479	admire	admirar
	vb	Stupid people can always find someone stupider than themselves who will admire them.
	[ædˈmaɪr]	-El estúpido siempre encuentra a alguien más estúpido que lo admire.
2480	identify	identificar

vb   Can you identify that?
[aɪˈdɛntəˌfaɪ]   -¿Puedes identificarlo?

2481 **benefit**   **el beneficio| la ventaja; beneficiar**

ss; vb   Choose such friends as will benefit you.
[ˈbɛnəfɪt]   -Escoge aquellos amigos que te beneficien.

2482 **motor**   **motor| automóvil; el motor; ir en coche**

adj; ss; vb   That motor doesn't have enough power.
[ˈmoʊtər]   -Ese motor no tiene fuerza suficiente.

2483 **greeting**   **el saludo| la bienvenida**

ss   Jim almost never forgets to send his mother a Mother's Day greeting card.
[ˈgritɪŋ]   -Jim no se olvida casi nunca de enviarle una tarjeta del Día de la Madre a su madre.

2484 **ace**   **el as**

ss   I have the ace of clubs.
[eɪs]   -Tengo el as de tréboles.

2485 **election**   **la elección**

ss   Today is election day in Poland.
[ɪˈlɛkʃən]   -Hoy es día de elecciones en Polonia.

2486 **replace**   **reemplazar| reponer**

vb   Because of the problem of air pollution, the bicycle may some day replace the automobile.
[ˌriˈpleɪs]   -A causa del problema de la polución del aire, es posible que algún día la bicicleta reemplace al automóvil.

2487 **therapy**   **la terapia**

ss   The therapy is in session.
[ˈθɛrəpi]   -La terapia está en curso.

2488 **loyal**   **leal**

adj   My wife is not only the most beautiful woman I've ever met, she's also the most loyal and hardworking.
[ˈlɔɪəl]   -Mi esposa no solo es la mujer más hermosa que he conocido, también es la más leal y trabajadora.

2489 **specific**   **específico; el específico**

adj; ss   I've heard that it is best to always feed your dog at a specific time every day.
[spəˈsɪfɪk]   -He oído que es mejor siempre alimentar a tu perro a una hora específica todos los días.

2490 **blonde**   **rubia; la rubia**

adj; ss   She's a tall, statuesque blonde with blue eyes.
[blɑnd]   -Ella es una mujer de estatura, escultural, rubia y de ojos azules.

2491 **Catholic**   **católico| universal; el católico**

adj; ss   Jim went to a Catholic high school.
[ˈkæθlɪk]   -Jim fue a un colegio católico.

2492 **fantasy**   **la fantasía| el ensueño**

ss   Children below the age of 8 have an underdeveloped frontal lobe that might cause them to be unable to separate reality from fantasy. Some of them might believe that there are monsters in their closet or under the bed for example. They are also sometimes unable to distinguish dreams from reality.
[ˈfæntəsi]   -Los niños que tienen menos de 8 años tienen el lóbulo frontal en desarrollo, lo que puede hacer que sean incapaces de separar realidad y fantasía.

Algunos de ellos pueden creer que hay monstruos en su armario o debajo de la cama, por ejemplo. En algunas ocasiones son también incapaces de diferenciar los sueños de la realidad.

2493	**confirm**	**confirmar | estar de acuerdo**
	vb	Confirm the order.
	[kənˈfɜrm]	-Confirma la orden.
2494	**dressing**	**el vendaje | el aderezo**
	ss	Have you finished dressing?
	[ˈdrɛsɪŋ]	-¿Terminaste de vestirte?
2495	**represent**	**representar**
	vb	What do these dots represent on the map?
	[ˌrɛprəˈzɛnt]	-¿Qué representan estos puntos en el mapa?
2496	**custody**	**la custodia**
	ss	Jim lost custody of his children.
	[ˈkʌstədi]	-Jim perdió la custodia de sus hijos.
2497	**clan**	**el clan | la camarilla**
	ss	He'll neverwearthese and workforthe clan.
	[klæn]	-Él nunca vistió estos... y trabajó para el clan.
2498	**version**	**la versión**
	ss	I've heard the French version of this song.
	[ˈvɜrʒən]	-He oído la versión francesa de esta canción.
2499	**dive**	**bucear | sumergirse; la inmersión**
	vb; ss	He is the only man I know who can dive but not swim.
	[daɪv]	-Él es el único hombre que conozco que sabe bucear pero no nadar.
2500	**elephant**	**el elefante**
	ss	I had never seen an elephant in real life.
	[ˈɛləfənt]	-Nunca había visto un elefante en la vida real.
2501	**native**	**nativo | natal; el nativo**
	adj; ss	A child who is a native speaker usually knows many things about his or her
	[ˈneɪtɪv]	language that a non-native speaker who has been studying for years still does not know and perhaps will never know.
		-Un niño que es hablante nativo normalmente sabe muchas cosas acerca de su lengua que un hablante no nativo que lo haya estado estudiando durante muchos años no sabe todavía y que quizá no sabrá nunca.
2502	**counter**	**contrarrestar; el contador; contrario; en contra**
	vb; ss; adj; adv	Silence is an argument which is difficult to counter.
	[ˈkaʊntər]	-El silencio es un argumento difícil de contradecir.
2503	**skull**	**el cráneo**
	ss	The human skull consists of 23 bones.
	[skʌl]	-El cráneo humano consiste de 23 huesos.
2504	**stroke**	**la carrera | el golpe; acariciar**
	ss; vb	He had a stroke.
	[stroʊk]	-Le dio un derrame cerebral.
2505	**determine**	**determinar | decidir**
	vb	In my work, I sometimes simply determine an area with a tape measure.
	[dəˈtɜrmən]	-En mi trabajo, a veces simplemente determino un área con una cinta métrica.
2506	**pearl**	**la perla; de perlas; gotear**

	ss; adj	Jim says he doesn't know where Ana bought her pearl necklace.
	[pɜrl]	-Jim dice que no sabe dónde Ana compró el collar de perlas.
2507	**rubbish**	**la basura**
	ss	Throw the egg shells in the organic rubbish bin.
	[ˈrʌbɪʃ]	-Tire las cáscaras de huevos en el cesto de basura orgánica.
2508	**romance**	**la novela| la romanza; fantasear**
	ss; vb	Jim and Ana had a whirlwind romance.
	[roʊˈmæns]	-Jim y Ana tuvieron un romance relámpago.
2509	**anxious**	**ansioso| deseoso**
	adj	Please come. I'm anxious to see you.
	[ˈæŋkʃəs]	-Por favor vení; estoy ansiosa por verte.
2510	**avenue**	**la avenida**
	ss	There was an accident on Fifth Avenue yesterday.
	[ˈævəˌnu]	-Ayer hubo un accidente en La Quinta Avenida.
2511	**naughty**	**travieso**
	adj	This child's very naughty.
	[ˈnɔti]	-Este niño es muy malo.
2512	**product**	**el producto| el resultado**
	ss	We would like to distribute your product in Japan.
	[ˈprɑdəkt]	-Nos gustaría distribuir su producto en Japón.
2513	**individual**	**individual| particular; el individuo**
	adj; ss	Even though it has a masculine and feminine reproductive system, the
	[ˌɪndəˈvɪdʒəwəl]	earthworm requires another individual to bring forth fecundation.
		-A pesar de tener un sistema reproductor masculino y femenino, la lombriz necesita de otro individuo para que la fecundación ocurra.
2514	**communist**	**comunista; comunista**
	adj; ss	There would be no New China without the communist party.
	[ˈkɑmjənəst]	-No va a haber Nueva China sin el partido comunista.
2515	**gambling**	**el juego**
	ss	It was gambling that brought about his ruin.
	[ˈgæmbəlɪŋ]	-Fueron las apuestas que lo llevaron a su ruina.
2516	**timing**	**la sincronización| el cronometraje; de distribución**
	ss; adj	It's perfect timing, anyway...
	[ˈtaɪmɪŋ]	-Es el momento perfecto, de todas formas...
2517	**rocket**	**el cohete; atacar con cohetes**
	ss; vb	The rocket put a communications satellite into orbit.
	[ˈrɑkət]	-El cohete puso un satélite de comunicaciones en órbita.
2518	**grief**	**el dolor**
	ss	Notice the difference between a sigh of relief and a sigh of grief.
	[grif]	-Nota la diferencia entre un suspiro de alivio y uno de aflicción.
2519	**brush**	**el cepillo; cepillar**
	ss; vb	Isn't that just a brush fire?
	[brʌʃ]	-¿No es un simple incendio forestal?
2520	**sucker**	**la ventosa**
	ss	That sucker is nonsense to stalls.
	[ˈsʌkər]	-Que tonto es una tontería a los puestos.
2521	**enormous**	**enorme**

	adj [ɪˈnɔrməs]	The new building is enormous. -El edificio nuevo es enorme.
2522	**alley** ss [ˈæli]	**el callejón** After this, nobody ever saw the ghost of the old woman again in that alley. -Después de esto, nadie volvió a ver el fantasma de la vieja mujer de nuevo en ese callejón.
2523	**humanity** ss [hjuˈmænɪti]	**la humanidad** That's a crime against humanity! -¡Eso es un crimen contra la humanidad!
2524	**brief** adj; ss; vb [brif]	**breve; el breve; informar** Please be as brief as possible. -Por favor sé lo más breve posible.
2525	**personality** ss [ˌpɜrsəˈnælɪti]	**la personalidad** I have no cell phone, no showy photos, no funny personality. Just medicaments. -No tengo teléfono celular, fotos llamativas, ni una personalidad graciosa. Solo remedios.

Adjetivos

#	Palabra	Traducción
8	**that**-con; prn; adj; adv	que; que; que; ese; tan
10	**in**-prp; adv; adj; ss	en; dentro; para iniciados; el detalle
11	**what**-adj; adv; prn	qué; qué; que
16	**this**-adj; prn; adv	este; esto; tan
19	**on**-prp; adj	en; encendido
23	**no**-part; adj; ss	no; ninguno; la negativa
28	**all**-adj; adv; ss; prn	todos; todos; los todos; todos
35	**just**-adv; adj	sólo; justo
37	**like**-vb; adv; prp; adj; ss; con	gustar; como; igual
38	**up**-adv; prp; adj; vb; ss	hasta| arriba; encima de; ascendente; levantar; la cima
40	**right**-adj; adv; ss; vb	derecho; derecho; el derecho; corregir
43	**out**-adv; ss; prp; adj; vb	fuera; el out; de; exterior; expulsar
47	**one**-adj; prn; ss	uno| uno; uno; la unidad
54	**well**-adj; adv; ss; vb	bien| bien de salud; bien; el pozo; manar
56	**good**-adj; adv; ss	buen| bueno; bien; el bien
65	**his**-adj; prn	su; su
72	**back**-adv; ss; vb; adj	atrás; la espalda; respaldar; de vuelta
79	**then**-adv; con; adj	entonces; pues; de entonces
81	**some**-adj; prn; adv	algunos; algunos; unos
83	**okay**-adj; adv; ss; vb	bueno; muy bien; el visto bueno; aprobar
86	**down**-adv; prp; adj; ss; vb	abajo; por; de abajo; el plumón; devorar a
92	**very**-adv; adj	muy; mismo
93	**more**-adj; adv; ss	más; más; los más
96	**over**-adv; prp; adj	encima; encima de; terminado
98	**only**-adv; adj; con	sólo; único; pero
101	**little**-adj; adv; ss	poco| pequeño; poco; el poco
104	**off**-adv; prp; adj; ss	de; de; apagado; la salida
106	**sorry**-adj	triste
110	**mean**-ss; vb; adj	la media; significar; medio
111	**any**-adj; prn	cualquier; alguna
114	**sure**-adj; adv	seguro; cierto; de verdad
115	**even**-adv; vb; adj; adv; ss	aún; igualar; uniforme
117	**must**-vb; adj; ss; adv	deber; necesario; la obligación
118	**these**-adj; prn; prp; adj	estos; estos
123	**first**-adj; adv; ss; part; adj; ss	primer; primero; el primero
125	**life**-ss; adj; adv; ss; prn	la vida; de vida
129	**stop**-ss; vb; adj; adv; adj	la parada| el tope; detener; de alto
131	**night**-ss; adj; vb; adv; prp; adj; ss	la noche; de noche
135	**still**-adv; adj; con; ss; vb; adv; prp; adj; vb; ss	todavía; inmóvil; sin embargo; el alambique; calmar
137	**home**-ss; adv; adj; vb; adj; adv; ss; vb	la casa| el domicilio; a casa; casero; volver a casa
140	**better**-adj; adv; vb; ss; adv; ss; prp; adj; vb	mejor; mejor; mejorar; el el mejor
142	**other**-adj; prn; adv; adj; prn; ss	otro; otro; más
144	**after**-adv; prp; con; adj; adj; adv; ss; vb	después| detrás; después de; después de que; posterior
146	**great**-adj; adv; adj; adv; ss	gran| grande; importantemente
148	**those**-adj; prn; adj; prn	esos; aquellos
150	**long**-adj; adv; vb; ss; adv; ss; vb; adj; adv; con; adj	largo| prolongado; mucho tiempo; anhelar; las resumida
152	**old**-adj; ss; adj; prn; adv	viejo| anciano; el los viejos
156	**new**-adj; adj; adv; ss; vb	nuevo| reciente
158	**last**-vb; adj; ss; adv; adv; prp; adj; ss; vb	durar; último; el último; por última vez
165	**big**-adj; adv; prp; adj; ss; vb	gran| importante
166	**nice**-adj	agradable| bonito
179	**world**-ss; adj; adv; adj; adj; adv; ss	el mundo| el siglo; mundial
180	**enough**-adj; adv; ss; adv; prp; adj	suficiente; suficiente; la abundancia
181	**fine**-ss; adj; vb; adv; adj; con	la multa; fino; multar
182	**every**-adj; prn; adj; adv; ss	cada; cada
183	**o.k.**-adv; ss; adj; vb; adv; prp; adj; ss	muy bien; el visto bueno; aprobado; aprobar
188	**wrong**-adj; adv; ss; vb; adj	incorrecto; mal; el mal; agraviar

189	**bad**-adj; ss	malo| grave; el lo malo
190	**which**-prn; adj	que; cuyo
192	**another**-adj; prn	otro; otro
194	**kind**-ss; adj	el tipo| la clase; amable
195	**through**-prp; adv; adj	a través de; hasta; de paso
201	**dead**-adj; ss; adv	muerto; el muerto; totalmente
203	**own**-vb; adj; prn	tener| ser dueño de; propio; suyo
210	**same**-adj; prn; adv	mismo; él mismo; de la misma forma
216	**morning**-adj; ss	mañana; la mañana
217	**else**-adv; adj	más; sobrante
219	**many**-adj; prn	muchos; muchos
221	**baby**-ss; adj	el bebé| el niño; pequeño
222	**next**-adj; adv; prp	próximo| entrante; después; al lado de
224	**live**-vb; adj; adv	vivir| llevar; vivo; en vivo
226	**real**-ss; adj; adv	el real| el lo real; real; realmente
230	**together**-adv; adj	juntos; junto
234	**once**-adv; ss; con; adj	una vez; las una vez; una vez que; de entonces
235	**such**-adj; adv; prn	tal| semejante; tan; que
237	**head**-ss; vb; adj	la cabeza| el jefe; dirigir; principal
238	**most**-adj; adv; sfj; ss	más; más; más; la mayoría
239	**alone**-adj; adv	solo| único; sólo
240	**ready**-adj; vb; ss	listo| preparado; preparar; la disposición
242	**happy**-adj	feliz| contento
251	**open**-vb; adj; ss	abrir| abrirse; abierto; los aire libre
253	**whole**-adj; ss	todo| entero; el todo
254	**meet**-vb; adj; ss	conocer| satisfacer; conveniente; la cacería
256	**family**-ss; adj	la familia; familiar
261	**pretty**-adv; adj; ss	bastante; bonito; la cosa bonita
268	**end**-adj; ss; vb	final; el final; terminar
270	**beautiful**-adj; ss	hermoso| lindo; la la belleza
271	**hard**-adj; adv	duro| difícil; mucho
272	**hand**-ss; vb; adj; ss	la mano; entregar; de mano
274	**school**-ss; adj; vb; adj; prn; ss; adj	la escuela| la educación; escolar; enseñar
275	**both**-adj; prn; adv; prp; adv; adj	ambos| los dos; ambos; a la vez
277	**minute**-ss; adj; vb; adj; ss; adv	el minuto; minucioso; minutar
278	**true**-adj; adv; ss; vb; adj; prn	verdadero| fiel; bien; el plomo
284	**young**-adj; ss; adv; adj; prn; adv	joven joven; juvenilmente
288	**few**-adj; adv	pocos; poco
289	**problem**-ss; adj; adj; ss	el problema; problemático
290	**later**-adv; adj; adv; adj	más tarde; posterior
294	**damn**-adj; vb; ss; adj; prn; ss; adj	maldito; condenar; la maldición
295	**ago**-adj; adv	hace; hace
296	**shut**-vb; adj; adj; adv; prp	cerrar; cerrado
298	**police**-ss; vb; vb; adj; adv	la policía| el control; vigilar; policíaco
300	**each**-adj; prn; ss; adj; adv	cada; cada
301	**water**-ss; vb; adj; adv; adj	las agua| la orina; regar; de agua
303	**dear**-adj; adv; ss; adv; ss; con; adj	querido| caro; caro; el cariño
307	**crazy**-adj	loco
308	**late**-adj; adv; adj; adv; prn	tarde; tarde
311	**kid**-ss; adj; vb; ss; vb; adj	el niño| el cabrito; joven; engañarse
312	**easy**-adj; adv; adj; adv	fácil| sencillo; fácilmente
315	**afraid**-adj	asustado
321	**second**-adj; ss; adj; adv; adv; vb; adj; vb; ss	segundo; el segundo; en segundo lugar; secundar
322	**music**-ss; adj	la música; musical
325	**far**-adv; adj; adj	lejos| mucho; lejano
327	**hit**-ss; vb; adj; vb; adj; ss	el éxito| el hit; golpear; sensacional
330	**thinking**-ss; adj; ss; vb; adj; ss	el pensamiento; que piensa
336	**part**-ss; adj; vb; adv; ss; adj	la parte; parcial; separarse; en parte
339	**cut**-vb; adj; ss; adv; adj; ss	cortar| reducir; cortado; la cortada
342	**married**-adj; adj; ss; vb	casado
349	**close**-vb; adv; adj; ss; ss; adj; adv	cerrar| cerrarse; cerca; cercano; el fin

351	**inside**-*adj; adv; prp; ss*	dentro; dentro; dentro de; el interior
352	**hurt**-*ss; adj; vb*	el daño| el mal; lastimado; herir
353	**half**-*ss; adj; adv*	la mitad; medio; medio
360	**set**-*ss; vb; adj*	el conjunto| el set; establecer; establecido
363	**town**-*ss; adj*	la ciudad| el pueblo; de ciudad
364	**chance**-*ss; adj; vb*	la oportunidad; casual; probar
367	**important**-*adj*	importante
368	**whatever**-*adj; prn*	cualquier; lo que
369	**different**-*adj*	diferente| diverso
382	**high**-*adj; ss; adv*	alto| mayor; el máximo; a gran altura
385	**game**-*ss; vb; adj*	el juego; jugar; animoso
389	**free**-*adj; adv; vb; ss*	libre; gratis; librar; la rebatiña
391	**side**-*ss; adj; vb*	el lado| el costado; lateral; poner lados a
393	**country**-*ss; adj*	el país| el campo; campestre
397	**least**-*adv; ss; adj*	menos; el lo menos; mínimo
401	**city**-*ss; adj*	la ciudad| la municipalidad; urbano
408	**light**-*ss; adj; vb; adv*	la luz; de luz; iluminar; ligeramente
410	**stupid**-*adj; ss*	estúpido| pendejo; el tonto
411	**funny**-*adj*	divertido| cómico
414	**full**-*adj; adv; vb*	completo| lleno; por completo; completar
415	**welcome**-*ss; adj; vb*	la bienvenida; bienvenido; acoger
416	**black**-*adj; ss; vb*	negro; el negro; ennegrecer
419	**front**-*ss; adj; vb*	el frente; delantero; liderar
422	**white**-*adj; ss*	blanco; el blanco
423	**poor**-*adj*	pobre| malo
424	**hot**-*adj; adv*	caliente| caluroso; ardientemente
432	**either**-*con; adj; prn; adv*	o; cualquiera de los dos; cualquiera de los dos; también
433	**outside**-*adv; prp; ss; adj*	fuera; fuera de; el exterior; externo
436	**trust**-*ss; vb; adj; adv*	la confianza| el fideicomiso; confiar; fiduciario
438	**alive**-*adj; ss*	vivo| con vida; la reliquia
440	**able**-*adj*	capaz| apto
441	**sick**-*ss; adj; vb*	los enfermos; enfermo; atacar
444	**clear**-*adj; vb; adv; ss*	claro| despejado; despejar; claramente; la falta de deudas
449	**living**-*adj; ss*	vivo| de vida; la vida
452	**cool**-*adj; ss; vb*	fresco| frío; el fresco; enfriar
454	**red**-*adj; ss*	rojo; el rojo
455	**news**-*ss; adj*	las noticias| la noticia; informativo
457	**cold**-*ss; vb; adj; adv*	frío; el frío; totalmente
459	**evening**-*ss; adj*	la tarde; vespertino
461	**power**-*ss; adj; adv; vb*	el poder| la energía; energético
462	**scared**-*adj*	espantado
466	**master**-*vb; adj; ss*	dominar; maestro; el maestro
469	**small**-*adj*	pequeño| menor
470	**darling**-*adj; ss*	querido| amable; los querido
471	**quiet**-*adj; ss; vb; adv*	tranquilo; la tranquilidad; sosegarse
475	**feeling**-*ss; adj*	la sensación; de sensación
476	**air**-*ss; vb; adj*	el aire; ventilar; aéreo
478	**glad**-*adj*	alegre| contento
481	**serious**-*adj*	grave| serio
482	**wonderful**-*adj*	maravilloso
484	**street**-*ss; adj*	la calle; de la calle
491	**special**-*adj*	especial
492	**fast**-*vb; adj; adv; ss*	ayunar| tener ayuno; rápido; rápidamente; el ayuno
493	**sweet**-*adj; ss*	dulce; el dulce
494	**sound**-*ss; vb; adj; adv*	el sonido| el estrecho; sonar; del sonido; profundamente
496	**careful**-*adj*	cuidadoso| prudente
497	**human**-*adj; ss*	humano; el humano
499	**safe**-*adj; ss*	seguro; la caja fuerte
500	**perfect**-*vb; adj*	perfeccionar; perfecto
502	**beat**-*ss; vb; adj*	el ritmo| el latido; vencer; derrengado

#	Word	Translation
503	million-*adj*	millón| millón
505	top-*adj; ss; vb*	superior| principal; la parte superior; rematar
509	general-*adj; ss*	general; el general
512	lucky-*adj*	afortunado
513	possible-*adj; ss*	posible; el máximo
514	past-*adj; ss; prp; adv*	pasado; el pasado; más allá de; por delante
515	calm-*ss; vb; adj*	la calma; calmar; calmo
520	return-*ss; vb; adj*	la vuelta| el retorno; volver; de regreso
521	straight-*adv; adj*	directamente; recto
523	team-*ss; vb; adj*	el equipo; asociar; común
526	tired-*adj*	cansado
530	mad-*adj*	loco
531	quick-*adj; adv*	rápido| ágil; rápidamente
533	strange-*adj*	extraño| extravagante
537	road-*ss; adj*	la carretera| el camino; de carretera
538	land-*ss; vb; adj*	la tierra| las tierras; aterrizar; terrestre
545	secret-*adj; ss*	secreto; el secreto
549	voice-*ss; vb; adj*	la voz; expresar; laríngeo
550	clean-*vb; adj; adv*	limpiar; limpio; enteramente
551	wonder-*vb; ss; adj*	preguntarse| maravillarse; la maravilla; prodigio
554	state-*ss; adj; vb*	el estado; estatal; declarar
557	less-*adj; adv; prp; sfj*	menos; menos; menos; sin
558	film-*ss; vb; adj*	la película| el film; filmar; cinematográfico
562	class-*ss; adj; vb*	la clase| la categoría; clasista; clasificar
566	fool-*vb; adj; ss*	engañar| bromear; tonto; el tonto
568	early-*adj; adv*	temprano; temprano
569	worth-*ss; adj*	el valor; digno de
571	future-*adj; ss*	futuro| porvenir; el futuro
572	sex-*ss; adj; vb*	el sexo; sexual; determinar el sexo de
573	strong-*adj*	fuerte| firme
577	bastard-*adj; ss*	bastardo; el bastardo
580	American-*adj; ss; vb*	americano; el americano
581	chief-*ss; adj; adj; ss*	el jefe| el principal; principal
587	dark-*adj; ss; adj*	oscuro| negro; la oscuridad
591	lovely-*adj; ss; adv; adj; ss; prp; adv*	encantador| delicioso; la belleza; hermosamente
593	blue-*adj; ss; vb*	azul; el azul; azular
597	rock-*ss; adj; vb; ss; vb; adj*	la roca| el rock; rock; mecer
606	finished-*adj; ss; vb; adj*	terminado
609	present-*adj; ss; vb; adv; adj*	presente; el presente; presentar
610	near-*adv; prp; adj; vb; ss; vb; adj*	cerca; cerca de; cercano; aproximarse
611	busy-*adj*	ocupado
614	terrible-*adj*	terrible
619	sea-*ss; adj; adj; adv*	el mar| las vía marítima; del mar
620	fly-*ss; vb; adj; adj; ss; adj*	la mosca| la bragueta; volar; avispado
624	gold-*adj; ss*	oro; el oro
629	French-*adj; ss; ss; vb; adj*	francés; el francés
632	short-*adj; adv; ss; ss; vb; adj*	corto| poco; a corto; el cortocircuito; poner en cortocircuito
633	afternoon-*ss; adj; vb; adj; adv*	la tarde; de la tarde
637	simple-*adj; ss*	simple| fácil; el simple
641	rich-*adj; vb; ss; adj*	rico| fértil
646	choice-*ss; adj*	la elección| la selección; escogido
654	worried-*adj; ss; adj; vb*	preocupado
659	star-*ss; vb; adj; adj; adv; prp; sfj*	la estrella; estrellar; principal
666	dangerous-*adj*	peligroso
667	round-*vb; ss; adj; adv; prp; ss; vb; adj*	redondear| doblar; la ronda; redondo; alrededor; alrededor de
669	fair-*ss; adj; vb; adj; ss*	la feria| la exposición; razonable
670	hungry-*adj; adj; adv*	hambriento
671	middle-*adj; ss; ss; adj*	medio; el medio
674	drunk-*adj; ss; adj; ss*	bebido| embriagado; la bebida
678	certain-*adj; ss; ss; adj; vb*	cierto; la seguridad
679	major-*adj; ss; vb; adj; adj; ss*	mayor; el comandante; especializarse en estudios

#	Word	Spanish
681	**deep**-*adj; adv; ss*	profundo| oscuro; profundamente; el fondo
684	**English**-*adj; ss*	inglés; el inglés
689	**interested**-*adj*	interesado
691	**lead**-*ss; adj; vb*	el plomo| el cable; de plomo; conducir
700	**church**-*ss; adj*	la iglesia; eclesiástico
706	**smart**-*adj; ss; vb*	inteligente| elegante; el escozor; escocer
709	**interesting**-*adj*	interesante
713	**holy**-*adj*	santo
715	**plane**-*adj; ss; vb*	plano; el plano; planear
720	**third**-*ss; adj; adv*	la tercera; tercero; en tercer lugar
721	**ground**-*ss; adj; vb*	la tierra; molido; conectar a tierra
722	**service**-*ss; adj; vb*	el servicio; de servicio; mantener
726	**tough**-*adj; ss; vb*	difícil| duro; el forzudo; pasar
728	**proud**-*adj*	orgulloso
730	**sad**-*adj*	triste| apagado
733	**difficult**-*adj*	difícil| dificultoso
735	**single**-*adj; ss; vb*	solo; el individuo; pasar a la primera base
737	**group**-*ss; adj; vb*	el grupo| la cuadrilla; en grupo; agrupar
739	**wind**-*ss; adj; vb*	el viento| el aliento; del viento; enrollar
747	**impossible**-*adj; ss*	imposible; el lo imposible
748	**forward**-*vb; adv; adj; ss*	reenviar; adelante; delantero; el delantero
749	**quit**-*vb; adj*	dejar| dejar de; libre
750	**entire**-*adj; ss*	todo| completo; el íntegro
752	**normal**-*adj; ss*	normal| regular; la normalidad
755	**public**-*adj; ss*	público; el público
759	**killing**-*ss; adj*	el asesinato; mortal
761	**river**-*ss; adj*	el río; del río
762	**neither**-*adv; con; adj; prn*	ni; ni; ninguno; ninguno
765	**weird**-*adj*	extraño
766	**green**-*adj; ss*	verde| fresco; el verde
767	**bloody**-*adj; adv*	sangriento; sumamente
769	**evil**-*ss; adj*	el mal| el diablo; malvado
771	**south**-*ss; adj*	el sur; del sur
772	**wall**-*ss; vb; adj; adv*	la pared| la barrera; emparedar; mural
774	**fat**-*ss; adj*	la grasa; gordo
778	**slow**-*adj; adv; vb; adj; ss*	lento; despacio; retardar
781	**standing**-*adj; ss; adj; vb*	permanente; la posición
782	**north**-*ss; adv; adj; adj; ss; vb*	el norte; al norte; septentrional
783	**glass**-*ss; adj*	el vidrio; de vidrio
786	**dirty**-*adj; vb; adj*	sucio| manchado; ensuciar
789	**cross**-*vb; ss; adj; adj; ss; vb*	cruzar| pasar; la cruz; transversal
790	**angry**-*adj; ss; adj; adv*	enojado
791	**machine**-*ss; adj; ss; adj; vb*	la máquina| el aparato; a máquina
793	**amazing**-*adj*	asombroso
794	**double**-*adj; ss; vb; adj; vb*	doble; doble; duplicar
797	**honest**-*adj*	honesto| sincero
799	**personal**-*adj; adj; ss; vb*	personal| privado
800	**private**-*adj; ss; adj*	privado| particular; el soldado raso
804	**space**-*ss; adj; vb; adj*	el espacio| las cabida; espacial; espaciar
807	**whose**-*adj; prn; adj; ss; vb*	cuyo; cuyo
811	**test**-*ss; vb; adj; ss; adj; vb*	la prueba| el examen; probar; de prueba
819	**village**-*ss; adj; ss; adj; vb*	el pueblo| el poblado; comunal
829	**German**-*adj; ss*	alemán; el alemán
835	**sleeping**-*adj; ss; adj; ss*	durmiente; el sueño
838	**cute**-*adj*	lindo
850	**summer**-*ss; adj; vb; adv; adj; ss*	el verano; de verano
856	**silly**-*adj; ss; vb; adj*	tonto| absurdo; el tonto
857	**folk**-*ss; adj; adj; ss*	la gente| el pueblo; folk
865	**upset**-*ss; vb; adj; adj; ss*	el trastorno| el vuelco; alterar; acongojado
866	**driving**-*ss; adj; adj; ss*	la conducción; motor
870	**grand**-*adj; ss; adj*	magnífico| grandioso; los mil dólares
874	**mum**-*ss; adj; vb; adv; con; adj*	callar| callado tácito; participar en pantomima
883	**low**-*adj; adv; ss; vb; adj; ss; adj; adv*	bajo; bajo; el punto más bajo; hacer mugido
884	**self**-*ss; prn; adj; ss; adj*	yo; se; puro
892	**warm**-*vb; adj; ss; ss; adj*	calentar| calentarse; caliente; el calor

893	**west**-ss; adj	el oeste; del oeste
896	**nervous**-adj	nervioso| tímido
902	**closed**-adj	cerrado
906	**empty**-adj; vb; ss	vacío| desierto; vaciar; la vacía
912	**asleep**-adj	dormido
921	**pop**-adj; ss; vb	popular; la música pop; saltar
922	**involved**-adj	involucrado
924	**above**-adv; prp; adj	encima; encima de; antedicho
925	**wild**-adj; ss	salvaje| silvestre; la tierra virgen
926	**further**-vb; adv; adj	promover| adelantar; además; adicional
928	**spot**-ss; vb; adj	el lugar| el punto; manchar; al contado
930	**blind**-adj; vb; adv; ss	ciego; cegar; a ciegas; la persiana
932	**awful**-adj	horrible| detestable
936	**fit**-ss; adj; vb	el ajuste| el ataque; en forma; caber
946	**heavy**-adj; ss; adv	pesado| fuerte; el matón; penosamente
952	**magic**-ss; adj	la magia; mágico
953	**waste**-ss; vb; adj	los residuos; perder; inútil
955	**plenty**-adv; ss; adj	mucho| muy; la abundancia; abundante
966	**fresh**-adj	fresco| dulce
987	**famous**-adj	famoso| afamado
988	**animal**-adj; ss	animal; el animal
991	**language**-ss; adj	el idioma| el lenguaje; lingüístico
997	**guilty**-adj	culpable
1000	**stone**-ss; adj; vb	la piedra| el hueso; de piedra; apedrear
1001	**innocent**-adj; ss	inocente; inocente
1006	**necessary**-adj; ss	necesario| preciso; las cosa necesaria
1012	**east**-ss; adj; adv	el este; del este; oriente
1013	**dancing**-ss; adj	el baile; de baile
1014	**faster**-adj	asegurado
1017	**military**-adj; ss	militar; el militar
1018	**final**-adj; ss	final| definitivo; el final
1019	**apart**-adj; adv	aparte; aparte
1022	**detective**-ss; adj	el detective; policíaco
1024	**tight**-adj; adv ss; adj	ajustado| apretado; herméticamente
1030	**huge**-adj adj	enorme| grandote
1031	**complete**-vb; adj; vb; ss	completar; completo
1032	**excellent**-adj	excelente
1034	**ridiculous**-adj adj	ridículo
1043	**milk**-ss; vb; adj; ss; vb	la leche; ordeñar; de leche
1047	**main**-adj; ss adj	principal; la cañería
1049	**meat**-ss; adj adv; prp adj	la carne; de carne
1052	**ill**-adj; adv; ss	enfermo; mal; el mal
1061	**extra**-ss; adj; adv; ss	el extra; adicional; extraordinariamente
1062	**pregnant**-adj; vb; adv; adj	embarazada
1068	**drug**-ss; adj; vb ss; vb; adj	la droga| el fármaco; narcótico; drogar
1069	**Chinese**-adj; ss adj; vb; adv; ss	chino; el chino
1072	**large**-adj	gran| amplio
1075	**health**-ss; adj adj	la salud; balneario
1077	**ugly**-adj ss; adj; vb	feo
1078	**patient**-adj; ss	paciente; paciente
1084	**dumb**-adj adj; ss; adv	mudo
1085	**level**-ss; vb; adj; adv ss; adj	el nivel; nivelar; a nivel; a nivel
1087	**Sunday**-ss; adj ss; vb; adj	el domingo; del domingo
1092	**common**-adj; adv; ss; adj	común; la comunidad
1098	**favorite**-adj; ss	favorito; el favorito
1099	**due**-adj; adv; ss adj	debido; debidamente; el deber
1103	**Japanese**-adj; ss	japonés; el japonés
1109	**dry**-adj; vb adj; ss	seco| árido; secar
1111	**natural**-adj; ss ss; adj	natural; el becuadro
1114	**bottom**-ss; adj; vb adj	el fondo| el pie; del fondo; tocar fondo
1115	**mountain**-ss; adj ss; adj; vb	la montaña| el montón; montañés
1116	**national**-adj; ss adj; ss	nacional; el nacional
1125	**correct**-adj; vb adj; ss	correcto| exacto; corregir
1126	**responsible**-adj ss; adj; adv	responsable
1129	**trick**-ss; vb; adj ss; adj	el truco| la trampa; engañar; de pega
1135	**usual**-adj adj	usual| común
1136	**hanging**-adj; ss adj; ss	colgante; la cuelga
1138	**ringing**-ss; adj adj; ss	el zumbido; resonante
1143	**brown**-adj; ss; vb adj; adv	marrón; el marrón; dorar
1144	**several**-adj ss; adj	varios

1147	**monster**-*ss; adj*	el monstruo; monstruoso
1162	**Russian**-*adj; ss*	ruso; el ruso
1166	**oil**-*ss; adj; vb*	el aceite; petrolero; engrasar
1167	**horrible**-*adj*	horrible| detestable
1168	**willing**-*adj*	complaciente
1172	**loud**-*adj; adv*	fuerte| ruidoso; alto
1174	**student**-*ss; adj*	estudiante; estudiantil
1177	**jealous**-*adj*	celoso
1178	**travel**-*ss; vb; adj*	el viaje; viajar; de viajes
1185	**weather**-*ss; vb; adj*	el tiempo| el clima; capear; del tiempo
1191	**telephone**-*ss; vb; adj*	el teléfono; llamar por teléfono; telefónico
1197	**brave**-*adj; ss; vb*	valiente; valiente; desafiar
1199	**fantastic**-*adj*	fantástico| fabuloso
1201	**wet**-*adj; vb; ss*	mojado; mojar; la humedad
1211	**naked**-*adj*	desnudo| abierto
1213	**local**-*adj; ss*	local; el local
1216	**soft**-*adj*	suave| blando
1217	**suspect**-*vb; adj; ss*	sospechar; sospechoso; el sospechoso
1224	**incredible**-*adj*	increíble
1227	**handsome**-*adj*	hermoso| guapo
1228	**lonely**-*adj; adv*	solo| solitario; solitariamente
1232	**prepared**-*adj*	preparado
1235	**weak**-*ss; adj*	los débiles| el ñango; débil
1237	**powerful**-*adj*	potente| fuerte
1240	**split**-*ss; adj; vb*	la división| la escisión; dividido; dividirse
1241	**flat**-*ss; adj; adv*	el piso| el plano; plano; completamente
1243	**proof**-*ss; adj; vb*	la prueba; a prueba de; impermeabilizar
1245	**loose**-*adj; vb; ss*	suelto| flojo; soltar; el aire
1247	**trial**-*ss; adj*	el juicio| el ensayo; de prueba
1248	**Spanish**-*adj; ss*	español| castellano; el español
1250	**medical**-*adj; ss*	médico; el reconocimiento médico
1251	**pleased**-*adj*	contento| de satisfacción
1253	**comfortable**-*adj; adj*	cómodo
1254	**snow**-*ss; adj; vb; adj; ss*	la nieve; de nieve; nevar
1255	**bright**-*adj; adv; ss; adj; vb*	brillante| luminoso; brillantemente
1268	**training**-*ss; adj; adj*	la formación; de instrucción
1278	**ashamed**-*adj; adj; adv*	avergonzado
1280	**plus**-*adj; ss; pro; ss; adj; adj*	más; los más; además de
1283	**spare**-*adj; vb*	de repuesto; escatimar
1292	**insane**-*adj; ss; vb; adj*	insano
1293	**base**-*ss; vb; adj; ss; vb; adj*	la base| la basa; basar; básico
1294	**total**-*adj; ss; vb; ss; vb; adj*	total| totalizado; el total; totalizar
1297	**fancy**-*ss; adj; vb; adj; ss; vb*	la fantasía; lujoso; imaginarse
1298	**female**-*adj; ss; adj*	hembra; la hembra
1302	**target**-*ss; adj; vb; adj; vb; ss*	el objetivo; blanco; elegir como blanco
1303	**downstairs**-*adv; adj; ss; adj*	abajo; de abajo; el piso inferior
1305	**subject**-*vb; ss; adj; adj; ss; adj*	someter| sojuzgar; el sujeto; subyugado
1307	**criminal**-*adj; ss; adj; adj; ss*	criminal; criminal
1310	**cheap**-*adj*	barato
1313	**concerned**-*adj; adj*	preocupado
1318	**male**-*adj; ss; adj*	masculino; el masculino
1323	**brilliant**-*adj; ss; adj; adv*	brillante; el brillante
1324	**British**-*adj; ss; adj*	británico; los británicos
1325	**opening**-*ss; adj; ss; adj*	la apertura; de apertura
1331	**funeral**-*ss; adj; adj*	el funeral; fúnebre
1335	**trade**-*ss; adj; vb; ss; adj; vb*	el comercio; comercial; comerciar
1341	**square**-*ss; adj; vb; ss; adj; adv*	la plaza; cuadrado; cuadrar
1350	**forest**-*ss; adj; vb; ss; adj; vb*	el bosque; forestal; pasear
1353	**tiny**-*adj; adj; vb; ss*	minúsculo| pequeñito
1357	**super**-*adj; adv; ss; ss; adj*	súper| estupendo; súper; superintendente
1358	**signal**-*ss; vb; adj; adj; ss*	la señal; indicar; señalado
1360	**thought**-*ss; adj; adj; ss*	el pensamiento| la idea; reflexionado
1365	**yellow**-*adj; ss; vb; adj*	amarillo; el amarillo; ponerse amarillo
1375	**planning**-*ss; adj; adj*	la planificación; planificador

1377	**merry**-*adj; ss*	alegre; la cereza
1382	**aware**-*adj*	consciente
1383	**burning**-*adj; ss*	ardiente; el ardor
1386	**foreign**-*adj*	exterior| extranjero
1390	**research**-*ss; adj; vb*	la investigación; de investigación; investigar
1391	**fake**-*adj; ss; vb*	falso; la falsificación; fingir
1394	**expensive**-*adj*	caro| rico
1395	**pure**-*adj*	puro
1400	**social**-*adj; ss*	social; la tertulia
1403	**desert**-*adj; ss; vb*	desierto; el desierto; desertar
1405	**grave**-*ss; adj; vb*	la tumba; grave; enterrar
1412	**Italian**-*adj; ss*	italiano; el italiano
1413	**rough**-*adj; adv; ss*	áspero| aproximado; duro; el terreno
1416	**wise**-*adj; ss*	sabio; el modo
1418	**sudden**-*adj*	repentino| imprevisto
1419	**television**-*ss; adj*	la televisión| la TV; de televisión
1420	**silver**-*ss; adj; vb*	la plata; de plata; platear
1422	**political**-*adj*	político
1429	**football**-*ss; adj*	el fútbol; futbolístico
1432	**ancient**-*adj; ss*	antiguo; el anciano
1442	**lip**-*ss; adj; vb*	el labio; labial; picar
1444	**tall**-*adj*	alto
1447	**disgusting**-*adj*	asqueroso
1452	**odd**-*adj*	extraño| impar
1454	**wood**-*ss; adj*	la madera; de madera
1455	**clever**-*adj*	inteligente| hábil
1456	**royal**-*adj; ss*	real; la persona real
1463	**union**-*ss; adj*	la unión| el sindicato; sindical
1466	**lay**-*adj; vb; ss*	laico| lego; poner; el canto
1469	**useless**-*adj*	inútil
1470	**awesome**-*adj*	impresionante
1476	**smoking**-*adj; ss*	de fumar; el el fumar
1477	**toilet**-*adj; ss*	de tocador; el inodoro
1480	**golden**-*adj*	dorado
1484	**proper**-*adj; ss; adv*	apropiado| correcto; el propio; muy
1487	**vacation**-*ss; adj; vb*	las vacaciones; de vacaciones; pasar las vacaciones
1488	**legal**-*adj*	legal| jurídico
1490	**original**-*adj; ss; adj*	original| originario; el original
1494	**refuse**-*ss; vb; adj; adj; ss*	la basura; rechazar; inservible
1499	**exciting**-*adj; ss; adj; vb*	emocionante; la excitación
1500	**awake**-*adj; vb*	despierto| alerta; despertarse
1506	**freak**-*ss; adj; vb; ss; vb*	el monstruo; anormal; hacer anormalmente
1508	**romantic**-*adj; ss; adj*	romántico; el romántico
1509	**decent**-*adj; adj; ss*	decente
1510	**hidden**-*adj; adj; ss; vb*	oculto
1511	**midnight**-*ss; adj; ss; adj; vb*	los medianoche; de medianoche
1514	**insurance**-*ss; adj*	el seguro; de seguros
1516	**professional**-*adj; ss; adj; adv*	profesional; el profesional
1517	**boring**-*adj; ss; adj; ss*	aburrido; la perforación
1522	**charming**-*adj; adj*	encantador
1523	**saint**-*adj; ss; vb; ss; adj*	santo; el santo; canonizar
1524	**obvious**-*adj; ss; adj; vb*	obvio| evidente
1527	**assistant**-*adj; ss*	asistente; asistente
1533	**regular**-*adj; ss; adj*	regular; el regular
1534	**particular**-*adj; ss; adj; ss*	particular; el rasgo distintivo
1537	**Indian**-*adj; ss; ss; adj; vb*	indio; el indio
1540	**familiar**-*adj; ss; adj; adj*	familiar| conocido; la comunidad
1545	**iron**-*vb; ss; adj; adj*	planchar; el hierro; de hierro
1546	**wide**-*adj; adv; ss; adj*	ancho; lejos
1549	**poison**-*vb; ss; adj; adj; ss*	envenenar; el tóxico; veneroso
1559	**chocolate**-*ss; adj; adj*	el chocolate; de chocolate
1565	**shot**-*ss; adj; adj; vb; ss*	el tiro; el plano; tornasolado
1566	**tower**-*ss; vb; **adj**; adj*	la torre; elevarse; de viviendas
1570	**precious**-*adj; adv; adj; ss*	precioso; muy
1573	**virgin**-*adj; ss; adj; ss*	virgen; la virgen
1581	**loving**-*adj; adj*	amoroso| de amante
1582	**confused**-*adj; adj; ss; adv*	confuso
1589	**silent**-*adj*	silencioso
1590	**tour**-*vb; ss; adj; ss; adj; vb*	recorrer| visitar; la gira; de gira
1591	**grateful**-*adj*	agradecido
1592	**central**-*adj; adj*	central

1593	**traffic**-*ss; adj; vb*	el tráfico| la trata; de tráfico; traficar
1594	**fourth**-*adj; ss*	cuarto; el cuarto
1596	**official**-*adj; ss*	oficial; el oficial
1603	**junior**-*ss; adj; adv*	el júnior| el menor; joven; juvenilmente
1605	**committed**-*adj*	comprometido
1607	**percent**-*ss; adj*	el por ciento; del por ciento
1610	**frightened**-*adj*	asustado
1612	**bull**-*ss; adj; vb*	el toro; en alza; jugar al alza con
1614	**saving**-*ss; prp; adj*	el ahorro| la salvación; salvo; económico
1617	**holiday**-*ss; vb; adj*	la fiesta; pasar las vacaciones; festivo
1618	**indistinct**-*adj*	indistinto
1621	**mighty**-*adj; adv*	poderoso; muy
1623	**youth**-*ss; adj; adv*	la juventud; juvenil; juvenilmente
1627	**ordinary**-*adj; ss*	ordinario| normal; el lo ordinario
1630	**rescue**-*ss; vb; adj*	el rescate; rescatar; de salvamento
1631	**sharp**-*adj; ss; adv*	fuerte| agudo; en punto
1633	**zero**-*adj; ss; vb*	cero; el cero; poner en el cero
1634	**sexy**-*adj*	sexy
1636	**uniform**-*ss; adj*	el uniforme; constante
1637	**unbelievable**-*adj*	increíble
1642	**friendly**-*adj; adv; ss*	amable| amistoso; amistosamente; el partido amistoso
1643	**modern**-*adj; ss*	moderno; el moderno
1650	**positive**-*adj; ss*	positivo| seguro; el positivo
1653	**complicated**-*adj*	complicado
1659	**terrific**-*adj*	estupendo| terrífico
1671	**newspaper**-*ss; adj*	el periódico; de periódico
1673	**beloved**-*adj; ss*	amado; el amado
1675	**delicious**-*adj*	delicioso
1685	**healthy**-*adj*	saludable
1686	**curious**-*adj*	curioso
1687	**mass**-*ss; adj; vb*	la masa| la misa; en masa; concentrarse
1693	**nasty**-*adj*	asqueroso| repugnante
1703	**bored**-*adj*	perforado
1704	**salt**-*ss; adj; vb*	la sal; de sal; salpicar

1705	**metal**-*ss; adj; vb*	el metal; metálico; cubrir con grava
1716	**firm**-*ss; adj; vb*	la empresa| las casa de comercio; firme; endurecer
1718	**prime**-*adj; ss; vb*	principal| primo; la prima; cebar
1722	**steady**-*adj; vb; ss*	estable| continuo; estabilizarse; el novio
1726	**giant**-*adj; ss*	gigante; el gigante
1732	**direct**-*adj; vb; adv*	directo| continuo; dirigir; directamente
1736	**sexual**-*adj*	sexual
1743	**available**-*adj*	disponible
1745	**term**-*ss; vb; adj*	el plazo| el término; llamar; temporal
1748	**stock**-*vb; ss; adj*	surtir| abastecer; los valores; de serie
1751	**wounded**-*adj*	herido
1752	**chosen**-*adj*	preferido
1753	**likely**-*adj; adv*	probable; probablemente
1762	**bound**-*adj; ss; vb*	obligado; el límite; botar
1763	**scary**-*adj*	asustadizo
1765	**physical**-*adj; ss*	físico; el conocimiento médico
1774	**popular**-*adj*	popular
1776	**desperate**-*adj*	desesperado
1778	**joint**-*adj; ss; vb*	conjunto| común; la articulación; articular
1780	**rare**-*adj; adv*	raro; extraordinariamente
1786	**gorgeous**-*adj*	maravilloso| vistoso
1787	**pink**-*adj; ss; vb*	rosa; la rosa; picar
1788	**cruel**-*adj*	cruel| endurecido
1790	**unusual**-*adj*	raro| insólito
1798	**shy**-*adj; vb; ss*	tímido; asustarse; la espantada
1803	**production**-*ss; adj*	la producción| la fabricación; de serie
1806	**prize**-*ss; adj; vb*	el premio; premiado; apreciar mucho
1810	**Jewish**-*adj*	judío
1812	**coward**-*adj; ss*	cobarde; cobarde
1817	**material**-*adj; ss*	material| físico; el material
1818	**mixed**-*adj*	mezclado
1821	**convinced**-*adj*	convencido

1824	**separate**-vb; adj; ss	separar| separarse; independiente; la separata	
1825	**rude**-adj	grosero| rudo	
1831	**wasting**-adj	debilitante| emaciación	
1833	**understanding**-ss; adj	la comprensión; comprensivo	
1837	**international**-adj; ss	internacional; el internacional	
1839	**capable**-adj	capaz	
1840	**noble**-adj; ss	noble; el noble	
1844	**champion**-adj; ss; vb	campeón; el campeón; defender	
1847	**plain**-ss; adj; adv	la llanura| la planicie; simple; claramente	
1851	**illegal**-adj	ilegal	
1852	**rotten**-adj	podrido	
1859	**bond**-ss; adj; vb	el enlace| el bono; esclavo; garantizar	
1860	**miserable**-adj	miserable| desgraciado	
1863	**expert**-adj; ss	experto| pericial; el experto	
1864	**filthy**-adj	inmundo|sucio	
1870	**thin**-adj; adv; vb	delgado| fino; delgadamente; adelgazar	
1874	**punk**-ss; adj	el punk; malo	
1879	**pleasant**-adj	agradable| simpático	
1883	**bust**-ss; vb; adj	el busto| la quiebra; quebrar; arruinado	
1885	**federal**-adj	federal	
1887	**panic**-adj; ss; vb	pánico; el pánico; asustarse	
1890	**extraordinary**-adj	extraordinario| increíble	
1897	**express**-vb; adj; ss	exprimir; expreso; el expreso	
1898	**blessed**-adj	bendito	
1900	**former**-ss; adj	el ex; antiguo	
1910	**negative**-adj; ss; vb	negativo; el negativo; negar	
1919	**pathetic**-adj	patético	
1933	**bay**-ss; adj; vb	la bahía| el laurel; bayo; ladrar	
1938	**foolish**-adj	tonto	
1942	**unknown**-adj; ss; adv	desconocido; el desconocido; sin saber	
1943	**hip**-ss; adj	la cadera; moderno	
1944	**successful**-adj	exitoso	

1947	**port**-ss; adj; vb	el puerto; portuario; poner a babor
1949	**unhappy**-adj	infeliz| triste
1952	**medium**-ss; adj	el medio| el médium; mediano
1955	**exact**-adj; vb	exacto; exigir
1956	**secure**-adj; vb	seguro; asegurar
1957	**whispering**-ss; adj	el susurro; de rumores
1959	**lousy**-adj	malísimo| horrible
1961	**deaf**-adj	sordo
1964	**bum**-ss; adj; vb	el culo; malo; gorronear
1965	**urgent**-adj	urgente
1967	**sensitive**-adj	sensible
1973	**useful**-adj	útil
1977	**gentle**-adj; vb	suave| amable; ser suave
1979	**sob**-ss; vb; adj	el sollozo; sollozar; sentimental
1981	**solid**-adj	sólido| macizo
1982	**cutting**-ss; adj	el corte| la corta; cortante
1983	**quality**-ss; adj	la calidad| la clase; de calidad
1993	**alert**-adj; ss; vb	alerta; la alerta; alertar
1994	**fifth**-adj; ss	quinto; el quinto
1995	**rolling**-ss; adj	la laminación; rodante
1999	**nuclear**-adj	nuclear
2000	**attractive**-adj	atractivo
2007	**sacred**-adj	sagrado
2009	**childhood**-ss; adj	la infancia| la edad juvenil; infantil
2013	**satisfied**-adj	satisfecho
2018	**opposite**-adj; ss; adv	opuesto; frente a; el lo contrario; en frente
2019	**fairy**-ss; adj	la hada; mágico
2021	**violent**-adj	violento
2022	**mental**-adj	mental
2030	**tax**-ss; adj; vb	el impuesto; de impuestos; tasar
2034	**embarrassing**-adj	embarazoso
2035	**capital**-adj; ss	capital| principal; el capital
2038	**gray**-adj; ss; vb	gris; el gris; encanecer
2041	**senior**-adj; ss	mayor; el mayor
2042	**Roman**-adj; ss	romano; el romano
2043	**chasing**-adj; ss	que caza; el cazador
2050	**daily**-adj; adv; ss	diario; diario; el diario
2053	**diamond**-adj; ss	diamante; el diamante

2054	**abandoned**-*adj*	abandonado
2070	**civil**-*adj*	civil| cortés
2071	**orange**-*ss; adj*	la naranja; anaranjado
2074	**scratch**-*vb; ss; adj*	rayar| arañar; el rasguño; sin ventaja
2075	**nerve**-*ss; adj; vb*	el nervio| el descaro; nervioso; infundir a uno ánimo
2081	**concentrate**-*adj; ss; vb*	concentrado; el concentrado; concentrarse
2087	**noon**-*ss; adj*	el mediodía; de mediodía
2090	**incident**-*adj; ss*	incidente; el incidente
2093	**generous**-*adj*	generoso| abundante
2096	**selfish**-*adj*	egoísta
2097	**alien**-*ss; adj*	el extranjero; ajeno
2098	**neighbor**-*adj; ss*	vecino; el vecino
2099	**similar**-*adj*	similar
2107	**transfer**-*vb; ss; adj*	transferir; la transferencia; de transferencia
2114	**mysterious**-*adj*	misterioso
2115	**current**-*adj; ss*	corriente| presente; la corriente
2118	**connected**-*adj*	conectado
2122	**beaten**-*adj*	vencido
2126	**religious**-*adj; ss*	religioso; el religioso
2127	**dancer**-*ss; adj*	el bailarín; danzante
2130	**thick**-*adj; adv*	grueso| espeso; mucho
2136	**pat**-*ss; vb; adj; adv*	la palmadita; acariciar; oportuno; oportunamente
2137	**lane**-*ss; adj*	el carril| la calle; divisorias
2138	**touching**-*adj*	conmovedor
2141	**intelligent**-*adj*	inteligente
2142	**net**-*adj; ss; vb*	neto; los neto; enredar
2146	**downtown**-*ss; adj; adv*	el centro de la ciudad; céntrico; en el centro de la ciudad
2148	**distant**-*adj*	distante| lejano
2151	**toy**-*ss; adj; vb*	el juguete; de juguete; jugar
2153	**trunk**-*ss; adj*	el tronco; troncal
2157	**plastic**-*adj; ss*	plástico; el plástico
2158	**landing**-*ss; adj*	el aterrizaje| el desembarco; aterrizante
2169	**western**-*adj; ss*	occidental; el western
2190	**reasonable**-*adj*	razonable| juicioso
2192	**routine**-*ss; adj*	la rutina; de rutina
2195	**eternal**-*adj*	eterno
2199	**Greek**-*adj; ss*	griego; el griego
2202	**swell**-*vb; ss; adj*	hincharse| crecer; mar de fondo; estupendo
2203	**painful**-*adj*	doloroso
2204	**suspicious**-*adj*	suspicaz
2206	**chill**-*adj; ss; vb*	frío; el frío; enfriar| calmar
2214	**everyday**-*adj*	diario
2218	**fond**-*adj*	aficionado
2219	**rocky**-*adj*	rocoso
2220	**unique**-*adj*	único
2233	**thirsty**-*adj*	sediento
2235	**novel**-*ss; adj*	la novela; nuevo
2237	**mistaken**-*adj*	equivocado
2238	**reverend**-*adj; ss*	reverendo; el padre
2240	**emotional**-*adj*	emocional
2244	**cheating**-*ss; adj*	la trampa; engañado
2248	**delighted**-*adj*	encantado
2255	**principal**-*adj; ss*	principal; el principal
2261	**identity**-*ss; adj*	la identidad; personal
2263	**washed**-*adj*	lavado
2268	**average**-*ss; adj; vb*	el promedio| el medio; medio; calcular la media de
2272	**worrying**-*adj*	preocupante
2274	**magnificent**-*adj*	magnífico| suntuoso
2275	**pet**-*vb; ss; adj; adv*	acariciar; el animal favorito; mimado
2279	**wicked**-*adj; ss*	malvado| perverso; el bellaco
2285	**underground**-*adj; ss; adv*	subterráneo; el metro; bajo tierra
2292	**electric**-*adj; ss*	eléctrico; el eléctrico
2296	**smooth**-*adj; vb*	liso| fluido; alisar
2297	**divine**-*vb; adj; ss; vb*	adivinar| milagrear; divino; el divino
2303	**equal**-*adj; ss; vb*	igual| equitativo; el igual; ser igual a
2306	**tragedy**-*ss; adj*	la tragedia; de tragedia
2309	**martial**-*adj*	marcial
2310	**splendid**-*adj*	espléndido| lucido
2314	**valuable**-*adj*	valioso
2324	**print**-*vb; ss; adj*	imprimir| imprimirse; la impresión; estampado
2331	**scientific**-*adj*	científico
2332	**impressive**-*adj*	impresionante

2335	**fabulous**-*adj*	fabuloso
2337	**adventure**-*ss; adj; vb*	la aventura; de aventuras; aventurarse
2340	**financial**-*adj*	financiero
2346	**pro**-*prp; adj; ss; adv*	pro; favorable; el profesional; a favor
2348	**dramatic**-*adj*	dramático
2358	**basic**-*adj*	básico
2359	**instrumental**-*adj*	instrumental
2362	**related**-*adj*	emparentado
2363	**stubborn**-*adj*	obstinado
2364	**studied**-*adj*	estudiado
2365	**wee**-*adj; vb*	pequeñito; hacer pipí
2373	**moral**-*adj; ss*	moral| virtuoso; la moral
2383	**Latin**-*ss; adj*	el latín; latino
2385	**worthy**-*adj*	digno
2397	**underneath**-*adv; prp; adj; ss*	debajo; debajo de; de abajo; las superficie inferior
2405	**absolute**-*adj; ss*	absoluto| rotundo; el lo absoluto
2407	**peaceful**-*adj*	pacífico
2416	**superior**-*adj; ss*	superior; el superior
2419	**of the**-*adj*	de los
2426	**bitter**-*adj; ss*	amargo| encarnizado; la cerveza amarga
2428	**contrary**-*adj; adv; ss*	contrario; contrariamente; el lo contrario
2429	**terrorist**-*adj; ss*	terrorista; terrorista
2435	**forbidden**-*adj*	prohibido
2445	**potential**-*adj; ss*	potencial; el potencial
2451	**relative**-*adj; ss*	relativo| familiar; el relativo
2455	**complex**-*adj; ss*	complejo| total; el complejo
2460	**lazy**-*adj*	perezoso
2461	**nearby**-*adv; adj*	cerca; cercano
2462	**landed**-*adj*	aterrizado
2463	**granted**-*adj*	concedido
2464	**rose**-*adj; ss; vb*	rosado; la rosa; hacer rosado
2467	**foul**-*ss; vb; adj; adv*	la falta; ensuciar; asqueroso; sucio
2477	**absurd**-*adj*	absurdo| disparatado
2482	**motor**-*adj; ss; vb*	motor| automóvil; el motor; ir en coche
2488	**loyal**-*adj*	leal
2489	**specific**-*adj; ss*	específico; el específico
2490	**blonde**-*adj; ss*	rubia; la rubia
2491	**Catholic**-*adj; ss*	católico| universal; el católico
2501	**native**-*adj; ss*	nativo| natal; el nativo
2502	**counter**-*vb; ss; adj; adv*	contrarrestar; el contador; contrario; en contra
2506	**pearl**-*ss; adj; vb*	la perla; de perlas; gotear
2509	**anxious**-*adj*	ansioso| deseoso
2511	**naughty**-*adj*	travieso
2513	**individual**-*adj; ss; vb*	individual| particular; el individuo
2514	**communist**-*adj; ss*	comunista; comunista
2516	**timing**-*ss; adj*	la sincronización| el cronometraje; de distribución
2521	**enormous**-*adj*	enorme
2524	**brief**-*adj; ss; vb*	breve; el breve; informar

Adverbios

8	**that**-*con; prn; adj; adv*	que; que; que; ese; tan
10	**in**-*prp; adv; adj; ss*	en; dentro; para iniciados; el detalle
11	**what**-*adj; adv; prn*	qué; qué; que
16	**this**-*adj; prn; adv*	este; esto; tan
28	**all**-*adj; adv; ss; prn*	todos; todos; los todos; todos
29	**but**-*con; ss; prp; adv*	pero; pero; sino; solamente
30	**here**-*adv*	aquí
31	**there**-*adv*	hay
33	**so**-*adv; con*	así| tan; por tanto
35	**just**-*adv; adj*	sólo; justo
37	**like**-*vb; adv; prp; adj; ss; con*	gustar; como; igual
38	**up**-*adv; prp; adj; vb; ss*	hasta| arriba; encima de; ascendente; levantar; la cima
40	**right**-*adj; adv; ss; vb*	derecho; derecho; el derecho; corregir
43	**out**-*adv; ss; prp; adj; vb*	fuera; el out; de; exterior; expulsar
46	**now**-*adv*	ahora
48	**about**-*prp; adv*	sobre; unos
49	**how**-*con; adv*	cómo; de qué manera
54	**well**-*adj; adv; ss; vb*	bien| bien de salud; bien; el pozo; manar
56	**good**-*adj; adv; ss*	buen| bueno; bien; el bien
60	**as**-*adv; con; prp*	como; como; como
62	**why**-*adv; ss*	por qué; la razón
66	**when**-*adv; con*	cuando; cuando
69	**where**-*adv; con*	donde; donde
72	**back**-*adv; ss; vb; adj*	atrás; la espalda; respaldar; de vuelta
79	**then**-*adv; con; adj*	entonces; pues; de entonces
81	**some**-*adj; prn; adv*	algunos; algunos; unos
83	**okay**-*adj; adv; ss; vb*	bueno; muy bien; el visto bueno; aprobar
84	**by**-*prp; adv*	por; cerca
85	**too**-*adv*	también| demasiado
86	**down**-*adv; prp; adj; ss; vb*	abajo; por; de abajo; el plumón; devorar a
89	**something**-*adv; prn*	algo; algo
90	**never**-*adv*	nunca
92	**very**-*adv; adj*	muy; mismo
93	**more**-*adj; adv; ss*	más; más; los más
94	**really**-*adv*	realmente
96	**over**-*adv; prp; adj*	encima; encima de; terminado
98	**only**-*adv; adj; con*	sólo; único; pero
101	**little**-*adj; adv; ss*	poco| pequeño; poco; el poco
104	**off**-*adv; prp; adj; ss*	de; de; apagado; la salida
113	**much**-*adv; ss*	mucho; el mucho
114	**sure**-*adj; adv*	seguro| cierto; de verdad
115	**even**-*adv; vb; adj*	incluso| aún; igualar; uniforme
123	**first**-*adj; adv; ss*	primer; primero; el primero
126	**anything**-*prn; adv*	cualquier cosa; algo
127	**again**-*adv*	de nuevo| además
128	**away**-*adv; ss*	lejos; el partido jugado fuera
135	**still**-*adv; adj; con; ss; vb*	todavía; inmóvil; sin embargo; el alambique; calmar
137	**home**-*ss; adv; adj; vb*	la casa| el domicilio; a casa; casero; volver a casa
139	**before**-*adv; con; prp*	antes; antes de; antes de
140	**better**-*adj; adv; vb; ss*	mejor; mejor; mejorar; el el mejor
142	**other**-*adj; prn; adv*	otro; otro; más
144	**after**-*adv; prp; con; adj*	después| detrás; después de; después de que; posterior
145	**maybe**-*adv*	tal vez
146	**great**-*adj; adv*	gran| grande; importantemente
149	**always**-*adv*	siempre
150	**long**-*adj; adv; vb; ss*	largo| prolongado; mucho tiempo; anhelar; las resumida
158	**last**-*vb; adj; ss; adv*	durar; último; el último; por última vez
160	**around**-*adv; prp*	alrededor; alrededor de
163	**ever**-*adv*	nunca
180	**enough**-*adj; adv; ss*	suficiente; suficiente; la abundancia

183	**o.k.**-*adv; ss; adj; vb*	muy bien; el visto bueno; aprobado; aprobar
188	**wrong**-*adj; adv; ss; vb*	incorrecto; mal; el mal; agraviar
193	**lot**-*adv; ss; vb*	mucho| bastante; la porción; coleccionar
195	**through**-*prp; adv; adj*	a través de; hasta; de paso
200	**today**-*adv; ss*	hoy; el hoy
201	**dead**-*adj; ss; adv*	muerto; el muerto; totalmente
210	**same**-*adj; prn; adv*	mismo; él mismo; de la misma forma
217	**else**-*adv; adj*	más; sobrante
222	**next**-*adj; adv; prp*	próximo| entrante; después; al lado de
224	**live**-*vb; adj; adv*	vivir| llevar; vivo; en vivo
226	**real**-*ss; adj; adv*	el real| el lo real; real; realmente
227	**without**-*prp; adv*	sin; fuera
230	**together**-*adv; adj*	juntos; junto
231	**tomorrow**-*adv; ss*	mañana; la mañana
234	**once**-*adv; ss; con; adj*	una vez; las una vez; una vez que; de entonces
235	**such**-*adj; adv; prn*	tal| semejante; tan; que
238	**most**-*adj; adv; sfj; ss*	más; más; más; la mayoría
239	**alone**-*adj; adv*	solo| único; sólo
243	**already**-*adv*	ya
246	**tonight**-*adv*	esta noche
252	**yet**-*adv; con*	todavía; con todo
258	**while**-*con; ss; adv; vb*	mientras; el rato; mientras tanto; pasar
261	**pretty**-*adv; adj; ss*	bastante; bonito; la cosa bonita
263	**since**-*prp; con; adv*	desde; ya que; desde entonces
271	**hard**-*adj; adv*	duro| difícil; mucho
275	**both**-*adj; prn; adv*	ambos| los dos; ambos; a la vez
278	**true**-*adj; adv; ss*	verdadero| fiel; bien; el plomo
280	**soon**-*adv*	pronto
284	**young**-*adj; ss; adv*	joven joven; juvenilmente
288	**few**-*adj; adv*	pocos; poco
290	**later**-*adv; adj*	más tarde; posterior
295	**ago**-*adj; adv*	hace; hace
303	**dear**-*adj; adv; ss*	querido| caro; caro; el cariño
304	**also**-*adv*	también| ítem
308	**late**-*adj; adv*	tarde; tarde
312	**easy**-*adj; adv*	fácil| sencillo; fácilmente
320	**under**-*prp; adv*	bajo; debajo
321	**second**-*adj; ss; adv; vb*	segundo; el segundo; en segundo lugar; secundar
325	**far**-*adv; adj*	lejos| mucho; lejano
326	**actually**-*adv*	realmente
334	**anyway**-*adv*	de todos modos
336	**part**-*ss; adj; vb; adv*	la parte; parcial; separarse; en parte
346	**quite**-*adv*	bastante
349	**close**-*vb; adv; adj; ss*	cerrar| cerrarse; cerca; cercano; el fin
351	**inside**-*adj; adv; prp; ss*	dentro; dentro; dentro de; el interior
353	**half**-*ss; adj; adv*	la mitad; medio; medio
354	**probably**-*adv*	probablemente
357	**against**-*prp; adv*	contra; contrapelo
358	**exactly**-*adv*	exactamente
382	**high**-*adj; ss; adv*	alto| mayor; el máximo; a gran altura
389	**free**-*adj; adv; vb; ss*	libre; gratis; librar; la rebatiña
392	**anymore**-*adv*	ya
395	**almost**-*adv*	casi
397	**least**-*adv; ss; adj*	menos; el lo menos; mínimo
400	**along**-*adv; prp*	a lo largo; a lo largo de
402	**behind**-*adv; prp; ss*	detrás; detrás de; el trasero
404	**though**-*con; adv*	aunque; sin embargo
406	**between**-*prp; adv*	entre; en medio
408	**light**-*ss; adj; vb; adv*	la luz; de luz; iluminar; ligeramente
412	**ahead**-*adv*	adelante
414	**full**-*adj; adv; vb*	completo| lleno; por completo; completar
424	**hot**-*adj; adv*	caliente| caluroso; ardientemente
428	**sometimes**-*adv*	a veces
432	**either**-*con; adj; prn; adv*	o; cualquiera de los dos; cualquiera de los dos; también

433	**outside**-*adv; prp; ss; adj*	fuera; fuera de; el exterior; externo
442	**perhaps**-*adv*	quizás
444	**clear**-*adj; vb; adv; ss*	claro| despejado; despejar; claramente; la falta de deudas
457	**cold**-*adj; ss; adv*	frío; el frío; totalmente
492	**fast**-*vb; adj; adv; ss*	ayunar| tener ayuno; rápido; rápidamente; el ayuno
494	**sound**-*ss; vb; adj; adv*	el sonido| el estrecho; sonar; del sonido; profundamente
504	**rather**-*adv*	más bien
507	**alright**-*adv*	bien
514	**past**-*adj; ss; prp; adv*	pasado; el pasado; más allá de; por delante
521	**straight**-*adv; adj*	directamente; recto
524	**longer**-*adv*	más
531	**quick**-*adj; adv*	rápido| ágil; rápidamente
539	**somewhere**-*adv*	en alguna parte
550	**clean**-*vb; adj; adv*	limpiar; limpio; enteramente
557	**less**-*adj; adv; prp; sfj*	menos; menos; menos; sin
565	**finally**-*adv*	finalmente
567	**yesterday**-*adv; ss*	ayer; el ayer
568	**early**-*adj; adv*	temprano; temprano
579	**certainly**-*adv*	ciertamente
588	**absolutely**-*adv*	absolutamente
591	**lovely**-*adj; ss; adv*	encantador| delicioso; la belleza; hermosamente
610	**near**-*adv; prp; adj; vb*	cerca; cerca de; cercano; aproximarse
622	**forever**-*adv; ss*	siempre| para siempre; la eternidad
632	**short**-*adj; adv; ss; vb*	corto| poco; a corto; el cortocircuito; poner en cortocircuito
649	**except**-*prp; vb; adv*	excepto| salvo; exceptuar; sin
656	**completely**-*adv*	completamente
657	**across**-*adv; prp*	a través| de un lado a otro; a través de
667	**round**-*vb; ss; adj; adv; prp*	redondear| doblar; la ronda; redondo; alrededor; alrededor de
675	**instead**-*adv*	en lugar

681	**deep**-*adj; adv; ss*	profundo| oscuro; profundamente; el fondo
697	**anywhere**-*adv*	dondequiera
698	**quickly**-*adv*	rápidamente
714	**often**-*adv*	a menudo
720	**third**-*ss; adj; adv*	la tercera; tercero; en tercer lugar
746	**besides**-*adv; prp*	además| por otra parte; además de
748	**forward**-*vb; adv; adj; ss*	reenviar; adelante; delantero; el delantero
762	**neither**-*adv; con; adj; prn*	ni; ni; ninguno; ninguno
767	**bloody**-*adj; adv*	sangriento; sumamente
778	**slow**-*adj; adv; vb*	lento; despacio; retardar
782	**north**-*ss; adv; adj*	el norte; al norte; septentrional
796	**totally**-*adv*	totalmente
813	**within**-*adv; prp*	dentro; dentro
846	**especially**-*adv*	especialmente
858	**suddenly**-*adv*	de repente| de pronto
861	**everywhere**-*adv*	en todas partes
867	**seriously**-*adv*	seriamente
877	**immediately**-*adv*	inmediatamente
878	**definitely**-*adv*	seguro
883	**low**-*adj; adv; ss; vb*	bajo; bajo; el punto más bajo; hacer mugido
901	**upstairs**-*adv; ss*	arriba; el piso superior
919	**indeed**-*adv*	en efecto
924	**above**-*adv; prp; adj*	encima; encima de; antedicho
926	**further**-*vb; adv; adj*	promover| adelantar; además; adicional
930	**blind**-*adj; vb; adv; ss*	ciego; cegar; a ciegas; la persiana
937	**aye**-*part; adv*	sí; siempre
945	**otherwise**-*adv; con*	de otra manera; si no
946	**heavy**-*adj; ss; adv*	pesado| fuerte; el matón; penosamente
950	**twice**-*adv*	dos veces
955	**plenty**-*adv; ss; adj*	mucho| muy; la abundancia; abundante
975	**however**-*con; adv*	sin embargo; de todos modos
979	**usually**-*adv*	en general
982	**hardly**-*adv*	apenas

989	**simply**-*adv*	simplemente	
1012	**east**-*ss; adj; adv*	el este; del este; oriente	
1019	**apart**-*adj; adv*	aparte; aparte	
1024	**tight**-*adj; adv*	ajustado| apretado; herméticamente	
1029	**closer**-*adv*	íntimamente	
1051	**obviously**-*adv*	obviamente	
1052	**ill**-*adj; adv; ss*	enfermo; mal; el mal	
1061	**extra**-*ss; adj; adv*	el extra; adicional; extraordinariamente	
1064	**beyond**-*adv; prp*	más allá; más allá de	
1085	**level**-*ss; vb; adj; adv*	el nivel; nivelar; a nivel; a nivel	
1099	**due**-*adj; adv; ss*	debido; debidamente; el deber	
1127	**earlier**-*adv*	más temprano	
1172	**loud**-*adj; adv*	fuerte| ruidoso; alto	
1175	**nearly**-*adv*	casi	
1179	**surely**-*adv*	seguramente| por supuesto	
1182	**perfectly**-*adv*	perfectamente	
1203	**nowhere**-*adv*	en ninguna parte	
1204	**somehow**-*adv*	de alguna manera	
1205	**truly**-*adv*	verdaderamente	
1210	**slowly**-*adv*	despacio	
1225	**possibly**-*adv*	probablemente	
1228	**lonely**-*adj; adv*	solo| solitario; solitariamente	
1241	**flat**-*ss; adj; adv*	el piso| el plano; plano; completamente	
1255	**bright**-*adj; adv*	brillante| luminoso; brillantemente	
1281	**whenever**-*adv; con*	cuando; cuando	
1300	**sooner**-*adv*	antes	
1303	**downstairs**-*adv; adj; ss*	abajo; de abajo; el piso inferior	
1336	**lately**-*adv*	últimamente	
1351	**unfortunately**-*adv*	desafortunadamente	
1355	**apparently**-*adv*	aparentemente	
1357	**super**-*adj; adv; ss*	súper| estupendo; súper; superintendente	
1368	**clearly**-*adv*	claramente	
1410	**easily**-*adv*	fácilmente	
1413	**rough**-*adj; adv; ss*	áspero| aproximado; duro; el terreno	
1415	**personally**-*adv*	personalmente	
1431	**badly**-*adv*	mal	
1433	**below**-*adv; prp*	abajo| por debajo; debajo de	

1438	**piano**-*adv; ss*	piano; el piano	
1440	**carefully**-*adv*	cuidadosamente	
1448	**therefore**-*adv*	por lo tanto	
1459	**someday**-*adv*	algún día	
1461	**wherever**-*adv; con*	donde; dondequiera	
1484	**proper**-*adj; ss; adv*	apropiado| correcto; el propio; muy	
1497	**honestly**-*adv*	honestamente	
1518	**bang**-*ss; vb; adv*	la explosión| el golpe; golpear; justo	
1535	**recently**-*adv*	recientemente	
1546	**wide**-*adj; adv*	ancho; lejos	
1564	**sometime**-*adv*	a veces	
1570	**precious**-*adj; adv*	precioso; muy	
1603	**junior**-*ss; adj; adv*	el júnior| el menor; joven; juvenilmente	
1621	**mighty**-*adj; adv*	poderoso; muy	
1623	**youth**-*ss; adj; adv*	la juventud; juvenil; juvenilmente	
1631	**sharp**-*adj; ss; adv*	fuerte| agudo; en punto	
1638	**naturally**-*adv*	naturalmente	
1642	**friendly**-*adj; adv; ss*	amable| amistoso; amistosamente; el partido amistoso	
1682	**barely**-*adv*	apenas| difícilmente	
1684	**aboard**-*adv; prp*	a bordo; a bordo de	
1689	**aside**-*adv; ss*	aparte; el aparte	
1691	**terribly**-*adv*	terriblemente	
1723	**extremely**-*adv*	extremadamente	
1732	**direct**-*adj; vb; adv*	directo| continuo; dirigir; directamente	
1753	**likely**-*adj; adv*	probable; probablemente	
1766	**basically**-*adv*	fundamentalmente	
1779	**mostly**-*adv*	principalmente	
1780	**rare**-*adj; adv*	raro; extraordinariamente	
1807	**deeply**-*adv*	profundamente	
1815	**thus**-*adv*	así	
1823	**eventually**-*adv*	eventualmente	
1835	**properly**-*adv*	correctamente	
1847	**plain**-*ss; adj; adv*	la llanura| la planicie; simple; claramente	
1850	**directly**-*adv*	directamente	
1870	**thin**-*adj; adv; vb*	delgado| fino; delgadamente; adelgazar	
1917	**afterwards**-*adv*	después	
1926	**entirely**-*adv*	enteramente	

1928	**someplace**-*adv*	en algún lugar
1942	**unknown**-*adj; ss; adv*	desconocido; el desconocido; sin saber
1972	**highly**-*adv*	muy
2018	**opposite**-*adj; prp; ss; adv*	opuesto; frente a; el lo contrario; en frente
2025	**quietly**-*adv*	tranquilamente
2046	**any time**-*adv*	en cualquier momento
2050	**daily**-*adj; adv; ss*	diario; diario; el diario
2051	**fully**-*adv*	completamente
2061	**forth**-*adv*	adelante
2073	**particularly**-*adv*	particularmente| especialmente
2084	**practically**-*adv*	prácticamente
2130	**thick**-*adj; adv*	grueso| espeso; mucho
2135	**frankly**-*adv*	francamente
2136	**pat**-*ss; vb; adj; adv*	la palmadita; acariciar; oportuno; oportunamente
2146	**downtown**-*ss; adj; adv*	el centro de la ciudad; céntrico; en el centro de la ciudad
2178	**merely**-*adv*	simplemente
2196	**awfully**-*adv*	muy
2236	**normally**-*adv*	normalmente
2253	**precisely**-*adv*	precisamente
2285	**underground**-*adj; ss; adv*	subterráneo; el metro; bajo tierra
2294	**throughout**-*prp; adv*	en todo; en todas partes
2346	**pro**-*prp; adj; ss; adv*	pro; favorable; el profesional; a favor
2372	**beneath**-*adv; prp*	debajo; bajo
2397	**underneath**-*adv; prp; adj; ss*	debajo; debajo de; de abajo; las superficie inferior
2409	**softly**-*adv*	suavemente
2428	**contrary**-*adj; adv; ss*	contrario; contrariamente; el lo contrario
2458	**meanwhile**-*adv*	mientras tanto
2461	**nearby**-*adv; adj*	cerca; cercano
2467	**foul**-*ss; vb; adj; adv*	la falta; ensuciar; asqueroso; sucio
2502	**counter**-*vb; ss; adj; adv*	contrarrestar; el contador; contrario; en contra

Conjunciones

7	**and**-*con*	y| e
8	**that**-*con; prn; adj; adv*	que; que; que; ese; tan
17	**for**-*prp; con*	para| por; para que
29	**but**-*con; ss; prp; adv*	pero; pero; sino; solamente
33	**so**-*adv; con*	así| tan; por tanto
37	**like**-*vb; adv; prp; adj; ss; con*	gustar; como; igual
44	**if**-*con; ss*	si; la duda
49	**how**-*con; adv*	cómo; de qué manera
60	**as**-*adv; con; prp*	como; como; como
66	**when**-*adv; con*	cuando; cuando
69	**where**-*adv; con*	donde; donde
76	**or**-*con*	o
79	**then**-*adv; con; adj*	entonces; pues; de entonces
98	**only**-*adv; adj; con*	sólo; único; pero
112	**because**-*con*	porque
135	**still**-*adv; adj; con; ss; vb*	todavía; inmóvil; sin embargo; el alambique; calmar
139	**before**-*adv; con; prp*	antes; antes de; antes de
144	**after**-*adv; prp; con; adj*	después| detrás; después de; después de que; posterior
147	**than**-*con*	que
234	**once**-*adv; ss; con; adj*	una vez; las una vez; una vez que; de entonces
252	**yet**-*adv; con*	todavía; con todo
258	**while**-*con; ss; adv; vb*	mientras; el rato; mientras tanto; pasar
263	**since**-*prp; con; adv*	desde; ya que; desde entonces
306	**until**-*prp; con*	hasta; hasta que
404	**though**-*con; adv*	aunque; sin embargo
432	**either**-*con; adj; prn; adv*	o; cualquiera de los dos; cualquiera de los dos; también
443	**save**-*vb; prp; ss; con*	guardar| ahorrar; salvo; la parada; a no ser que
480	**till**-*prp; con; vb; ss*	hasta; hasta que; labrar; la caja registradora
673	**unless**-*con*	a menos que

762	**neither**-*adv; con; adj; prn*	ni; ni; ninguno; ninguno
763	**whether**-*con*	si
899	**nor**-*con*	ni
945	**otherwise**-*adv; con*	de otra manera; si no
975	**however**-*con; adv*	sin embargo; de todos modos
1195	**although**-*con*	aunque
1281	**whenever**-*adv; con*	cuando; cuando
1461	**wherever**-*adv; con*	donde; dondequiera

Preposiciones

4	**to**-*prp*	a| para| en
9	**of**-*prp*	de| a| para
10	**in**-*prp; adv; adj; ss*	en; dentro; para iniciados; el detalle
17	**for**-*prp; con*	para| por; para que
19	**on**-*prp; adj*	en; encendido
27	**with**-*prp*	con
29	**but**-*con; ss; prp; adv*	pero; pero; sino; solamente
37	**like**-*vb; adv; prp; adj; ss; con*	gustar; como; igual
38	**up**-*adv; prp; adj; vb; ss*	hasta| arriba; encima de; ascendente; levantar; la cima
43	**out**-*adv; ss; prp; adj; vb*	fuera; el out; de; exterior; expulsar
45	**at**-*prp; ss*	en; la arroba
48	**about**-*prp; adv*	sobre; unos
60	**as**-*adv; con; prp*	como; como; como
64	**from**-*prp*	de
84	**by**-*prp; adv*	por; cerca
86	**down**-*adv; prp; adj; ss; vb*	abajo; por; de abajo; el plumón; devorar a
96	**over**-*adv; prp; adj*	encima; encima de; terminado
104	**off**-*adv; prp; adj; ss*	de; de; apagado; la salida
133	**into**-*prp*	en
139	**before**-*adv; con; prp*	antes; antes de; antes de
144	**after**-*adv; prp; con; adj*	después| detrás; después de; después de que; posterior
160	**around**-*adv; prp*	alrededor; alrededor de
195	**through**-*prp; adv; adj*	a través de; hasta; de paso
222	**next**-*adj; adv; prp*	próximo| entrante; después; al lado de
227	**without**-*prp; adv*	sin; fuera
263	**since**-*prp; con; adv*	desde; ya que; desde entonces
306	**until**-*prp; con*	hasta; hasta que
320	**under**-*prp; adv*	bajo; debajo
351	**inside**-*adj; adv; prp; ss*	dentro; dentro; dentro de; el interior
357	**against**-*prp; adv*	contra; contrapelo
400	**along**-*adv; prp*	a lo largo; a lo largo de
402	**behind**-*adv; prp; ss*	detrás; detrás de; el trasero
406	**between**-*prp; adv*	entre; en medio
433	**outside**-*adv; prp; ss; adj*	fuera; fuera de; el exterior; externo
443	**save**-*vb; prp; ss; con*	guardar| ahorrar; salvo; la parada; a no ser que
480	**till**-*prp; con; vb; ss*	hasta; hasta que; labrar; la caja registradora
514	**past**-*adj; ss; prp; adv*	pasado; el pasado; más allá de; por delante
557	**less**-*adj; adv; prp; sfj*	menos; menos; menos; sin
610	**near**-*adv; prp; adj; vb*	cerca; cerca de; cercano; aproximarse
644	**during**-*prp*	durante
649	**except**-*prp; vb; adv*	excepto| salvo; exceptuar; sin
657	**across**-*adv; prp*	a través| de un lado a otro; a través de
667	**round**-*vb; ss; adj; adv; prp*	redondear| doblar; la ronda; redondo; alrededor; alrededor de
676	**government**-*ss; prp*	el gobierno| el estado; con referencia a
743	**upon**-*prp*	sobre
746	**besides**-*adv; prp*	además| por otra parte; además de
773	**bar**-*ss; vb; prp*	el bar| la barra; prohibir; excepto
813	**within**-*adv; prp*	dentro; dentro
924	**above**-*adv; prp; adj*	encima; encima de; antedicho
1036	**among**-*prp*	entre
1064	**beyond**-*adv; prp*	más allá; más allá de
1134	**ex**-*prp; ss*	ex; el pasado
1208	**towards**-*prp*	hacia
1280	**plus**-*adj; ss; prp*	más; los más; además de
1347	**onto**-*prp*	sobre
1433	**below**-*adv; prp*	abajo| por debajo; debajo de
1495	**per**-*prp*	por
1614	**saving**-*ss; prp; adj*	el ahorro| la salvación; salvo; económico
1684	**aboard**-*adv; prp*	a bordo; a bordo de

2001	**toward**-*prp*	hacia
2012	**vice**-*ss; prp*	el vicio; en vez de
2018	**opposite**-*adj; prp; ss; adv*	opuesto; frente a; el lo contrario; en frente
2049	**beside**-*prp*	junto a
2072	**despite**-*prp*	a pesar de
2294	**throughout**-*prp; adv*	en todo; en todas partes
2346	**pro**-*prp; adj; ss; adv*	pro; favorable; el profesional; a favor
2372	**beneath**-*adv; prp*	debajo; bajo
2397	**underneath**-*adv; prp; adj; ss*	debajo; debajo de; de abajo; las superficie inferior

Pronombres

1	**you**-*prn*	usted| te| le
2	**I**-*prn*	yo
6	**it**-*prn*	lo
8	**that**-*con; prn; adj; adv*	que; que; que; ese; tan
11	**what**-*adj; adv; prn*	qué; qué; que
13	**me**-*prn*	me
14	**we**-*prn*	nosotros
15	**he**-*prn; ss*	él; el varón
16	**this**-*adj; prn; adv*	este; esto; tan
18	**my**-*prn*	mi
20	**your**-*prn*	su
28	**all**-*adj; adv; ss; prn*	todos; todos; los todos; todos
32	**they**-*prn*	ellos
41	**she**-*prn; ss*	ella; la hembra
42	**him**-*prn*	le
47	**one**-*adj; prn; ss*	uno| uno; uno; la unidad
52	**her**-*prn*	sus
61	**who**-*prn*	que
65	**his**-*adj; prn*	su; su
71	**them**-*prn*	ellos
74	**us**-*prn*	nos
81	**some**-*adj; prn; adv*	algunos; algunos; unos
82	**our**-*prn*	nuestro
89	**something**-*adv; prn*	algo; algo
111	**any**-*adj; prn*	cualquier; alguna
116	**nothing**-*prn; ss*	nada; el cero
118	**these**-*adj; prn*	estos; estos
126	**anything**-*prn; adv*	cualquier cosa; algo
141	**their**-*prn*	sus
142	**other**-*adj; prn; adv*	otro; otro; más
148	**those**-*adj; prn*	esos; aquellos
153	**everything**-*prn*	todo
182	**every**-*adj; prn*	cada; cada
190	**which**-*prn; adj*	que; cuyo
192	**another**-*adj; prn*	otro; otro
203	**own**-*vb; adj; prn*	tener| ser dueño de; propio; suyo
207	**someone**-*prn*	alguien
210	**same**-*adj; prn; adv*	mismo; él mismo; de la misma forma
212	**yourself**-*prn*	usted mismo
219	**many**-*adj; prn*	muchos; muchos
235	**such**-*adj; adv; prn*	tal| semejante; tan; que
250	**myself**-*prn*	mí mismo
275	**both**-*adj; prn; adv*	ambos| los dos; ambos; a la vez
292	**everyone**-*prn*	todos
299	**everybody**-*prn*	todos
300	**each**-*adj; prn*	cada; cada
302	**anyone**-*prn*	nadie
314	**mine**-*ss; prn; vb*	la mina; el mío; extraer
318	**nobody**-*prn*	nadie
323	**somebody**-*prn*	alguien
331	**its**-*prn*	sus
366	**yours**-*prn*	suyo
368	**whatever**-*adj; prn*	cualquier; lo que
426	**anybody**-*prn*	nadie
432	**either**-*con; adj; prn; adv*	o; cualquiera de los dos; cualquiera de los dos; también
468	**himself**-*prn*	sí mismo
564	**none**-*prn*	ninguno
762	**neither**-*adv; con; adj; prn*	ni; ni; ninguno; ninguno
807	**whose**-*adj; prn*	cuyo; cuyo
884	**self**-*ss; prn; adj*	yo; se; puro
897	**ourselves**-*prn*	nosotros mismos
911	**themselves**-*prn*	sí mismos
931	**whom**-*prn*	quién
994	**herself**-*prn*	sí misma
1039	**itself**-*prn*	sí mismo
1154	**ours**-*prn*	la nuestra
1212	**thou**-*prn*	tú
1226	**whoever**-*prn*	quien
2399	**hers**-*prn*	suyo

Sustantivos

10	**in**-*prp; adv; adj; ss*	en; dentro; para iniciados; el detalle
15	**he**-*prn; ss*	él; el varón
22	**do**-*vb; ss*	hacer| realizar; el do
23	**no**-*part; adj; ss*	no; ninguno; la negativa
25	**can**-*ss; vb*	la lata; poder
28	**all**-*adj; adv; ss; prn*	todos; todos; los todos; todos
29	**but**-*con; ss; prp; adv*	pero; pero; sino; solamente
36	**go**-*vb; ss*	ir| pasar; el empuje
37	**like**-*vb; adv; prp; adj; ss; con*	gustar; como; igual
38	**up**-*adv; prp; adj; vb; ss*	hasta| arriba; encima de; ascendente; levantar; la cima
40	**right**-*adj; adv; ss; vb*	derecho; derecho; el derecho; corregir
41	**she**-*prn; ss*	ella; la hembra
43	**out**-*adv; ss; prp; adj; vb*	fuera; el out; de; exterior; expulsar
44	**if**-*con; ss*	si; la duda
45	**at**-*prp; ss*	en; la arroba
47	**one**-*adj; prn; ss*	uno| uno; uno; la unidad
51	**want**-*ss; vb*	la falta| la necesidad; querer
53	**will**-*ss; vb*	la voluntad| el albedrío; querer
54	**well**-*adj; adv; ss; vb*	bien| bien de salud; bien; el pozo; manar
56	**good**-*adj; adv; ss*	buen| bueno; bien; el bien
57	**let**-*vb; ss*	alquiler| dejar; la dejada
58	**yes**-*ss; part; vb*	el sí; sí; decir sí
62	**why**-*adv; ss*	por qué; la razón
67	**man**-*ss; vb*	el hombre| el señor; tripular
68	**take**-*ss; vb*	la toma| la recaudación; tomar
70	**time**-*ss; vb*	el tiempo| la vez; cronometrar
72	**back**-*adv; ss; vb; adj*	atrás; la espalda; respaldar; de vuelta
75	**look**-*ss; vb*	la mirada| el aspecto; buscar
78	**say**-*vb; ss*	decir| expresar; los parecer
83	**okay**-*adj; adv; ss; vb*	bueno; muy bien; el visto bueno; aprobar
86	**down**-*adv; prp; adj; ss; vb*	abajo; por; de abajo; el plumón; devorar a
91	**way**-*ss*	la manera| la forma
93	**more**-*adj; adv; ss*	más; más; los más
95	**make**-*vb; ss*	hacer| introducir; la marca
99	**love**-*ss; vb*	el amor| el cariño; amar
100	**give**-*vb; ss*	dar| ofrecer; la elasticidad
101	**little**-*adj; adv; ss*	poco| pequeño; poco; el poco
102	**need**-*ss; vb*	la necesidad| la falta; necesitar
103	**people**-*ss; vb*	las personas| el pueblo; poblar
104	**off**-*adv; prp; adj; ss*	de; de; apagado; la salida
108	**sir**-*ss*	el señor| el sir
110	**mean**-*ss; vb; adj*	la media; significar; medio
113	**much**-*adv; ss*	mucho; el mucho
116	**nothing**-*prn; ss*	nada; el cero
117	**must**-*vb; adj; ss*	deber; necesario; la obligación
119	**thing**-*ss*	la cosa| el asunto
120	**help**-*ss; vb*	la ayuda; ayudar
121	**god**-*ss*	el dios
122	**day**-*ss*	el día| la fecha
123	**first**-*adj; adv; ss*	primer; primero; el primero
124	**win**-*vb; ss*	ganar| conseguir; el triunfo
125	**life**-*ss; adj*	la vida; de vida
128	**away**-*adv; ss*	lejos; el partido jugado fuera
129	**stop**-*ss; vb; adj*	la parada| el tope; detener; de alto
130	**wait**-*vb; ss*	esperar| dejar; la espera
131	**night**-*ss; adj*	la noche; de noche
132	**find**-*vb; ss*	encontrar| hallar; el hallazgo
134	**work**-*ss; vb*	el trabajo| la labor; trabajar
135	**still**-*adv; adj; con; ss; vb*	todavía; inmóvil; sin embargo; el alambique; calmar

136	**put**-*vb; ss*	poner| colocar; el sometimiento
137	**home**-*ss; adv; adj; vb*	la casa| el domicilio; a casa; casero; volver a casa
138	**call**-*ss; vb*	la llamada; llamar
140	**better**-*adj; adv; vb; ss*	mejor; mejor; mejorar; el el mejor
143	**talk**-*vb; ss*	hablar| platicar; la conversación
150	**long**-*adj; adv; vb; ss*	largo| prolongado; mucho tiempo; anhelar; las resumida
151	**money**-*ss*	el dinero| la riqueza
152	**old**-*adj; ss*	viejo| anciano; el los viejos
154	**leave**-*vb; ss*	dejar| salir; la licencia
155	**keep**-*vb; ss*	mantener| tener; el torreón
157	**name**-*ss; vb*	el nombre| el título; nombrar
158	**last**-*vb; adj; ss; adv*	durar; último; el último; por última vez
159	**father**-*ss; vb*	el padre; engendrar
161	**year**-*ss*	el año
164	**place**-*ss; vb*	el lugar| la plaza; colocar
167	**feel**-*ss; vb*	la sensación| el tacto; sentir
168	**girl**-*ss*	la muchacha| la criada
169	**stay**-*ss; vb*	la estancia; permanecer
171	**mother**-*ss; vb*	la madre; mimar
174	**may**-*vb; ss*	poder; la flor del espino
175	**guy**-*ss; vb*	el individuo| el tipo; ridiculizar
178	**shit**-*ss; vb*	la mierda; cagar
179	**world**-*ss; adj*	el mundo| el siglo; mundial
180	**enough**-*adj; adv; ss*	suficiente; suficiente; la abundancia
181	**fine**-*ss; adj; vb*	la multa; fino; multar
183	**o.k.**-*adv; ss; adj; vb*	muy bien; el visto bueno; aprobado; aprobar
185	**house**-*ss; vb*	la casa| la cámara; alojar
186	**course**-*ss; vb*	el curso; ir según el camino
187	**boy**-*ss*	el muchacho| el niño
188	**wrong**-*adj; adv; ss; vb*	incorrecto; mal; el mal; agraviar
189	**bad**-*adj; ss*	malo| grave; el lo malo
191	**woman**-*ss*	la mujer
193	**lot**-*adv; ss; vb*	mucho| bastante; la porción; coleccionar
194	**kind**-*ss; adj*	el tipo| la clase; amable
196	**fuck**-*vb; ss*	joder| follar; el polvo
198	**kill**-*vb; ss*	matar| asesinar; la matanza
199	**son**-*ss*	el hijo
200	**today**-*adv; ss*	hoy; el hoy
201	**dead**-*adj; ss; adv*	muerto; el muerto; totalmente
202	**show**-*vb; ss*	mostrar| demostrar; el show
205	**care**-*ss; vb*	el cuidado| la asistencia; cuidar
206	**mind**-*ss; vb*	la mente| el espíritu; preocuparse
208	**try**-*ss; vb*	el intento| el ensayo; probar
211	**car**-*ss*	el coche| el auto
213	**might**-*va; ss*	poder; el poder
214	**dad**-*ss*	el papá
215	**miss**-*ss; vb*	la señorita| el error; perder
216	**morning**-*adj; ss*	mañana; la mañana
218	**hell**-*ss*	el infierno
220	**friend**-*ss*	el amigo
221	**baby**-*ss; adj*	el bebé| el niño; pequeño
223	**move**-*ss; vb*	el movimiento| la jugada; mover
225	**hold**-*ss; vb*	el asimiento| el asidero; mantener
226	**real**-*ss; adj; adv*	el real| el lo real; real; realmente
228	**saw**-*ss; vb*	la sierra; serrar
229	**room**-*ss; vb*	la habitación| el espacio; alojarse en casa
231	**tomorrow**-*adv; ss*	mañana; la mañana
232	**wife**-*ss*	la esposa
233	**job**-*ss; vb*	el trabajo| el empleo; trabajar
234	**once**-*adv; ss; con; adj*	una vez; las una vez; una vez que; de entonces
236	**matter**-*ss; vb*	la materia| la sustancia; importar

237	head-*ss; vb; adj*	la cabeza	el jefe; dirigir; principal
238	most-*adj; adv; sfj; ss*	más; más; más; la mayoría
240	ready-*adj; vb; ss*	listo	preparado; preparar; la disposición
241	haven-*ss*	el refugio	el puerto
244	brother-*ss*	el hermano	el cofrade
245	play-*vb; ss*	jugar	desempeñar; el juego
247	door-*ss*	la puerta
249	mom-*ss*	la mamá
251	open-*vb; adj; ss*	abrir	abrirse; abierto; los aire libre
253	whole-*adj; ss*	todo	entero; el todo
254	meet-*vb; adj; ss*	conocer	satisfacer; conveniente; la cacería
255	excuse-*ss; vb*	la excusa	la disculpa; excusar
256	family-*ss; adj*	la familia; familiar
257	use-*ss; vb*	el uso	el empleo; utilizar
258	while-*con; ss; adv; vb*	mientras; el rato; mientras tanto; pasar
259	die-*vb; ss*	morir; el dado
260	start-*vb; ss*	comenzar	iniciar; el comienzo
261	pretty-*adv; adj; ss*	bastante; bonito; la cosa bonita
262	idea-*ss*	la idea	el concepto
264	watch-*ss; vb*	el reloj	la vigilancia; ver
265	turn-*ss; vb*	la vez	la vuelta; convertir
266	hope-*ss; vb*	la esperanza	la ilusión; esperar
267	guess-*vb; ss*	adivinar	suponer; la conjetura
268	end-*adj; ss; vb*	final; el final; terminar
270	beautiful-*adj; ss*	hermoso	lindo; la la belleza
272	hand-*ss; vb; adj*	la mano; entregar; de mano
273	bit-*ss*	el poco
274	school-*ss; adj; vb*	la escuela	la educación; escolar; enseñar
276	worry-*ss; vb*	la preocupación	el cuidado; preocuparse
277	minute-*ss; adj; vb*	el minuto; minucioso; minutar
278	true-*adj; adv; ss*	verdadero	fiel; bien; el plomo
279	face-*ss; vb*	la cara	el rostro; afrontar
284	young-*adj; ss; adv*	joven joven; juvenilmente
285	business-*ss*	la empresa
287	heart-*ss*	el corazón	el centro
289	problem-*ss; adj*	el problema; problemático
293	drink-*ss; vb*	la bebida	el trago; beber
294	damn-*adj; vb; ss*	maldito; condenar; la maldición
297	pay-*ss; vb*	la paga	el jornal; pagar
298	police-*ss; vb; adj*	la policía	el control; vigilar; policíaco
301	water-*ss; vb; adj*	las agua	la orina; regar; de agua
303	dear-*adj; adv; ss*	querido	caro; caro; el cariño
309	phone-*ss; vb*	el teléfono; telefonear
310	eye-*ss; vb*	el ojo	la yema; mirar
311	kid-*ss; adj; vb*	el niño	el cabrito; joven; engañarse
313	sleep-*vb; ss*	dormir; el sueño
314	mine-*ss; prn; vb*	la mina; el mío; extraer
316	doctor-*ss; vb*	el médico	la medicina; curar
317	death-*ss*	la muerte
321	second-*adj; ss; adv; vb*	segundo; el segundo; en segundo lugar; secundar
322	music-*ss; adj*	la música; musical
324	change-*ss; vb*	el cambio	la modificación; cambiar
327	hit-*ss; vb; adj*	el éxito	el hit; golpear; sensacional
328	child-*ss*	el niño	el hijo
329	case-*ss; vb*	el caso	la caja; encajonar
330	thinking-*ss; adj*	el pensamiento; que piensa
332	read-*vb; ss*	leer	decir; el leído
335	stand-*vb; ss*	estar	estar de pie; la posición
336	part-*ss; adj; vb; adv*	la parte; parcial; separarse; en parte
337	wish-*ss; vb*	el deseo	la gana; desear

338	**word**-*ss; vb*	la palabra| el término; decir
339	**cut**-*vb; adj; ss*	cortar| reducir; cortado; la cortada
340	**stuff**-*ss; vb*	las cosas| la materia; rellenar
341	**war**-*ss; vb*	la guerra; guerrear
343	**number**-*ss; vb*	el número; numerar
344	**hurry**-*ss; vb*	la prisa; apresurar
345	**fire**-*ss; vb*	el fuego; disparar
347	**fight**-*ss; vb*	la lucha| la pelea; luchar
348	**rest**-*ss; vb*	el resto| el descanso; descansar
349	**close**-*vb; adv; adj; ss*	cerrar| cerrarse; cerca; cercano; el fin
350	**check**-*vb; ss*	comprobar| refrenar; la verificación
351	**inside**-*adj; adv; prp; ss*	dentro; dentro; dentro de; el interior
352	**hurt**-*ss; adj; vb*	el daño| el mal; lastimado; herir
353	**half**-*ss; adj; adv*	la mitad; medio; medio
356	**moment**-*ss*	el momento
359	**lady**-*ss*	la señora
360	**set**-*ss; vb; adj*	el conjunto| el set; establecer; establecido
361	**husband**-*ss; vb*	el marido; economizar
362	**story**-*ss*	la historia| el cuento
363	**town**-*ss; adj*	la ciudad| el pueblo; de ciudad
364	**chance**-*ss; adj; vb*	la oportunidad; casual; probar
365	**ass**-*ss*	el culo| el asno
370	**trouble**-*ss; vb*	el problema| el apuro; molestar
371	**lord**-*ss; vb*	el señor; reinar
372	**point**-*ss; vb*	el punto| la punta; apuntar
373	**deal**-*ss; vb*	el acuerdo| el reparto; negociar
374	**sister**-*ss*	la hermana
375	**party**-*ss*	la fiesta
376	**week**-*ss*	la semana
377	**walk**-*vb; ss*	caminar| andar; el paseo
378	**daughter**-*ss*	la hija
379	**honey**-*ss; vb*	la miel; recoger miel
380	**dog**-*ss; vb*	el perro; perseguir
381	**shoot**-*vb; ss*	disparar| tirar; el lanzamiento
382	**high**-*adj; ss; adv*	alto| mayor; el máximo; a gran altura
383	**bed**-*ss; vb*	la cama| el lecho; alojar
384	**gun**-*ss; vb*	la pistola| el cañón; disparar
385	**game**-*ss; vb; adj*	el juego; jugar; animoso
386	**person**-*ss*	la persona
387	**body**-*ss; vb*	el cuerpo; dar cuerpo a
388	**break**-*vb; ss*	romper| romperse; la rotura
389	**free**-*adj; adv; vb; ss*	libre; gratis; librar; la rebatiña
390	**captain**-*ss; vb*	el capitán; capitanear
391	**side**-*ss; adj; vb*	el lado| el costado; lateral; poner lados a
393	**country**-*ss; adj*	el país| el campo; campestre
394	**fun**-*ss; vb*	la diversión; bromear
396	**buy**-*vb; ss*	comprar; la compra
397	**least**-*adv; ss; adj*	menos; el lo menos; mínimo
398	**truth**-*ss*	la verdad
401	**city**-*ss; adj*	la ciudad| la municipalidad; urbano
402	**behind**-*adv; prp; ss*	detrás; detrás de; el trasero
405	**hour**-*ss*	la hora
407	**blood**-*ss; vb*	la sangre; sangrar
408	**light**-*ss; adj; vb; adv*	la luz; de luz; iluminar; ligeramente
410	**stupid**-*adj; ss*	estúpido| pendejo; el tonto
413	**answer**-*ss; vb*	la respuesta; responder
415	**welcome**-*ss; adj; vb*	la bienvenida; bienvenido; acoger
416	**black**-*adj; ss; vb*	negro; el negro; ennegrecer
417	**question**-*ss; vb*	la pregunta; cuestionar
418	**line**-*ss; vb*	la línea| la fila; alinear
419	**front**-*ss; adj; vb*	el frente; delantero; liderar
420	**bitch**-*ss; vb*	la perra; quejarse
421	**hate**-*ss; vb*	el odio; odiar
422	**white**-*adj; ss*	blanco; el blanco
425	**order**-*ss; vb*	la orden| el pedido; ordenar
429	**reason**-*ss; vb*	la razón; razonar
430	**king**-*ss; vb*	el rey; ser rey

433	**outside**-*adv; prp; ss; adj*	fuera; fuera de; el exterior; externo
434	**couple**-*ss; vb*	el par; coplar
435	**ma**-*ss*	la mamá
436	**trust**-*ss; vb; adj*	la confianza| el fideicomiso; confiar; fiduciario
437	**month**-*ss*	el mes
438	**alive**-*adj; ss*	vivo| con vida; la reliquia
439	**pick**-*vb; ss*	recoger| escoger; la elección
441	**sick**-*ss; adj; vb*	los enfermos; enfermo; atacar
443	**save**-*vb; prp; ss; con*	guardar| ahorrar; salvo; la parada; a no ser que
444	**clear**-*adj; vb; adv; ss*	claro| despejado; despejar; claramente; la falta de deudas
445	**office**-*ss*	la oficina| el despacho
446	**gentleman**-*ss*	el caballero| el gentilhombre
448	**book**-*ss; vb*	el libro; reservar
449	**living**-*adj; ss*	vivo| de vida; la vida
450	**food**-*ss*	la comida
451	**daddy**-*ss*	el papá
452	**cool**-*adj; ss; vb*	fresco| frío; el fresco; enfriar
453	**dance**-*vb; ss*	bailar| saltar; la danza
454	**red**-*adj; ss*	rojo; el rojo
455	**news**-*ss; adj*	las noticias| la noticia; informativo
456	**leaving**-*ss*	el dejamiento
457	**cold**-*adj; ss; adv*	frío; el frío; totalmente
458	**promise**-*ss; vb*	la promesa; prometer
459	**evening**-*ss; adj*	la tarde; vespertino
460	**touch**-*ss; vb*	el toque; tocar
461	**power**-*ss; adj*	el poder| la energía; energético
463	**boss**-*ss; vb*	el jefe; dirigir
464	**fact**-*ss*	el hecho
465	**dinner**-*ss*	la cena| la comida
466	**master**-*vb; adj; ss*	dominar; maestro; el maestro
467	**uncle**-*ss*	el tío
470	**darling**-*adj; ss*	querido| amable; los querido
471	**quiet**-*adj; ss; vb*	tranquilo; la tranquilidad; sosegarse
474	**luck**-*ss*	la suerte| el azar
475	**feeling**-*ss; adj*	la sensación; de sensación
476	**air**-*ss; vb; adj*	el aire; ventilar; aéreo
477	**earth**-*ss; vb*	la tierra| el globo terráqueo; conectar a tierra
479	**law**-*ss*	la ley| el derecho
480	**till**-*prp; con; vb; ss*	hasta; hasta que; labrar; la caja registradora
483	**dream**-*ss; vb*	el sueño| el ideal; soñar
484	**street**-*ss; adj*	la calle; de la calle
485	**drive**-*vb; ss*	conducir| empujar; el drive
486	**hair**-*ss*	el pelo
487	**sort**-*vb; ss*	ordenar| clasificar; el tipo
488	**bet**-*ss; vb*	la apuesta; apostar
489	**company**-*ss*	la empresa| la compañía
490	**follow**-*vb; ss*	seguir| vigilar; la continuación
492	**fast**-*vb; adj; adv; ss*	ayunar| tener ayuno; rápido; rápidamente; el ayuno
493	**sweet**-*adj; ss*	dulce; el dulce
494	**sound**-*ss; vb; adj; adv*	el sonido| el estrecho; sonar; del sonido; profundamente
495	**catch**-*ss; vb*	la captura| la pesca; coger
497	**human**-*adj; ss*	humano; el humano
498	**goodbye**-*ss*	la despedida
499	**safe**-*adj; ss*	seguro; la caja fuerte
501	**hang**-*vb; ss*	colgar| caer; la caída
502	**beat**-*ss; vb; adj*	el ritmo| el latido; vencer; derrengado
505	**top**-*adj; ss; vb*	superior| principal; la parte superior; rematar
506	**parent**-*ss*	el padre
508	**plan**-*ss; vb*	el plan| el plano; planificar
509	**general**-*adj; ss*	general; el general
510	**coffee**-*ss*	el café
513	**possible**-*adj; ss*	posible; el máximo

514	**past**-*adj; ss; prp; adv*	pasado; el pasado; más allá de; por delante	
515	**calm**-*ss; vb; adj*	la calma; calmar; calmo	
516	**pull**-*ss; vb*	el tirón| la tracción; tirar	
517	**lie**-*ss; vb*	la mentira; mentir	
518	**sign**-*ss; vb*	el signo| la muestra; firmar	
519	**control**-*vb; ss*	controlar| dominar; el control	
520	**return**-*ss; vb; adj*	la vuelta| el retorno; volver; de regreso	
522	**fall**-*ss; vb*	la caída| el otoño; caer	
523	**team**-*ss; vb; adj*	el equipo; asociar; común	
525	**kiss**-*ss; vb*	el beso; besar	
527	**foot**-*ss; vb*	el pie| la pata; pagar	
529	**drop**-*ss; vb*	la gota| la caída; caer	
532	**wake**-*vb; ss*	despertar| velar; la estela	
535	**train**-*ss; vb*	el tren| la cola; entrenar	
536	**throw**-*ss; vb*	el tiro| el lanzamiento; lanzar	
537	**road**-*ss; adj*	la carretera| el camino; de carretera	
538	**land**-*ss; vb; adj*	la tierra| las tierras; aterrizar; terrestre	
540	**picture**-*ss; vb*	la imagen| el cuadro; imaginarse	
541	**step**-*ss; vb*	el paso; pisar	
542	**president**-*ss*	el presidente| el rector	
543	**hospital**-*ss*	el hospital	
544	**piece**-*ss; vb*	la pieza| el pedazo; poner una pieza a	
545	**secret**-*adj; ss*	secreto; el secreto	
546	**sense**-*ss; vb*	el sentido| el sentimiento; sentir	
548	**pass**-*ss; vb*	el pase| el paso; pasar	
549	**voice**-*ss; vb; adj*	la voz; expresar; laríngeo	
551	**wonder**-*vb; ss; adj*	preguntarse| maravillarse; la maravilla; prodigio	
552	**song**-*ss*	la canción	
553	**fault**-*ss; vb*	la culpa| la falla; criticar	
554	**state**-*ss; adj; vb*	el estado; estatal; declarar	
556	**bear**-*ss; vb*	el oso| bajista; soportar	

558	**film**-*ss; vb; adj*	la película| el film; filmar; cinematográfico	
559	**ride**-*ss; vb*	el paseo; montar	
561	**meeting**-*ss*	la reunión| la sesión	
562	**class**-*ss; adj; vb*	la clase| la categoría; clasista; clasificar	
563	**act**-*ss; vb*	el acto| la ley; actuar	
566	**fool**-*vb; adj; ss*	engañar| bromear; tonto; el tonto	
567	**yesterday**-*adv; ss*	ayer; el ayer	
569	**worth**-*ss; adj*	el valor; digno de	
571	**future**-*adj; ss*	futuro| porvenir; el futuro	
572	**sex**-*ss; adj; vb*	el sexo; sexual; determinar el sexo de	
574	**army**-*ss*	el ejército	
575	**mouth**-*ss; vb*	la boca; hablar con afectación	
576	**sing**-*vb; ss*	cantar; el canto	
577	**bastard**-*adj; ss*	bastardo; el bastardo	
578	**sun**-*ss; vb*	el sol; asolear	
580	**American**-*adj; ss*	americano; el americano	
581	**chief**-*ss; adj*	el jefe| el principal; principal	
582	**clothes**-*ss*	la ropa	
583	**horse**-*ss*	el caballo	
584	**report**-*ss; vb*	el informe; informar	
586	**mama**-*ss*	la mamá	
587	**dark**-*adj; ss*	oscuro| negro; la oscuridad	
589	**peace**-*ss*	la paz	
590	**movie**-*ss*	la película	
591	**lovely**-*adj; ss; adv*	encantador| delicioso; la belleza; hermosamente	
592	**boat**-*ss; vb*	el barco; transportar en barco	
593	**blue**-*adj; ss; vb*	azul; el azul; azular	
594	**hotel**-*ss*	el hotel	
596	**ship**-*vb; ss*	enviar| embarcarse; el barco	
597	**rock**-*ss; adj; vb*	la roca| el rock; rock; mecer	
599	**age**-*ss; vb*	la edad| la era; envejecer	
600	**murder**-*ss; vb*	el asesinato| la muerte; asesinar	
601	**finish**-*ss; vb*	el acabado| el final; terminar	

602	**letter**-*ss; vb*	la carta; rotular
603	**court**-*ss; vb*	el tribunal| la corte; cortejar
607	**bill**-*vb; ss*	facturar| pasar factura; la factura
608	**officer**-*ss; vb*	el oficial| el funcionario; mandar
609	**present**-*adj; ss; vb*	presente; el presente; presentar
612	**pain**-*ss; vb*	el dolor| el sufrimiento; doler
613	**ball**-*ss; vb*	el balón| la bola; hacer bolitas
615	**fear**-*ss; vb*	el miedo| el horror; temer
616	**floor**-*ss; vb*	el piso| el suelo; solar
617	**laugh**-*ss; vb*	la risa; reír
618	**wear**-*ss; vb*	el desgaste| el uso; usar
619	**sea**-*ss; adj*	el mar| las vía marítima; del mar
620	**fly**-*ss; vb; adj*	la mosca| la bragueta; volar; avispado
622	**forever**-*adv; ss*	siempre| para siempre; la eternidad
623	**count**-*vb; ss*	contar| tener en cuenta; la cuenta
624	**gold**-*adj; ss*	oro; el oro
625	**radio**-*ss*	la radio
626	**attention**-*ss*	la atención| el servicio
628	**idiot**-*ss*	idiota| el tonto
629	**French**-*adj; ss*	francés; el francés
630	**mistake**-*ss; vb*	el error| el engaño; confundir
631	**birthday**-*ss*	el cumpleaños
632	**short**-*adj; adv; ss; vb*	corto| poco; a corto; el cortocircuito; poner en cortocircuito
633	**afternoon**-*ss; adj*	la tarde; de la tarde
634	**soul**-*ss*	la alma| el soul
635	**figure**-*ss; vb*	la figura| la cifra; figurar
636	**station**-*ss; vb*	la estación| el puesto; estacionar
637	**simple**-*adj; ss*	simple| fácil; el simple
638	**bag**-*ss; vb*	la bolsa| el bolso; empaquetar
639	**fish**-*vb; ss*	pescar; el pescado
640	**date**-*ss; vb*	la fecha| la cita; fechar
642	**blow**-*ss; vb*	el golpe| el soplo; volar
643	**mile**-*ss*	la milla
645	**ring**-*ss; vb*	el anillo| el timbre; sonar
646	**choice**-*ss; adj*	la elección| la selección; escogido
647	**bank**-*ss; vb*	el banco| la orilla; contar
651	**attack**-*ss; vb*	el ataque| la agresión; atacar
652	**join**-*vb; ss*	unirse| unir; la unión
655	**table**-*ss; vb*	la mesa| la tabla; presentar
658	**paper**-*ss; vb*	el papel| el documento; empapelar
659	**star**-*ss; vb; adj*	la estrella; estrellar; principal
660	**message**-*ss*	el mensaje
661	**pleasure**-*ss*	el placer
662	**dude**-*ss*	el petimetre
663	**building**-*ss*	el edificio
664	**chuckle**-*ss; vb*	la risita; reírse entre dientes
665	**stick**-*ss; vb*	el palo| el bastón; pegarse
667	**round**-*vb; ss; adj; adv; prp*	redondear| doblar; la ronda; redondo; alrededor; alrededor de
668	**honor**-*ss; vb*	el honor; honrar
669	**fair**-*ss; adj*	la feria| la exposición; razonable
671	**middle**-*adj; ss*	medio; el medio
672	**buddy**-*ss*	el amigo
674	**drunk**-*adj; ss*	bebido| embriagado; la bebida
676	**government**-*ss; prp*	el gobierno| el estado; con referencia a
678	**certain**-*adj; ss*	cierto; la seguridad
679	**major**-*adj; ss; vb*	mayor; el comandante; especializarse en estudios
680	**charge**-*ss; vb*	la carga| el cobro; cobrar
681	**deep**-*adj; adv; ss*	profundo| oscuro; profundamente; el fondo
682	**hide**-*vb; ss*	esconder| esconderse; la piel
684	**English**-*adj; ss*	inglés; el inglés
685	**handle**-*vb; ss*	manejar| encargarse de; el mango
686	**key**-*ss; vb*	la clave| la tecla; teclear

687	**cry**-*ss; vb*	el grito	el lloro; llorar
688	**history**-*ss*	la historia
690	**trip**-*ss; vb*	el viaje	el tropiezo; hacer tropezar
691	**lead**-*ss; adj; vb*	el plomo	el cable; de plomo; conducir
692	**window**-*ss*	la ventana
693	**lieutenant**-*ss*	el teniente
695	**system**-*ss*	el sistema
696	**sake**-*ss*	el sake
699	**cover**-*vb; ss*	cubrir	tapar; la cubierta
700	**church**-*ss; adj*	la iglesia; eclesiástico
701	**surprise**-*ss; vb*	la sorpresa	la extrañeza; sorprender
702	**colonel**-*ss*	el coronel
703	**carry**-*vb; ss*	llevar	cargar; el transportador
704	**situation**-*ss*	la situación
705	**tea**-*ss*	el té
706	**smart**-*adj; ss; vb*	inteligente	elegante; el escozor; escocer
707	**force**-*ss; vb*	la fuerza; forzar
710	**information**-*ss*	la información
711	**professor**-*ss*	el profesor
712	**box**-*vb; ss*	encajonar; la caja
715	**plane**-*adj; ss; vb*	plano; el plano; planear
716	**dress**-*ss; vb*	el vestido	la ropa; vestir
717	**lunch**-*ss; vb*	el almuerzo	el bocadillo; almorzar
719	**smell**-*ss; vb*	el olor	el olfato; oler
720	**third**-*ss; adj; adv*	la tercera; tercero; en tercer lugar
721	**ground**-*ss; adj; vb*	la tierra; molido; conectar a tierra
722	**service**-*ss; adj; vb*	el servicio; de servicio; mantener
723	**respect**-*ss; vb*	el respeto	el respecto; respetar
724	**ice**-*ss; vb*	el hielo	el helado; helar
725	**accident**-*ss*	el accidente	el percance
726	**tough**-*adj; ss; vb*	difícil	duro; el forzudo; pasar
727	**heaven**-*ss*	el cielo
729	**security**-*ss*	la seguridad
731	**sigh**-*ss; vb*	el suspiro; suspirar
732	**art**-*ss*	el arte
734	**mark**-*ss; vb*	la marca	la huella; marcar
735	**single**-*adj; ss; vb*	solo; el individuo; pasar a la primera base
736	**dare**-*ss; vb*	el atrevimiento	el reto; atreverse
737	**group**-*ss; adj; vb*	el grupo	la cuadrilla; en grupo; agrupar
738	**record**-*vb; ss*	grabar	registrar; el registro
739	**wind**-*ss; adj; vb*	el viento	el aliento; del viento; enrollar
740	**cop**-*ss; vb*	el policía	el poli; coger
741	**fix**-*vb; ss*	fijar	arreglar; el arreglo
742	**club**-*ss; vb*	el club	el palo; aporrear
744	**marriage**-*ss*	el matrimonio	la boda
745	**mess**-*ss; vb*	el lío	el enredo; ensuciar
747	**impossible**-*adj; ss*	imposible; el lo imposible
748	**forward**-*vb; adv; adj; ss*	reenviar; adelante; delantero; el delantero
750	**entire**-*adj; ss*	todo	completo; el íntegro
751	**wine**-*ss*	el vino
752	**normal**-*adj; ss*	normal	regular; la normalidad
753	**visit**-*ss; vb*	la visita; visitar
754	**offer**-*ss; vb*	la oferta	el ofrecimiento; ofrecer
755	**public**-*adj; ss*	público; el público
756	**scream**-*vb; ss*	gritar	vociferar; el chillido
757	**prison**-*ss; vb*	la prisión; encarcelar
758	**smoke**-*ss; vb*	el humo; fumar
759	**killing**-*ss; adj*	el asesinato; mortal
761	**river**-*ss; adj*	el río; del río
764	**madam**-*ss*	la señora
766	**green**-*adj; ss*	verde	fresco; el verde
768	**arm**-*ss; vb*	el brazo	la arma; armar
769	**evil**-*ss; adj*	el mal	el diablo; malvado
770	**asshole**-*ss*	gilipollas
771	**south**-*ss; adj*	el sur; del sur
772	**wall**-*ss; vb; adj*	la pared	la barrera; emparedar; mural
773	**bar**-*ss; vb; prp*	el bar	la barra; prohibir; excepto

774	**fat**-*ss; adj*	la grasa; gordo
775	**judge**-*ss; vb*	el juez| los; juzgar
776	**seat**-*ss; vb*	el asiento| la sede; asentar
777	**queen**-*ss; vb*	la reina; coronar
779	**cause**-*ss; vb*	la causa| el pleito; causar
780	**teacher**-*ss*	el profesor| la profesora
781	**standing**-*adj; ss*	permanente; la posición
782	**north**-*ss; adv; adj*	el norte; al norte; septentrional
783	**glass**-*ss; adj*	el vidrio; de vidrio
787	**beginning**-*ss*	el principio| el comienzo
788	**difference**-*ss*	la diferencia
789	**cross**-*vb; ss; adj*	cruzar| pasar; la cruz; transversal
791	**machine**-*ss; adj*	la máquina| el aparato; a máquina
792	**scene**-*ss*	la escena
794	**double**-*adj; ss; vb*	doble; doble; duplicar
795	**share**-*vb; ss*	compartir| dividir; la cuota
798	**moon**-*ss; vb*	la luna; enseñar el culo
800	**private**-*adj; ss*	privado| particular; el soldado raso
801	**joke**-*ss; vb*	la broma| la burla; bromear
803	**beer**-*ss*	la cerveza
804	**space**-*ss; adj; vb*	el espacio| las cabida; espacial; espaciar
805	**position**-*ss; vb*	la posición| la situación; colocar
806	**jump**-*ss; vb*	el salto| el ascenso; saltar
808	**jail**-*ss; vb*	la cárcel| la prisión; encarcelar
809	**area**-*ss*	las área| la superficie
810	**tree**-*ss; vb*	el árbol; ahuyentar por un árbol
811	**test**-*ss; vb; adj*	la prueba| el examen; probar; de prueba
812	**cat**-*ss*	el gato| el felino
814	**singing**-*ss*	el canto| el zumbido
815	**ought**-*va; ss*	debería; el deber
816	**brain**-*ss; vb*	el cerebro; romper la crisma
817	**sergeant**-*ss*	el sargento
819	**village**-*ss; adj*	el pueblo| el poblado; comunal
820	**field**-*ss*	el campo| la cancha
821	**dollar**-*ss*	el dólar
822	**bother**-*ss; vb*	la molestia; molestar
823	**girlfriend**-*ss*	la compañera
824	**bus**-*ss; vb*	el autobús; ir en autobús
825	**crime**-*ss*	el crimen| el malhecho
826	**congratulations**-*ss*	la enhorabuena
827	**doubt**-*ss; vb*	la duda| el escrúpulo; dudar
828	**camera**-*ss*	la cámara
829	**German**-*adj; ss*	alemán; el alemán
830	**shoe**-*ss; vb*	el zapato; herrar
831	**truck**-*ss; vb*	el camión; llevar
832	**kick**-*ss; vb*	la patada| el tiro; golpear
833	**card**-*ss; vb*	la tarjeta| la carta; cardar
834	**cash**-*ss; vb*	el efectivo; gastar
835	**sleeping**-*adj; ss*	durmiente; el sueño
836	**push**-*ss; vb*	el empuje| la ofensiva; empujar
837	**likes**-*ss*	las simpatias
839	**park**-*ss; vb*	el parque| el terreno; aparcar
840	**apartment**-*ss*	el apartamento| la vivienda
841	**bullshit**-*ss*	la mierda
842	**evidence**-*ss; vb*	la evidencia; demostrar
843	**store**-*vb; ss*	almacenar| archivar; la tienda
847	**aunt**-*ss*	la tía
848	**reach**-*ss; vb*	el alcance| la distancia; llegar
849	**guard**-*ss; vb*	la guardia| el guarda; proteger
850	**summer**-*ss; adj*	el verano; de verano
851	**enemy**-*ss*	el enemigo| el rival
852	**rule**-*ss; vb*	la regla| el dominio; gobernar
853	**duty**-*ss*	el deber| el servicio
854	**island**-*ss*	la isla
855	**smile**-*ss; vb*	la sonrisa; sonreír
856	**silly**-*adj; ss*	tonto| absurdo; el tonto
857	**folk**-*ss; adj*	la gente| el pueblo; folk

859	**knock**-*ss; vb*	el golpe| la llamada; golpear	
860	**pardon**-*ss; vb*	el perdón; perdonar	
862	**crowd**-*ss; vb*	la multitud| el grupo; llenar	
864	**action**-*ss*	la acción	
865	**upset**-*ss; vb; adj*	el trastorno| el vuelco; alterar; acongojado	
866	**driving**-*ss; adj*	la conducción; motor	
871	**leg**-*ss; vb*	la pierna| la pata; ir andando	
872	**nose**-*ss; vb*	la nariz| el morro; husmear	
874	**mum**-*ss; adj; vb*	la mamá; tácito; participar en pantomima	
875	**list**-*ss; vb*	la lista| el listado; listar	
876	**sky**-*ss; vb*	el cielo; bombear	
879	**college**-*ss*	el colegio| el colegio universitario	
880	**shop**-*ss; vb*	la tienda| el taller; hacer compras	
881	**escape**-*vb; ss*	escapar| evitar; el escape	
882	**gas**-*ss; vb*	el gas; gasear	
883	**low**-*adj; adv; ss; vb*	bajo; bajo; el punto más bajo; hacer mugido	
884	**self**-*ss; prn; adj*	yo; se; puro	
885	**hat**-*ss; vb*	el sombrero; usar sombrero	
886	**hole**-*ss; vb*	el agujero| el hoyo; agujerear	
887	**bell**-*ss; vb*	la campana; acampanarse	
888	**price**-*ss; vb*	el precio| la cotización; valorar	
889	**cell**-*ss*	la célula| la celda	
890	**rain**-*ss; vb*	la lluvia; llover	
892	**warm**-*vb; adj; ss*	calentar| calentarse; caliente; el calor	
893	**west**-*ss; adj*	el oeste; del oeste	
894	**board**-*vb; ss*	abordar| subir a; el bordo	
895	**boyfriend**-*ss*	el amigo	
898	**contact**-*ss; vb*	el contacto| el enchufe; contactar	
900	**lawyer**-*ss*	el abogado	
901	**upstairs**-*adv; ss*	arriba; el piso superior	
903	**gift**-*ss; vb*	el regalo| el don; dar	

904	**devil**-*ss; vb*	el diablo| el aprendiz; fastidiar	
905	**favor**-*ss; vb*	el favor| el apoyo; favorecer	
906	**empty**-*adj; vb; ss*	vacío| desierto; vaciar; la vacía	
907	**prince**-*ss*	el príncipe	
908	**papa**-*ss*	el papá	
909	**suit**-*ss; vb*	el traje| el palo; convenir	
910	**press**-*ss; vb*	la prensa| la imprenta; presionar	
913	**type**-*ss; vb*	el tipo; escribir a máquina	
914	**grab**-*vb; ss*	agarrar| coger; los agarro	
915	**spirit**-*ss; vb*	el espíritu| el alcohol; animar	
916	**burn**-*ss; vb*	la quemadura| el arroyo; quemar	
917	**arrest**-*ss; vb*	la detención| el arresto; detener	
918	**band**-*ss; vb*	la banda| la venda; atar	
920	**majesty**-*ss*	la majestad	
921	**pop**-*adj; ss; vb*	popular; la música pop; saltar	
923	**agent**-*ss*	agente	
925	**wild**-*adj; ss*	salvaje| silvestre; la tierra virgen	
927	**race**-*ss; vb*	la raza| la carrera; competir	
928	**spot**-*ss; vb; adj*	el lugar| el punto; manchar; al contado	
929	**fellow**-*ss*	el compañero| el miembro	
930	**blind**-*adj; vb; adv; ss*	ciego; cegar; a ciegas; la persiana	
933	**killer**-*ss*	el asesino	
934	**flower**-*ss; vb*	la flor; florecer	
936	**fit**-*ss; adj; vb*	el ajuste| el ataque; en forma; caber	
938	**beauty**-*ss*	la belleza	
939	**partner**-*ss; vb*	el socio| la pareja; acompañar	
941	**bird**-*ss*	el pájaro| el volante	
942	**dick**-*ss*	la polla	
943	**lock**-*vb; ss*	bloquear| trabar; la cerradura	
944	**blame**-*ss; vb*	la culpa; culpar	
946	**heavy**-*adj; ss; adv*	pesado| fuerte; el matón; penosamente	
947	**drinking**-*ss*	la bebida	

951	**shout**-*ss; vb*	el grito; gritar
952	**magic**-*ss; adj*	la magia; mágico
953	**waste**-*ss; vb; adj*	los residuos; perder; inútil
954	**address**-*ss; vb*	la dirección; dirigirse
955	**plenty**-*adv; ss; adj*	mucho| muy; la abundancia; abundante
956	**raise**-*ss; vb*	el aumento| la sobremarca; elevar
957	**notice**-*ss; vb*	el aviso| la nota; notar
958	**gasp**-*vb; ss*	jadear; el grito
959	**mission**-*ss; vb*	la misión; despachar con recado
960	**doc**-*ss*	el doctor
961	**taste**-*ss; vb*	el gusto| el sabor; probar
962	**flight**-*ss; vb*	el vuelo| la huida; huir
963	**billy**-*ss*	la porra
964	**kitchen**-*ss*	la cocina
965	**experience**-*ss; vb*	la experiencia; experimentar
967	**chicken**-*ss*	el pollo
968	**cost**-*ss; vb*	el costo| el precio; costar
969	**nature**-*ss*	la naturaleza| el carácter
970	**hero**-*ss*	el héroe
971	**breakfast**-*ss; vb*	el desayuno; desayunar
972	**holding**-*ss*	la participación| la tenencia
973	**planet**-*ss*	el planeta
974	**search**-*vb; ss*	buscar| buscar en; la búsqueda
976	**battle**-*ss; vb*	la batalla| la pelea; combatir
977	**crap**-*ss; vb*	la mierda; cagar
980	**neck**-*ss; vb*	el cuello| el mástil; acariciarse
981	**mate**-*ss; vb*	el mate| el compañero; acoplar
983	**decision**-*ss*	la decisión| el fallo
985	**sweetheart**-*ss*	el novio| los querido
986	**study**-*ss; vb*	el estudio| el despacho; estudiar
988	**animal**-*adj; ss*	animal; el animal
990	**princess**-*ss*	la princesa
991	**language**-*ss; adj*	el idioma| el lenguaje; lingüístico
992	**memory**-*ss*	la memoria
993	**throat**-*ss*	la garganta
995	**interest**-*vb; ss*	interesar| interesarse; el interés
996	**faith**-*ss*	la fe| la creencia
998	**shame**-*ss; vb*	la vergüenza| la lástima; avergonzar
999	**director**-*ss*	el director
1000	**stone**-*ss; adj; vb*	la piedra| el hueso; de piedra; apedrear
1001	**innocent**-*adj; ss*	inocente; inocente
1002	**bottle**-*ss; vb*	la botella; embotellar
1003	**mister**-*ss*	el señor
1005	**bunch**-*ss; vb*	el manojo; agrupar
1006	**necessary**-*adj; ss*	necesario| preciso; las cosa necesaria
1007	**form**-*vb; ss*	formar| formarse; la forma
1008	**department**-*ss*	el departamento| el ministerio
1009	**bomb**-*ss; vb*	la bomba; bombardear
1010	**stage**-*ss; vb*	la etapa| el escenario; organizar
1011	**roll**-*vb; ss*	rodar; el rollo
1012	**east**-*ss; adj; adv*	el este; del este; oriente
1013	**dancing**-*ss; adj*	el baile; de baile
1015	**van**-*ss*	la furgoneta
1016	**soldier**-*ss; vb*	el soldado; militar
1017	**military**-*adj; ss*	militar; el militar
1018	**final**-*adj; ss*	final| definitivo; el final
1020	**match**-*ss; vb*	el partido| la cerilla; igualar
1021	**computer**-*ss*	el ordenador| el computador
1022	**detective**-*ss; adj*	el detective; policíaco
1025	**engine**-*ss*	el motor
1026	**build**-*vb; ss*	construir| fortalecer; la estructura
1027	**treat**-*vb; ss*	tratar| curar; el convite
1028	**sight**-*ss; vb*	la vista| la mira; avistar
1033	**beach**-*ss; vb*	la playa; varar
1037	**hall**-*ss*	la sala
1038	**danger**-*ss*	el peligro
1040	**cup**-*ss; vb*	la taza; tomar a
1041	**knife**-*ss; vb*	el cuchillo; acuchillar
1042	**support**-*ss; vb*	el apoyo; apoyar
1043	**milk**-*ss; vb; adj*	la leche; ordeñar; de leche

1044	**mention**-*ss; vb*	la mención; mencionar	1088	**track**-*ss; vb*	la pista| la vía; rastrear
1045	**pant**-*vb; ss*	jadear; el jadeo	1089	**commander**-*ss*	el comandante
1046	**cousin**-*ss*	el primo	1090	**strike**-*ss; vb*	la huelga| el ataque; golpear
1047	**main**-*adj; ss*	principal; la cañería	1091	**weapon**-*ss*	la arma
1048	**cook**-*ss; vb*	el cocinero; cocinar	1092	**common**-*adj; ss*	común; la comunidad
1049	**meat**-*ss; adj*	la carne; de carne	1094	**grunt**-*ss; vb*	el gruñido; gruñir
1050	**grandma**-*ss*	la abuelita	1095	**accord**-*ss; vb*	el acuerdo| la armonía; conceder
1052	**ill**-*adj; adv; ss*	enfermo; mal; el mal	1096	**storey**-*ss*	el piso
1053	**angel**-*ss*	el ángel	1097	**speed**-*ss; vb*	la velocidad| la marcha; acelerar
1054	**risk**-*ss; vb*	el riesgo; arriesgar			
1055	**bathroom**-*ss*	el cuarto de baño	1098	**favorite**-*adj; ss*	favorito; el favorito
1056	**relationship**-*ss*	la relación	1099	**due**-*adj; adv; ss*	debido; debidamente; el deber
1057	**tape**-*ss; vb*	la cinta; grabar en cinta	1100	**sheriff**-*ss*	el alguacil
1058	**sword**-*ss*	la espada	1101	**serve**-*vb; ss*	servir| atender; el saque
1059	**nonsense**-*ss*	los disparates	1102	**tooth**-*ss*	el diente
1060	**freedom**-*ss*	la libertad| la soltura	1103	**Japanese**-*adj; ss*	japonés; el japonés
1061	**extra**-*ss; adj; adv*	el extra; adicional; extraordinariamente	1104	**shirt**-*ss*	la camisa
			1105	**size**-*ss; vb*	el tamaño; clasificar según el tamaño
1063	**corner**-*ss; vb*	la esquina| el córner; arrinconar	1106	**feed**-*vb; ss*	alimentar; el pienso
1065	**hiding**-*ss*	la ocultación	1107	**bobby**-*ss*	el poli
1067	**wash**-*ss; vb*	el lavado| la colada; lavar	1108	**coach**-*ss; vb*	el entrenador| el autocar; entrenar
1068	**drug**-*ss; adj; vb*	la droga| el fármaco; narcótico; drogar	1110	**pack**-*ss; vb*	el paquete| el envase; empacar
1069	**Chinese**-*adj; ss*	chino; el chino	1111	**natural**-*adj; ss*	natural; el becuadro
1070	**skin**-*ss; vb*	la piel| el cutis; pelar	1112	**grace**-*ss; vb*	la gracia| la elegancia; honrar
1073	**motherfucker**-*ss*	los hijo de puta			
1074	**driver**-*ss*	el conductor| el operador	1114	**bottom**-*ss; adj; vb*	el fondo| el pie; del fondo; tocar fondo
1075	**health**-*ss; adj*	la salud; balneario	1115	**mountain**-*ss; adj*	la montaña| el montón; montañés
1076	**command**-*ss; vb*	el mando| el comando; mandar	1116	**national**-*adj; ss*	nacional; el nacional
1078	**patient**-*adj; ss*	paciente; paciente	1117	**witness**-*ss; vb*	el testigo| el testimonio; presenciar
1079	**note**-*ss; vb*	la nota| el apunte; observar	1118	**view**-*vb; ss*	ver| considerar; la vista
1080	**bridge**-*ss; vb*	el puente; tender un puente sobre	1119	**breath**-*ss*	el aliento| el soplo
1081	**strength**-*ss*	la fuerza| la intensidad	1120	**ticket**-*ss; vb*	el billete| el boleto; rotular
1082	**rise**-*ss; vb*	la altura| el aumento; subir	1121	**energy**-*ss*	la energía
1083	**pig**-*ss; vb*	el cerdo| el chancho; parir	1122	**emergency**-*ss*	la emergencia
1085	**level**-*ss; vb; adj; adv*	el nivel; nivelar; a nivel; a nivel	1123	**code**-*ss; vb*	el código| el prefijo; cifrar
1086	**nut**-*ss; vb*	la tuerca| la nuez; recoger nueces	1124	**cheer**-*vb; ss*	animar| aplaudir; el humor
1087	**Sunday**-*ss; adj*	el domingo; del domingo			

1129	**trick**-*ss; vb; adj*	el truco| la trampa; engañar; de pega	
1130	**weekend**-*ss*	los fin de semanha	
1131	**inspector**-*ss*	el inspector| el interventor	
1132	**pal**-*ss*	camarada	
1133	**account**-*ss; vb*	la cuenta; considerar	
1134	**ex**-*prp; ss*	ex; el pasado	
1136	**hanging**-*adj; ss*	colgante; la cuelga	
1138	**ringing**-*ss; adj*	el zumbido; resonante	
1139	**groan**-*ss; vb*	el gemido; gemir	
1140	**example**-*ss*	el ejemplo	
1141	**practice**-*ss; vb*	la práctica| el ejercicio; practicar	
1142	**grandpa**-*ss*	el abuelo	
1143	**brown**-*adj; ss; vb*	marrón; el marrón; dorar	
1145	**happiness**-*ss*	la felicidad| la alegría	
1147	**monster**-*ss; adj*	el monstruo; monstruoso	
1148	**pressure**-*ss*	la presión| la tensión	
1149	**center**-*vb; ss*	centrar| centralizar; el centro	
1150	**coat**-*ss; vb*	la capa| el abrigo; recubrir	
1151	**silence**-*ss; vb*	el silencio; silenciar	
1153	**justice**-*ss*	la justicia	
1155	**copy**-*ss; vb*	la copia| el ejemplar; copiar	
1156	**market**-*ss; vb*	el mercado; comercializar	
1157	**operation**-*ss*	la operación| el funcionamiento	
1158	**noise**-*ss*	el ruido| el estruendo	
1159	**fill**-*vb; ss*	llenar| tapar; el llenado	
1160	**advice**-*ss*	el asesoramiento| el consejo	
1161	**society**-*ss*	la sociedad	
1162	**Russian**-*adj; ss*	ruso; el ruso	
1163	**cream**-*ss; vb*	la crema; batir	
1164	**ghost**-*ss; vb*	el fantasma; escribir por otro	
1166	**oil**-*ss; adj; vb*	el aceite; petrolero; engrasar	
1169	**tie**-*ss; vb*	la corbata| el lazo; atar	
1170	**leader**-*ss*	el líder| el jefe	
1171	**draw**-*vb; ss*	dibujar| sacar; el empate	
1173	**lift**-*ss; vb*	el ascensor| el elevador; levantar	

1174	**student**-*ss; adj*	estudiante; estudiantil	
1176	**post**-*vb; ss*	enviar| fijar; el poste	
1178	**travel**-*ss; vb; adj*	el viaje; viajar; de viajes	
1180	**bread**-*ss; vb*	el pan; empanar	
1183	**restaurant**-*ss*	el restaurante	
1184	**heat**-*ss; vb*	el calor; calentar	
1185	**weather**-*ss; vb; adj*	el tiempo| el clima; capear; del tiempo	
1186	**opinion**-*ss*	la opinión| la idea	
1187	**crew**-*ss*	la tripulación	
1188	**cake**-*ss; vb*	el pastel| el bizcocho; apelmazarse	
1189	**character**-*ss; vb*	el carácter; tener carácter	
1190	**suicide**-*ss*	el suicidio	
1191	**telephone**-*ss; vb; adj*	el teléfono; llamar por teléfono; telefónico	
1192	**buck**-*ss; vb*	el dólar; corcovear	
1193	**pity**-*ss; vb*	la lástima; compadecerse de	
1194	**minister**-*ss; vb*	el ministro; atender a	
1197	**brave**-*adj; ss; vb*	valiente; valiente; desafiar	
1198	**chair**-*ss; vb*	la silla; presidir	
1201	**wet**-*adj; vb; ss*	mojado; mojar; la humedad	
1202	**priest**-*ss*	el sacerdote| el clérigo	
1206	**gate**-*ss*	la puerta| la compuerta	
1207	**nurse**-*ss; vb*	la enfermera| el enfermero; cuidar	
1209	**horn**-*ss*	el claxon	
1213	**local**-*adj; ss*	local; el local	
1214	**style**-*ss; vb*	el estilo; estilizar	
1215	**manager**-*ss*	gerente	
1217	**suspect**-*vb; adj; ss*	sospechar; sospechoso; el sospechoso	
1218	**spring**-*ss; vb*	la primavera; brotar	
1219	**dig**-*vb; ss*	cavar| excavar; la excavación	
1220	**shake**-*ss; vb*	la sacudida| el movimiento; agitar	
1221	**settle**-*vb; ss*	resolver| establecerse; el banco	
1222	**mare**-*ss*	la yegua	
1229	**sweetie**-*ss*	el cariño| la novia	
1230	**garden**-*ss; vb*	el jardín; cultivar un huerto	
1233	**Saturday**-*ss*	el sábado	
1234	**science**-*ss*	la ciencia	

1235	**weak**-*ss; adj*	los débiles| el ñango; débil
1238	**screw**-*ss; vb*	el tornillo| la tuerca; atornillar
1239	**fate**-*ss*	el destino
1240	**split**-*ss; adj; vb*	la división| la escisión; dividido; dividirse
1241	**flat**-*ss; adj; adv*	el piso| el plano; plano; completamente
1242	**opportunity**-*ss*	la oportunidad| el chance
1243	**proof**-*ss; adj; vb*	la prueba; a prueba de; impermeabilizar
1244	**medicine**-*ss*	la medicina| el talismán
1245	**loose**-*adj; vb; ss*	suelto| flojo; soltar; el aire
1246	**gang**-*ss*	la banda| la cuadrilla
1247	**trial**-*ss; adj*	el juicio| el ensayo; de prueba
1248	**Spanish**-*adj; ss*	español| castellano; el español
1249	**bite**-*ss; vb*	la mordedura| el bocado; morder
1250	**medical**-*adj; ss*	médico; el reconocimiento médico
1254	**snow**-*ss; adj; vb*	la nieve; de nieve; nevar
1256	**Friday**-*ss*	el viernes
1257	**guest**-*ss*	el huésped| la visit
1258	**invite**-*ss; vb*	la invitación; invitar
1259	**ear**-*ss*	el oído
1260	**purpose**-*ss; vb*	el propósito| el uso; proponerse
1261	**career**-*ss; vb*	la carrera; correr a toda velocidad
1263	**hearing**-*ss*	la audición| la vista
1264	**color**-*ss; vb*	el color; colorear
1265	**laughter**-*ss*	la risa
1266	**condition**-*ss; vb*	la condición; condicionar
1267	**mayor**-*ss*	el alcalde
1268	**training**-*ss; adj*	la formación; de instrucción
1270	**victim**-*ss*	la víctima
1271	**finger**-*ss; vb*	el dedo| el corredor; señalar
1273	**roof**-*ss; vb*	el techo; techar
1274	**file**-*vb; ss*	presentar; el expediente
1276	**whore**-*ss; vb*	la puta| la prostituta; putear
1277	**lake**-*ss*	el lago
1279	**turning**-*ss*	el torneado| la vuelta
1280	**plus**-*adj; ss; prp*	más; los más; además de
1282	**chatter**-*ss; vb*	la charla| el parloteo; charlar
1284	**farm**-*ss; vb*	la granja| la hacienda; cultivar
1285	**rent**-*vb; ss*	alquilar; la renta
1286	**repeat**-*vb; ss*	repetir| repetirse; la repetición
1287	**release**-*ss; vb*	el estreno| la liberación; soltar
1288	**sugar**-*ss; vb*	el azúcar; azucarar
1289	**fortune**-*ss*	la fortuna| la ventura
1290	**alarm**-*ss; vb*	la alarma; alarmar
1291	**winter**-*ss*	el invierno
1293	**base**-*ss; vb; adj*	la base| la basa; basar; básico
1294	**total**-*adj; ss; vb*	total| totalizado; el total; totalizar
1295	**thief**-*ss*	el ladrón
1296	**hill**-*ss*	la colina| el cerro
1297	**fancy**-*ss; adj; vb*	la fantasía; lujoso; imaginarse
1298	**female**-*adj; ss*	hembra; la hembra
1299	**tongue**-*ss*	la lengua
1301	**liar**-*ss*	el mentiroso
1302	**target**-*ss; adj; vb*	el objetivo; blanco; elegir como blanco
1303	**downstairs**-*adv; adj; ss*	abajo; de abajo; el piso inferior
1304	**joy**-*ss; vb*	la alegría| el gozo; gozar
1305	**subject**-*vb; ss; adj*	someter| sojuzgar; el sujeto; subyugado
1306	**mail**-*ss; vb*	el correo; enviar por correo
1307	**criminal**-*adj; ss*	criminal; criminal
1308	**client**-*ss*	cliente
1311	**distance**-*ss; vb*	la distancia| la lejanía; distanciarse
1312	**credit**-*ss; vb*	el crédito| el honor; acreditar
1314	**responsibility**-*ss*	la responsabilidad
1315	**harm**-*ss; vb*	el daño; dañar
1316	**castle**-*ss; vb*	el castillo; hacer castillos
1317	**grandfather**-*ss*	el abuelo
1318	**male**-*adj; ss*	masculino; el masculino

1319	**stomach**-*ss; vb*	el estómago; aguantar
1320	**birth**-*ss*	el nacimiento| el parto
1321	**spread**-*ss; vb*	la propagación| la extensión; difundir
1322	**storm**-*ss; vb*	la tormenta; asaltar
1323	**brilliant**-*adj; ss*	brillante; el brillante
1324	**British**-*adj; ss*	británico; los británicos
1325	**opening**-*ss; adj*	la apertura; de apertura
1326	**paint**-*ss; vb*	la pintura| la falsedad; pintar
1327	**piss**-*vb; ss*	mear; el pis
1328	**lover**-*ss*	amante
1329	**universe**-*ss*	el universo
1330	**reality**-*ss*	la realidad
1331	**funeral**-*ss; adj*	el funeral; fúnebre
1332	**bath**-*ss; vb*	el baño; bañar
1333	**contract**-*ss; vb*	el contrato| el convenio; contratar
1334	**taxi**-*ss; vb*	el taxi; carretear
1335	**trade**-*ss; adj; vb*	el comercio; comercial; comerciar
1337	**video**-*ss*	el vídeo
1338	**editor**-*ss*	el editor
1339	**weight**-*ss; vb*	el peso| la pesa; ponderar
1341	**square**-*ss; adj; vb*	la plaza; cuadrado; cuadrar
1342	**tear**-*ss; vb*	la lágrima| el rasgón; rasgar
1343	**airport**-*ss*	el aeropuerto
1344	**block**-*vb; ss*	bloquear| obstruir; el bloque
1345	**cigarette**-*ss*	el cigarrillo
1346	**egg**-*ss; vb*	el huevo; tener huevo
1348	**program**-*ss; vb*	el programa; programar
1349	**defense**-*ss*	la defensa
1350	**forest**-*ss; adj; vb*	el bosque; forestal; pasear
1352	**pool**-*ss; vb*	la piscina| el estanque; aunar
1354	**jeans**-*ss*	los jeans
1356	**conversation**-*ss*	la conversación| el coloquio
1357	**super**-*adj; adv; ss*	súper| estupendo; súper; superintendente
1358	**signal**-*ss; vb; adj*	la señal; indicar; señalado
1359	**permission**-*ss*	el permiso| la venia
1360	**thought**-*ss; adj*	el pensamiento| la idea; reflexionado
1361	**murderer**-*ss*	el asesino
1362	**project**-*ss; vb*	el proyecto; proyectar
1363	**rat**-*ss*	la rata
1364	**mercy**-*ss*	la misericordia
1365	**yellow**-*adj; ss; vb*	amarillo; el amarillo; ponerse amarillo
1366	**desk**-*ss*	el escritorio
1367	**shower**-*ss; vb*	la ducha; ducharse
1369	**scare**-*ss; vb*	el susto| la alarma; asustar
1370	**regret**-*ss; vb*	el pesar| el remordimiento; lamentar
1373	**property**-*ss*	la propiedad
1375	**planning**-*ss; adj*	la planificación; planificador
1376	**swim**-*vb; ss*	nadar; la nadada
1377	**merry**-*adj; ss*	alegre; la cereza
1378	**pocket**-*ss; vb*	el bolsillo| el hueco; embolsarse
1379	**secretary**-*ss*	el secretario
1380	**path**-*ss*	el camino| la trayectoria
1381	**speech**-*ss*	el discurso| las habla
1383	**burning**-*adj; ss*	ardiente; el ardor
1384	**pair**-*ss; vb*	el par| la yunta; emparejar
1385	**ocean**-*ss*	el océano
1387	**goodness**-*ss*	la bondad
1388	**page**-*ss; vb*	la página; paginar
1389	**audience**-*ss*	la audiencia
1390	**research**-*ss; adj; vb*	la investigación; de investigación; investigar
1391	**fake**-*adj; ss; vb*	falso; la falsificación; fingir
1392	**amen**-*ss*	los amén
1393	**courage**-*ss*	el valor| el ánimo
1396	**bullet**-*ss*	la bala
1397	**photo**-*ss; vb*	la foto; fotografiar
1398	**yell**-*ss; vb*	el grito| el alarido; gritar
1400	**social**-*adj; ss*	social; la tertulia
1401	**warning**-*ss*	la advertencia| la alarma
1402	**genius**-*ss*	el genio
1403	**desert**-*adj; ss; vb*	desierto; el desierto; desertar
1404	**player**-*ss*	el jugador| el actor

1405	**grave**-*ss; adj; vb*	la tumba; grave; enterrar	1457	**divorce**-*ss; vb*	el divorcio; divorciarse
1406	**map**-*ss; vb*	el mapa| la carta; trazar un mapa	1458	**artist**-*ss*	artista
1407	**staff**-*ss; vb*	el personal; proveer de personal	1462	**dawn**-*ss; vb*	el amanecer; amanecer
1408	**vote**-*vb; ss*	votar| ir a votar; el voto	1463	**union**-*ss; adj*	la unión| el sindicato; sindical
1409	**success**-*ss*	el éxito| el acierto	1464	**nation**-*ss*	la nación
1411	**monkey**-*ss; vb*	el mono; juguetear	1465	**theory**-*ss*	la teoría
1412	**Italian**-*adj; ss*	italiano; el italiano	1466	**lay**-*adj; vb; ss*	laico| lego; poner; el canto
1413	**rough**-*adj; adv; ss*	áspero| aproximado; duro; el terreno	1467	**champagne**-*ss*	el champán
1414	**journey**-*ss; vb*	el viaje| el camino; viajar	1468	**mood**-*ss*	el humor
1416	**wise**-*adj; ss*	sabio; el modo	1471	**soup**-*ss; vb*	la sopa; aumentar la potencia
1419	**television**-*ss; adj*	la televisión| la TV; de televisión	1472	**miracle**-*ss*	el milagro
			1473	**university**-*ss*	la universidad
1420	**silver**-*ss; adj; vb*	la plata; de plata; platear	1474	**model**-*ss; vb*	el modelo| la maqueta; modelar
1421	**pound**-*ss; vb*	la libra| la perrera; aporrear	1475	**period**-*ss*	el período| la época
1424	**painting**-*ss*	la pintura| la pincelada	1476	**smoking**-*adj; ss*	de fumar; el el fumar
1425	**suck**-*vb; ss*	chupar| mamar; el sorbo	1477	**toilet**-*adj; ss*	de tocador; el inodoro
			1479	**babe**-*ss*	el bebé
1426	**century**-*ss*	el siglo	1481	**cheese**-*ss; vb*	el queso; poner fin a
1427	**desire**-*ss; vb*	el deseo; desear	1482	**victory**-*ss*	la victoria
1428	**fail**-*vb; ss*	fallar| fracasar; la falta	1483	**plant**-*ss; vb*	la planta| la instalación; plantar
1429	**football**-*ss; adj*	el fútbol; futbolístico			
1430	**Monday**-*ss*	el lunes	1484	**proper**-*adj; ss; adv*	apropiado| correcto; el propio; muy
1432	**ancient**-*adj; ss*	antiguo; el anciano			
1434	**jerk**-*ss; vb*	el tirón| la sacudida; sacudirse	1485	**shape**-*ss; vb*	la forma| la figura; dar forma
1435	**factory**-*ss*	la fábrica| la comisaría	1486	**ruin**-*ss; vb*	la ruina| la perdición; arruinar
1436	**clock**-*ss; vb*	el reloj; registrar	1487	**vacation**-*ss; adj; vb*	las vacaciones; de vacaciones; pasar las vacaciones
1437	**member**-*ss*	el miembro			
1438	**piano**-*adv; ss*	piano; el piano			
1439	**lesson**-*ss; vb*	la lección; enseñar	1489	**governor**-*ss*	el gobernador
1441	**rush**-*ss; vb*	la prisa| la carrera; precipitarse	1490	**original**-*adj; ss*	original| originario; el original
1442	**lip**-*ss; adj; vb*	el labio; labial; picar	1491	**butt**-*ss; vb*	el extremo; topar
1443	**unit**-*ss*	la unidad	1492	**request**-*vb; ss*	solicitar| recabar; la solicitud
1445	**safety**-*ss*	la seguridad	1493	**issue**-*vb; ss*	emitir| expedir; la cuestión
1446	**bedroom**-*ss*	el dormitorio| la recámara			
			1494	**refuse**-*ss; vb; adj*	la basura; rechazar; inservible
1449	**season**-*ss; vb*	la temporada; sazonar			
1450	**China**-*ss*	la china	1496	**crash**-*ss; vb*	el choque; estrellarse
1453	**revenge**-*ss; vb*	la venganza| la revancha; vengarse	1498	**bride**-*ss*	la novia
			1499	**exciting**-*adj; ss*	emocionante; la excitación
1454	**wood**-*ss; adj*	la madera; de madera			
1456	**royal**-*adj; ss*	real; la persona real	1501	**cow**-*ss; vb*	la vaca; intimidar fuertemente

1502	**load**-*ss; vb*	la carga| el peso; cargar
1503	**pa**-*ss*	el papá
1504	**grant**-*vb; ss*	conceder| otorgar; la subvención
1505	**knowledge**-*ss*	el conocimiento
1506	**freak**-*ss; adj; vb*	el monstruo; anormal; hacer anormalmente
1507	**temple**-*ss*	el templo
1508	**romantic**-*adj; ss*	romántico; el romántico
1511	**midnight**-*ss; adj*	los medianoche; de medianoche
1512	**sin**-*ss; vb*	el pecado; pecar
1513	**jacket**-*ss; vb*	la chaqueta; ponerse una americana
1514	**insurance**-*ss; adj*	el seguro; de seguros
1515	**investigation**-*ss*	la investigación| el desarrollo
1516	**professional**-*adj; ss*	profesional; el profesional
1517	**boring**-*adj; ss*	aburrido; la perforación
1518	**bang**-*ss; vb; adv*	la explosión| el golpe; golpear; justo
1519	**wolf**-*ss; vb*	el lobo; comer vorazmente
1520	**mirror**-*ss; vb*	el espejo; reflejar
1521	**fan**-*ss; vb*	el ventilador| fan; aventar
1523	**saint**-*adj; ss; vb*	santo; el santo; canonizar
1526	**bike**-*ss*	la bicicleta
1527	**assistant**-*adj; ss*	asistente; asistente
1528	**worker**-*ss*	el obrero
1529	**talent**-*ss*	el talento
1531	**stranger**-*ss*	el desconocido
1532	**chest**-*ss*	el pecho
1533	**regular**-*adj; ss*	regular; el regular
1534	**particular**-*adj; ss*	particular; el rasgo distintivo
1536	**image**-*ss; vb*	la imagen; tener reputación
1537	**Indian**-*adj; ss*	indio; el indio
1538	**trap**-*ss; vb*	la trampa| el sifón; atrapar
1539	**interview**-*ss; vb*	la entrevista; entrevistarse con
1540	**familiar**-*adj; ss*	familiar| conocido; la comunidad
1541	**eve**-*ss*	la víspera
1543	**shock**-*ss; vb*	el choque; escandalizar
1544	**detail**-*ss; vb*	el detalle; detallar
1545	**iron**-*vb; ss; adj*	planchar; el hierro; de hierro
1547	**hunt**-*vb; ss*	cazar| perseguir; la caza
1548	**emperor**-*ss*	el emperador
1549	**poison**-*vb; ss; adj*	envenenar; el tóxico; veneroso
1550	**destiny**-*ss*	el destino
1551	**prisoner**-*ss*	el prisionero
1552	**bone**-*ss; vb*	el hueso; deshuesar
1553	**owner**-*ss*	el propietario| el poseedor
1554	**crack**-*ss; vb*	la grieta| el crujido; agrietarse
1555	**appointment**-*ss*	la cita| el nombramiento
1556	**glory**-*ss; vb*	la gloria; gloriarse de
1557	**violence**-*ss*	la violencia
1558	**cab**-*ss*	el taxi
1559	**chocolate**-*ss; adj*	el chocolate; de chocolate
1560	**meal**-*ss; vb*	la comida; comer
1561	**hook**-*ss; vb*	el gancho| el enganche; enganchar
1562	**freeze**-*vb; ss*	congelar| congelarse; la congelación
1563	**candy**-*ss; vb*	el caramelo| el dulce; azucarar
1565	**shot**-*ss; adj*	el tiro| el plano; tornasolado
1566	**tower**-*ss; vb; adj*	la torre; elevarse; de viviendas
1567	**grandmother**-*ss; vb*	la abuela; ser abuela
1569	**dust**-*ss; vb*	el polvo; desempolvar
1572	**toast**-*ss; vb*	la tostada; brindar por
1573	**virgin**-*adj; ss*	virgen; la virgen
1575	**pride**-*ss*	el orgullo
1576	**switch**-*vb; ss*	cambiar| agitar; el interruptor
1577	**community**-*ss*	la comunidad
1578	**thunder**-*ss; vb*	el trueno; tronar
1579	**pilot**-*ss; vb*	el piloto; pilotar
1580	**damage**-*vb; ss*	dañar; el daño
1583	**rice**-*ss*	el arroz
1584	**knee**-*ss; vb*	la rodilla; dar un rodillazo
1585	**coast**-*ss; vb*	la costa; deslizar

1586	**beast**-*ss*	la bestia
1587	**japan**-*ss; vb*	la laca japonesa; charolar con laca japonesa
1588	**duke**-*ss*	el duque
1590	**tour**-*vb; ss; adj*	recorrer| visitar; la gira; de gira
1593	**traffic**-*ss; adj; vb*	el tráfico| la trata; de tráfico; traficar
1594	**fourth**-*adj; ss*	cuarto; el cuarto
1595	**actor**-*ss*	el actor
1596	**official**-*adj; ss*	oficial; el oficial
1597	**applause**-*ss*	los aplausos
1598	**palace**-*ss*	el palacio
1599	**troop**-*ss; vb*	la tropa| el grupo; desfilar
1600	**rate**-*ss; vb*	la tarifa| la velocidad; calificar
1601	**writer**-*ss*	el escritor| el autor
1602	**hire**-*ss; vb*	el alquiler| el arriendo; contratar
1603	**junior**-*ss; adj; adv*	el júnior| el menor; joven; juvenilmente
1604	**process**-*ss; vb*	el proceso; procesar
1606	**amount**-*ss; vb*	la cantidad; ascender
1607	**percent**-*ss; adj*	el por ciento; del por ciento
1608	**affair**-*ss*	el asunto| la aventura
1611	**license**-*ss; vb*	la licencia| el carnet; licenciar
1612	**bull**-*ss; adj; vb*	el toro; en alza; jugar al alza con
1613	**direction**-*ss*	la dirección| el rumbo
1614	**saving**-*ss; prp; adj*	el ahorro| la salvación; salvo; económico
1615	**snake**-*ss; vb*	la serpiente; deslizarse
1616	**pussy**-*ss*	el coño| el gatito
1617	**holiday**-*ss; vb; adj*	la fiesta; pasar las vacaciones; festivo
1619	**theater**-*ss*	el teatro
1620	**loss**-*ss*	la pérdida
1622	**whistle**-*vb; ss*	silbar; el silbo
1623	**youth**-*ss; adj; adv*	la juventud; juvenil; juvenilmente
1624	**lab**-*ss*	el laboratorio
1625	**boom**-*ss; vb*	el auge; retumbar
1626	**border**-*ss; vb*	la frontera| la orilla; bordear
1627	**ordinary**-*adj; ss*	ordinario| normal; el lo ordinario
1628	**cast**-*ss; vb*	el elenco| el molde; emitir
1629	**statement**-*ss*	la declaración| el estado
1630	**rescue**-*ss; vb; adj*	el rescate; rescatar; de salvamento
1631	**sharp**-*adj; ss; adv*	fuerte| agudo; en punto
1632	**creature**-*ss*	la criatura
1633	**zero**-*adj; ss; vb*	cero; el cero; poner en el cero
1636	**uniform**-*ss; adj*	el uniforme; constante
1639	**treasure**-*ss; vb*	el tesoro; atesorar
1640	**flesh**-*ss*	la carne
1641	**row**-*ss; vb*	la fila| el renglón; remar
1642	**friendly**-*adj; adv; ss*	amable| amistoso; amistosamente; el partido amistoso
1643	**modern**-*adj; ss*	moderno; el moderno
1644	**score**-*vb; ss*	calificar| conseguir; la puntuación
1645	**neighborhood**-*ss*	el barrio
1646	**pill**-*ss*	la píldora
1647	**highness**-*ss*	la altura| el punto alto
1649	**studio**-*ss*	el estudio
1650	**positive**-*adj; ss*	positivo| seguro; el positivo
1651	**tip**-*ss; vb*	la propina| la punta; verter
1654	**hunting**-*ss*	la caza
1655	**darkness**-*ss*	la oscuridad| las tinieblas
1656	**disease**-*ss*	la enfermedad| el mal
1657	**climb**-*ss; vb*	la subida| la escalada; escalar
1658	**role**-*ss*	el papel| el rol
1660	**event**-*ss*	el evento| el acontecimiento
1661	**effect**-*ss; vb*	el efecto| el hecho; efectuar
1663	**revolution**-*ss*	la revolución
1665	**chase**-*ss; vb*	la persecución| la carrera; perseguir
1666	**shopping**-*ss*	las compras
1667	**wave**-*ss; vb*	la onda| la oleada; agitar
1668	**mystery**-*ss*	el misterio| el enigma
1669	**attorney**-*ss*	el abogado
1670	**stair**-*ss*	la escalera
1671	**newspaper**-*ss; adj*	el periódico; de periódico

1672	**presence**-*ss*	la presencia	
1673	**beloved**-*adj; ss*	amado; el amado	
1674	**rope**-*ss*	la cuerda| el cabo	
1676	**comrade**-*ss*	camarada| el amigo	
1677	**dragon**-*ss*	el dragón	
1678	**bow**-*ss; vb*	el arco| la proa; inclinarse	
1679	**section**-*ss; vb*	la sección| el artículo; seccionar	
1680	**pot**-*ss; vb*	la olla; matar	
1681	**winner**-*ss*	el ganador	
1683	**senator**-*ss*	el senador	
1687	**mass**-*ss; adj; vb*	la masa| la misa; en masa; concentrarse	
1688	**grade**-*ss; vb*	el grado| la calidad; calificar	
1689	**aside**-*adv; ss*	aparte; el aparte	
1690	**wire**-*ss; vb*	el alambre| el cable; alambrar	
1694	**stare**-*ss; vb*	la mirada fija; mirar fijamente	
1695	**yard**-*ss; vb*	la yarda; acorralar	
1696	**button**-*ss; vb*	el botón; abotonar	
1697	**kingdom**-*ss*	el reino	
1698	**quarter**-*ss; vb*	el trimestre| el cuarto; cuartear	
1699	**plate**-*ss; vb*	la placa| el plato; platear	
1700	**dump**-*ss; vb*	el tugurio; deshacerse de	
1701	**tail**-*ss; vb*	la cola| el rabo; seguir	
1702	**sacrifice**-*ss; vb*	el sacrificio; sacrificar	
1704	**salt**-*ss; adj; vb*	la sal; de sal; salpicar	
1705	**metal**-*ss; adj; vb*	el metal; metálico; cubrir con grava	
1706	**sand**-*ss; vb*	la arena; lijar	
1707	**cancer**-*ss*	el cáncer	
1708	**subtitle**-*vb; ss*	subtitular; el subtítulo	
1709	**fruit**-*ss; vb*	la fruta; dar fruto	
1710	**claim**-*vb; ss*	reclamar| reivindicar; la reclamación	
1711	**bark**-*vb; ss*	ladrar; el ladrido	
1712	**goal**-*ss*	el objetivo| el gol	
1713	**concern**-*ss; vb*	la preocupación| el asunto; referirse	
1714	**shadow**-*ss; vb*	la sombra| el sombreado; sombrear	
1715	**beep**-*vb; ss*	pitar; la señal	
1716	**firm**-*ss; adj; vb*	la empresa| las casa de comercio; firme; endurecer	

1717	**friendship**-*ss*	la amistad
1718	**prime**-*adj; ss; vb*	principal	primo; la prima; cebar
1719	**advantage**-*ss; vb*	la ventaja	las ventajas; favorecer
1720	**punch**-*ss; vb*	el puñetazo	el ponche; perforar
1722	**steady**-*adj; vb; ss*	estable	continuo; estabilizarse; el novio
1724	**protection**-*ss*	la protección	el blindaje
1725	**tiger**-*ss*	el tigre
1726	**giant**-*adj; ss*	gigante; el gigante
1727	**edge**-*ss; vb*	el borde	la orilla; afilar
1728	**chuck**-*vb; ss*	arrojar; el tiro
1729	**loser**-*ss*	el perdedor
1733	**pen**-*ss; vb*	la pluma; escribir
1734	**wheel**-*ss; vb*	la rueda	el volante; girar
1735	**drag**-*vb; ss*	arrastrar; la calada
1737	**passion**-*ss*	la pasión	el apasionamiento
1738	**maid**-*ss*	la criada	la camarera
1739	**county**-*ss*	el condado
1740	**chick**-*ss*	el polluelo	el pollito
1741	**magazine**-*ss*	la revista
1742	**remove**-*vb; ss*	quitar	eliminar; el apartamiento
1744	**spell**-*ss; vb*	el hechizo	el encanto; deletrear
1745	**term**-*ss; vb; adj*	el plazo	el término; llamar; temporal
1747	**focus**-*ss; vb*	el foco	el centro; enfocar
1748	**stock**-*vb; ss; adj*	surtir	abastecer; los valores; de serie
1749	**valley**-*ss*	el valle
1750	**duck**-*ss; vb*	el pato	la pata; agacharse
1754	**wound**-*ss; vb*	la herida; herir
1755	**object**-*ss; vb*	el objeto	la cosa; oponerse
1756	**sale**-*ss*	la venta
1757	**mummy**-*ss*	la momia
1758	**tank**-*ss; vb*	el tanque; machar
1760	**pie**-*ss*	el pastel	la empanada
1761	**gut**-*ss; vb*	el intestino; destripar
1762	**bound**-*adj; ss; vb*	obligado; el límite; botar
1764	**reporter**-*ss*	el reportero

1765	**physical**-*adj; ss*	físico; el reconocimiento médico
1767	**hop**-*ss; vb*	el salto| el lúpulo; saltar
1768	**value**-*ss; vb*	el valor; valorar
1769	**surface**-*ss; vb*	la superficie; emerger
1770	**closing**-*ss*	el cierre| la fecha tope
1771	**slip**-*ss; vb*	el resbalón| la desliz; deslizarse
1772	**result**-*ss; vb*	el resultado| resulta; resultar
1773	**politics**-*ss*	la política
1775	**slave**-*ss; vb*	el esclavo; trabajar como un esclavo
1777	**shine**-*ss; vb*	el brillo| el buen tiempo; brillar
1778	**joint**-*adj; ss; vb*	conjunto| común; la articulación; articular
1781	**witch**-*ss*	la bruja
1782	**jury**-*ss*	el jurado
1784	**connection**-*ss*	la conexión| la relación
1785	**wing**-*ss; vb*	la ala| la aleta; volar
1787	**pink**-*adj; ss; vb*	rosa; la rosa; picar
1789	**doll**-*ss*	la muñeca
1791	**education**-*ss*	la educación
1792	**challenge**-*ss; vb*	el reto| el desafiador; desafiar
1793	**range**-*ss; vb*	el alcance| el intervalo; oscilar
1794	**brand**-*ss; vb*	la marca| el hierro; marcar
1795	**pee**-*ss; vb*	el pis; hacer pis
1796	**elevator**-*ss*	el ascensor
1797	**equipment**-*ss*	el equipo
1798	**shy**-*adj; vb; ss*	tímido; asustarse; la espantada
1799	**screen**-*ss; vb*	la pantalla| la criba; cribar
1800	**sentence**-*ss; vb*	la frase; sentenciar
1801	**rabbit**-*ss; vb*	el conejo; cazar a los conejos
1802	**apple**-*ss*	la manzana
1803	**production**-*ss; adj*	la producción| la fabricación; de serie
1804	**swing**-*ss; vb*	la oscilación| el columpio; oscilar
1805	**circumstance**-*ss*	la circunstancia
1806	**prize**-*ss; adj; vb*	el premio; premiado; apreciar mucho
1808	**attitude**-*ss*	la actitud
1809	**authority**-*ss*	la autoridad| el poder
1811	**shoulder**-*ss; vb*	el hombro; cargar con
1812	**coward**-*adj; ss*	cobarde; cobarde
1813	**site**-*ss; vb*	el sitio; situar
1814	**committee**-*ss*	el comité| el consejo
1816	**advance**-*vb; ss*	avanzar| promover; el avance
1817	**material**-*adj; ss*	material| físico; el material
1819	**ambulance**-*ss*	la ambulancia
1822	**exchange**-*vb; ss*	intercambiar| canjear; el intercambio
1824	**separate**-*vb; adj; ss*	separar| separarse; independiente; la separata
1826	**cooking**-*ss*	la cocina
1827	**kitty**-*ss*	el bote
1828	**progress**-*ss; vb*	el progreso; progresar
1829	**collect**-*vb; ss*	recoger| cobrar; la colecta
1830	**curse**-*ss; vb*	la maldición; maldecir
1832	**chain**-*ss; vb*	la cadena; encadenar
1833	**understanding**-*ss; adj*	la comprensión; comprensivo
1834	**cure**-*ss; vb*	la cura| la curación; curar
1836	**performance**-*ss*	el rendimiento| el funcionamiento
1837	**international**-*adj; ss*	internacional; el internacional
1838	**spy**-*vb; ss*	espiar| divisar; espía
1840	**noble**-*adj; ss*	noble; el noble
1841	**swimming**-*ss*	la natación
1842	**juice**-*ss*	el jugo| el fluido
1844	**champion**-*adj; ss; vb*	campeón; el campeón; defender
1845	**source**-*ss*	la fuente| la procedencia
1846	**circle**-*ss; vb*	el círculo| el cerco; rodear
1847	**plain**-*ss; adj; adv*	la llanura| la planicie; simple; claramente
1853	**lad**-*ss*	el muchacho| el chaval
1854	**intelligence**-*ss*	la inteligencia
1855	**movement**-*ss*	el movimiento| la circulación
1856	**grass**-*ss; vb*	la hierba| el césped; cubrir de hierba
1857	**squad**-*ss*	el equipo
1858	**jungle**-*ss*	la selva

1859	**bond**-*ss; adj; vb*	el enlace| el bono; esclavo; garantizar
1861	**effort**-*ss*	el esfuerzo
1862	**series**-*ss*	la serie| la tanda
1863	**expert**-*adj; ss*	experto| pericial; el experto
1865	**belt**-*ss; vb*	el cinturón| la correa; ceñir
1866	**customer**-*ss*	cliente
1868	**Thursday**-*ss*	el jueves
1869	**counting**-*ss*	el cálculo
1872	**solution**-*ss*	la solución
1873	**boot**-*ss; vb*	la bota; dar una patada a
1874	**punk**-*ss; adj*	el punk; malo
1875	**competition**-*ss*	la competencia| el concurso
1876	**treatment**-*ss*	el tratamiento| la cura
1877	**guarantee**-*ss; vb*	la garantía; garantizar
1878	**sheep**-*ss*	la oveja
1880	**guitar**-*ss*	la guitarra
1881	**garbage**-*ss*	la basura
1882	**access**-*ss; vb*	el acceso| el ataque; entrar
1883	**bust**-*ss; vb; adj*	el busto| la quiebra; quebrar; arruinado
1884	**district**-*ss; vb*	el distrito| el barrio; recelar
1886	**flag**-*ss; vb*	la bandera; languidecer
1887	**panic**-*adj; ss; vb*	pánico; el pánico; asustarse
1888	**council**-*ss*	el consejo| el concilio
1889	**pizza**-*ss*	la pizza
1892	**reputation**-*ss*	la reputación
1893	**Tuesday**-*ss*	el martes
1894	**nightmare**-*ss*	la pesadilla
1895	**bush**-*ss; vb*	el arbusto| el monte; forrar
1896	**deck**-*ss; vb*	la cubierta| la baraja; engalanar
1897	**express**-*vb; adj; ss*	exprimir; expreso; el expreso
1899	**hunter**-*ss*	el cazador
1900	**former**-*ss; adj*	el ex; antiguo
1902	**estate**-*ss*	los inmuebles| la finca
1903	**schedule**-*vb; ss*	programar; el horario
1905	**navy**-*ss; vb*	la marina de guerra; trabajar de zapador
1906	**debt**-*ss*	la deuda
1907	**fever**-*ss; vb*	la fiebre; coger fiebre

1908	**surrender**-*ss; vb*	la entrega| la rendición; rendirse
1909	**reward**-*ss; vb*	la recompensa; recompensar
1910	**negative**-*adj; ss; vb*	negativo; el negativo; negar
1911	**ease**-*ss; vb*	la facilidad| la comodidad; aliviar
1913	**imagination**-*ss*	la imaginación
1914	**garage**-*ss*	el garaje
1915	**punishment**-*ss*	el castigo| la paliza
1916	**threat**-*ss*	la amenaza
1918	**degree**-*ss*	el grado| el título
1920	**zone**-*ss; vb*	la zona; parcelar en zonas
1922	**title**-*ss; vb*	el título; titular
1923	**policy**-*ss*	la política
1924	**cock**-*ss; vb*	la polla; amartillar
1925	**conference**-*ss*	la conferencia
1927	**robbery**-*ss*	el robo
1929	**crown**-*ss; vb*	la corona; coronar
1930	**religion**-*ss*	la religión
1931	**lion**-*ss*	el león
1932	**guide**-*ss; vb*	guía| el baqueano; guiar
1933	**bay**-*ss; adj; vb*	la bahía| el laurel; bayo; ladrar
1934	**servant**-*ss*	el servidor| el sirviente
1935	**demand**-*vb; ss*	pedir| exigir; la demanda
1936	**trash**-*ss; vb*	la basura; destrozar
1937	**tone**-*ss; vb*	el tono| el matiz; entonar
1939	**vision**-*ss*	la visión| el sueño
1940	**supper**-*ss*	la cena
1941	**Bible**-*ss*	la Biblia
1942	**unknown**-*adj; ss; adv*	desconocido; el desconocido; sin saber
1943	**hip**-*ss; adj*	la cadera; moderno
1945	**route**-*ss; vb*	la ruta| el itinerario; encaminar
1946	**lack**-*ss; vb*	la falta| la carencia; carecer de
1947	**port**-*ss; adj; vb*	el puerto; portuario; poner a babor
1948	**spit**-*vb; ss*	escupir; la saliva
1950	**dozen**-*ss*	la docena
1951	**dirt**-*ss*	la suciedad
1952	**medium**-*ss; adj*	el medio| el médium; mediano

1953	**location**-*ss*	la ubicación| la localidad
1954	**paradise**-*ss*	el paraíso
1957	**whispering**-*ss; adj*	el susurro; de rumores
1958	**culture**-*ss*	la cultura
1960	**confidence**-*ss*	la confianza| la confidencia
1962	**rip**-*ss; vb*	el rasgón; rasgar
1963	**fox**-*ss; vb*	el zorro; fingir
1964	**bum**-*ss; adj; vb*	el culo; malo; gorronear
1966	**failure**-*ss*	el fracaso| el fallo
1968	**library**-*ss*	la biblioteca
1969	**mask**-*ss; vb*	la máscara| la mascarilla; enmascarar
1970	**gather**-*vb; ss*	reunir| recoger; los
1971	**stopping**-*ss*	la parada
1974	**tire**-*ss; vb*	el neumático; cansar
1975	**forty**-*ss*	las cuarenta| cuarenta
1976	**narrator**-*ss*	el narrador
1979	**sob**-*ss; vb; adj*	el sollozo; sollozar; sentimental
1980	**background**-*ss*	el fondo
1982	**cutting**-*ss; adj*	el corte| la corta; cortante
1983	**quality**-*ss; adj*	la calidad| la clase; de calidad
1984	**alcohol**-*ss*	el alcohol
1985	**wipe**-*vb; ss*	limpiar| enjugar; el limpión
1986	**launch**-*ss; vb*	el lanzamiento| la lancha; lanzar
1987	**approach**-*ss; vb*	el enfoque| la aproximación; acercarse
1988	**sweat**-*ss; vb*	el sudor; sudar
1989	**steel**-*ss*	el acero
1990	**explosion**-*ss*	la explosión
1992	**headquarters**-*ss*	la sede
1993	**alert**-*adj; ss; vb*	alerta; la alerta; alertar
1994	**fifth**-*adj; ss*	quinto; el quinto
1995	**rolling**-*ss; adj*	la laminación; rodante
1996	**script**-*ss*	el guión| la escritura
1998	**agreement**-*ss*	el acuerdo
2002	**aim**-*ss; vb*	el objetivo| la puntería; apuntar
2003	**tune**-*ss; vb*	la melodía| el afinado; afinar
2004	**agency**-*ss*	la agencia
2006	**spending**-*ss*	el gasto
2008	**vehicle**-*ss*	el vehículo
2009	**childhood**-*ss; adj*	la infancia| la edad juvenil; infantil
2010	**empire**-*ss*	imperio
2012	**vice**-*ss; prp*	el vicio; en vez de
2014	**fashion**-*ss; vb*	la moda| la manera; modelar
2015	**coincidence**-*ss*	la coincidencia| la concurrencia
2016	**farewell**-*ss*	la despedida
2018	**opposite**-*adj; prp; ss; adv*	opuesto; frente a; el lo contrario; en frente
2019	**fairy**-*ss; adj*	la hada; mágico
2020	**gunshot**-*ss*	el cañonazo
2023	**disaster**-*ss*	el desastre
2024	**anger**-*ss; vb*	la ira| el enojo; enfadar
2026	**sonny**-*ss*	el hijo
2028	**mistress**-*ss*	amante
2029	**museum**-*ss*	el museo
2030	**tax**-*ss; adj; vb*	el impuesto; de impuestos; tasar
2031	**flash**-*ss; vb*	el flash| el destello; destellar
2032	**conscience**-*ss*	la conciencia
2033	**datum**-*ss*	el dato
2035	**capital**-*adj; ss*	capital| principal; el capital
2036	**channel**-*ss; vb*	el canal; encauzar
2037	**dean**-*ss*	el decano| el deán
2038	**gray**-*adj; ss; vb*	gris; el gris; encanecer
2039	**struggle**-*ss; vb*	la lucha; luchar
2040	**sport**-*ss; vb*	el deporte; divertirse
2041	**senior**-*adj; ss*	mayor; el mayor
2042	**Roman**-*adj; ss*	romano; el romano
2043	**chasing**-*adj; ss*	que caza; el cazador
2045	**singer**-*ss*	cantante
2047	**cap**-*ss; vb*	la tapa| el tapón; tapar
2048	**firing**-*ss*	el disparo
2050	**daily**-*adj; adv; ss*	diario; diario; el diario
2052	**clue**-*ss*	la pista
2053	**diamond**-*adj; ss*	diamante; el diamante
2055	**circus**-*ss*	el circo
2056	**torture**-*ss; vb*	la tortura; torturar
2057	**shift**-*ss; vb*	el cambio| el movimiento; cambiar
2058	**cloud**-*ss; vb*	la nube; oscurecer
2059	**actress**-*ss*	la actriz

2060	**closet**-*ss; vb*	el armario| el ropero; encerrarse
2062	**comfort**-*ss; vb*	la comodidad| el confort; consolar
2063	**article**-*ss; vb*	el artículo| el artejo; formular
2064	**prayer**-*ss*	la oración| el ruego
2065	**explanation**-*ss*	la explicación
2066	**loan**-*ss; vb*	el préstamo; prestar
2067	**entrance**-*ss; vb*	la entrada; encantar
2068	**attempt**-*ss; vb*	el intento| el esfuerzo; intentar
2069	**trace**-*ss; vb*	el rastro| la huella; rastrear
2071	**orange**-*ss; adj*	la naranja; anaranjado
2074	**scratch**-*vb; ss; adj*	rayar| arañar; el rasguño; sin ventaja
2075	**nerve**-*ss; adj; vb*	el nervio| el descaro; nervioso; infundir a uno ánimo
2076	**outfit**-*vb; ss*	equipar| enviar equipando; el equipo
2077	**campaign**-*ss; vb*	la campaña; hacer campaña
2078	**patience**-*ss*	la paciencia
2079	**concert**-*ss; vb*	el concierto; dar un concierto
2080	**ceremony**-*ss*	la ceremonia
2081	**concentrate**-*adj; ss; vb*	concentrado; el concentrado; concentrarse
2082	**cheat**-*vb; ss*	engañar| trampear; la trampa
2083	**chat**-*ss; vb*	la charla; charlar
2086	**citizen**-*ss*	el ciudadano| habitante
2087	**noon**-*ss; adj*	el mediodía; de mediodía
2088	**baseball**-*ss*	el béisbol
2089	**cabin**-*ss*	la cabina
2090	**incident**-*adj; ss*	incidente; el incidente
2091	**hug**-*ss; vb*	el abrazo; abrazar
2092	**surgery**-*ss*	la cirugía
2094	**pipe**-*ss*	el tubo| la pipa
2095	**whiskey**-*ss*	el whisky
2097	**alien**-*ss; adj*	el extranjero; ajeno
2098	**neighbor**-*adj; ss*	vecino; el vecino
2100	**delivery**-*ss*	la entrega| el parto
2101	**lifetime**-*ss*	la vida
2102	**mix**-*ss; vb*	la mezcla; mezclar
2103	**hail**-*ss; vb*	el granizo; granizar
2104	**supply**-*ss; vb*	el suministro| la oferta; suministrar
2105	**bat**-*ss; vb*	el murciélago; batear
2106	**cent**-*ss*	los centavo
2107	**transfer**-*vb; ss; adj*	transferir; la transferencia; de transferencia
2108	**opera**-*ss*	la ópera
2109	**bug**-*ss; vb*	el error; fastidiar
2111	**design**-*ss; vb*	el diseño| el proyecto; proyectar
2112	**behavior**-*ss*	el comportamiento| el funcionamiento
2115	**current**-*adj; ss*	corriente| presente; la corriente
2116	**instance**-*ss; vb*	el ejemplo| la instancia; citar como ejemplo
2117	**cave**-*ss*	la cueva
2119	**gear**-*ss; vb*	el engranaje| el equipo; engranar
2120	**passport**-*ss*	el pasaporte
2121	**announcer**-*ss*	el locutor
2123	**legend**-*ss*	la leyenda
2124	**nephew**-*ss*	el sobrino
2125	**belly**-*ss; vb*	el vientre| el seno; hinchar
2126	**religious**-*adj; ss*	religioso; el religioso
2127	**dancer**-*ss; adj*	el bailarín; danzante
2128	**producer**-*ss*	el productor| el realizador
2129	**exercise**-*ss; vb*	el ejercicio| la prueba; ejercer
2132	**fuel**-*ss; vb*	el combustible; aprovisionar de combustible; energético
2133	**traitor**-*ss*	el traidor
2134	**technology**-*ss*	la tecnología
2136	**pat**-*ss; vb; adj; adv*	la palmadita; acariciar; oportuno; oportunamente
2137	**lane**-*ss; adj*	el carril| la calle; divisorias
2139	**bowl**-*ss; vb*	el tazón; jugar a los bolos
2140	**butter**-*ss; vb*	la mantequilla; untar con mantequilla
2142	**net**-*adj; ss; vb*	neto; los neto; enredar
2144	**basement**-*ss*	el sótano
2145	**footstep**-*ss*	el paso

2146	**downtown**-*ss; adj; adv*	el centro de la ciudad; céntrico; en el centro de la ciudad	
2147	**defeat**-*ss; vb*	la derrota; derrotar	
2150	**impression**-*ss*	la impresión| la idea	
2151	**toy**-*ss; adj; vb*	el juguete; de juguete; jugar	
2152	**wallet**-*ss*	la cartera	
2153	**trunk**-*ss; adj*	el tronco; troncal	
2154	**coke**-*ss*	el coque	
2155	**turkey**-*ss*	el pavo	
2157	**plastic**-*adj; ss*	plástico; el plástico	
2158	**landing**-*ss; adj*	el aterrizaje| el desembarco; aterrizante	
2160	**territory**-*ss*	el territorio	
2162	**marshal**-*ss; vb*	el mariscal; formar	
2163	**fort**-*ss*	el fuerte| el fortín	
2164	**trail**-*ss; vb*	el rastro| el sendero; arrastrarse	
2165	**league**-*ss*	la liga| la legua	
2167	**shore**-*vb; ss*	apuntalar| escorar; la orilla	
2168	**task**-*ss; vb*	la tarea| la labor; encargar	
2169	**western**-*adj; ss*	occidental; el western	
2170	**impress**-*vb; ss*	impresionar| imprimir; la huella	
2171	**confession**-*ss*	la confesión	
2172	**rape**-*ss; vb*	la violación| la colza; violar	
2174	**motion**-*ss; vb*	el movimiento| la moción; hacer señales	
2175	**blast**-*ss; vb*	la explosión| la ráfaga; arruinar	
2176	**mouse**-*ss; vb*	el ratón; cazar ratones	
2177	**growl**-*ss; vb*	el gruñido; gruñir	
2179	**package**-*ss; vb*	el paquete| el envase; empaquetar	
2181	**monk**-*ss*	el monje	
2182	**division**-*ss*	la división| el reparto	
2183	**balance**-*vb; ss*	equilibrar| equilibrarse; el equilibrio	
2185	**accent**-*ss; vb*	el acento| el acento gráfico; acentuar	
2186	**sandwich**-*ss; vb*	el sándwich| el emparedado; intercalar	
2187	**being**-*ss*	el ser	
2189	**policeman**-*ss*	el policía	

2191	**tunnel**-*ss; vb*	el túnel; construir un túnel
2192	**routine**-*ss; adj*	la rutina; de rutina
2194	**recall**-*vb; ss*	recordar; la retirada
2197	**Wednesday**-*ss*	el miércoles
2198	**influence**-*ss; vb*	la influencia| ascendiente; influenciar
2199	**Greek**-*adj; ss*	griego; el griego
2200	**poetry**-*ss*	la poesía
2201	**liberty**-*ss*	la libertad
2202	**swell**-*vb; ss; adj*	hincharse| crecer; mar de fondo; estupendo
2205	**knight**-*ss; vb*	el caballero; armar caballero
2206	**chill**-*adj; ss; vb*	frío; el frío; enfriar| calmar
2207	**tit**-*ss*	la teta
2208	**admiral**-*ss*	el almirante
2209	**Mars**-*ss*	el Marte
2210	**cough**-*ss; vb*	la tos; toser
2212	**moron**-*ss*	idiota| imbécil
2213	**prick**-*ss; vb*	el pinchazo| la polla; pinchar
2215	**rifle**-*ss; vb*	el rifle; saquear
2216	**bishop**-*ss*	el obispo
2217	**warrant**-*ss; vb*	la orden| la autorización; justificar
2221	**ability**-*ss*	la capacidad| la aptitud
2222	**slut**-*ss*	la puta| la mujerzuela
2223	**crush**-*vb; ss*	aplastar| apabullar; la aglomeración
2224	**golf**-*ss; vb*	el golf; jugar al golf
2225	**stake**-*ss; vb*	la estaca| la hoguera; apostar
2226	**fence**-*ss; vb*	las cerca| la valla; cercar
2228	**patrol**-*ss; vb*	la patrulla; patrullar
2229	**sire**-*ss; vb*	el padre| el mi señor; engendrar un caballo
2231	**chairman**-*ss*	el presidente
2232	**habit**-*ss*	el hábito| la maña
2234	**possibility**-*ss*	la posibilidad
2235	**novel**-*ss; adj*	la novela; nuevo
2238	**reverend**-*adj; ss*	reverendo; el padre
2239	**wagon**-*ss; vb*	el vagón; transportar en furgón
2241	**widow**-*ss*	la viuda
2242	**dope**-*ss; vb*	la droga; drogar

2243	**boo**-*ss; vb*	el abucheo; patear	
2244	**cheating**-*ss; adj*	la trampa; engañado	
2245	**atmosphere**-*ss*	la atmósfera	
2246	**generation**-*ss*	la generación	
2247	**siren**-*ss*	la sirena	
2249	**exit**-*ss; vb*	la salida; salir de	
2250	**beef**-*ss; vb*	la carne de vaca; quejarse	
2251	**collection**-*ss*	la colección| el cobro	
2252	**auntie**-*ss*	la tía	
2254	**bud**-*ss; vb*	el brote; florecer	
2255	**principal**-*adj; ss*	principal; el principal	
2256	**nail**-*ss; vb*	el clavo| la uña; clavar	
2258	**skip**-*vb; ss*	omitir; el salto	
2259	**trigger**-*vb; ss*	desencadenar; el gatillo	
2260	**crisis**-*ss*	la crisis	
2261	**identity**-*ss; adj*	la identidad; personal	
2264	**sink**-*vb; ss*	hundir| hundirse; el fregadero	
2265	**stretch**-*vb; ss*	estirar| estirarse; el tramo	
2266	**instruction**-*ss*	la instrucción| la enseñanza	
2267	**sail**-*ss; vb*	la vela| el velero; navegar	
2268	**average**-*ss; adj; vb*	el promedio| el medio; medio; calcular la media de	
2269	**demon**-*ss*	el demonio	
2270	**dough**-*ss*	la masa| la guita	
2271	**baron**-*ss*	el barón	
2273	**charity**-*ss*	la caridad| la beneficencia	
2275	**pet**-*vb; ss; adj*	acariciar; el animal favorito; mimado	
2276	**existence**-*ss*	la existencia| la residencia	
2277	**photograph**-*ss; vb*	la fotografía; fotografiar	
2279	**wicked**-*adj; ss*	malvado| perverso; el bellaco	
2280	**flow**-*ss; vb*	el flujo| la corriente; fluir	
2282	**nigger**-*ss*	el negro	
2283	**halt**-*vb; ss*	detener| interrumpir; el alto	
2284	**aid**-*ss; vb*	la ayuda| el socorro; ayudar	
2285	**underground**-*adj; ss; adv*	subterráneo; el metro; bajo tierra	
2286	**charm**-*ss; vb*	el encanto| el hechizo; encantar	
2287	**cattle**-*ss*	el ganado| el ganado vacuno	
2288	**occasion**-*ss; vb*	la ocasión| el motivo; ocasionar	
2289	**species**-*ss*	las especies	
2290	**hood**-*ss*	la capucha	
2291	**moan**-*ss; vb*	el gemido| el quejido; gemir	
2292	**electric**-*adj; ss*	eléctrico; el eléctrico	
2293	**jam**-*ss; vb*	el atasco| la mermelada; atascar	
2295	**purse**-*ss; vb*	el monedero; fruncir	
2297	**divine**-*vb; adj; ss*	adivinar| milagrear; divino; el divino	
2298	**seal**-*vb; ss*	sellar; el sello	
2299	**temperature**-*ss*	la temperatura	
2300	**experiment**-*vb; ss*	experimentar| probar; el experimento	
2301	**chop**-*ss; vb*	la tajada| la chuleta; cortar	
2302	**tradition**-*ss*	la tradición	
2303	**equal**-*adj; ss; vb*	igual| equitativo; el igual; ser igual a	
2304	**virus**-*ss*	el virus	
2306	**tragedy**-*ss; adj*	la tragedia; de tragedia	
2307	**organization**-*ss*	la organización	
2308	**powder**-*ss; vb*	el polvo; empolvar	
2311	**mud**-*ss*	el barro	
2312	**wrap**-*vb; ss*	envolver; el chal	
2313	**standard**-*ss*	el estándar| el nivel	
2315	**couch**-*ss; vb*	el sofá| la cama; reposar	
2316	**contest**-*ss; vb*	el concurso| la liza; impugnar	
2317	**skill**-*ss*	la habilidad| la experiencia	
2318	**ad**-*ss*	el anuncio	
2319	**highway**-*ss*	la carretera| la carretera nacional	
2320	**homework**-*ss*	la tarea	
2323	**industry**-*ss*	la industria	
2324	**print**-*vb; ss; adj*	imprimir| imprimirse; la impresión; estampado	
2325	**pole**-*ss; vb*	el polo| el poste; empujar con una pértiga	
2326	**ward**-*ss; vb*	la sala; guardar	
2327	**offering**-*ss*	la ofrenda	

2328	**theme**-*ss*	el tema		2379	**fighter**-*ss*	combatiente
2329	**soap**-*ss; vb*	el jabón; enjabonar		2380	**swallow**-*ss; vb*	la golondrina; tragarse
2330	**string**-*ss; vb*	la cadena| la cuerda; ensartar		2381	**whisper**-*ss; vb*	el susurro; susurrar
2333	**farmer**-*ss*	el agricultor| el labrador		2382	**clown**-*ss; vb*	el payaso; payasear
				2383	**Latin**-*ss; adj*	el latín; latino
2336	**gain**-*ss; vb*	la ganancia| el aumento; ganar		2384	**doorbell**-*ss*	el timbre de la puerta
				2386	**cinema**-*ss*	el cine
2337	**adventure**-*ss; adj; vb*	la aventura; de aventuras; aventurarse		2387	**cage**-*ss; vb*	la jaula; enjaular
				2388	**waiter**-*ss*	el camarero| el mesero
2338	**commissioner**-*ss*	el notario		2389	**junk**-*ss; vb*	la basura; echar a la basura
2339	**poem**-*ss*	el poema		2390	**strip**-*ss; vb*	la tira; desnudarse
2341	**inch**-*ss; vb*	las pulgada; avanzar poco a poco		2391	**guilt**-*ss*	la culpa
2342	**escort**-*ss; vb*	escolta; escoltar		2392	**passenger**-*ss*	el pasajero
2343	**polish**-*vb; ss*	pulir| perfeccionar; el pulimento		2393	**buzz**-*ss; vb*	el zumbido; zumbar
				2394	**kit**-*ss*	el equipo
2344	**vampire**-*ss*	el vampiro		2395	**deputy**-*ss*	el diputado
2345	**chef**-*ss*	el cocinero		2396	**granny**-*ss*	la abuelita
2346	**pro**-*prp; adj; ss; adv*	pro; favorable; el profesional; a favor		2397	**underneath**-*adv; prp; adj; ss*	debajo; debajo de; de abajo; las superficie inferior
2347	**headache**-*ss*	los dolor de cabeza				
2349	**network**-*ss; vb*	la red; conectar a la red		2398	**cunt**-*ss*	el coño| la concha
				2400	**shark**-*ss*	el tiburón
2350	**scientist**-*ss*	el científico		2401	**construction**-*ss*	la construcción
2351	**electricity**-*ss*	la electricidad		2402	**eagle**-*ss*	la águila
2352	**invitation**-*ss*	la invitación		2403	**poet**-*ss*	el poeta
2353	**furniture**-*ss*	los muebles		2404	**cliff**-*ss*	el acantilado
2354	**reaction**-*ss*	la reacción		2405	**absolute**-*adj; ss*	absoluto| rotundo; el lo absoluto
2355	**suitcase**-*ss*	la maleta				
2356	**device**-*ss*	el dispositivo| el artefacto		2406	**capture**-*vb; ss*	capturar| apresar; la captura
2357	**bend**-*vb; ss*	doblar| curvar; la curva		2408	**madness**-*ss*	la locura| la demencia
2360	**slap**-*ss; vb*	la bofetada| la palmada; abofetear		2411	**snap**-*ss; vb*	el chasquido| la instantánea; chasquear
2361	**cowboy**-*ss*	el vaquero| el gaucho		2412	**ambassador**-*ss*	el embajador
2367	**destruction**-*ss*	la destrucción		2413	**honeymoon**-*ss*	la luna de miel
2368	**praise**-*ss; vb*	la alabanza; alabar		2414	**bail**-*ss; vb*	la fianza; achicar
2369	**cable**-*ss*	el cable| el conductor		2415	**beard**-*ss; vb*	la barba; desafiar
2370	**manner**-*ss*	la manera| la clase		2416	**superior**-*adj; ss*	superior; el superior
2371	**laundry**-*ss*	la lavandería		2417	**hut**-*ss*	la choza
2373	**moral**-*adj; ss*	moral| virtuoso; la moral		2418	**yen**-*ss*	el yen
				2420	**underwear**-*ss*	la ropa interior
2374	**lightning**-*ss*	el relámpago		2421	**smith**-*ss*	el herrero
2375	**engineer**-*ss; vb*	el ingeniero| maquinista; tramar		2422	**tale**-*ss*	el cuento| la historia
				2423	**heck**-*ss*	el infierno
2376	**permit**-*ss; vb*	el permiso| el pase; permitir		2424	**warrior**-*ss*	el guerrero
2378	**behalf**-*ss*	el favor| en nombre de		2425	**chip**-*ss; vb*	el chip; astillarse

2426	**bitter**-*adj; ss*	amargo| encarnizado; la cerveza amarga	
2428	**contrary**-*adj; adv; ss*	contrario; contrariamente; el lo contrario	
2429	**terrorist**-*adj; ss*	terrorista; terrorista	
2430	**shelter**-*ss; vb*	el abrigo| el albergue; albergar	
2432	**scoff**-*ss; vb*	la burla; burlarse	
2433	**mount**-*vb; ss*	montar| aumentar; el monte	
2434	**dealer**-*ss*	comerciante| el repartidor	
2436	**limit**-*ss; vb*	el límite; limitar	
2437	**liquor**-*ss*	el espíritu	
2438	**chamber**-*ss; vb*	la cámara| la sala; estar en el cuarto	
2439	**sauce**-*ss; vb*	la salsa; añadir	
2440	**produce**-*vb; ss*	producir| fabricar; los productos	
2441	**combat**-*vb; ss*	combatir| luchar contra; el combate	
2442	**baker**-*ss*	el panadero	
2443	**corn**-*ss; vb*	el maíz; usar maíz	
2444	**costume**-*ss*	el traje| el disfraz	
2445	**potential**-*adj; ss*	potencial; el potencial	
2447	**argument**-*ss*	el argumento| la discusión	
2449	**shed**-*ss; vb*	el cobertizo; perder	
2450	**insult**-*ss; vb*	el insulto; insultar	
2451	**relative**-*adj; ss*	relativo| familiar; el relativo	
2452	**pitch**-*vb; ss*	lanzar| cabecear; el campo	
2453	**bean**-*ss*	la haba| la judía	
2454	**salad**-*ss*	la ensalada	
2455	**complex**-*adj; ss*	complejo| total; el complejo	
2456	**corpse**-*ss*	el cadáver	
2457	**commission**-*ss; vb*	la comisión| el comité; encargar	
2459	**gym**-*ss*	el gimnasio	
2464	**rose**-*adj; ss; vb*	rosado; la rosa; hacer rosado	
2465	**goat**-*ss*	la cabra	
2466	**scum**-*ss; vb*	la escoria; espumar	
2467	**foul**-*ss; vb; adj; adv*	la falta; ensuciar; asqueroso; sucio	
2468	**operator**-*ss*	el operador| agente	
2469	**meter**-*ss; vb*	el metro| el medidor; medir	

2470	**helicopter**-*ss*	el helicóptero	
2471	**Internet**-*ss*	el Internet	
2472	**frame**-*ss; vb*	el marco| el bastidor; encuadrar	
2473	**cancel**-*vb; ss*	cancelar| anular; la cancelación	
2474	**link**-*vb; ss*	enlazar| vincular; el enlace	
2475	**exhaust**-*ss; vb*	el escape; agotar	
2476	**pin**-*ss; vb*	el perno; prender con alfileres	
2478	**hammer**-*ss; vb*	el martillo; martillar	
2481	**benefit**-*ss; vb*	el beneficio| la ventaja; beneficiar	
2482	**motor**-*adj; ss; vb*	motor| automóvil; el motor; ir en coche	
2483	**greeting**-*ss*	el saludo| la bienvenida	
2484	**ace**-*ss*	el as	
2485	**election**-*ss*	la elección	
2487	**therapy**-*ss*	la terapia	
2489	**specific**-*adj; ss*	específico; el específico	
2490	**blonde**-*adj; ss*	rubia; la rubia	
2491	**Catholic**-*adj; ss*	católico| universal; el católico	
2492	**fantasy**-*ss*	la fantasía| el ensueño	
2494	**dressing**-*ss*	el vendaje| el aderezo	
2496	**custody**-*ss*	la custodia	
2497	**clan**-*ss*	el clan| la camarilla	
2498	**version**-*ss*	la versión	
2499	**dive**-*vb; ss*	bucear| sumergirse; la inmersión	
2500	**elephant**-*ss*	el elefante	
2501	**native**-*adj; ss*	nativo| natal; el nativo	
2502	**counter**-*vb; ss; adj; adv*	contrarrestar; el contador; contrario; en contra	
2503	**skull**-*ss*	el cráneo	
2504	**stroke**-*ss; vb*	la carrera| el golpe; acariciar	
2506	**pearl**-*ss; adj; vb*	la perla; de perlas; gotear	
2507	**rubbish**-*ss*	la basura	
2508	**romance**-*ss; vb*	la novela| la romanza; fantasear	
2510	**avenue**-*ss*	la avenida	
2512	**product**-*ss*	el producto| el resultado	
2513	**individual**-*adj; ss*	individual| particular; el individuo	

2514	**communist**-*adj; ss*	comunista; comunista
2515	**gambling**-*ss*	el juego
2516	**timing**-*ss; adj*	la sincronización| el cronometraje; de distribución
2517	**rocket**-*ss; vb*	el cohete; atacar con cohetes
2518	**grief**-*ss*	el dolor
2519	**brush**-*ss; vb*	el cepillo; cepillar
2520	**sucker**-*ss*	la ventosa
2522	**alley**-*ss*	el callejón
2523	**humanity**-*ss*	la humanidad
2524	**brief**-*adj; ss; vb*	breve; el breve; informar
2525	**personality**-*ss*	la personalidad

Verbos

12	**be-***vb*	ser| estar
21	**have-***vb*	tener| haber
22	**do-***vb; ss*	hacer| realizar; el do
25	**can-***ss; vb*	la lata; poder
26	**know-***vb*	saber| reconocer
34	**get-***vb*	obtener| llegar
36	**go-***vb; ss*	ir| pasar; el empuje
37	**like-***vb; adv; prp; adj; ss; con*	gustar; como; igual
38	**up-***adv; prp; adj; vb; ss*	hasta| arriba; encima de; ascendente; levantar; la cima
39	**come-***vb*	venir| ser
40	**right-***adj; adv; ss; vb*	derecho; derecho; el derecho; corregir
43	**out-***adv; ss; prp; adj; vb*	fuera; el out; de; exterior; expulsar
51	**want-***ss; vb*	la falta| la necesidad; querer
53	**will-***ss; vb*	la voluntad| el albedrío; querer
54	**well-***adj; adv; ss; vb*	bien| bien de salud; bien; el pozo; manar
55	**see-***vb*	ver| consultar
57	**let-***vb; ss*	alquiler| dejar; la dejada
58	**yes-***ss; part; vb*	el sí; sí; decir sí
59	**think-***vb*	pensar
67	**man-***ss; vb*	el hombre| el señor; tripular
68	**take-***ss; vb*	la toma| la recaudación; tomar
70	**time-***ss; vb*	el tiempo| la vez; cronometrar
72	**back-***adv; ss; vb; adj*	atrás; la espalda; respaldar; de vuelta
75	**look-***ss; vb*	la mirada| el aspecto; buscar
78	**say-***vb; ss*	decir| expresar; los parecer
80	**tell-***vb*	contar| saber
83	**okay-***adj; adv; ss; vb*	bueno; muy bien; el visto bueno; aprobar
86	**down-***adv; prp; adj; ss; vb*	abajo; por; de abajo; el plumón; devorar a
95	**make-***vb; ss*	hacer| introducir; la marca
97	**please-***vb*	complacer| agradar
99	**love-***ss; vb*	el amor| el cariño; amar
100	**give-***vb; ss*	dar| ofrecer; la elasticidad
102	**need-***ss; vb*	la necesidad| la falta; necesitar
103	**people-***ss; vb*	las personas| el pueblo; poblar
107	**thank-***vb*	agradecer
110	**mean-***ss; vb; adj*	la media; significar; medio
115	**even-***adv; vb; adj*	incluso| aún; igualar; uniforme
117	**must-***vb; adj; ss*	deber; necesario; la obligación
120	**help-***ss; vb*	la ayuda; ayudar
124	**win-***vb; ss*	ganar| conseguir; el triunfo
129	**stop-***ss; vb; adj*	la parada| el tope; detener; de alto
130	**wait-***vb; ss*	esperar| dejar; la espera
132	**find-***vb; ss*	encontrar| hallar; el hallazgo
134	**work-***ss; vb*	el trabajo| la labor; trabajar
135	**still-***adv; adj; con; ss; vb*	todavía; inmóvil; sin embargo; el alambique; calmar
136	**put-***vb; ss*	poner| colocar; el sometimiento
137	**home-***ss; adv; adj; vb*	la casa| el domicilio; a casa; casero; volver a casa
138	**call-***ss; vb*	la llamada; llamar
140	**better-***adj; adv; vb; ss*	mejor; mejor; mejorar; el el mejor
143	**talk-***vb; ss*	hablar| platicar; la conversación
150	**long-***adj; adv; vb; ss*	largo| prolongado; mucho tiempo; anhelar; las resumida
154	**leave-***vb; ss*	dejar| salir; la licencia
155	**keep-***vb; ss*	mantener| tener; el torreón
157	**name-***ss; vb*	el nombre| el título; nombrar
158	**last-***vb; adj; ss; adv*	durar; último; el último; por última vez
159	**father-***ss; vb*	el padre; engendrar
164	**place-***ss; vb*	el lugar| la plaza; colocar
167	**feel-***ss; vb*	la sensación| el tacto; sentir

169	**stay**-*ss; vb*	la estancia; permanecer
170	**believe**-*vb*	creer
171	**mother**-*ss; vb*	la madre; mimar
172	**listen**-*vb*	escuchar| oír
174	**may**-*vb; ss*	poder; la flor del espino
175	**guy**-*ss; vb*	el individuo| el tipo; ridiculizar
176	**hear**-*vb*	oír| escuchar
177	**understand**-*vb*	entender| captar
178	**shit**-*ss; vb*	la mierda; cagar
181	**fine**-*ss; adj; vb*	la multa; fino; multar
183	**o.k.**-*adv; ss; adj; vb*	muy bien; el visto bueno; aprobado; aprobar
184	**remember**-*vb*	recordar
185	**house**-*ss; vb*	la casa| la cámara; alojar
186	**course**-*ss; vb*	el curso; ir según el camino
188	**wrong**-*adj; adv; ss; vb*	incorrecto; mal; el mal; agraviar
193	**lot**-*adv; ss; vb*	mucho| bastante; la porción; coleccionar
196	**fuck**-*vb; ss*	joder| follar; el polvo
197	**ask**-*vb*	hacer| pedir
198	**kill**-*vb; ss*	matar| asesinar; la matanza
202	**show**-*vb; ss*	mostrar| demostrar; el show
203	**own**-*vb; adj; prn*	tener| ser dueño de; propio; suyo
204	**happen**-*vb*	suceder| producirse
205	**care**-*ss; vb*	el cuidado| la asistencia; cuidar
206	**mind**-*ss; vb*	la mente| el espíritu; preocuparse
208	**try**-*ss; vb*	el intento| el ensayo; probar
215	**miss**-*ss; vb*	la señorita| el error; perder
223	**move**-*ss; vb*	el movimiento| la jugada; mover
224	**live**-*vb; adj; adv*	vivir| llevar; vivo; en vivo
225	**hold**-*ss; vb*	el asimiento| el asidero; mantener
228	**saw**-*ss; vb*	la sierra; serrar
229	**room**-*ss; vb*	la habitación| el espacio; alojarse en casa
233	**job**-*ss; vb*	el trabajo| el empleo; trabajar
236	**matter**-*ss; vb*	la materia| la sustancia; importar
237	**head**-*ss; vb; adj*	la cabeza| el jefe; dirigir; principal
240	**ready**-*adj; vb; ss*	listo| preparado; preparar; la disposición
245	**play**-*vb; ss*	jugar| desempeñar; el juego
248	**bring**-*vb*	traer| llevar
251	**open**-*vb; adj; ss*	abrir| abrirse; abierto; los aire libre
254	**meet**-*vb; adj; ss*	conocer| satisfacer; conveniente; la cacería
255	**excuse**-*ss; vb*	la excusa| la disculpa; excusar
257	**use**-*ss; vb*	el uso| el empleo; utilizar
258	**while**-*con; ss; adv; vb*	mientras; el rato; mientras tanto; pasar
259	**die**-*vb; ss*	morir; el dado
260	**start**-*vb; ss*	comenzar| iniciar; el comienzo
264	**watch**-*ss; vb*	el reloj| la vigilancia; ver
265	**turn**-*ss; vb*	la vez| la vuelta; convertir
266	**hope**-*ss; vb*	la esperanza| la ilusión; esperar
267	**guess**-*vb; ss*	adivinar| suponer; la conjetura
268	**end**-*adj; ss; vb*	final; el final; terminar
269	**sit**-*vb*	sentarse
272	**hand**-*ss; vb; adj*	la mano; entregar; de mano
274	**school**-*ss; adj; vb*	la escuela| la educación; escolar; enseñar
276	**worry**-*ss; vb*	la preocupación| el cuidado; preocuparse
277	**minute**-*ss; adj; vb*	el minuto; minucioso; minutar
279	**face**-*ss; vb*	la cara| el rostro; afrontar
281	**lose**-*vb*	perder
282	**forget**-*vb*	olvidar| olvidarse de
291	**eat**-*vb*	comer| consumir
293	**drink**-*ss; vb*	la bebida| el trago; beber
294	**damn**-*adj; vb; ss*	maldito; condenar; la maldición

296	**shut**-*vb; adj*	cerrar; cerrado
297	**pay**-*ss; vb*	la paga| el jornal; pagar
298	**police**-*ss; vb; adj*	la policía| el control; vigilar; policíaco
301	**water**-*ss; vb; adj*	las agua| la orina; regar; de agua
309	**phone**-*ss; vb*	el teléfono; telefonear
310	**eye**-*ss; vb*	el ojo| la yema; mirar
311	**kid**-*ss; adj; vb*	el niño| el cabrito; joven; engañarse
313	**sleep**-*vb; ss*	dormir; el sueño
314	**mine**-*ss; prn; vb*	la mina; el mío; extraer
316	**doctor**-*ss; vb*	el médico| la medicina; curar
321	**second**-*adj; ss; adv; vb*	segundo; el segundo; en segundo lugar; secundar
324	**change**-*ss; vb*	el cambio| la modificación; cambiar
327	**hit**-*ss; vb; adj*	el éxito| el hit; golpear; sensacional
329	**case**-*ss; vb*	el caso| la caja; encajonar
332	**read**-*vb; ss*	leer| decir; el leído
333	**speak**-*vb*	hablar| intervenir
335	**stand**-*vb; ss*	estar| estar de pie; la posición
336	**part**-*ss; adj; vb; adv*	la parte; parcial; separarse; en parte
337	**wish**-*ss; vb*	el deseo| la gana; desear
338	**word**-*ss; vb*	la palabra| el término; decir
339	**cut**-*vb; adj; ss*	cortar| reducir; cortado; la cortada
340	**stuff**-*ss; vb*	las cosas| la materia; rellenar
341	**war**-*ss; vb*	la guerra; guerrear
343	**number**-*ss; vb*	el número; numerar
344	**hurry**-*ss; vb*	la prisa; apresurar
345	**fire**-*ss; vb*	el fuego; disparar
347	**fight**-*ss; vb*	la lucha| la pelea; luchar
348	**rest**-*ss; vb*	el resto| el descanso; descansar
349	**close**-*vb; adv; adj; ss*	cerrar| cerrarse; cerca; cercano; el fin
350	**check**-*vb; ss*	comprobar| refrenar; la verificación
352	**hurt**-*ss; adj; vb*	el daño| el mal; lastimado; herir
360	**set**-*ss; vb; adj*	el conjunto| el set; establecer; establecido
361	**husband**-*ss; vb*	el marido; economizar
364	**chance**-*ss; adj; vb*	la oportunidad; casual; probar
370	**trouble**-*ss; vb*	el problema| el apuro; molestar
371	**lord**-*ss; vb*	el señor; reinar
372	**point**-*ss; vb*	el punto| la punta; apuntar
373	**deal**-*ss; vb*	el acuerdo| el reparto; negociar
377	**walk**-*vb; ss*	caminar| andar; el paseo
379	**honey**-*ss; vb*	la miel; recoger miel
380	**dog**-*ss; vb*	el perro; perseguir
381	**shoot**-*vb; ss*	disparar| tirar; el lanzamiento
383	**bed**-*ss; vb*	la cama| el lecho; alojar
384	**gun**-*ss; vb*	la pistola| el cañón; disparar
385	**game**-*ss; vb; adj*	el juego; jugar; animoso
387	**body**-*ss; vb*	el cuerpo; dar cuerpo a
388	**break**-*vb; ss*	romper| romperse; la rotura
389	**free**-*adj; adv; vb; ss*	libre; gratis; librar; la rebatiña
390	**captain**-*ss; vb*	el capitán; capitanear
391	**side**-*ss; adj; vb*	el lado| el costado; lateral; poner lados a
394	**fun**-*ss; vb*	la diversión; bromear
396	**buy**-*vb; ss*	comprar; la compra
403	**send**-*vb*	enviar| transmitir
407	**blood**-*ss; vb*	la sangre; sangrar
408	**light**-*ss; adj; vb; adv*	la luz; de luz; iluminar; ligeramente
409	**suppose**-*vb*	suponer| creer
413	**answer**-*ss; vb*	la respuesta; responder
414	**full**-*adj; adv; vb*	completo| lleno; por completo; completar
415	**welcome**-*ss; adj; vb*	la bienvenida; bienvenido; acoger
416	**black**-*adj; ss; vb*	negro; el negro; ennegrecer
417	**question**-*ss; vb*	la pregunta; cuestionar
418	**line**-*ss; vb*	la línea| la fila; alinear
419	**front**-*ss; adj; vb*	el frente; delantero; liderar
420	**bitch**-*ss; vb*	la perra; quejarse

421	**hate**-*ss; vb*	el odio; odiar
425	**order**-*ss; vb*	la orden| el pedido; ordenar
429	**reason**-*ss; vb*	la razón; razonar
430	**king**-*ss; vb*	el rey; ser rey
431	**seem**-*vb*	parecer
434	**couple**-*ss; vb*	el par; coplar
436	**trust**-*ss; vb; adj*	la confianza| el fideicomiso; confiar; fiduciario
439	**pick**-*vb; ss*	recoger| escoger; la elección
441	**sick**-*ss; adj; vb*	los enfermos; enfermo; atacar
443	**save**-*vb; prp; ss; con*	guardar| ahorrar; salvo; la parada; a no ser que
444	**clear**-*adj; vb; adv; ss*	claro| despejado; despejar; claramente; la falta de deudas
447	**become**-*vb*	convertirse en| llegar a ser
448	**book**-*ss; vb*	el libro; reservar
452	**cool**-*adj; ss; vb*	fresco| frío; el fresco; enfriar
453	**dance**-*vb; ss*	bailar| saltar; la danza
458	**promise**-*ss; vb*	la promesa; prometer
460	**touch**-*ss; vb*	el toque; tocar
463	**boss**-*ss; vb*	el jefe; dirigir
466	**master**-*vb; adj; ss*	dominar; maestro; el maestro
471	**quiet**-*adj; ss; vb*	tranquilo; la tranquilidad; sosegarse
472	**write**-*vb*	escribir| redactar
476	**air**-*ss; vb; adj*	el aire; ventilar; aéreo
477	**earth**-*ss; vb*	la tierra| el globo terráqueo; conectar a tierra
480	**till**-*prp; con; vb; ss*	hasta; hasta que; labrar; la caja registradora
483	**dream**-*ss; vb*	el sueño| el ideal; soñar
485	**drive**-*vb; ss*	conducir| empujar; el drive
487	**sort**-*vb; ss*	ordenar| clasificar; el tipo
488	**bet**-*ss; vb*	la apuesta; apostar
490	**follow**-*vb; ss*	seguir| vigilar; la continuación
492	**fast**-*vb; adj; adv; ss*	ayunar| tener ayuno; rápido; rápidamente; el ayuno
494	**sound**-*ss; vb; adj; adv*	el sonido| el estrecho; sonar; del sonido; profundamente
495	**catch**-*ss; vb*	la captura| la pesca; coger
500	**perfect**-*vb; adj*	perfeccionar; perfecto
501	**hang**-*vb; ss*	colgar| caer; la caída
502	**beat**-*ss; vb; adj*	el ritmo| el latido; vencer; derrengado
505	**top**-*adj; ss; vb*	superior| principal; la parte superior; rematar
508	**plan**-*ss; vb*	el plan| el plano; planificar
515	**calm**-*ss; vb; adj*	la calma; calmar; calmo
516	**pull**-*ss; vb*	el tirón| la tracción; tirar
517	**lie**-*ss; vb*	la mentira; mentir
518	**sign**-*ss; vb*	el signo| la muestra; firmar
519	**control**-*vb; ss*	controlar| dominar; el control
520	**return**-*ss; vb; adj*	la vuelta| el retorno; volver; de regreso
522	**fall**-*ss; vb*	la caída| el otoño; caer
523	**team**-*ss; vb; adj*	el equipo; asociar; común
525	**kiss**-*ss; vb*	el beso; besar
527	**foot**-*ss; vb*	el pie| la pata; pagar
528	**learn**-*vb*	aprender| saber
529	**drop**-*ss; vb*	la gota| la caída; caer
532	**wake**-*vb; ss*	despertar| velar; la estela
534	**marry**-*vb*	casarse| casar
535	**train**-*ss; vb*	el tren| la cola; entrenar
536	**throw**-*ss; vb*	el tiro| el lanzamiento; lanzar
538	**land**-*ss; vb; adj*	la tierra| las tierras; aterrizar; terrestre
540	**picture**-*ss; vb*	la imagen| el cuadro; imaginarse
541	**step**-*ss; vb*	el paso; pisar
544	**piece**-*ss; vb*	la pieza| el pedazo; poner una pieza a
546	**sense**-*ss; vb*	el sentido| el sentimiento; sentir
547	**forgive**-*vb*	perdonar
548	**pass**-*ss; vb*	el pase| el paso; pasar

549	**voice**-*ss; vb; adj*	la voz; expresar; laríngeo		608	**officer**-*ss; vb*	el oficial| el funcionario; mandar
550	**clean**-*vb; adj; adv*	limpiar; limpio; enteramente		609	**present**-*adj; ss; vb*	presente; el presente; presentar
551	**wonder**-*vb; ss; adj*	preguntarse| maravillarse; la maravilla; prodigio		610	**near**-*adv; prp; adj; vb*	cerca; cerca de; cercano; aproximarse
553	**fault**-*ss; vb*	la culpa| la falla; criticar		612	**pain**-*ss; vb*	el dolor| el sufrimiento; doler
554	**state**-*ss; adj; vb*	el estado; estatal; declarar		613	**ball**-*ss; vb*	el balón| la bola; hacer bolitas
556	**bear**-*ss; vb*	el oso| bajista; soportar		615	**fear**-*ss; vb*	el miedo| el horror; temer
558	**film**-*ss; vb; adj*	la película| el film; filmar; cinematográfico		616	**floor**-*ss; vb*	el piso| el suelo; solar
559	**ride**-*ss; vb*	el paseo; montar		617	**laugh**-*ss; vb*	la risa; reír
560	**explain**-*vb*	explicar| explicarse		618	**wear**-*ss; vb*	el desgaste| el uso; usar
562	**class**-*ss; adj; vb*	la clase| la categoría; clasista; clasificar		620	**fly**-*ss; vb; adj*	la mosca| la bragueta; volar; avispado
563	**act**-*ss; vb*	el acto| la ley; actuar		621	**imagine**-*vb*	imaginar| imaginarse
566	**fool**-*vb; adj; ss*	engañar| bromear; tonto; el tonto		623	**count**-*vb; ss*	contar| tener en cuenta; la cuenta
572	**sex**-*ss; adj; vb*	el sexo; sexual; determinar el sexo de		627	**decide**-*vb*	decidir| decidirse
575	**mouth**-*ss; vb*	la boca; hablar con afectación		630	**mistake**-*ss; vb*	el error| el engaño; confundir
576	**sing**-*vb; ss*	cantar; el canto		632	**short**-*adj; adv; ss; vb*	corto| poco; a corto; el cortocircuito; poner en cortocircuito
578	**sun**-*ss; vb*	el sol; asolear				
584	**report**-*ss; vb*	el informe; informar		635	**figure**-*ss; vb*	la figura| la cifra; figurar
585	**sell**-*vb*	vender		636	**station**-*ss; vb*	la estación| el puesto; estacionar
592	**boat**-*ss; vb*	el barco; transportar en barco		638	**bag**-*ss; vb*	la bolsa| el bolso; empaquetar
593	**blue**-*adj; ss; vb*	azul; el azul; azular		639	**fish**-*vb; ss*	pescar; el pescado
596	**ship**-*vb; ss*	enviar| embarcarse; el barco		640	**date**-*ss; vb*	la fecha| la cita; fechar
597	**rock**-*ss; adj; vb*	la roca| el rock; rock; mecer		642	**blow**-*ss; vb*	el golpe| el soplo; volar
598	**continue**-*vb*	continuar| durar		645	**ring**-*ss; vb*	el anillo| el timbre; sonar
599	**age**-*ss; vb*	la edad| la era; envejecer		647	**bank**-*ss; vb*	el banco| la orilla; contar
600	**murder**-*ss; vb*	el asesinato| la muerte; asesinar		648	**relax**-*vb*	relajarse| relajar
601	**finish**-*ss; vb*	el acabado| el final; terminar		649	**except**-*prp; vb; adv*	excepto| salvo; exceptuar; sin
602	**letter**-*ss; vb*	la carta; rotular		651	**attack**-*ss; vb*	el ataque| la agresión; atacar
603	**court**-*ss; vb*	el tribunal| la corte; cortejar		652	**join**-*vb; ss*	unirse| unir; la unión
604	**swear**-*vb*	jurar| prestar		653	**wed**-*vb*	casarse
605	**expect**-*vb*	esperar| contar con		655	**table**-*ss; vb*	la mesa| la tabla; presentar
607	**bill**-*vb; ss*	facturar| pasar factura; la factura		658	**paper**-*ss; vb*	el papel| el documento; empapelar

659	**star**-*ss; vb; adj*	la estrella; estrellar; principal
664	**chuckle**-*ss; vb*	la risita; reírse entre dientes
665	**stick**-*ss; vb*	el palo| el bastón; pegarse
667	**round**-*vb; ss; adj; adv; prp*	redondear| doblar; la ronda; redondo; alrededor; alrededor de
668	**honor**-*ss; vb*	el honor; honrar
677	**spend**-*vb*	pasar| gastar
679	**major**-*adj; ss; vb*	mayor; el comandante; especializarse en estudios
680	**charge**-*ss; vb*	la carga| el cobro; cobrar
682	**hide**-*vb; ss*	esconder| esconderse; la piel
685	**handle**-*vb; ss*	manejar| encargarse de; el mango
686	**key**-*ss; vb*	la clave| la tecla; teclear
687	**cry**-*ss; vb*	el grito| el lloro; llorar
690	**trip**-*ss; vb*	el viaje| el tropiezo; hacer tropezar
691	**lead**-*ss; adj; vb*	el plomo| el cable; de plomo; conducir
694	**enjoy**-*vb*	disfrutar| divertirse
699	**cover**-*vb; ss*	cubrir| tapar; la cubierta
701	**surprise**-*ss; vb*	la sorpresa| la extrañeza; sorprender
703	**carry**-*vb; ss*	llevar| cargar; el transportador
706	**smart**-*adj; ss; vb*	inteligente| elegante; el escozor; escocer
707	**force**-*ss; vb*	la fuerza; forzar
708	**teach**-*vb*	enseñar
712	**box**-*vb; ss*	encajonar; la caja
715	**plane**-*adj; ss; vb*	plano; el plano; planear
716	**dress**-*ss; vb*	el vestido| la ropa; vestir
717	**lunch**-*ss; vb*	el almuerzo| el bocadillo; almorzar
719	**smell**-*ss; vb*	el olor| el olfato; oler
721	**ground**-*ss; adj; vb*	la tierra; molido; conectar a tierra
722	**service**-*ss; adj; vb*	el servicio; de servicio; mantener

723	**respect**-*ss; vb*	el respeto| el respecto; respetar
724	**ice**-*ss; vb*	el hielo| el helado; helar
726	**tough**-*adj; ss; vb*	difícil| duro; el forzudo; pasar
731	**sigh**-*ss; vb*	el suspiro; suspirar
734	**mark**-*ss; vb*	la marca| la huella; marcar
735	**single**-*adj; ss; vb*	solo; el individuo; pasar a la primera base
736	**dare**-*ss; vb*	el atrevimiento| el reto; atreverse
737	**group**-*ss; adj; vb*	el grupo| la cuadrilla; en grupo; agrupar
738	**record**-*vb; ss*	grabar| registrar; el registro
739	**wind**-*ss; adj; vb*	el viento| el aliento; del viento; enrollar
740	**cop**-*ss; vb*	el policía| el poli; coger
741	**fix**-*vb; ss*	fijar| arreglar; el arreglo
742	**club**-*ss; vb*	el club| el palo; aporrear
745	**mess**-*ss; vb*	el lío| el enredo; ensuciar
748	**forward**-*vb; adv; adj; ss*	reenviar; adelante; delantero; el delantero
749	**quit**-*vb; adj*	dejar| dejar de; libre
753	**visit**-*ss; vb*	la visita; visitar
754	**offer**-*ss; vb*	la oferta| el ofrecimiento; ofrecer
756	**scream**-*vb; ss*	gritar| vociferar; el chillido
757	**prison**-*ss; vb*	la prisión; encarcelar
758	**smoke**-*ss; vb*	el humo; fumar
760	**agree**-*vb*	acordar| estar de acuerdo
768	**arm**-*ss; vb*	el brazo| la arma; armar
772	**wall**-*ss; vb; adj*	la pared| la barrera; emparedar; mural
773	**bar**-*ss; vb; prp*	el bar| la barra; prohibir; excepto
775	**judge**-*ss; vb*	el juez| los; juzgar
776	**seat**-*ss; vb*	el asiento| la sede; asentar
777	**queen**-*ss; vb*	la reina; coronar
778	**slow**-*adj; adv; vb*	lento; despacio; retardar
779	**cause**-*ss; vb*	la causa| el pleito; causar

784	**protect**-*vb*	proteger| salvaguardar
785	**accept**-*vb*	aceptar| consentir
786	**dirty**-*adj; vb*	sucio| manchado; ensuciar
789	**cross**-*vb; ss; adj*	cruzar| pasar; la cruz; transversal
794	**double**-*adj; ss; vb*	doble; doble; duplicar
795	**share**-*vb; ss*	compartir| dividir; la cuota
798	**moon**-*ss; vb*	la luna; enseñar el culo
801	**joke**-*ss; vb*	la broma| la burla; bromear
802	**realize**-*vb*	realizar
804	**space**-*ss; adj; vb*	el espacio| las cabida; espacial; espaciar
805	**position**-*ss; vb*	la posición| la situación; colocar
806	**jump**-*ss; vb*	el salto| el ascenso; saltar
808	**jail**-*ss; vb*	la cárcel| la prisión; encarcelar
810	**tree**-*ss; vb*	el árbol; ahuyentar por un árbol
811	**test**-*ss; vb; adj*	la prueba| el examen; probar; de prueba
816	**brain**-*ss; vb*	el cerebro; romper la crisma
822	**bother**-*ss; vb*	la molestia; molestar
824	**bus**-*ss; vb*	el autobús; ir en autobús
827	**doubt**-*ss; vb*	la duda| el escrúpulo; dudar
830	**shoe**-*ss; vb*	el zapato; herrar
831	**truck**-*ss; vb*	el camión; llevar
832	**kick**-*ss; vb*	la patada| el tiro; golpear
833	**card**-*ss; vb*	la tarjeta| la carta; cardar
834	**cash**-*ss; vb*	el efectivo; gastar
836	**push**-*ss; vb*	el empuje| la ofensiva; empujar
839	**park**-*ss; vb*	el parque| el terreno; aparcar
842	**evidence**-*ss; vb*	la evidencia; demostrar
843	**store**-*vb; ss*	almacenar| archivar; la tienda
844	**grow**-*vb*	crecer| cultivar
845	**owe**-*vb*	deber
848	**reach**-*ss; vb*	el alcance| la distancia; llegar
849	**guard**-*ss; vb*	la guardia| el guarda; proteger
852	**rule**-*ss; vb*	la regla| el dominio; gobernar
855	**smile**-*ss; vb*	la sonrisa; sonreír
859	**knock**-*ss; vb*	el golpe| la llamada; golpear
860	**pardon**-*ss; vb*	el perdón; perdonar
862	**crowd**-*ss; vb*	la multitud| el grupo; llenar
863	**beg**-*vb*	mendigar
865	**upset**-*ss; vb; adj*	el trastorno| el vuelco; alterar; acongojado
868	**begin**-*vb*	comenzar| entablar
869	**prove**-*vb*	demostrar| resultar
871	**leg**-*ss; vb*	la pierna| la pata; ir andando
872	**nose**-*ss; vb*	la nariz| el morro; husmear
873	**rid**-*vb*	eliminar
874	**mum**-*ss; adj; vb*	la mamá; tácito; participar en pantomima
875	**list**-*ss; vb*	la lista| el listado; listar
876	**sky**-*ss; vb*	el cielo; bombear
880	**shop**-*ss; vb*	la tienda| el taller; hacer compras
881	**escape**-*vb; ss*	escapar| evitar; el escape
882	**gas**-*ss; vb*	el gas; gasear
883	**low**-*adj; adv; ss; vb*	bajo; bajo; el punto más bajo; hacer mugido
885	**hat**-*ss; vb*	el sombrero; usar sombrero
886	**hole**-*ss; vb*	el agujero| el hoyo; agujerear
887	**bell**-*ss; vb*	la campana; acampanarse
888	**price**-*ss; vb*	el precio| la cotización; valorar
890	**rain**-*ss; vb*	la lluvia; llover
891	**arrive**-*vb*	llegar
892	**warm**-*vb; adj; ss*	calentar| calentarse; caliente; el calor
894	**board**-*vb; ss*	abordar| subir a; el bordo
898	**contact**-*ss; vb*	el contacto| el enchufe; contactar
903	**gift**-*ss; vb*	el regalo| el don; dar
904	**devil**-*ss; vb*	el diablo| el aprendiz; fastidiar

905	**favor**-*ss; vb*	el favor| el apoyo; favorecer
906	**empty**-*adj; vb; ss*	vacío| desierto; vaciar; la vacía
909	**suit**-*ss; vb*	el traje| el palo; convenir
910	**press**-*ss; vb*	la prensa| la imprenta; presionar
913	**type**-*ss; vb*	el tipo; escribir a máquina
914	**grab**-*vb; ss*	agarrar| coger; los agarro
915	**spirit**-*ss; vb*	el espíritu| el alcohol; animar
916	**burn**-*ss; vb*	la quemadura| el arroyo; quemar
917	**arrest**-*ss; vb*	la detención| el arresto; detener
918	**band**-*ss; vb*	la banda| la venda; atar
921	**pop**-*adj; ss; vb*	popular; la música pop; saltar
926	**further**-*vb; adv; adj*	promover| adelantar; además; adicional
927	**race**-*ss; vb*	la raza| la carrera; competir
928	**spot**-*ss; vb; adj*	el lugar| el punto; manchar; al contado
930	**blind**-*adj; vb; adv; ss*	ciego; cegar; a ciegas; la persiana
934	**flower**-*ss; vb*	la flor; florecer
935	**appreciate**-*vb*	apreciar| comprender
936	**fit**-*ss; adj; vb*	el ajuste| el ataque; en forma; caber
939	**partner**-*ss; vb*	el socio| la pareja; acompañar
943	**lock**-*vb; ss*	bloquear| trabar; la cerradura
944	**blame**-*ss; vb*	la culpa; culpar
948	**choose**-*vb*	elegir
949	**allow**-*vb*	permitir| autorizar
951	**shout**-*ss; vb*	el grito; gritar
953	**waste**-*ss; vb; adj*	los residuos; perder; inútil
954	**address**-*ss; vb*	la dirección; dirigirse
956	**raise**-*ss; vb*	el aumento| la sobremarca; elevar
957	**notice**-*ss; vb*	el aviso| la nota; notar
958	**gasp**-*vb; ss*	jadear; el grito
959	**mission**-*ss; vb*	la misión; despachar con recado
961	**taste**-*ss; vb*	el gusto| el sabor; probar
962	**flight**-*ss; vb*	el vuelo| la huida; huir
965	**experience**-*ss; vb*	la experiencia; experimentar
968	**cost**-*ss; vb*	el costo| el precio; costar
971	**breakfast**-*ss; vb*	el desayuno; desayunar
974	**search**-*vb; ss*	buscar| buscar en; la búsqueda
976	**battle**-*ss; vb*	la batalla| la pelea; combatir
977	**crap**-*ss; vb*	la mierda; cagar
978	**steal**-*vb*	robar| refalar
980	**neck**-*ss; vb*	el cuello| el mástil; acariciarse
981	**mate**-*ss; vb*	el mate| el compañero; acoplar
984	**destroy**-*vb*	destruir| acabar con
986	**study**-*ss; vb*	el estudio| el despacho; estudiar
995	**interest**-*vb; ss*	interesar| interesarse; el interés
998	**shame**-*ss; vb*	la vergüenza| la lástima; avergonzar
1000	**stone**-*ss; adj; vb*	la piedra| el hueso; de piedra; apedrear
1002	**bottle**-*ss; vb*	la botella; embotellar
1004	**pray**-*vb*	orar| rezar
1005	**bunch**-*ss; vb*	el manojo; agrupar
1007	**form**-*vb; ss*	formar| formarse; la forma
1009	**bomb**-*ss; vb*	la bomba; bombardear
1010	**stage**-*ss; vb*	la etapa| el escenario; organizar
1011	**roll**-*vb; ss*	rodar; el rollo
1016	**soldier**-*ss; vb*	el soldado; militar
1020	**match**-*ss; vb*	el partido| la cerilla; igualar
1023	**admit**-*vb*	admitir| reconocer
1026	**build**-*vb; ss*	construir| fortalecer; la estructura
1027	**treat**-*vb; ss*	tratar| curar; el convite
1028	**sight**-*ss; vb*	la vista| la mira; avistar
1031	**complete**-*vb; adj*	completar; completo
1033	**beach**-*ss; vb*	la playa; varar
1035	**unite**-*vb*	unir| unirse
1040	**cup**-*ss; vb*	la taza; tomar a
1041	**knife**-*ss; vb*	el cuchillo; acuchillar
1042	**support**-*ss; vb*	el apoyo; apoyar

1043	**milk**-*ss; vb; adj*	la leche; ordeñar; de leche	1113	**prefer**-*vb*	preferir| presentar
1044	**mention**-*ss; vb*	la mención; mencionar	1114	**bottom**-*ss; adj; vb*	el fondo| el pie; del fondo; tocar fondo
1045	**pant**-*vb; ss*	jadear; el jadeo	1117	**witness**-*ss; vb*	el testigo| el testimonio; presenciar
1048	**cook**-*ss; vb*	el cocinero; cocinar	1118	**view**-*vb; ss*	ver| considerar; la vista
1054	**risk**-*ss; vb*	el riesgo; arriesgar			
1057	**tape**-*ss; vb*	la cinta; grabar en cinta	1120	**ticket**-*ss; vb*	el billete| el boleto; rotular
1063	**corner**-*ss; vb*	la esquina| el córner; arrinconar	1123	**code**-*ss; vb*	el código| el prefijo; cifrar
1066	**belong**-*vb*	pertenecer a	1124	**cheer**-*vb; ss*	animar| aplaudir; el humor
1067	**wash**-*ss; vb*	el lavado| la colada; lavar	1125	**correct**-*adj; vb*	correcto| exacto; corregir
1068	**drug**-*ss; adj; vb*	la droga| el fármaco; narcótico; drogar	1128	**remain**-*vb*	permanecer| quedar
1070	**skin**-*ss; vb*	la piel| el cutis; pelar	1129	**trick**-*ss; vb; adj*	el truco| la trampa; engañar; de pega
1071	**breathe**-*vb*	respirar| espirar	1133	**account**-*ss; vb*	la cuenta; considerar
1076	**command**-*ss; vb*	el mando| el comando; mandar	1137	**deserve**-*vb*	merecer
1079	**note**-*ss; vb*	la nota| el apunte; observar	1139	**groan**-*ss; vb*	el gemido; gemir
1080	**bridge**-*ss; vb*	el puente; tender un puente sobre	1141	**practice**-*ss; vb*	la práctica| el ejercicio; practicar
1082	**rise**-*ss; vb*	la altura| el aumento; subir	1143	**brown**-*adj; ss; vb*	marrón; el marrón; dorar
1083	**pig**-*ss; vb*	el cerdo| el chancho; parir	1146	**apologize**-*vb*	disculparse
1085	**level**-*ss; vb; adj; adv*	el nivel; nivelar; a nivel; a nivel	1149	**center**-*vb; ss*	centrar| centralizar; el centro
1086	**nut**-*ss; vb*	la tuerca| la nuez; recoger nueces	1150	**coat**-*ss; vb*	la capa| el abrigo; recubrir
1088	**track**-*ss; vb*	la pista| la vía; rastrear	1151	**silence**-*ss; vb*	el silencio; silenciar
1090	**strike**-*ss; vb*	la huelga| el ataque; golpear	1152	**prepare**-*vb*	preparar| prepararse
1093	**consider**-*vb*	considerar	1155	**copy**-*ss; vb*	la copia| el ejemplar; copiar
1094	**grunt**-*ss; vb*	el gruñido; gruñir	1156	**market**-*ss; vb*	el mercado; comercializar
1095	**accord**-*ss; vb*	el acuerdo| la armonía; conceder	1159	**fill**-*vb; ss*	llenar| tapar; el llenado
1097	**speed**-*ss; vb*	la velocidad| la marcha; acelerar	1163	**cream**-*ss; vb*	la crema; batir
1101	**serve**-*vb; ss*	servir| atender; el saque	1164	**ghost**-*ss; vb*	el fantasma; escribir por otro
1105	**size**-*ss; vb*	el tamaño; clasificar según el tamaño	1165	**exist**-*vb*	existir| vivir
1106	**feed**-*vb; ss*	alimentar; el pienso	1166	**oil**-*ss; adj; vb*	el aceite; petrolero; engrasar
1108	**coach**-*ss; vb*	el entrenador| el autocar; entrenar	1169	**tie**-*ss; vb*	la corbata| el lazo; atar
1109	**dry**-*adj; vb*	seco| árido; secar	1171	**draw**-*vb; ss*	dibujar| sacar; el empate
1110	**pack**-*ss; vb*	el paquete| el envase; empacar	1173	**lift**-*ss; vb*	el ascensor| el elevador; levantar
1112	**grace**-*ss; vb*	la gracia| la elegancia; honrar	1176	**post**-*vb; ss*	enviar| fijar; el poste
			1178	**travel**-*ss; vb; adj*	el viaje; viajar; de viajes

1180	**bread**-*ss; vb*	el pan; empanar
1181	**recognize**-*vb*	reconocer| identificar
1184	**heat**-*ss; vb*	el calor; calentar
1185	**weather**-*ss; vb; adj*	el tiempo| el clima; capear; del tiempo
1188	**cake**-*ss; vb*	el pastel| el bizcocho; apelmazarse
1189	**character**-*ss; vb*	el carácter; tener carácter
1191	**telephone**-*ss; vb; adj*	el teléfono; llamar por teléfono; telefónico
1192	**buck**-*ss; vb*	el dólar; corcovear
1193	**pity**-*ss; vb*	la lástima; compadecerse de
1194	**minister**-*ss; vb*	el ministro; atender a
1196	**introduce**-*vb*	introducir| lanzar
1197	**brave**-*adj; ss; vb*	valiente; valiente; desafiar
1198	**chair**-*ss; vb*	la silla; presidir
1200	**bless**-*vb*	bendecir
1201	**wet**-*adj; vb; ss*	mojado; mojar; la humedad
1207	**nurse**-*ss; vb*	la enfermera| el enfermero; cuidar
1214	**style**-*ss; vb*	el estilo; estilizar
1217	**suspect**-*vb; adj; ss*	sospechar; sospechoso; el sospechoso
1218	**spring**-*ss; vb*	la primavera; brotar
1219	**dig**-*vb; ss*	cavar| excavar; la excavación
1220	**shake**-*ss; vb*	la sacudida| el movimiento; agitar
1221	**settle**-*vb; ss*	resolver| establecerse; el banco
1223	**excite**-*vb*	excitar| emocionar
1230	**garden**-*ss; vb*	el jardín; cultivar un huerto
1231	**enter**-*vb*	entrar| escribir
1236	**discuss**-*vb*	discutir| hablar de
1238	**screw**-*ss; vb*	el tornillo| la tuerca; atornillar
1240	**split**-*ss; adj; vb*	la división| la escisión; dividido; dividirse
1243	**proof**-*ss; adj; vb*	la prueba; a prueba de; impermeabilizar
1245	**loose**-*adj; vb; ss*	suelto| flojo; soltar; el aire
1249	**bite**-*ss; vb*	la mordedura| el bocado; morder
1252	**afford**-*vb*	permitirse
1254	**snow**-*ss; adj; vb*	la nieve; de nieve; nevar
1258	**invite**-*ss; vb*	la invitación; invitar
1260	**purpose**-*ss; vb*	el propósito| el uso; proponerse
1261	**career**-*ss; vb*	la carrera; correr a toda velocidad
1262	**survive**-*vb*	sobrevivir a
1264	**color**-*ss; vb*	el color; colorear
1266	**condition**-*ss; vb*	la condición; condicionar
1269	**manage**-*vb*	manejar| administrar
1271	**finger**-*ss; vb*	el dedo| el corredor; señalar
1272	**pretend**-*vb*	fingir| disimular
1273	**roof**-*ss; vb*	el techo; techar
1274	**file**-*vb; ss*	presentar; el expediente
1275	**suggest**-*vb*	sugerir| indicar
1276	**whore**-*ss; vb*	la puta| la prostituta; putear
1282	**chatter**-*ss; vb*	la charla| el parloteo; charlar
1283	**spare**-*adj; vb*	de repuesto; escatimar
1284	**farm**-*ss; vb*	la granja| la hacienda; cultivar
1285	**rent**-*vb; ss*	alquilar; la renta
1286	**repeat**-*vb; ss*	repetir| repetirse; la repetición
1287	**release**-*ss; vb*	el estreno| la liberación; soltar
1288	**sugar**-*ss; vb*	el azúcar; azucarar
1290	**alarm**-*ss; vb*	la alarma; alarmar
1293	**base**-*ss; vb; adj*	la base| la basa; basar; básico
1294	**total**-*adj; ss; vb*	total| totalizado; el total; totalizar
1297	**fancy**-*ss; adj; vb*	la fantasía; lujoso; imaginarse
1302	**target**-*ss; adj; vb*	el objetivo; blanco; elegir como blanco
1304	**joy**-*ss; vb*	la alegría| el gozo; gozar
1305	**subject**-*vb; ss; adj*	someter| sojuzgar; el sujeto; subyugado
1306	**mail**-*ss; vb*	el correo; enviar por correo
1309	**receive**-*vb*	recibir| acoger
1311	**distance**-*ss; vb*	la distancia| la lejanía; distanciarse
1312	**credit**-*ss; vb*	el crédito| el honor; acreditar

1315	**harm**-*ss; vb*	el daño; dañar		1390	**research**-*ss; adj; vb*	la investigación; de investigación; investigar
1316	**castle**-*ss; vb*	el castillo; hacer castillos		1391	**fake**-*adj; ss; vb*	falso; la falsificación; fingir
1319	**stomach**-*ss; vb*	el estómago; aguantar		1397	**photo**-*ss; vb*	la foto; fotografiar
1321	**spread**-*ss; vb*	la propagación| la extensión; difundir		1398	**yell**-*ss; vb*	el grito| el alarido; gritar
1322	**storm**-*ss; vb*	la tormenta; asaltar		1399	**depend**-*vb*	depender
1326	**paint**-*ss; vb*	la pintura| la falsedad; pintar		1403	**desert**-*adj; ss; vb*	desierto; el desierto; desertar
1327	**piss**-*vb; ss*	mear; el pis		1405	**grave**-*ss; adj; vb*	la tumba; grave; enterrar
1332	**bath**-*ss; vb*	el baño; bañar		1406	**map**-*ss; vb*	el mapa| la carta; trazar un mapa
1333	**contract**-*ss; vb*	el contrato| el convenio; contratar		1407	**staff**-*ss; vb*	el personal; proveer de personal
1334	**taxi**-*ss; vb*	el taxi; carretear		1408	**vote**-*vb; ss*	votar| ir a votar; el voto
1335	**trade**-*ss; adj; vb*	el comercio; comercial; comerciar		1411	**monkey**-*ss; vb*	el mono; juguetear
1339	**weight**-*ss; vb*	el peso| la pesa; ponderar		1414	**journey**-*ss; vb*	el viaje| el camino; viajar
1340	**disappear**-*vb*	desaparecer		1417	**discover**-*vb*	descubrir| abrir
1341	**square**-*ss; adj; vb*	la plaza; cuadrado; cuadrar		1420	**silver**-*ss; adj; vb*	la plata; de plata; platear
1342	**tear**-*ss; vb*	la lágrima| el rasgón; rasgar		1421	**pound**-*ss; vb*	la libra| la perrera; aporrear
1344	**block**-*vb; ss*	bloquear| obstruir; el bloque		1423	**add**-*vb*	añadir| poner
1346	**egg**-*ss; vb*	el huevo; tener huevo		1425	**suck**-*vb; ss*	chupar| mamar; el sorbo
1348	**program**-*ss; vb*	el programa; programar		1427	**desire**-*ss; vb*	el deseo; desear
1350	**forest**-*ss; adj; vb*	el bosque; forestal; pasear		1428	**fail**-*vb; ss*	fallar| fracasar; la falta
1352	**pool**-*ss; vb*	la piscina| el estanque; aunar		1434	**jerk**-*ss; vb*	el tirón| la sacudida; sacudirse
1358	**signal**-*ss; vb; adj*	la señal; indicar; señalado		1436	**clock**-*ss; vb*	el reloj; registrar
1362	**project**-*ss; vb*	el proyecto; proyectar		1439	**lesson**-*ss; vb*	la lección; enseñar
1365	**yellow**-*adj; ss; vb*	amarillo; el amarillo; ponerse amarillo		1441	**rush**-*ss; vb*	la prisa| la carrera; precipitarse
1367	**shower**-*ss; vb*	la ducha; ducharse		1442	**lip**-*ss; adj; vb*	el labio; labial; picar
1369	**scare**-*ss; vb*	el susto| la alarma; asustar		1449	**season**-*ss; vb*	la temporada; sazonar
1370	**regret**-*ss; vb*	el pesar| el remordimiento; lamentar		1453	**revenge**-*ss; vb*	la venganza| la revancha; vengarse
1371	**bury**-*vb*	enterrar		1457	**divorce**-*ss; vb*	el divorcio; divorciarse
1372	**create**-*vb*	crear| introducir		1460	**suffer**-*vb*	sufrir| padecer
1374	**remind**-*vb*	recordar		1462	**dawn**-*ss; vb*	el amanecer; amanecer
1376	**swim**-*vb; ss*	nadar; la nadada		1466	**lay**-*adj; vb; ss*	laico| lego; poner; el canto
1378	**pocket**-*ss; vb*	el bolsillo| el hueco; embolsarse		1471	**soup**-*ss; vb*	la sopa; aumentar la potencia
1384	**pair**-*ss; vb*	el par| la yunta; emparejar		1474	**model**-*ss; vb*	el modelo| la maqueta; modelar
1388	**page**-*ss; vb*	la página; paginar				

1478	**deliver**-*vb*	entregar
1481	**cheese**-*ss; vb*	el queso; poner fin a
1483	**plant**-*ss; vb*	la planta| la instalación; plantar
1485	**shape**-*ss; vb*	la forma| la figura; dar forma
1486	**ruin**-*ss; vb*	la ruina| la perdición; arruinar
1487	**vacation**-*ss; adj; vb*	las vacaciones; de vacaciones; pasar las vacaciones
1491	**butt**-*ss; vb*	el extremo; topar
1492	**request**-*vb; ss*	solicitar| recabar; la solicitud
1493	**issue**-*vb; ss*	emitir| expedir; la cuestión
1494	**refuse**-*ss; vb; adj*	la basura; rechazar; inservible
1496	**crash**-*ss; vb*	el choque; estrellarse
1500	**awake**-*adj; vb*	despierto| alerta; despertarse
1501	**cow**-*ss; vb*	la vaca; intimidar fuertemente
1502	**load**-*ss; vb*	la carga| el peso; cargar
1504	**grant**-*vb; ss*	conceder| otorgar; la subvención
1506	**freak**-*ss; adj; vb*	el monstruo; anormal; hacer anormalmente
1512	**sin**-*ss; vb*	el pecado; pecar
1513	**jacket**-*ss; vb*	la chaqueta; ponerse una americana
1518	**bang**-*ss; vb; adv*	la explosión| el golpe; golpear; justo
1519	**wolf**-*ss; vb*	el lobo; comer vorazmente
1520	**mirror**-*ss; vb*	el espejo; reflejar
1521	**fan**-*ss; vb*	el ventilador| fan; aventar
1523	**saint**-*adj; ss; vb*	santo; el santo; canonizar
1525	**avoid**-*vb*	evitar| eludir
1536	**image**-*ss; vb*	la imagen; tener reputación
1538	**trap**-*ss; vb*	la trampa| el sifón; atrapar
1539	**interview**-*ss; vb*	la entrevista; entrevistarse con
1542	**celebrate**-*vb*	celebrar
1543	**shock**-*ss; vb*	el choque; escandalizar
1544	**detail**-*ss; vb*	el detalle; detallar
1545	**iron**-*vb; ss; adj*	planchar; el hierro; de hierro
1547	**hunt**-*vb; ss*	cazar| perseguir; la caza
1549	**poison**-*vb; ss; adj*	envenenar; el tóxico; veneroso
1552	**bone**-*ss; vb*	el hueso; deshuesar
1554	**crack**-*ss; vb*	la grieta| el crujido; agrietarse
1556	**glory**-*ss; vb*	la gloria; gloriarse de
1560	**meal**-*ss; vb*	la comida; comer
1561	**hook**-*ss; vb*	el gancho| el enganche; enganchar
1562	**freeze**-*vb; ss*	congelar| congelarse; la congelación
1563	**candy**-*ss; vb*	el caramelo| el dulce; azucarar
1566	**tower**-*ss; vb; adj*	la torre; elevarse; de viviendas
1567	**grandmother**-*ss; vb*	la abuela; ser abuela
1569	**dust**-*ss; vb*	el polvo; desempolvar
1571	**warn**-*vb*	advertir| prevenir
1572	**toast**-*ss; vb*	la tostada; brindar por
1574	**appear**-*vb*	aparecer| parecer
1576	**switch**-*vb; ss*	cambiar| agitar; el interruptor
1578	**thunder**-*ss; vb*	el trueno; tronar
1579	**pilot**-*ss; vb*	el piloto; pilotar
1580	**damage**-*vb; ss*	dañar; el daño
1584	**knee**-*ss; vb*	la rodilla; dar un rodillazo
1585	**coast**-*ss; vb*	la costa; deslizar
1587	**japan**-*ss; vb*	la laca japonesa; charolar con laca japonesa
1590	**tour**-*vb; ss; adj*	recorrer| visitar; la gira; de gira
1593	**traffic**-*ss; adj; vb*	el tráfico| la trata; de tráfico; traficar
1599	**troop**-*ss; vb*	la tropa| el grupo; desfilar
1600	**rate**-*ss; vb*	la tarifa| la velocidad; calificar
1602	**hire**-*ss; vb*	el alquiler| el arriendo; contratar
1604	**process**-*ss; vb*	el proceso; procesar
1606	**amount**-*ss; vb*	la cantidad; ascender
1609	**rob**-*vb*	robar
1611	**license**-*ss; vb*	la licencia| el carnet; licenciar

1612	**bull**-*ss; adj; vb*	el toro; en alza; jugar al alza con
1615	**snake**-*ss; vb*	la serpiente; deslizarse
1617	**holiday**-*ss; vb; adj*	la fiesta; pasar las vacaciones; festivo
1622	**whistle**-*vb; ss*	silbar; el silbo
1625	**boom**-*ss; vb*	el auge; retumbar
1626	**border**-*ss; vb*	la frontera| la orilla; bordear
1628	**cast**-*ss; vb*	el elenco| el molde; emitir
1630	**rescue**-*ss; vb; adj*	el rescate; rescatar; de salvamento
1633	**zero**-*adj; ss; vb*	cero; el cero; poner en el cero
1635	**borrow**-*vb*	pedir prestado
1639	**treasure**-*ss; vb*	el tesoro; atesorar
1641	**row**-*ss; vb*	la fila| el renglón; remar
1644	**score**-*vb; ss*	calificar| conseguir; la puntuación
1651	**tip**-*ss; vb*	la propina| la punta; verter
1652	**defend**-*vb*	defender
1657	**climb**-*ss; vb*	la subida| la escalada; escalar
1661	**effect**-*ss; vb*	el efecto| el hecho; efectuar
1662	**seek**-*vb*	buscar| solicitar
1664	**include**-*vb*	incluir| abarcar
1665	**chase**-*ss; vb*	la persecución| la carrera; perseguir
1667	**wave**-*ss; vb*	la onda| la oleada; agitar
1678	**bow**-*ss; vb*	el arco| la proa; inclinarse
1679	**section**-*ss; vb*	la sección| el artículo; seccionar
1680	**pot**-*ss; vb*	la olla; matar
1687	**mass**-*ss; adj; vb*	la masa| la misa; en masa; concentrarse
1688	**grade**-*ss; vb*	el grado| la calidad; calificar
1690	**wire**-*ss; vb*	el alambre| el cable; alambrar
1692	**bleed**-*vb*	sangrar
1694	**stare**-*ss; vb*	la mirada fija; mirar fijamente
1695	**yard**-*ss; vb*	la yarda; acorralar
1696	**button**-*ss; vb*	el botón; abotonar
1698	**quarter**-*ss; vb*	el trimestre| el cuarto; cuartear
1699	**plate**-*ss; vb*	la placa| el plato; platear
1700	**dump**-*ss; vb*	el tugurio; deshacerse de
1701	**tail**-*ss; vb*	la cola| el rabo; seguir
1702	**sacrifice**-*ss; vb*	el sacrificio; sacrificar
1704	**salt**-*ss; adj; vb*	la sal; de sal; salpicar
1705	**metal**-*ss; adj; vb*	el metal; metálico; cubrir con grava
1706	**sand**-*ss; vb*	la arena; lijar
1708	**subtitle**-*vb; ss*	subtitular; el subtítulo
1709	**fruit**-*ss; vb*	la fruta; dar fruto
1710	**claim**-*vb; ss*	reclamar| reivindicar; la reclamación
1711	**bark**-*vb; ss*	ladrar; el ladrido
1713	**concern**-*ss; vb*	la preocupación| el asunto; referirse
1714	**shadow**-*ss; vb*	la sombra| el sombreado; sombrear
1715	**beep**-*vb; ss*	pitar; la señal
1716	**firm**-*ss; adj; vb*	la empresa| las casa de comercio; firme; endurecer
1718	**prime**-*adj; ss; vb*	principal| primo; la prima; cebar
1719	**advantage**-*ss; vb*	la ventaja| las ventajas; favorecer
1720	**punch**-*ss; vb*	el puñetazo| el ponche; perforar
1722	**steady**-*adj; vb; ss*	estable| continuo; estabilizarse; el novio
1727	**edge**-*ss; vb*	el borde| la orilla; afilar
1728	**chuck**-*vb; ss*	arrojar; el tiro
1730	**assume**-*vb*	asumir
1731	**behave**-*vb*	comportarse
1732	**direct**-*adj; vb; adv*	directo| continuo; dirigir; directamente
1733	**pen**-*ss; vb*	la pluma; escribir
1734	**wheel**-*ss; vb*	la rueda| el volante; girar
1735	**drag**-*vb; ss*	arrastrar; la calada
1742	**remove**-*vb; ss*	quitar| eliminar; el apartamiento
1744	**spell**-*ss; vb*	el hechizo| el encanto; deletrear
1745	**term**-*ss; vb; adj*	el plazo| el término; llamar; temporal
1746	**engage**-*vb*	contratar| acoplar
1747	**focus**-*ss; vb*	el foco| el centro; enfocar

1748	**stock**-*vb; ss; adj*	surtir| abastecer; los valores; de serie	1822	**exchange**-*vb; ss*	intercambiar| canjear; el intercambio
1750	**duck**-*ss; vb*	el pato| la pata; agacharse	1824	**separate**-*vb; adj; ss*	separar| separarse; independiente; la separata
1754	**wound**-*ss; vb*	la herida; herir	1828	**progress**-*ss; vb*	el progreso; progresar
1755	**object**-*ss; vb*	el objeto| la cosa; oponerse	1829	**collect**-*vb; ss*	recoger| cobrar; la colecta
1758	**tank**-*ss; vb*	el tanque; machar	1830	**curse**-*ss; vb*	la maldición; maldecir
1759	**look in**-*vb*	mirar hacia dentro	1832	**chain**-*ss; vb*	la cadena; encadenar
1761	**gut**-*ss; vb*	el intestino; destripar	1834	**cure**-*ss; vb*	la cura| la curación; curar
1762	**bound**-*adj; ss; vb*	obligado; el límite; botar	1838	**spy**-*vb; ss*	espiar| divisar; espía
1767	**hop**-*ss; vb*	el salto| el lúpulo; saltar	1843	**confess**-*vb*	confesar| confesarse
1768	**value**-*ss; vb*	el valor; valorar	1844	**champion**-*adj; ss; vb*	campeón; el campeón; defender
1769	**surface**-*ss; vb*	la superficie; emerger	1846	**circle**-*ss; vb*	el círculo| el cerco; rodear
1771	**slip**-*ss; vb*	el resbalón| la desliz; deslizarse	1848	**sue**-*vb*	demandar
1772	**result**-*ss; vb*	el resultado| resulta; resultar	1856	**grass**-*ss; vb*	la hierba| el césped; cubrir de hierba
1775	**slave**-*ss; vb*	el esclavo; trabajar como un esclavo	1859	**bond**-*ss; adj; vb*	el enlace| el bono; esclavo; garantizar
1777	**shine**-*ss; vb*	el brillo| el buen tiempo; brillar	1865	**belt**-*ss; vb*	el cinturón| la correa; ceñir
1778	**joint**-*adj; ss; vb*	conjunto| común; la articulación; articular	1870	**thin**-*adj; adv; vb*	delgado| fino; delgadamente; adelgazar
1783	**intend**-*vb*	intentar			
1785	**wing**-*ss; vb*	la ala| la aleta; volar	1871	**commit**-*vb*	cometer| perpetrar
1787	**pink**-*adj; ss; vb*	rosa; la rosa; picar	1873	**boot**-*ss; vb*	la bota; dar una patada a
1792	**challenge**-*ss; vb*	el reto| el desafiador; desafiar	1877	**guarantee**-*ss; vb*	la garantía; garantizar
1793	**range**-*ss; vb*	el alcance| el intervalo; oscilar	1882	**access**-*ss; vb*	el acceso| el ataque; entrar
1794	**brand**-*ss; vb*	la marca| el hierro; marcar	1883	**bust**-*ss; vb; adj*	el busto| la quiebra; quebrar; arruinado
1795	**pee**-*ss; vb*	el pis; hacer pis	1884	**district**-*ss; vb*	el distrito| el barrio; recelar
1798	**shy**-*adj; vb; ss*	tímido; asustarse; la espantada	1886	**flag**-*ss; vb*	la bandera; languidecer
1799	**screen**-*ss; vb*	la pantalla| la criba; cribar	1887	**panic**-*adj; ss; vb*	pánico; el pánico; asustarse
1800	**sentence**-*ss; vb*	la frase; sentenciar	1891	**deny**-*vb*	negar| denegar
1801	**rabbit**-*ss; vb*	el conejo; cazar a los conejos	1895	**bush**-*ss; vb*	el arbusto| el monte; forrar
1804	**swing**-*ss; vb*	la oscilación| el columpio; oscilar	1896	**deck**-*ss; vb*	la cubierta| la baraja; engalanar
1806	**prize**-*ss; adj; vb*	el premio; premiado; apreciar mucho	1897	**express**-*vb; adj; ss*	exprimir; expreso; el expreso
1811	**shoulder**-*ss; vb*	el hombro; cargar con	1901	**insist**-*vb*	insistir
1813	**site**-*ss; vb*	el sitio; situar	1903	**schedule**-*vb; ss*	programar; el horario
1816	**advance**-*vb; ss*	avanzar| promover; el avance	1904	**assure**-*vb*	asegurar
1820	**earn**-*vb*	ganar| obtener			

1905	**navy**-*ss; vb*	la marina de guerra; trabajar de zapador	1986	**launch**-*ss; vb*	el lanzamiento| la lancha; lanzar
1907	**fever**-*ss; vb*	la fiebre; coger fiebre	1987	**approach**-*ss; vb*	el enfoque| la aproximación; acercarse
1908	**surrender**-*ss; vb*	la entrega| la rendición; rendirse			
1909	**reward**-*ss; vb*	la recompensa; recompensar	1988	**sweat**-*ss; vb*	el sudor; sudar
			1991	**disappoint**-*vb*	decepcionar
1910	**negative**-*adj; ss; vb*	negativo; el negativo; negar	1993	**alert**-*adj; ss; vb*	alerta; la alerta; alertar
1911	**ease**-*ss; vb*	la facilidad| la comodidad; aliviar	1997	**lend**-*vb*	prestar| prestarse
			2002	**aim**-*ss; vb*	el objetivo| la puntería; apuntar
1912	**fetch**-*vb*	ir a buscar			
1920	**zone**-*ss; vb*	la zona; parcelar en zonas	2003	**tune**-*ss; vb*	la melodía| el afinado; afinar
1921	**solve**-*vb*	resolver| disolver	2005	**proceed**-*vb*	proceder| pasar
1922	**title**-*ss; vb*	el título; titular	2011	**arrange**-*vb*	organizar| ordenar
1924	**cock**-*ss; vb*	la polla; amartillar	2014	**fashion**-*ss; vb*	la moda| la manera; modelar
1929	**crown**-*ss; vb*	la corona; coronar			
1932	**guide**-*ss; vb*	guía| el baqueano; guiar	2017	**argue**-*vb*	argumentar| discutir
			2024	**anger**-*ss; vb*	la ira| el enojo; enfadar
1933	**bay**-*ss; adj; vb*	la bahía| el laurel; bayo; ladrar	2030	**tax**-*ss; adj; vb*	el impuesto; de impuestos; tasar
1935	**demand**-*vb; ss*	pedir| exigir; la demanda			
			2031	**flash**-*ss; vb*	el flash| el destello; destellar
1936	**trash**-*ss; vb*	la basura; destrozar			
1937	**tone**-*ss; vb*	el tono| el matiz; entonar	2036	**channel**-*ss; vb*	el canal; encauzar
			2038	**gray**-*adj; ss; vb*	gris; el gris; encanecer
1945	**route**-*ss; vb*	la ruta| el itinerario; encaminar	2039	**struggle**-*ss; vb*	la lucha; luchar
			2040	**sport**-*ss; vb*	el deporte; divertirse
1946	**lack**-*ss; vb*	la falta| la carencia; carecer de	2044	**reckon**-*vb*	contar| calcular
			2047	**cap**-*ss; vb*	la tapa| el tapón; tapar
1947	**port**-*ss; adj; vb*	el puerto; portuario; poner a babor	2056	**torture**-*ss; vb*	la tortura; torturar
1948	**spit**-*vb; ss*	escupir; la saliva	2057	**shift**-*ss; vb*	el cambio| el movimiento; cambiar
1955	**exact**-*adj; vb*	exacto; exigir			
1956	**secure**-*adj; vb*	seguro; asegurar	2058	**cloud**-*ss; vb*	la nube; oscurecer
1962	**rip**-*ss; vb*	el rasgón; rasgar	2060	**closet**-*ss; vb*	el armario| el ropero; encerrarse
1963	**fox**-*ss; vb*	el zorro; fingir			
1964	**bum**-*ss; adj; vb*	el culo; malo; gorronear	2062	**comfort**-*ss; vb*	la comodidad| el confort; consolar
1969	**mask**-*ss; vb*	la máscara| la mascarilla; enmascarar	2063	**article**-*ss; vb*	el artículo| el artejo; formular
			2066	**loan**-*ss; vb*	el préstamo; prestar
1970	**gather**-*vb; ss*	reunir| recoger; los	2067	**entrance**-*ss; vb*	la entrada; encantar
1974	**tire**-*ss; vb*	el neumático; cansar	2068	**attempt**-*ss; vb*	el intento| el esfuerzo; intentar
1977	**gentle**-*adj; vb*	suave| amable; ser suave			
			2069	**trace**-*ss; vb*	el rastro| la huella; rastrear
1978	**convince**-*vb*	convencer			
1979	**sob**-*ss; vb; adj*	el sollozo; sollozar; sentimental	2074	**scratch**-*vb; ss; adj*	rayar| arañar; el rasguño; sin ventaja
1985	**wipe**-*vb; ss*	limpiar| enjugar; el limpión	2075	**nerve**-*ss; adj; vb*	el nervio| el descaro; nervioso; infundir a uno ánimo

2076	**outfit**-*vb; ss*	equipar| enviar equipando; el equipo
2077	**campaign**-*ss; vb*	la campaña; hacer campaña
2079	**concert**-*ss; vb*	el concierto; dar un concierto
2081	**concentrate**-*adj; ss; vb*	concentrado; el concentrado; concentrarse
2082	**cheat**-*vb; ss*	engañar| trampear; la trampa
2083	**chat**-*ss; vb*	la charla; charlar
2085	**starve**-*vb*	morir de hambre
2091	**hug**-*ss; vb*	el abrazo; abrazar
2102	**mix**-*ss; vb*	la mezcla; mezclar
2103	**hail**-*ss; vb*	el granizo; granizar
2104	**supply**-*ss; vb*	el suministro| la oferta; suministrar
2105	**bat**-*ss; vb*	el murciélago; batear
2107	**transfer**-*vb; ss; adj*	transferir; la transferencia; de transferencia
2109	**bug**-*ss; vb*	el error; fastidiar
2110	**provide**-*vb*	proporcionar| prestar
2111	**design**-*ss; vb*	el diseño| el proyecto; proyectar
2113	**pour**-*vb*	derramar| colar
2116	**instance**-*ss; vb*	el ejemplo| la instancia; citar como ejemplo
2119	**gear**-*ss; vb*	el engranaje| el equipo; engranar
2125	**belly**-*ss; vb*	el vientre| el seno; hinchar
2129	**exercise**-*ss; vb*	el ejercicio| la prueba; ejercer
2131	**ignore**-*vb*	ignorar
2132	**fuel**-*ss; vb*	el combustible; aprovisionar de combustible; energético
2136	**pat**-*ss; vb; adj; adv*	la palmadita; acariciar; oportuno; oportunamente
2139	**bowl**-*ss; vb*	el tazón; jugar a los bolos
2140	**butter**-*ss; vb*	la mantequilla; untar con mantequilla
2142	**net**-*adj; ss; vb*	neto; los neto; enredar
2143	**betray**-*vb*	traicionar| engañar
2147	**defeat**-*ss; vb*	la derrota; derrotar
2149	**surround**-*vb*	rodear
2151	**toy**-*ss; adj; vb*	el juguete; de juguete; jugar
2156	**accuse**-*vb*	acusar| tachar de
2161	**obey**-*vb*	obedecer
2162	**marshal**-*ss; vb*	el mariscal; formar
2164	**trail**-*ss; vb*	el rastro| el sendero; arrastrarse
2166	**kidnap**-*vb*	secuestrar
2167	**shore**-*vb; ss*	apuntalar| escorar; la orilla
2168	**task**-*ss; vb*	la tarea| la labor; encargar
2170	**impress**-*vb; ss*	impresionar| imprimir; la huella
2172	**rape**-*ss; vb*	la violación| la colza; violar
2173	**embarrass**-*vb*	avergonzar
2174	**motion**-*ss; vb*	el movimiento| la moción; hacer señales
2175	**blast**-*ss; vb*	la explosión| la ráfaga; arruinar
2176	**mouse**-*ss; vb*	el ratón; cazar ratones
2177	**growl**-*ss; vb*	el gruñido; gruñir
2179	**package**-*ss; vb*	el paquete| el envase; empaquetar
2183	**balance**-*vb; ss*	equilibrar| equilibrarse; el equilibrio
2184	**inform**-*vb*	informar| informarse
2185	**accent**-*ss; vb*	el acento| el acento gráfico; acentuar
2186	**sandwich**-*ss; vb*	el sándwich| el emparedado; intercalar
2188	**attend**-*vb*	asistir| atender
2191	**tunnel**-*ss; vb*	el túnel; construir un túnel
2193	**perform**-*vb*	realizar| ejecutar
2194	**recall**-*vb; ss*	recordar; la retirada
2198	**influence**-*ss; vb*	la influencia| ascendiente; influenciar
2202	**swell**-*vb; ss; adj*	hincharse| crecer; mar de fondo; estupendo
2205	**knight**-*ss; vb*	el caballero; armar caballero
2206	**chill**-*adj; ss; vb*	frío; el frío; enfriar| calmar
2210	**cough**-*ss; vb*	la tos; toser
2211	**adjust**-*vb*	ajustar| modificar
2213	**prick**-*ss; vb*	el pinchazo| la polla; pinchar

2215	**rifle**-*ss; vb*	el rifle; saquear
2217	**warrant**-*ss; vb*	la orden| la autorización; justificar
2223	**crush**-*vb; ss*	aplastar| apabullar; la aglomeración
2224	**golf**-*ss; vb*	el golf; jugar al golf
2225	**stake**-*ss; vb*	la estaca| la hoguera; apostar
2226	**fence**-*ss; vb*	las cerca| la valla; cercar
2227	**woo**-*vb*	cortejar
2228	**patrol**-*ss; vb*	la patrulla; patrullar
2229	**sire**-*ss; vb*	el padre| el mi señor; engendrar un caballo
2230	**resist**-*vb*	resistir
2239	**wagon**-*ss; vb*	el vagón; transportar en furgón
2242	**dope**-*ss; vb*	la droga; drogar
2243	**boo**-*ss; vb*	el abucheo; patear
2249	**exit**-*ss; vb*	la salida; salir de
2250	**beef**-*ss; vb*	la carne de vaca; quejarse
2254	**bud**-*ss; vb*	el brote; florecer
2256	**nail**-*ss; vb*	el clavo| la uña; clavar
2257	**disturb**-*vb*	molestar| perturbar
2258	**skip**-*vb; ss*	omitir; el salto
2259	**trigger**-*vb; ss*	desencadenar; el gatillo
2262	**describe**-*vb*	describir
2264	**sink**-*vb; ss*	hundir| hundirse; el fregadero
2265	**stretch**-*vb; ss*	estirar| estirarse; el tramo
2267	**sail**-*ss; vb*	la vela| el velero; navegar
2268	**average**-*ss; adj; vb*	el promedio| el medio; medio; calcular la media de
2275	**pet**-*vb; ss; adj*	acariciar; el animal favorito; mimado
2277	**photograph**-*ss; vb*	la fotografía; fotografiar
2278	**complain**-*vb*	quejarse
2280	**flow**-*ss; vb*	el flujo| la corriente; fluir
2281	**invent**-*vb*	inventar
2283	**halt**-*vb; ss*	detener| interrumpir; el alto
2284	**aid**-*ss; vb*	la ayuda| el socorro; ayudar
2286	**charm**-*ss; vb*	el encanto| el hechizo; encantar
2288	**occasion**-*ss; vb*	la ocasión| el motivo; ocasionar
2291	**moan**-*ss; vb*	el gemido| el quejido; gemir
2293	**jam**-*ss; vb*	el atasco| la mermelada; atascar
2295	**purse**-*ss; vb*	el monedero; fruncir
2296	**smooth**-*adj; vb*	liso| fluido; alisar
2297	**divine**-*vb; adj; ss*	adivinar| milagrear; divino; el divino
2298	**seal**-*vb; ss*	sellar; el sello
2300	**experiment**-*vb; ss*	experimentar| probar; el experimento
2301	**chop**-*ss; vb*	la tajada| la chuleta; cortar
2303	**equal**-*adj; ss; vb*	igual| equitativo; el igual; ser igual a
2308	**powder**-*ss; vb*	el polvo; empolvar
2312	**wrap**-*vb; ss*	envolver; el chal
2315	**couch**-*ss; vb*	el sofá| la cama; reposar
2316	**contest**-*ss; vb*	el concurso| la liza; impugnar
2321	**interrupt**-*vb*	interrumpir
2322	**threaten**-*vb*	amenazar| amagar
2324	**print**-*vb; ss; adj*	imprimir| imprimirse; la impresión; estampado
2325	**pole**-*ss; vb*	el polo| el poste; empujar con una pértiga
2326	**ward**-*ss; vb*	la sala; guardar
2329	**soap**-*ss; vb*	el jabón; enjabonar
2330	**string**-*ss; vb*	la cadena| la cuerda; ensartar
2334	**punish**-*vb*	castigar
2336	**gain**-*ss; vb*	la ganancia| el aumento; ganar
2337	**adventure**-*ss; adj; vb*	la aventura; de aventuras; aventurarse
2341	**inch**-*ss; vb*	las pulgada; avanzar poco a poco
2342	**escort**-*ss; vb*	escolta; escoltar
2343	**polish**-*vb; ss*	pulir| perfeccionar; el pulimento
2349	**network**-*ss; vb*	la red; conectar a la red
2357	**bend**-*vb; ss*	doblar| curvar; la curva
2360	**slap**-*ss; vb*	la bofetada| la palmada; abofetear
2365	**wee**-*adj; vb*	pequeñito; hacer pipí

2366	**develop**-*vb*	desarrollar| elaborar	
2368	**praise**-*ss; vb*	la alabanza; alabar	
2375	**engineer**-*ss; vb*	el ingeniero| maquinista; tramar	
2376	**permit**-*ss; vb*	el permiso| el pase; permitir	
2377	**exhale**-*vb*	exhalar	
2380	**swallow**-*ss; vb*	la golondrina; tragarse	
2381	**whisper**-*ss; vb*	el susurro; susurrar	
2382	**clown**-*ss; vb*	el payaso; payasear	
2387	**cage**-*ss; vb*	la jaula; enjaular	
2389	**junk**-*ss; vb*	la basura; echar a la basura	
2390	**strip**-*ss; vb*	la tira; desnudarse	
2393	**buzz**-*ss; vb*	el zumbido; zumbar	
2406	**capture**-*vb; ss*	capturar| apresar; la captura	
2410	**prevent**-*vb*	evitar| excusar	
2411	**snap**-*ss; vb*	el chasquido| la instantánea; chasquear	
2414	**bail**-*ss; vb*	la fianza; achicar	
2415	**beard**-*ss; vb*	la barba; desafiar	
2425	**chip**-*ss; vb*	el chip; astillarse	
2427	**injure**-*vb*	lesionar| perjudicar	
2430	**shelter**-*ss; vb*	el abrigo| el albergue; albergar	
2432	**scoff**-*ss; vb*	la burla; burlarse	
2433	**mount**-*vb; ss*	montar| aumentar; el monte	
2436	**limit**-*ss; vb*	el límite; limitar	
2438	**chamber**-*ss; vb*	la cámara| la sala; estar en el cuarto	
2439	**sauce**-*ss; vb*	la salsa; añadir	
2440	**produce**-*vb; ss*	producir| fabricar; los productos	
2441	**combat**-*vb; ss*	combatir| luchar contra; el combate	
2443	**corn**-*ss; vb*	el maíz; usar maíz	
2446	**succeed**-*vb*	tener éxito| suceder a	
2448	**propose**-*vb*	proponer| proponerse	
2449	**shed**-*ss; vb*	el cobertizo; perder	
2450	**insult**-*ss; vb*	el insulto; insultar	
2452	**pitch**-*vb; ss*	lanzar| cabecear; el campo	
2457	**commission**-*ss; vb*	la comisión| el comité; encargar	
2464	**rose**-*adj; ss; vb*	rosado; la rosa; hacer rosado	
2466	**scum**-*ss; vb*	la escoria; espumar	
2467	**foul**-*ss; vb; adj; adv*	la falta; ensuciar; asqueroso; sucio	
2469	**meter**-*ss; vb*	el metro| el medidor; medir	
2472	**frame**-*ss; vb*	el marco| el bastidor; encuadrar	
2473	**cancel**-*vb; ss*	cancelar| anular; la cancelación	
2474	**link**-*vb; ss*	enlazar| vincular; el enlace	
2475	**exhaust**-*ss; vb*	el escape; agotar	
2476	**pin**-*ss; vb*	el perno; prender con alfileres	
2478	**hammer**-*ss; vb*	el martillo; martillar	
2479	**admire**-*vb*	admirar	
2480	**identify**-*vb*	identificar	
2481	**benefit**-*ss; vb*	el beneficio| la ventaja; beneficiar	
2482	**motor**-*adj; ss; vb*	motor| automóvil; el motor; ir en coche	
2486	**replace**-*vb*	reemplazar| reponer	
2493	**confirm**-*vb*	confirmar| estar de acuerdo	
2495	**represent**-*vb*	representar	
2499	**dive**-*vb; ss*	bucear| sumergirse; la inmersión	
2502	**counter**-*vb; ss; adj; adv*	contrarrestar; el contador; contrario; en contra	
2504	**stroke**-*ss; vb*	la carrera| el golpe; acariciar	
2505	**determine**-*vb*	determinar| decidir	
2506	**pearl**-*ss; adj; vb*	la perla; de perlas; gotear	
2508	**romance**-*ss; vb*	la novela| la romanza; fantasear	
2517	**rocket**-*ss; vb*	el cohete; atacar con cohetes	
2519	**brush**-*ss; vb*	el cepillo; cepillar	
2524	**brief**-*adj; ss; vb*	breve; el breve; informar	

Orden alfabetico

5	**a**-*art*	un
2054	**abandoned**-*adj*	abandonado
2221	**ability**-*ss*	la capacidad| la aptitud
440	**able**-*adj*	capaz| apto
1684	**aboard**-*adv; prp*	a bordo; a bordo de
48	**about**-*prp; adv*	sobre; unos
924	**above**-*adv; prp; adj*	encima; encima de; antedicho
2405	**absolute**-*adj; ss*	absoluto| rotundo; el lo absoluto
588	**absolutely**-*adv*	absolutamente
2477	**absurd**-*adj*	absurdo| disparatado
2185	**accent**-*ss; vb*	el acento| el acento gráfico; acentuar
785	**accept**-*vb*	aceptar| consentir
1882	**access**-*ss; vb*	el acceso| el ataque; entrar
725	**accident**-*ss*	el accidente| el percance
1095	**accord**-*ss; vb*	el acuerdo| la armonía; conceder
1133	**account**-*ss; vb*	la cuenta; considerar
2156	**accuse**-*vb*	acusar| tachar de
2484	**ace**-*ss*	el as
657	**across**-*adv; prp*	a través| de un lado a otro; a través de
864	**action**-*ss*	la acción
1595	**actor**-*ss*	el actor
2059	**actress**-*ss*	la actriz
563	**act**-*ss; vb*	el acto| la ley; actuar
326	**actually**-*adv*	realmente
954	**address**-*ss; vb*	la dirección; dirigirse
1423	**add**-*vb*	añadir| poner
2211	**adjust**-*vb*	ajustar| modificar
2208	**admiral**-*ss*	el almirante
2479	**admire**-*vb*	admirar
1023	**admit**-*vb*	admitir| reconocer
2318	**ad**-*ss*	el anuncio
1816	**advance**-*vb; ss*	avanzar| promover; el avance
1719	**advantage**-*ss; vb*	la ventaja| las ventajas; favorecer
2337	**adventure**-*ss; adj; vb*	la aventura; de aventuras; aventurarse
1160	**advice**-*ss*	el asesoramiento| el consejo
1608	**affair**-*ss*	el asunto| la aventura
1252	**afford**-*vb*	permitirse
315	**afraid**-*adj*	asustado
144	**after**-*adv; prp; con; adj*	después| detrás; después de; después de que; posterior
633	**afternoon**-*ss; adj*	la tarde; de la tarde
1917	**afterwards**-*adv*	después
127	**again**-*adv*	de nuevo| además
357	**against**-*prp; adv*	contra; contrapelo
2004	**agency**-*ss*	la agencia
923	**agent**-*ss*	agente
599	**age**-*ss; vb*	la edad| la era; envejecer
295	**ago**-*adj; adv*	hace; hace
1998	**agreement**-*ss*	el acuerdo
760	**agree**-*vb*	acordar| estar de acuerdo
412	**ahead**-*adv*	adelante
2284	**aid**-*ss; vb*	la ayuda| el socorro; ayudar
2002	**aim**-*ss; vb*	el objetivo| la puntería; apuntar
1343	**airport**-*ss*	el aeropuerto
476	**air**-*ss; vb; adj*	el aire; ventilar; aéreo
1290	**alarm**-*ss; vb*	la alarma; alarmar
1984	**alcohol**-*ss*	el alcohol
1993	**alert**-*adj; ss; vb*	alerta; la alerta; alertar
2097	**alien**-*ss; adj*	el extranjero; ajeno
438	**alive**-*adj; ss*	vivo| con vida; la reliquia
28	**all**-*adj; adv; ss; prn*	todos; todos; los todos; todos
2522	**alley**-*ss*	el callejón
949	**allow**-*vb*	permitir| autorizar
395	**almost**-*adv*	casi
239	**alone**-*adj; adv*	solo| único; sólo
400	**along**-*adv; prp*	a lo largo; a lo largo de
243	**already**-*adv*	ya
507	**alright**-*adv*	bien
304	**also**-*adv*	también| ítem
1195	**although**-*con*	aunque
149	**always**-*adv*	siempre
793	**amazing**-*adj*	asombroso
2412	**ambassador**-*ss*	el embajador
1819	**ambulance**-*ss*	la ambulancia
1392	**amen**-*ss*	los amén
580	**American**-*adj; ss*	americano; el americano

1036	**among**-*prp*	entre
1606	**amount**-*ss; vb*	la cantidad; ascender
73	**an**-*art*	un
1432	**ancient**-*adj; ss*	antiguo; el anciano
7	**and**-*con*	y| e
1053	**angel**-*ss*	el ángel
2024	**anger**-*ss; vb*	la ira| el enojo; enfadar
790	**angry**-*adj*	enojado
988	**animal**-*adj; ss*	animal; el animal
2121	**announcer**-*ss*	el locutor
192	**another**-*adj; prn*	otro; otro
413	**answer**-*ss; vb*	la respuesta; responder
2180	**anti-**-*pfj*	anti-
2509	**anxious**-*adj*	ansioso| deseoso
2046	**any time**-*adv*	en cualquier momento
111	**any**-*adj; prn*	cualquier; alguna
426	**anybody**-*prn*	nadie
392	**anymore**-*adv*	ya
302	**anyone**-*prn*	nadie
126	**anything**-*prn; adv*	cualquier cosa; algo
334	**anyway**-*adv*	de todos modos
697	**anywhere**-*adv*	dondequiera
1019	**apart**-*adj; adv*	aparte; aparte
840	**apartment**-*ss*	el apartamento| la vivienda
1146	**apologize**-*vb*	disculparse
1355	**apparently**-*adv*	aparentemente
1574	**appear**-*vb*	aparecer| parecer
1597	**applause**-*ss*	los aplausos
1802	**apple**-*ss*	la manzana
1555	**appointment**-*ss*	la cita| el nombramiento
935	**appreciate**-*vb*	apreciar| comprender
1987	**approach**-*ss; vb*	el enfoque| la aproximación; acercarse
809	**area**-*ss*	las área| la superficie
2017	**argue**-*vb*	argumentar| discutir
2447	**argument**-*ss*	el argumento| la discusión
768	**arm**-*ss; vb*	el brazo| la arma; armar
574	**army**-*ss*	el ejército
160	**around**-*adv; prp*	alrededor; alrededor de
2011	**arrange**-*vb*	organizar| ordenar

917	**arrest**-*ss; vb*	la detención| el arresto; detener
891	**arrive**-*vb*	llegar
2063	**article**-*ss; vb*	el artículo| el artejo; formular
1458	**artist**-*ss*	artista
732	**art**-*ss*	el arte
60	**as**-*adv; con; prp*	como; como; como
1278	**ashamed**-*adj*	avergonzado
1689	**aside**-*adv; ss*	aparte; el aparte
197	**ask**-*vb*	hacer| pedir
912	**asleep**-*adj*	dormido
770	**asshole**-*ss*	gilipollas
1527	**assistant**-*adj; ss*	asistente; asistente
365	**ass**-*ss*	el culo| el asno
1730	**assume**-*vb*	asumir
1904	**assure**-*vb*	asegurar
2245	**atmosphere**-*ss*	la atmósfera
45	**at**-*prp; ss*	en; la arroba
651	**attack**-*ss; vb*	el ataque| la agresión; atacar
2068	**attempt**-*ss; vb*	el intento| el esfuerzo; intentar
2188	**attend**-*vb*	asistir| atender
626	**attention**-*ss*	la atención| el servicio
1808	**attitude**-*ss*	la actitud
1669	**attorney**-*ss*	el abogado
2000	**attractive**-*adj*	atractivo
1389	**audience**-*ss*	la audiencia
2252	**auntie**-*ss*	la tía
847	**aunt**-*ss*	la tía
1809	**authority**-*ss*	la autoridad| el poder
1743	**available**-*adj*	disponible
2510	**avenue**-*ss*	la avenida
2268	**average**-*ss; adj; vb*	el promedio| el medio; medio; calcular la media de
1525	**avoid**-*vb*	evitar| eludir
1500	**awake**-*adj; vb*	despierto| alerta; despertarse
1382	**aware**-*adj*	consciente
128	**away**-*adv; ss*	lejos; el partido jugado fuera
1470	**awesome**-*adj*	impresionante
932	**awful**-*adj*	horrible| detestable
2196	**awfully**-*adv*	muy
937	**aye**-*part; adv*	sí; siempre

B

1479	**babe**-*ss*	el bebé
221	**baby**-*ss; adj*	el bebé| el niño; pequeño
72	**back**-*adv; ss; vb; adj*	atrás; la espalda; respaldar; de vuelta
1980	**background**-*ss*	el fondo
189	**bad**-*adj; ss*	malo| grave; el lo malo
1431	**badly**-*adv*	mal
638	**bag**-*ss; vb*	la bolsa| el bolso; empaquetar
2414	**bail**-*ss; vb*	la fianza; achicar
2442	**baker**-*ss*	el panadero
2183	**balance**-*vb; ss*	equilibrar| equilibrarse; el equilibrio
613	**ball**-*ss; vb*	el balón| la bola; hacer bolitas
918	**band**-*ss; vb*	la banda| la venda; atar
1518	**bang**-*ss; vb; adv*	la explosión| el golpe; golpear; justo
647	**bank**-*ss; vb*	el banco| la orilla; contar
1682	**barely**-*adv*	apenas| difícilmente
1711	**bark**-*vb; ss*	ladrar; el ladrido
2271	**baron**-*ss*	el barón
773	**bar**-*ss; vb; prp*	el bar| la barra; prohibir; excepto
2088	**baseball**-*ss*	el béisbol
2144	**basement**-*ss*	el sótano
1293	**base**-*ss; vb; adj*	la base| la basa; basar; básico
2358	**basic**-*adj*	básico
1766	**basically**-*adv*	fundamentalmente
577	**bastard**-*adj; ss*	bastardo; el bastardo
1055	**bathroom**-*ss*	el cuarto de baño
1332	**bath**-*ss; vb*	el baño; bañar
2105	**bat**-*ss; vb*	el murciélago; batear
976	**battle**-*ss; vb*	la batalla| la pelea; combatir
1933	**bay**-*ss; adj; vb*	la bahía| el laurel; bayo; ladrar
1033	**beach**-*ss; vb*	la playa; varar
2453	**bean**-*ss*	la haba| la judía
2415	**beard**-*ss; vb*	la barba; desafiar
556	**bear**-*ss; vb*	el oso| bajista; soportar
1586	**beast**-*ss*	la bestia
2122	**beaten**-*adj*	vencido
502	**beat**-*ss; vb; adj*	el ritmo| el latido; vencer; derrengado
270	**beautiful**-*adj; ss*	hermoso| lindo; la la belleza
938	**beauty**-*ss*	la belleza
112	**because**-*con*	porque
447	**become**-*vb*	convertirse en| llegar a ser
1446	**bedroom**-*ss*	el dormitorio| la recámara
383	**bed**-*ss; vb*	la cama| el lecho; alojar
2250	**beef**-*ss; vb*	la carne de vaca; quejarse
1715	**beep**-*vb; ss*	pitar; la señal
803	**beer**-*ss*	la cerveza
139	**before**-*adv; con; prp*	antes; antes de; antes de
787	**beginning**-*ss*	el principio| el comienzo
868	**begin**-*vb*	comenzar| entablar
863	**beg**-*vb*	mendigar
2378	**behalf**-*ss*	el favor| en nombre de
1731	**behave**-*vb*	comportarse
2112	**behavior**-*ss*	el comportamiento| el funcionamiento
402	**behind**-*adv; prp; ss*	detrás; detrás de; el trasero
2187	**being**-*ss*	el ser
170	**believe**-*vb*	creer
887	**bell**-*ss; vb*	la campana; acampanarse
2125	**belly**-*ss; vb*	el vientre| el seno; hinchar
1066	**belong**-*vb*	pertenecer a
1673	**beloved**-*adj; ss*	amado; el amado
1433	**below**-*adv; prp*	abajo| por debajo; debajo de
1865	**belt**-*ss; vb*	el cinturón| la correa; ceñir
2357	**bend**-*vb; ss*	doblar| curvar; la curva
2372	**beneath**-*adv; prp*	debajo; bajo
2481	**benefit**-*ss; vb*	el beneficio| la ventaja; beneficiar
2049	**beside**-*prp*	junto a
746	**besides**-*adv; prp*	además| por otra parte; además de
2143	**betray**-*vb*	traicionar| engañar
488	**bet**-*ss; vb*	la apuesta; apostar

140	**better**-*adj; adv; vb; ss*	mejor; mejor; mejorar; el el mejor	
406	**between**-*prp; adv*	entre; en medio	
12	**be**-*vb*	ser| estar	
1064	**beyond**-*adv; prp*	más allá; más allá de	
1941	**Bible**-*ss*	la Biblia	
165	**big**-*adj*	gran| importante	
1526	**bike**-*ss*	la bicicleta	
607	**bill**-*vb; ss*	facturar| pasar factura; la factura	
963	**billy**-*ss*	la porra	
941	**bird**-*ss*	el pájaro| el volante	
631	**birthday**-*ss*	el cumpleaños	
1320	**birth**-*ss*	el nacimiento| el parto	
2216	**bishop**-*ss*	el obispo	
420	**bitch**-*ss; vb*	la perra; quejarse	
1249	**bite**-*ss; vb*	la mordedura| el bocado; morder	
273	**bit**-*ss*	el poco	
2426	**bitter**-*adj; ss*	amargo| encarnizado; la cerveza amarga	
416	**black**-*adj; ss; vb*	negro; el negro; ennegrecer	
944	**blame**-*ss; vb*	la culpa; culpar	
2175	**blast**-*ss; vb*	la explosión| la ráfaga; arruinar	
1692	**bleed**-*vb*	sangrar	
1898	**blessed**-*adj*	bendito	
1200	**bless**-*vb*	bendecir	
930	**blind**-*adj; vb; adv; ss*	ciego; cegar; a ciegas; la persiana	
1344	**block**-*vb; ss*	bloquear| obstruir; el bloque	
2490	**blonde**-*adj; ss*	rubia; la rubia	
407	**blood**-*ss; vb*	la sangre; sangrar	
767	**bloody**-*adj; adv*	sangriento; sumamente	
642	**blow**-*ss; vb*	el golpe| el soplo; volar	
593	**blue**-*adj; ss; vb*	azul; el azul; azular	
894	**board**-*vb; ss*	abordar| subir a; el bordo	
592	**boat**-*ss; vb*	el barco; transportar en barco	
1107	**bobby**-*ss*	el poli	
387	**body**-*ss; vb*	el cuerpo; dar cuerpo a	
1009	**bomb**-*ss; vb*	la bomba; bombardear	
1859	**bond**-*ss; adj; vb*	el enlace| el bono; esclavo; garantizar	
1552	**bone**-*ss; vb*	el hueso; deshuesar	

448	**book**-*ss; vb*	el libro; reservar	
1625	**boom**-*ss; vb*	el auge; retumbar	
2243	**boo**-*ss; vb*	el abucheo; patear	
1873	**boot**-*ss; vb*	la bota; dar una patada a	
1626	**border**-*ss; vb*	la frontera| la orilla; bordear	
1703	**bored**-*adj*	perforado	
1517	**boring**-*adj; ss*	aburrido; la perforación	
1635	**borrow**-*vb*	pedir prestado	
463	**boss**-*ss; vb*	el jefe; dirigir	
275	**both**-*adj; prn; adv*	ambos| los dos; ambos; a la vez	
822	**bother**-*ss; vb*	la molestia; molestar	
1002	**bottle**-*ss; vb*	la botella; embotellar	
1114	**bottom**-*ss; adj; vb*	el fondo| el pie; del fondo; tocar fondo	
1762	**bound**-*adj; ss; vb*	obligado; el límite; botar	
2139	**bowl**-*ss; vb*	el tazón; jugar a los bolos	
1678	**bow**-*ss; vb*	el arco| la proa; inclinarse	
712	**box**-*vb; ss*	encajonar; la caja	
895	**boyfriend**-*ss*	el amigo	
187	**boy**-*ss*	el muchacho| el niño	
816	**brain**-*ss; vb*	el cerebro; romper la crisma	
1794	**brand**-*ss; vb*	la marca| el hierro; marcar	
1197	**brave**-*adj; ss; vb*	valiente; valiente; desafiar	
1568	**Bravo!**-*int*	¡Bravo!	
1180	**bread**-*ss; vb*	el pan; empanar	
971	**breakfast**-*ss; vb*	el desayuno; desayunar	
388	**break**-*vb; ss*	romper| romperse; la rotura	
1071	**breathe**-*vb*	respirar| espirar	
1119	**breath**-*ss*	el aliento| el soplo	
1498	**bride**-*ss*	la novia	
1080	**bridge**-*ss; vb*	el puente; tender un puente sobre	
2524	**brief**-*adj; ss; vb*	breve; el breve; informar	
1255	**bright**-*adj; adv*	brillante| luminoso; brillantemente	
1323	**brilliant**-*adj; ss*	brillante; el brillante	
248	**bring**-*vb*	traer| llevar	

1324	**British**-*adj; ss*	británico; los británicos
244	**brother**-*ss*	el hermano| el cofrade
1143	**brown**-*adj; ss; vb*	marrón; el marrón; dorar
2519	**brush**-*ss; vb*	el cepillo; cepillar
1192	**buck**-*ss; vb*	el dólar; corcovear
672	**buddy**-*ss*	el amigo
2254	**bud**-*ss; vb*	el brote; florecer
2109	**bug**-*ss; vb*	el error; fastidiar
663	**building**-*ss*	el edificio
1026	**build**-*vb; ss*	construir| fortalecer; la estructura
1396	**bullet**-*ss*	la bala
841	**bullshit**-*ss*	la mierda
1612	**bull**-*ss; adj; vb*	el toro; en alza; jugar al alza con
1964	**bum**-*ss; adj; vb*	el culo; malo; gorronear
1005	**bunch**-*ss; vb*	el manojo; agrupar
1383	**burning**-*adj; ss*	ardiente; el ardor
916	**burn**-*ss; vb*	la quemadura| el arroyo; quemar
1371	**bury**-*vb*	enterrar
1895	**bush**-*ss; vb*	el arbusto| el monte; forrar
285	**business**-*ss*	la empresa
824	**bus**-*ss; vb*	el autobús; ir en autobús
1883	**bust**-*ss; vb; adj*	el busto| la quiebra; quebrar; arruinado
611	**busy**-*adj*	ocupado
29	**but**-*con; ss; prp; adv*	pero; pero; sino; solamente
2140	**butter**-*ss; vb*	la mantequilla; untar con mantequilla
1696	**button**-*ss; vb*	el botón; abotonar
1491	**butt**-*ss; vb*	el extremo; topar
396	**buy**-*vb; ss*	comprar; la compra
2393	**buzz**-*ss; vb*	el zumbido; zumbar
283	**bye**-*int*	adiós
84	**by**-*prp; adv*	por; cerca

C

2089	**cabin**-*ss*	la cabina
2369	**cable**-*ss*	el cable| el conductor
1558	**cab**-*ss*	el taxi
2387	**cage**-*ss; vb*	la jaula; enjaular
1188	**cake**-*ss; vb*	el pastel| el bizcocho; apelmazarse
138	**call**-*ss; vb*	la llamada; llamar
515	**calm**-*ss; vb; adj*	la calma; calmar; calmo
828	**camera**-*ss*	la cámara
2077	**campaign**-*ss; vb*	la campaña; hacer campaña
2473	**cancel**-*vb; ss*	cancelar| anular; la cancelación
1707	**cancer**-*ss*	el cáncer
1563	**candy**-*ss; vb*	el caramelo| el dulce; azucarar
25	**can**-*ss; vb*	la lata; poder
1839	**capable**-*adj*	capaz
2035	**capital**-*adj; ss*	capital| principal; el capital
2047	**cap**-*ss; vb*	la tapa| el tapón; tapar
390	**captain**-*ss; vb*	el capitán; capitanear
2406	**capture**-*vb; ss*	capturar| apresar; la captura
833	**card**-*ss; vb*	la tarjeta| la carta; cardar
1261	**career**-*ss; vb*	la carrera; correr a toda velocidad
496	**careful**-*adj*	cuidadoso| prudente
1440	**carefully**-*adv*	cuidadosamente
205	**care**-*ss; vb*	el cuidado| la asistencia; cuidar
703	**carry**-*vb; ss*	llevar| cargar; el transportador
211	**car**-*ss*	el coche| el auto
329	**case**-*ss; vb*	el caso| la caja; encajonar
834	**cash**-*ss; vb*	el efectivo; gastar
1316	**castle**-*ss; vb*	el castillo; hacer castillos
1628	**cast**-*ss; vb*	el elenco| el molde; emitir
495	**catch**-*ss; vb*	la captura| la pesca; coger
2491	**Catholic**-*adj; ss*	católico| universal; el católico
812	**cat**-*ss*	el gato| el felino
2287	**cattle**-*ss*	el ganado| el ganado vacuno
779	**cause**-*ss; vb*	la causa| el pleito; causar
2117	**cave**-*ss*	la cueva
1542	**celebrate**-*vb*	celebrar
889	**cell**-*ss*	la célula| la celda

1149	**center**-*vb; ss*	centrar| centralizar; el centro
1592	**central**-*adj*	central
2106	**cent**-*ss*	los centavo
1426	**century**-*ss*	el siglo
2080	**ceremony**-*ss*	la ceremonia
678	**certain**-*adj; ss*	cierto; la seguridad
579	**certainly**-*adv*	ciertamente
1832	**chain**-*ss; vb*	la cadena; encadenar
2231	**chairman**-*ss*	el presidente
1198	**chair**-*ss; vb*	la silla; presidir
1792	**challenge**-*ss; vb*	el reto| el desafiador; desafiar
2438	**chamber**-*ss; vb*	la cámara| la sala; estar en el cuarto
1467	**champagne**-*ss*	el champán
1844	**champion**-*adj; ss; vb*	campeón; el campeón; defender
364	**chance**-*ss; adj; vb*	la oportunidad; casual; probar
324	**change**-*ss; vb*	el cambio| la modificación; cambiar
2036	**channel**-*ss; vb*	el canal; encauzar
1189	**character**-*ss; vb*	el carácter; tener carácter
680	**charge**-*ss; vb*	la carga| el cobro; cobrar
2273	**charity**-*ss*	la caridad| la beneficencia
1522	**charming**-*adj*	encantador
2286	**charm**-*ss; vb*	el encanto| el hechizo; encantar
1665	**chase**-*ss; vb*	la persecución| la carrera; perseguir
2043	**chasing**-*adj; ss*	que caza; el cazador
2083	**chat**-*ss; vb*	la charla; charlar
1282	**chatter**-*ss; vb*	la charla| el parloteo; charlar
1310	**cheap**-*adj*	barato
2244	**cheating**-*ss; adj*	la trampa; engañado
2082	**cheat**-*vb; ss*	engañar| trampear; la trampa
350	**check**-*vb; ss*	comprobar| refrenar; la verificación
1124	**cheer**-*vb; ss*	animar| aplaudir; el humor
1481	**cheese**-*ss; vb*	el queso; poner fin a
2345	**chef**-*ss*	el cocinero
1532	**chest**-*ss*	el pecho
967	**chicken**-*ss*	el pollo
1740	**chick**-*ss*	el polluelo| el pollito
581	**chief**-*ss; adj*	el jefe| el principal; principal
2009	**childhood**-*ss; adj*	la infancia| la edad juvenil; infantil
328	**child**-*ss*	el niño| el hijo
2206	**chill**-*adj; ss; vb*	frío; el frío; enfriar| calmar
1450	**China**-*ss*	la china
1069	**Chinese**-*adj; ss*	chino; el chino
2425	**chip**-*ss; vb*	el chip; astillarse
1559	**chocolate**-*ss; adj*	el chocolate; de chocolate
646	**choice**-*ss; adj*	la elección| la selección; escogido
948	**choose**-*vb*	elegir
2301	**chop**-*ss; vb*	la tajada| la chuleta; cortar
1752	**chosen**-*adj*	preferido
664	**chuckle**-*ss; vb*	la risita; reírse entre dientes
1728	**chuck**-*vb; ss*	arrojar; el tiro
700	**church**-*ss; adj*	la iglesia; eclesiástico
1345	**cigarette**-*ss*	el cigarrillo
2386	**cinema**-*ss*	el cine
1846	**circle**-*ss; vb*	el círculo| el cerco; rodear
1805	**circumstance**-*ss*	la circunstancia
2055	**circus**-*ss*	el circo
2086	**citizen**-*ss*	el ciudadano| habitante
401	**city**-*ss; adj*	la ciudad| la municipalidad; urbano
2070	**civil**-*adj*	civil| cortés
1710	**claim**-*vb; ss*	reclamar| reivindicar; la reclamación
2497	**clan**-*ss*	el clan| la camarilla
562	**class**-*ss; adj; vb*	la clase| la categoría; clasista; clasificar
550	**clean**-*vb; adj; adv*	limpiar; limpio; enteramente
444	**clear**-*adj; vb; adv; ss*	claro| despejado; despejar; claramente; la falta de deudas
1368	**clearly**-*adv*	claramente
1455	**clever**-*adj*	inteligente| hábil
1308	**client**-*ss*	cliente
2404	**cliff**-*ss*	el acantilado
1657	**climb**-*ss; vb*	la subida| la escalada; escalar
1436	**clock**-*ss; vb*	el reloj; registrar
902	**closed**-*adj*	cerrado

1029	**closer**-*adv*	íntimamente
2060	**closet**-*ss; vb*	el armario| el ropero; encerrarse
349	**close**-*vb; adv; adj; ss*	cerrar| cerrarse; cerca; cercano; el fin
1770	**closing**-*ss*	el cierre| la fecha tope
582	**clothes**-*ss*	la ropa
2058	**cloud**-*ss; vb*	la nube; oscurecer
2382	**clown**-*ss; vb*	el payaso; payasear
742	**club**-*ss; vb*	el club| el palo; aporrear
2052	**clue**-*ss*	la pista
1108	**coach**-*ss; vb*	el entrenador| el autocar; entrenar
1585	**coast**-*ss; vb*	la costa; deslizar
1150	**coat**-*ss; vb*	la capa| el abrigo; recubrir
1924	**cock**-*ss; vb*	la polla; amartillar
1123	**code**-*ss; vb*	el código| el prefijo; cifrar
510	**coffee**-*ss*	el café
2015	**coincidence**-*ss*	la coincidencia| la concurrencia
2154	**coke**-*ss*	el coque
457	**cold**-*adj; ss; adv*	frío; el frío; totalmente
2251	**collection**-*ss*	la colección| el cobro
1829	**collect**-*vb; ss*	recoger| cobrar; la colecta
879	**college**-*ss*	el colegio| el colegio universitario
702	**colonel**-*ss*	el coronel
1264	**color**-*ss; vb*	el color; colorear
2441	**combat**-*vb; ss*	combatir| luchar contra; el combate
39	**come**-*vb*	venir| ser
1253	**comfortable**-*adj*	cómodo
2062	**comfort**-*ss; vb*	la comodidad| el confort; consolar
1089	**commander**-*ss*	el comandante
1076	**command**-*ss; vb*	el mando| el comando; mandar
2338	**commissioner**-*ss*	el notario
2457	**commission**-*ss; vb*	la comisión| el comité; encargar
1605	**committed**-*adj*	comprometido
1814	**committee**-*ss*	el comité| el consejo
1871	**commit**-*vb*	cometer| perpetrar
1092	**common**-*adj; ss*	común; la comunidad
2514	**communist**-*adj; ss*	comunista; comunista
1577	**community**-*ss*	la comunidad
489	**company**-*ss*	la empresa| la compañía
1875	**competition**-*ss*	la competencia| el concurso
2278	**complain**-*vb*	quejarse
656	**completely**-*adv*	completamente
1031	**complete**-*vb; adj*	completar; completo
2455	**complex**-*adj; ss*	complejo| total; el complejo
1653	**complicated**-*adj*	complicado
1021	**computer**-*ss*	el ordenador| el computador
1676	**comrade**-*ss*	camarada| el amigo
2081	**concentrate**-*adj; ss; vb*	concentrado; el concentrado; concentrarse
1313	**concerned**-*adj*	preocupado
1713	**concern**-*ss; vb*	la preocupación| el asunto; referirse
2079	**concert**-*ss; vb*	el concierto; dar un concierto
1266	**condition**-*ss; vb*	la condición; condicionar
1925	**conference**-*ss*	la conferencia
2171	**confession**-*ss*	la confesión
1843	**confess**-*vb*	confesar| confesarse
1960	**confidence**-*ss*	la confianza| la confidencia
2493	**confirm**-*vb*	confirmar| estar de acuerdo
1582	**confused**-*adj*	confuso
826	**congratulations**-*ss*	la enhorabuena
2118	**connected**-*adj*	conectado
1784	**connection**-*ss*	la conexión| la relación
2032	**conscience**-*ss*	la conciencia
1093	**consider**-*vb*	considerar
2401	**construction**-*ss*	la construcción
898	**contact**-*ss; vb*	el contacto| el enchufe; contactar
2316	**contest**-*ss; vb*	el concurso| la liza; impugnar
598	**continue**-*vb*	continuar| durar
1333	**contract**-*ss; vb*	el contrato| el convenio; contratar
2428	**contrary**-*adj; adv; ss*	contrario; contrariamente; el lo contrario
519	**control**-*vb; ss*	controlar| dominar; el control
1356	**conversation**-*ss*	la conversación| el coloquio

1821	**convinced**-*adj*	convencido
1978	**convince**-*vb*	convencer
1826	**cooking**-*ss*	la cocina
1048	**cook**-*ss; vb*	el cocinero; cocinar
452	**cool**-*adj; ss; vb*	fresco| frío; el fresco; enfriar
740	**cop**-*ss; vb*	el policía| el poli; coger
1155	**copy**-*ss; vb*	la copia| el ejemplar; copiar
1063	**corner**-*ss; vb*	la esquina| el córner; arrinconar
2443	**corn**-*ss; vb*	el maíz; usar maíz
2456	**corpse**-*ss*	el cadáver
1125	**correct**-*adj; vb*	correcto| exacto; corregir
968	**cost**-*ss; vb*	el costo| el precio; costar
2444	**costume**-*ss*	el traje| el disfraz
2315	**couch**-*ss; vb*	el sofá| la cama; reposar
2210	**cough**-*ss; vb*	la tos; toser
87	**could**-*va*	podría
1888	**council**-*ss*	el consejo| el concilio
2502	**counter**-*vb; ss; adj; adv*	contrarrestar; el contador; contrario; en contra
1869	**counting**-*ss*	el cálculo
393	**country**-*ss; adj*	el país| el campo; campestre
623	**count**-*vb; ss*	contar| tener en cuenta; la cuenta
1739	**county**-*ss*	el condado
434	**couple**-*ss; vb*	el par; coplar
1393	**courage**-*ss*	el valor| el ánimo
186	**course**-*ss; vb*	el curso; ir según el camino
603	**court**-*ss; vb*	el tribunal| la corte; cortejar
1046	**cousin**-*ss*	el primo
699	**cover**-*vb; ss*	cubrir| tapar; la cubierta
1812	**coward**-*adj; ss*	cobarde; cobarde
2361	**cowboy**-*ss*	el vaquero| el gaucho
1501	**cow**-*ss; vb*	la vaca; intimidar fuertemente
1554	**crack**-*ss; vb*	la grieta| el crujido; agrietarse
977	**crap**-*ss; vb*	la mierda; cagar
1496	**crash**-*ss; vb*	el choque; estrellarse
307	**crazy**-*adj*	loco

1163	**cream**-*ss; vb*	la crema; batir
1372	**create**-*vb*	crear| introducir
1632	**creature**-*ss*	la criatura
1312	**credit**-*ss; vb*	el crédito| el honor; acreditar
1187	**crew**-*ss*	la tripulación
825	**crime**-*ss*	el crimen| el malhecho
1307	**criminal**-*adj; ss*	criminal; criminal
2260	**crisis**-*ss*	la crisis
789	**cross**-*vb; ss; adj*	cruzar| pasar; la cruz; transversal
862	**crowd**-*ss; vb*	la multitud| el grupo; llenar
1929	**crown**-*ss; vb*	la corona; coronar
1788	**cruel**-*adj*	cruel| endurecido
2223	**crush**-*vb; ss*	aplastar| apabullar; la aglomeración
687	**cry**-*ss; vb*	el grito| el lloro; llorar
1958	**culture**-*ss*	la cultura
2398	**cunt**-*ss*	el coño| la concha
1040	**cup**-*ss; vb*	la taza; tomar a
1834	**cure**-*ss; vb*	la cura| la curación; curar
1686	**curious**-*adj*	curioso
2115	**current**-*adj; ss*	corriente| presente; la corriente
1830	**curse**-*ss; vb*	la maldición; maldecir
2496	**custody**-*ss*	la custodia
1866	**customer**-*ss*	cliente
838	**cute**-*adj*	lindo
1982	**cutting**-*ss; adj*	el corte| la corta; cortante
339	**cut**-*vb; adj; ss*	cortar| reducir; cortado; la cortada

D

451	**daddy**-*ss*	el papá
214	**dad**-*ss*	el papá
2050	**daily**-*adj; adv; ss*	diario; diario; el diario
1580	**damage**-*vb; ss*	dañar; el daño
294	**damn**-*adj; vb; ss*	maldito; condenar; la maldición
2127	**dancer**-*ss; adj*	el bailarín; danzante
453	**dance**-*vb; ss*	bailar| saltar; la danza
1013	**dancing**-*ss; adj*	el baile; de baile
666	**dangerous**-*adj*	peligroso
1038	**danger**-*ss*	el peligro

736	**dare**-*ss; vb*	el atrevimiento| el reto; atreverse
587	**dark**-*adj; ss*	oscuro| negro; la oscuridad
1655	**darkness**-*ss*	la oscuridad| las tinieblas
470	**darling**-*adj; ss*	querido| amable; los querido
640	**date**-*ss; vb*	la fecha| la cita; fechar
2033	**datum**-*ss*	el dato
378	**daughter**-*ss*	la hija
1462	**dawn**-*ss; vb*	el amanecer; amanecer
122	**day**-*ss*	el día| la fecha
201	**dead**-*adj; ss; adv*	muerto; el muerto; totalmente
1961	**deaf**-*adj*	sordo
2434	**dealer**-*ss*	comerciante| el repartidor
373	**deal**-*ss; vb*	el acuerdo| el reparto; negociar
2037	**dean**-*ss*	el decano| el deán
303	**dear**-*adj; adv; ss*	querido| caro; caro; el cariño
317	**death**-*ss*	la muerte
1906	**debt**-*ss*	la deuda
1509	**decent**-*adj*	decente
627	**decide**-*vb*	decidir| decidirse
983	**decision**-*ss*	la decisión| el fallo
1896	**deck**-*ss; vb*	la cubierta| la baraja; engalanar
681	**deep**-*adj; adv; ss*	profundo| oscuro; profundamente; el fondo
1807	**deeply**-*adv*	profundamente
2147	**defeat**-*ss; vb*	la derrota; derrotar
1652	**defend**-*vb*	defender
1349	**defense**-*ss*	la defensa
878	**definitely**-*adv*	seguro
1918	**degree**-*ss*	el grado| el título
1675	**delicious**-*adj*	delicioso
2248	**delighted**-*adj*	encantado
1478	**deliver**-*vb*	entregar
2100	**delivery**-*ss*	la entrega| el parto
1935	**demand**-*vb; ss*	pedir| exigir; la demanda
2269	**demon**-*ss*	el demonio
1891	**deny**-*vb*	negar| denegar
1008	**department**-*ss*	el departamento| el ministerio
1399	**depend**-*vb*	depender
2395	**deputy**-*ss*	el diputado
2262	**describe**-*vb*	describir
1403	**desert**-*adj; ss; vb*	desierto; el desierto; desertar
1137	**deserve**-*vb*	merecer
2111	**design**-*ss; vb*	el diseño| el proyecto; proyectar
1427	**desire**-*ss; vb*	el deseo; desear
1366	**desk**-*ss*	el escritorio
1776	**desperate**-*adj*	desesperado
2072	**despite**-*prp*	a pesar de
1550	**destiny**-*ss*	el destino
984	**destroy**-*vb*	destruir| acabar con
2367	**destruction**-*ss*	la destrucción
1544	**detail**-*ss; vb*	el detalle; detallar
1022	**detective**-*ss; adj*	el detective; policíaco
2505	**determine**-*vb*	determinar| decidir
2366	**develop**-*vb*	desarrollar| elaborar
2356	**device**-*ss*	el dispositivo| el artefacto
904	**devil**-*ss; vb*	el diablo| el aprendiz; fastidiar
2053	**diamond**-*adj; ss*	diamante; el diamante
942	**dick**-*ss*	la polla
259	**die**-*vb; ss*	morir; el dado
788	**difference**-*ss*	la diferencia
369	**different**-*adj*	diferente| diverso
733	**difficult**-*adj*	difícil| dificultoso
1219	**dig**-*vb; ss*	cavar| excavar; la excavación
465	**dinner**-*ss*	la cena| la comida
1732	**direct**-*adj; vb; adv*	directo| continuo; dirigir; directamente
1613	**direction**-*ss*	la dirección| el rumbo
1850	**directly**-*adv*	directamente
999	**director**-*ss*	el director
1951	**dirt**-*ss*	la suciedad
786	**dirty**-*adj; vb*	sucio| manchado; ensuciar
1340	**disappear**-*vb*	desaparecer
1991	**disappoint**-*vb*	decepcionar
2023	**disaster**-*ss*	el desastre
1417	**discover**-*vb*	descubrir| abrir
1236	**discuss**-*vb*	discutir| hablar de
1656	**disease**-*ss*	la enfermedad| el mal
1447	**disgusting**-*adj*	asqueroso
1311	**distance**-*ss; vb*	la distancia| la lejanía; distanciarse
2148	**distant**-*adj*	distante| lejano

1884	**district**-*ss; vb*	el distrito| el barrio; recelar
2257	**disturb**-*vb*	molestar| perturbar
2499	**dive**-*vb; ss*	bucear| sumergirse; la inmersión
2297	**divine**-*vb; adj; ss*	adivinar| milagrear; divino; el divino
2182	**division**-*ss*	la división| el reparto
1457	**divorce**-*ss; vb*	el divorcio; divorciarse
960	**doc**-*ss*	el doctor
316	**doctor**-*ss; vb*	el médico| la medicina; curar
380	**dog**-*ss; vb*	el perro; perseguir
821	**dollar**-*ss*	el dólar
1789	**doll**-*ss*	la muñeca
2384	**doorbell**-*ss*	el timbre de la puerta
247	**door**-*ss*	la puerta
2242	**dope**-*ss; vb*	la droga; drogar
794	**double**-*adj; ss; vb*	doble; doble; duplicar
827	**doubt**-*ss; vb*	la duda| el escrúpulo; dudar
2270	**dough**-*ss*	la masa| la guita
22	**do**-*vb; ss*	hacer| realizar; el do
86	**down**-*adv; prp; adj; ss; vb*	abajo; por; de abajo; el plumón; devorar a
1303	**downstairs**-*adv; adj; ss*	abajo; de abajo; el piso inferior
2146	**downtown**-*ss; adj; adv*	el centro de la ciudad; céntrico; en el centro de la ciudad
1950	**dozen**-*ss*	la docena
1677	**dragon**-*ss*	el dragón
1735	**drag**-*vb; ss*	arrastrar; la calada
2348	**dramatic**-*adj*	dramático
1171	**draw**-*vb; ss*	dibujar| sacar; el empate
483	**dream**-*ss; vb*	el sueño| el ideal; soñar
2494	**dressing**-*ss*	el vendaje| el aderezo
716	**dress**-*ss; vb*	el vestido| la ropa; vestir
947	**drinking**-*ss*	la bebida
293	**drink**-*ss; vb*	la bebida| el trago; beber
1074	**driver**-*ss*	el conductor| el operador
485	**drive**-*vb; ss*	conducir| empujar; el drive
866	**driving**-*ss; adj*	la conducción; motor
529	**drop**-*ss; vb*	la gota| la caída; caer
1068	**drug**-*ss; adj; vb*	la droga| el fármaco; narcótico; drogar
674	**drunk**-*adj; ss*	bebido| embriagado; la bebida
1109	**dry**-*adj; vb*	seco| árido; secar
1750	**duck**-*ss; vb*	el pato| la pata; agacharse
662	**dude**-*ss*	el petimetre
1099	**due**-*adj; adv; ss*	debido; debidamente; el deber
1588	**duke**-*ss*	el duque
1084	**dumb**-*adj*	mudo
1700	**dump**-*ss; vb*	el tugurio; deshacerse de
644	**during**-*prp*	durante
1569	**dust**-*ss; vb*	el polvo; desempolvar
853	**duty**-*ss*	el deber| el servicio

E

300	**each**-*adj; prn*	cada; cada
2402	**eagle**-*ss*	la águila
1127	**earlier**-*adv*	más temprano
568	**early**-*adj; adv*	temprano; temprano
1820	**earn**-*vb*	ganar| obtener
1259	**ear**-*ss*	el oído
477	**earth**-*ss; vb*	la tierra| el globo terráqueo; conectar a tierra
1911	**ease**-*ss; vb*	la facilidad| la comodidad; aliviar
1410	**easily**-*adv*	fácilmente
1012	**east**-*ss; adj; adv*	el este; del este; oriente
312	**easy**-*adj; adv*	fácil| sencillo; fácilmente
291	**eat**-*vb*	comer| consumir
1727	**edge**-*ss; vb*	el borde| la orilla; afilar
1338	**editor**-*ss*	el editor
1791	**education**-*ss*	la educación
1661	**effect**-*ss; vb*	el efecto| el hecho; efectuar
1861	**effort**-*ss*	el esfuerzo
1346	**egg**-*ss; vb*	el huevo; tener huevo
595	**eight**-*num*	ocho
432	**either**-*con; adj; prn; adv*	o; cualquiera de los dos; cualquiera de los dos; también
2485	**election**-*ss*	la elección

2292	**electric**-*adj; ss*	eléctrico; el eléctrico
2351	**electricity**-*ss*	la electricidad
2500	**elephant**-*ss*	el elefante
1796	**elevator**-*ss*	el ascensor
2431	**eleven**-*num*	once
217	**else**-*adv; adj*	más; sobrante
2034	**embarrassing**-*adj*	embarazoso
2173	**embarrass**-*vb*	avergonzar
1122	**emergency**-*ss*	la emergencia
2240	**emotional**-*adj*	emocional
1548	**emperor**-*ss*	el emperador
2010	**empire**-*ss*	imperio
906	**empty**-*adj; vb; ss*	vacío| desierto; vaciar; la vacía
268	**end**-*adj; ss; vb*	final; el final; terminar
851	**enemy**-*ss*	el enemigo| el rival
1121	**energy**-*ss*	la energía
1746	**engage**-*vb*	contratar| acoplar
2375	**engineer**-*ss; vb*	el ingeniero| maquinista; tramar
1025	**engine**-*ss*	el motor
684	**English**-*adj; ss*	inglés; el inglés
694	**enjoy**-*vb*	disfrutar| divertirse
2521	**enormous**-*adj*	enorme
180	**enough**-*adj; adv; ss*	suficiente; suficiente; la abundancia
1231	**enter**-*vb*	entrar| escribir
750	**entire**-*adj; ss*	todo| completo; el íntegro
1926	**entirely**-*adv*	enteramente
2067	**entrance**-*ss; vb*	la entrada; encantar
2303	**equal**-*adj; ss; vb*	igual| equitativo; el igual; ser igual a
1797	**equipment**-*ss*	el equipo
881	**escape**-*vb; ss*	escapar| evitar; el escape
2342	**escort**-*ss; vb*	escolta; escoltar
846	**especially**-*adv*	especialmente
1902	**estate**-*ss*	los inmuebles| la finca
2195	**eternal**-*adj*	eterno
115	**even**-*adv; vb; adj*	incluso| aún; igualar; uniforme
459	**evening**-*ss; adj*	la tarde; vespertino
1660	**event**-*ss*	el evento| el acontecimiento
1823	**eventually**-*adv*	eventualmente
163	**ever**-*adv*	nunca
182	**every**-*adj; prn*	cada; cada

299	**everybody**-*prn*	todos
2214	**everyday**-*adj*	diario
292	**everyone**-*prn*	todos
153	**everything**-*prn*	todo
861	**everywhere**-*adv*	en todas partes
1541	**eve**-*ss*	la víspera
842	**evidence**-*ss; vb*	la evidencia; demostrar
769	**evil**-*ss; adj*	el mal| el diablo; malvado
1955	**exact**-*adj; vb*	exacto; exigir
358	**exactly**-*adv*	exactamente
1140	**example**-*ss*	el ejemplo
1032	**excellent**-*adj*	excelente
649	**except**-*prp; vb; adv*	excepto| salvo; exceptuar; sin
1822	**exchange**-*vb; ss*	intercambiar| canjear; el intercambio
1223	**excite**-*vb*	excitar| emocionar
1499	**exciting**-*adj; ss*	emocionante; la excitación
255	**excuse**-*ss; vb*	la excusa| la disculpa; excusar
2129	**exercise**-*ss; vb*	el ejercicio| la prueba; ejercer
2377	**exhale**-*vb*	exhalar
2475	**exhaust**-*ss; vb*	el escape; agotar
2276	**existence**-*ss*	la existencia| la residencia
1165	**exist**-*vb*	existir| vivir
2249	**exit**-*ss; vb*	la salida; salir de
605	**expect**-*vb*	esperar| contar con
1394	**expensive**-*adj*	caro| rico
965	**experience**-*ss; vb*	la experiencia; experimentar
2300	**experiment**-*vb; ss*	experimentar| probar; el experimento
1863	**expert**-*adj; ss*	experto| pericial; el experto
560	**explain**-*vb*	explicar| explicarse
2065	**explanation**-*ss*	la explicación
1990	**explosion**-*ss*	la explosión
1897	**express**-*vb; adj; ss*	exprimir; expreso; el expreso
1134	**ex**-*prp; ss*	ex; el pasado
1890	**extraordinary**-*adj*	extraordinario| increíble
1061	**extra**-*ss; adj; adv*	el extra; adicional; extraordinariamente
1723	**extremely**-*adv*	extremadamente
310	**eye**-*ss; vb*	el ojo| la yema; mirar

F

2335	**fabulous**-*adj*	fabuloso
279	**face**-*ss; vb*	la cara| el rostro; afrontar
1435	**factory**-*ss*	la fábrica| la comisaría
464	**fact**-*ss*	el hecho
1966	**failure**-*ss*	el fracaso| el fallo
1428	**fail**-*vb; ss*	fallar| fracasar; la falta
669	**fair**-*ss; adj*	la feria| la exposición; razonable
2019	**fairy**-*ss; adj*	la hada; mágico
996	**faith**-*ss*	la fe| la creencia
1391	**fake**-*adj; ss; vb*	falso; la falsificación; fingir
522	**fall**-*ss; vb*	la caída| el otoño; caer
1540	**familiar**-*adj; ss*	familiar| conocido; la comunidad
256	**family**-*ss; adj*	la familia; familiar
987	**famous**-*adj*	famoso| afamado
1297	**fancy**-*ss; adj; vb*	la fantasía; lujoso; imaginarse
1521	**fan**-*ss; vb*	el ventilador| fan; aventar
1199	**fantastic**-*adj*	fantástico| fabuloso
2492	**fantasy**-*ss*	la fantasía| el ensueño
325	**far**-*adv; adj*	lejos| mucho; lejano
2016	**farewell**-*ss*	la despedida
2333	**farmer**-*ss*	el agricultor| el labrador
1284	**farm**-*ss; vb*	la granja| la hacienda; cultivar
2014	**fashion**-*ss; vb*	la moda| la manera; modelar
1014	**faster**-*adj*	asegurado
492	**fast**-*vb; adj; adv; ss*	ayunar| tener ayuno; rápido; rápidamente; el ayuno
1239	**fate**-*ss*	el destino
159	**father**-*ss; vb*	el padre; engendrar
774	**fat**-*ss; adj*	la grasa; gordo
553	**fault**-*ss; vb*	la culpa| la falla; criticar
1098	**favorite**-*adj; ss*	favorito; el favorito
905	**favor**-*ss; vb*	el favor| el apoyo; favorecer
615	**fear**-*ss; vb*	el miedo| el horror; temer
1885	**federal**-*adj*	federal

1106	**feed**-*vb; ss*	alimentar; el pienso
475	**feeling**-*ss; adj*	la sensación; de sensación
167	**feel**-*ss; vb*	la sensación| el tacto; sentir
929	**fellow**-*ss*	el compañero| el miembro
1298	**female**-*adj; ss*	hembra; la hembra
2226	**fence**-*ss; vb*	las cerca| la valla; cercar
1912	**fetch**-*vb*	ir a buscar
1907	**fever**-*ss; vb*	la fiebre; coger fiebre
288	**few**-*adj; adv*	pocos; poco
820	**field**-*ss*	el campo| la cancha
2027	**fifteen**-*num*	quince
1994	**fifth**-*adj; ss*	quinto; el quinto
1530	**fifty**-*num*	cincuenta
2379	**fighter**-*ss*	combatiente
347	**fight**-*ss; vb*	la lucha| la pelea; luchar
635	**figure**-*ss; vb*	la figura| la cifra; figurar
1274	**file**-*vb; ss*	presentar; el expediente
1159	**fill**-*vb; ss*	llenar| tapar; el llenado
558	**film**-*ss; vb; adj*	la película| el film; filmar; cinematográfico
1864	**filthy**-*adj*	inmundo|sucio
1018	**final**-*adj; ss*	final| definitivo; el final
565	**finally**-*adv*	finalmente
2340	**financial**-*adj*	financiero
132	**find**-*vb; ss*	encontrar| hallar; el hallazgo
181	**fine**-*ss; adj; vb*	la multa; fino; multar
1271	**finger**-*ss; vb*	el dedo| el corredor; señalar
606	**finished**-*adj*	terminado
601	**finish**-*ss; vb*	el acabado| el final; terminar
345	**fire**-*ss; vb*	el fuego; disparar
2048	**firing**-*ss*	el disparo
1716	**firm**-*ss; adj; vb*	la empresa| las casa de comercio; firme; endurecer
123	**first**-*adj; adv; ss*	primer; primero; el primero
639	**fish**-*vb; ss*	pescar; el pescado

936	**fit**-*ss; adj; vb*	el ajuste	el ataque; en forma; caber
286	**five**-*num*	cinco
741	**fix**-*vb; ss*	fijar	arreglar; el arreglo
1886	**flag**-*ss; vb*	la bandera; languidecer
2031	**flash**-*ss; vb*	el flash	el destello; destellar
1241	**flat**-*ss; adj; adv*	el piso	el plano; plano; completamente
1640	**flesh**-*ss*	la carne
962	**flight**-*ss; vb*	el vuelo	la huida; huir
616	**floor**-*ss; vb*	el piso	el suelo; solar
934	**flower**-*ss; vb*	la flor; florecer
2280	**flow**-*ss; vb*	el flujo	la corriente; fluir
620	**fly**-*ss; vb; adj*	la mosca	la bragueta; volar; avispado
1747	**focus**-*ss; vb*	el foco	el centro; enfocar
857	**folk**-*ss; adj*	la gente	el pueblo; folk
490	**follow**-*vb; ss*	seguir	vigilar; la continuación
2218	**fond**-*adj*	aficionado
450	**food**-*ss*	la comida
1938	**foolish**-*adj*	tonto
566	**fool**-*vb; adj; ss*	engañar	bromear; tonto; el tonto
1429	**football**-*ss; adj*	el fútbol; futbolístico
527	**foot**-*ss; vb*	el pie	la pata; pagar
2145	**footstep**-*ss*	el paso
2435	**forbidden**-*adj*	prohibido
707	**force**-*ss; vb*	la fuerza; forzar
1386	**foreign**-*adj*	exterior	extranjero
1350	**forest**-*ss; adj; vb*	el bosque; forestal; pasear
622	**forever**-*adv; ss*	siempre	para siempre; la eternidad
282	**forget**-*vb*	olvidar	olvidarse de
547	**forgive**-*vb*	perdonar
1900	**former**-*ss; adj*	el ex; antiguo
1007	**form**-*vb; ss*	formar	formarse; la forma
17	**for**-*prp; con*	para	por; para que
2061	**forth**-*adv*	adelante
2163	**fort**-*ss*	el fuerte	el fortín
1289	**fortune**-*ss*	la fortuna	la ventura
1975	**forty**-*ss*	las cuarenta	cuarenta

748	**forward**-*vb; adv; adj; ss*	reenviar; adelante; delantero; el delantero
2467	**foul**-*ss; vb; adj; adv*	la falta; ensuciar; asqueroso; sucio
319	**four**-*num*	cuatro
1594	**fourth**-*adj; ss*	cuarto; el cuarto
1963	**fox**-*ss; vb*	el zorro; fingir
2472	**frame**-*ss; vb*	el marco| el bastidor; encuadrar
2135	**frankly**-*adv*	francamente
1506	**freak**-*ss; adj; vb*	el monstruo; anormal; hacer anormalmente
389	**free**-*adj; adv; vb; ss*	libre; gratis; librar; la rebatiña
1060	**freedom**-*ss*	la libertad| la soltura
1562	**freeze**-*vb; ss*	congelar| congelarse; la congelación
629	**French**-*adj; ss*	francés; el francés
966	**fresh**-*adj*	fresco| dulce
1256	**Friday**-*ss*	el viernes
1642	**friendly**-*adj; adv; ss*	amable| amistoso; amistosamente; el partido amistoso
1717	**friendship**-*ss*	la amistad
220	**friend**-*ss*	el amigo
1610	**frightened**-*adj*	asustado
64	**from**-*prp*	de
419	**front**-*ss; adj; vb*	el frente; delantero; liderar
1709	**fruit**-*ss; vb*	la fruta; dar fruto
196	**fuck**-*vb; ss*	joder| follar; el polvo
2132	**fuel**-*ss; vb*	el combustible; aprovisionar de combustible; energético
414	**full**-*adj; adv; vb*	completo| lleno; por completo; completar
2051	**fully**-*adv*	completamente
1331	**funeral**-*ss; adj*	el funeral; fúnebre
411	**funny**-*adj*	divertido| cómico
394	**fun**-*ss; vb*	la diversión; bromear
2353	**furniture**-*ss*	los muebles
926	**further**-*vb; adv; adj*	promover| adelantar; además; adicional
571	**future**-*adj; ss*	futuro| porvenir; el futuro

G

2336	**gain**-*ss; vb*	la ganancia| el aumento; ganar	36	**go**-*vb; ss*	ir| pasar; el empuje
2515	**gambling**-*ss*	el juego	676	**government**-*ss; prp*	el gobierno| el estado; con referencia a
385	**game**-*ss; vb; adj*	el juego; jugar; animoso	1489	**governor**-*ss*	el gobernador
1246	**gang**-*ss*	la banda| la cuadrilla	914	**grab**-*vb; ss*	agarrar| coger; los agarro
1914	**garage**-*ss*	el garaje	1112	**grace**-*ss; vb*	la gracia| la elegancia; honrar
1881	**garbage**-*ss*	la basura			
1230	**garden**-*ss; vb*	el jardín; cultivar un huerto	1688	**grade**-*ss; vb*	el grado| la calidad; calificar
958	**gasp**-*vb; ss*	jadear; el grito	870	**grand**-*adj*	magnífico| grandioso; los mil dólares
882	**gas**-*ss; vb*	el gas; gasear			
1206	**gate**-*ss*	la puerta| la compuerta	1317	**grandfather**-*ss*	el abuelo
1970	**gather**-*vb; ss*	reunir| recoger; los	1050	**grandma**-*ss*	la abuelita
2119	**gear**-*ss; vb*	el engranaje| el equipo; engranar	1567	**grandmother**-*ss; vb*	la abuela; ser abuela
1648	**gee**-*int*	caramba	1142	**grandpa**-*ss*	el abuelo
509	**general**-*adj; ss*	general; el general	2396	**granny**-*ss*	la abuelita
2246	**generation**-*ss*	la generación	2463	**granted**-*adj*	concedido
2093	**generous**-*adj*	generoso| abundante	1504	**grant**-*vb; ss*	conceder| otorgar; la subvención
1402	**genius**-*ss*	el genio			
1977	**gentle**-*adj; vb*	suave| amable; ser suave	1856	**grass**-*ss; vb*	la hierba| el césped; cubrir de hierba
446	**gentleman**-*ss*	el caballero| el gentilhombre	1591	**grateful**-*adj*	agradecido
829	**German**-*adj; ss*	alemán; el alemán	1405	**grave**-*ss; adj; vb*	la tumba; grave; enterrar
34	**get**-*vb*	obtener| llegar	2038	**gray**-*adj; ss; vb*	gris; el gris; encanecer
1164	**ghost**-*ss; vb*	el fantasma; escribir por otro	146	**great**-*adj; adv*	gran| grande; importantemente
1726	**giant**-*adj; ss*	gigante; el gigante	2199	**Greek**-*adj; ss*	griego; el griego
903	**gift**-*ss; vb*	el regalo| el don; dar	766	**green**-*adj; ss*	verde| fresco; el verde
823	**girlfriend**-*ss*	la compañera	2483	**greeting**-*ss*	el saludo| la bienvenida
168	**girl**-*ss*	la muchacha| la criada	2518	**grief**-*ss*	el dolor
100	**give**-*vb; ss*	dar| ofrecer; la elasticidad	1139	**groan**-*ss; vb*	el gemido; gemir
478	**glad**-*adj*	alegre| contento	721	**ground**-*ss; adj; vb*	la tierra; molido; conectar a tierra
783	**glass**-*ss; adj*	el vidrio; de vidrio	737	**group**-*ss; adj; vb*	el grupo| la cuadrilla; en grupo; agrupar
1556	**glory**-*ss; vb*	la gloria; gloriarse de			
1712	**goal**-*ss*	el objetivo| el gol	2177	**growl**-*ss; vb*	el gruñido; gruñir
2465	**goat**-*ss*	la cabra	844	**grow**-*vb*	crecer| cultivar
121	**god**-*ss*	el dios	1094	**grunt**-*ss; vb*	el gruñido; gruñir
624	**gold**-*adj; ss*	oro; el oro	1877	**guarantee**-*ss; vb*	la garantía; garantizar
1480	**golden**-*adj*	dorado	849	**guard**-*ss; vb*	la guardia| el guarda; proteger
2224	**golf**-*ss; vb*	el golf; jugar al golf			
56	**good**-*adj; adv; ss*	buen| bueno; bien; el bien	267	**guess**-*vb; ss*	adivinar| suponer; la conjetura
498	**goodbye**-*ss*	la despedida	1257	**guest**-*ss*	el huésped| la visit
1387	**goodness**-*ss*	la bondad	1932	**guide**-*ss; vb*	guía| el baqueano; guiar
1786	**gorgeous**-*adj*	maravilloso| vistoso	2391	**guilt**-*ss*	la culpa

997	**guilty**-*adj*	culpable
1880	**guitar**-*ss*	la guitarra
2020	**gunshot**-*ss*	el cañonazo
384	**gun**-*ss; vb*	la pistola| el cañón; disparar
1761	**gut**-*ss; vb*	el intestino; destripar
175	**guy**-*ss; vb*	el individuo| el tipo; ridiculizar
2459	**gym**-*ss*	el gimnasio
2232	**habit**-*ss*	el hábito| la maña
2103	**hail**-*ss; vb*	el granizo; granizar
427	**ha**-*int*	ja
486	**hair**-*ss*	el pelo
353	**half**-*ss; adj; adv*	la mitad; medio; medio
1037	**hall**-*ss*	la sala
2283	**halt**-*vb; ss*	detener| interrumpir; el alto
2478	**hammer**-*ss; vb*	el martillo; martillar
685	**handle**-*vb; ss*	manejar| encargarse de; el mango
1227	**handsome**-*adj*	hermoso| guapo
272	**hand**-*ss; vb; adj*	la mano; entregar; de mano
1136	**hanging**-*adj; ss*	colgante; la cuelga
501	**hang**-*vb; ss*	colgar| caer; la caída
204	**happen**-*vb*	suceder| producirse
1145	**happiness**-*ss*	la felicidad| la alegría
242	**happy**-*adj*	feliz| contento
271	**hard**-*adj; adv*	duro| difícil; mucho
982	**hardly**-*adv*	apenas
1315	**harm**-*ss; vb*	el daño; dañar
421	**hate**-*ss; vb*	el odio; odiar
885	**hat**-*ss; vb*	el sombrero; usar sombrero
241	**haven**-*ss*	el refugio| el puerto
21	**have**-*vb*	tener| haber
2347	**headache**-*ss*	los dolor de cabeza
1992	**headquarters**-*ss*	la sede
237	**head**-*ss; vb; adj*	la cabeza| el jefe; dirigir; principal
1075	**health**-*ss; adj*	la salud; balneario
1685	**healthy**-*adj*	saludable
1263	**hearing**-*ss*	la audición| la vista
287	**heart**-*ss*	el corazón| el centro
176	**hear**-*vb*	oír| escuchar

1184	**heat**-*ss; vb*	el calor; calentar
727	**heaven**-*ss*	el cielo
946	**heavy**-*adj; ss; adv*	pesado| fuerte; el matón; penosamente
2423	**heck**-*ss*	el infierno
2470	**helicopter**-*ss*	el helicóptero
162	**Hello!**-*int*	¡Hola!
218	**hell**-*ss*	el infierno
120	**help**-*ss; vb*	la ayuda; ayudar
15	**he**-*prn; ss*	él; el varón
30	**here**-*adv*	aquí
970	**hero**-*ss*	el héroe
52	**her**-*prn*	sus
994	**herself**-*prn*	sí misma
2399	**hers**-*prn*	suyo
88	**Hey!**-*int*	¡Hola!
1510	**hidden**-*adj*	oculto
682	**hide**-*vb; ss*	esconder| esconderse; la piel
1065	**hiding**-*ss*	la ocultación
382	**high**-*adj; ss; adv*	alto| mayor; el máximo; a gran altura
1972	**highly**-*adv*	muy
1647	**highness**-*ss*	la altura| el punto alto
2319	**highway**-*ss*	la carretera| la carretera nacional
209	**hi**-*int*	ola
1296	**hill**-*ss*	la colina| el cerro
42	**him**-*prn*	le
468	**himself**-*prn*	sí mismo
1943	**hip**-*ss; adj*	la cadera; moderno
1602	**hire**-*ss; vb*	el alquiler| el arriendo; contratar
65	**his**-*adj; prn*	su; su
688	**history**-*ss*	la historia
327	**hit**-*ss; vb; adj*	el éxito| el hit; golpear; sensacional
972	**holding**-*ss*	la participación| la tenencia
225	**hold**-*ss; vb*	el asimiento| el asidero; mantener
886	**hole**-*ss; vb*	el agujero| el hoyo; agujerear
1617	**holiday**-*ss; vb; adj*	la fiesta; pasar las vacaciones; festivo
713	**holy**-*adj*	santo
137	**home**-*ss; adv; adj; vb*	la casa| el domicilio; a casa; casero; volver a casa
2320	**homework**-*ss*	la tarea

797	**honest**-*adj*	honesto| sincero
1497	**honestly**-*adv*	honestamente
2413	**honeymoon**-*ss*	la luna de miel
379	**honey**-*ss; vb*	la miel; recoger miel
668	**honor**-*ss; vb*	el honor; honrar
2290	**hood**-*ss*	la capucha
1561	**hook**-*ss; vb*	el gancho| el enganche; enganchar
266	**hope**-*ss; vb*	la esperanza| la ilusión; esperar
1767	**hop**-*ss; vb*	el salto| el lúpulo; saltar
1209	**horn**-*ss*	el claxon
1167	**horrible**-*adj*	horrible| detestable
583	**horse**-*ss*	el caballo
543	**hospital**-*ss*	el hospital
424	**hot**-*adj; adv*	caliente| caluroso; ardientemente
594	**hotel**-*ss*	el hotel
405	**hour**-*ss*	la hora
185	**house**-*ss; vb*	la casa| la cámara; alojar
49	**how**-*con; adv*	cómo; de qué manera
975	**however**-*con; adv*	sin embargo; de todos modos
1030	**huge**-*adj*	enorme| grandote
2091	**hug**-*ss; vb*	el abrazo; abrazar
497	**human**-*adj; ss*	humano; el humano
2523	**humanity**-*ss*	la humanidad
683	**hundred**-*num*	cien
670	**hungry**-*adj*	hambriento
1899	**hunter**-*ss*	el cazador
1654	**hunting**-*ss*	la caza
1547	**hunt**-*vb; ss*	cazar| perseguir; la caza
344	**hurry**-*ss; vb*	la prisa; apresurar
352	**hurt**-*ss; adj; vb*	el daño| el mal; lastimado; herir
361	**husband**-*ss; vb*	el marido; economizar
2417	**hut**-*ss*	la choza
724	**ice**-*ss; vb*	el hielo| el helado; helar
262	**idea**-*ss*	la idea| el concepto
2480	**identify**-*vb*	identificar
2261	**identity**-*ss; adj*	la identidad; personal
628	**idiot**-*ss*	idiota| el tonto

44	**if**-*con; ss*	si; la duda
2131	**ignore**-*vb*	ignorar
1052	**ill**-*adj; adv; ss*	enfermo; mal; el mal
1851	**illegal**-*adj*	ilegal
1536	**image**-*ss; vb*	la imagen; tener reputación
1913	**imagination**-*ss*	la imaginación
621	**imagine**-*vb*	imaginar| imaginarse
877	**immediately**-*adv*	inmediatamente
367	**important**-*adj*	importante
747	**impossible**-*adj; ss*	imposible; el lo imposible
2150	**impression**-*ss*	la impresión| la idea
2332	**impressive**-*adj*	impresionante
2170	**impress**-*vb; ss*	impresionar| imprimir; la huella
2341	**inch**-*ss; vb*	las pulgada; avanzar poco a poco
2090	**incident**-*adj; ss*	incidente; el incidente
1664	**include**-*vb*	incluir| abarcar
1224	**incredible**-*adj*	increíble
919	**indeed**-*adv*	en efecto
1537	**Indian**-*adj; ss*	indio; el indio
1618	**indistinct**-*adj*	indistinto
2513	**individual**-*adj; ss*	individual| particular; el individuo
2323	**industry**-*ss*	la industria
2198	**influence**-*ss; vb*	la influencia| ascendiente; influenciar
710	**information**-*ss*	la información
2184	**inform**-*vb*	informar| informarse
2427	**injure**-*vb*	lesionar| perjudicar
1001	**innocent**-*adj; ss*	inocente; inocente
10	**in**-*prp; adv; adj; ss*	en; dentro; para iniciados; el detalle
1292	**insane**-*adj*	insano
351	**inside**-*adj; adv; prp; ss*	dentro; dentro; dentro de; el interior
1901	**insist**-*vb*	insistir
1131	**inspector**-*ss*	el inspector| el interventor
2116	**instance**-*ss; vb*	el ejemplo| la instancia; citar como ejemplo
675	**instead**-*adv*	en lugar
2266	**instruction**-*ss*	la instrucción| la enseñanza
2359	**instrumental**-*adj*	instrumental
2450	**insult**-*ss; vb*	el insulto; insultar

1514	**insurance**-*ss; adj*	el seguro; de seguros	
1854	**intelligence**-*ss*	la inteligencia	
2141	**intelligent**-*adj*	inteligente	
1783	**intend**-*vb*	intentar	
689	**interested**-*adj*	interesado	
709	**interesting**-*adj*	interesante	
995	**interest**-*vb; ss*	interesar| interesarse; el interés	
1837	**international**-*adj; ss*	internacional; el internacional	
2471	**Internet**-*ss*	el Internet	
2321	**interrupt**-*vb*	interrumpir	
1539	**interview**-*ss; vb*	la entrevista; entrevistarse con	
133	**into**-*prp*	en	
1196	**introduce**-*vb*	introducir| lanzar	
2281	**invent**-*vb*	inventar	
1515	**investigation**-*ss*	la investigación| el desarrollo	
2352	**invitation**-*ss*	la invitación	
1258	**invite**-*ss; vb*	la invitación; invitar	
922	**involved**-*adj*	involucrado	
2	**I**-*prn*	yo	
1545	**iron**-*vb; ss; adj*	planchar; el hierro; de hierro	
854	**island**-*ss*	la isla	
1493	**issue**-*vb; ss*	emitir| expedir; la cuestión	
1412	**Italian**-*adj; ss*	italiano; el italiano	
6	**it**-*prn*	lo	
1039	**itself**-*prn*	sí mismo	
331	**its**-*prn*	sus	

J

1513	**jacket**-*ss; vb*	la chaqueta; ponerse una americana	
808	**jail**-*ss; vb*	la cárcel| la prisión; encarcelar	
2293	**jam**-*ss; vb*	el atasco| la mermelada; atascar	
1103	**Japanese**-*adj; ss*	japonés; el japonés	
1587	**japan**-*ss; vb*	la laca japonesa; charolar con laca japonesa	
1177	**jealous**-*adj*	celoso	
1354	**jeans**-*ss*	los jeans	
1434	**jerk**-*ss; vb*	el tirón| la sacudida; sacudirse	
1810	**Jewish**-*adj*	judío	

233	**job**-*ss; vb*	el trabajo| el empleo; trabajar	
1778	**joint**-*adj; ss; vb*	conjunto| común; la articulación; articular	
652	**join**-*vb; ss*	unirse| unir; la unión	
801	**joke**-*ss; vb*	la broma| la burla; bromear	
1414	**journey**-*ss; vb*	el viaje| el camino; viajar	
1304	**joy**-*ss; vb*	la alegría| el gozo; gozar	
775	**judge**-*ss; vb*	el juez| los; juzgar	
1842	**juice**-*ss*	el jugo| el fluido	
806	**jump**-*ss; vb*	el salto| el ascenso; saltar	
1858	**jungle**-*ss*	la selva	
1603	**junior**-*ss; adj; adv*	el júnior| el menor; joven; juvenilmente	
2389	**junk**-*ss; vb*	la basura; echar a la basura	
1782	**jury**-*ss*	el jurado	
35	**just**-*adv; adj*	sólo; justo	
1153	**justice**-*ss*	la justicia	

K

155	**keep**-*vb; ss*	mantener| tener; el torreón	
686	**key**-*ss; vb*	la clave| la tecla; teclear	
832	**kick**-*ss; vb*	la patada| el tiro; golpear	
2166	**kidnap**-*vb*	secuestrar	
311	**kid**-*ss; adj; vb*	el niño| el cabrito; joven; engañarse	
933	**killer**-*ss*	el asesino	
759	**killing**-*ss; adj*	el asesinato; mortal	
198	**kill**-*vb; ss*	matar| asesinar; la matanza	
194	**kind**-*ss; adj*	el tipo| la clase; amable	
1697	**kingdom**-*ss*	el reino	
430	**king**-*ss; vb*	el rey; ser rey	
525	**kiss**-*ss; vb*	el beso; besar	
964	**kitchen**-*ss*	la cocina	
2394	**kit**-*ss*	el equipo	
1827	**kitty**-*ss*	el bote	
1584	**knee**-*ss; vb*	la rodilla; dar un rodillazo	
1041	**knife**-*ss; vb*	el cuchillo; acuchillar	

2205	**knight**-*ss; vb*	el caballero; armar caballero
859	**knock**-*ss; vb*	el golpe| la llamada; golpear
1505	**knowledge**-*ss*	el conocimiento
26	**know**-*vb*	saber| reconocer

L

1624	**lab**-*ss*	el laboratorio
1946	**lack**-*ss; vb*	la falta| la carencia; carecer de
1853	**lad**-*ss*	el muchacho| el chaval
359	**lady**-*ss*	la señora
1277	**lake**-*ss*	el lago
2462	**landed**-*adj*	aterrizado
2158	**landing**-*ss; adj*	el aterrizaje| el desembarco; aterrizante
538	**land**-*ss; vb; adj*	la tierra| las tierras; aterrizar; terrestre
2137	**lane**-*ss; adj*	el carril| la calle; divisorias
991	**language**-*ss; adj*	el idioma| el lenguaje; lingüístico
1072	**large**-*adj*	gran| amplio
158	**last**-*vb; adj; ss; adv*	durar; último; el último; por última vez
308	**late**-*adj; adv*	tarde; tarde
1336	**lately**-*adv*	últimamente
290	**later**-*adv; adj*	más tarde; posterior
2383	**Latin**-*ss; adj*	el latín; latino
617	**laugh**-*ss; vb*	la risa; reír
1265	**laughter**-*ss*	la risa
1986	**launch**-*ss; vb*	el lanzamiento| la lancha; lanzar
2371	**laundry**-*ss*	la lavandería
479	**law**-*ss*	la ley| el derecho
900	**lawyer**-*ss*	el abogado
1466	**lay**-*adj; vb; ss*	laico| lego; poner; el canto
2460	**lazy**-*adj*	perezoso
1170	**leader**-*ss*	el líder| el jefe
691	**lead**-*ss; adj; vb*	el plomo| el cable; de plomo; conducir
2165	**league**-*ss*	la liga| la legua
528	**learn**-*vb*	aprender| saber
397	**least**-*adv; ss; adj*	menos; el lo menos; mínimo
154	**leave**-*vb; ss*	dejar| salir; la licencia

456	**leaving**-*ss*	el dejamiento
1488	**legal**-*adj*	legal| jurídico
2123	**legend**-*ss*	la leyenda
871	**leg**-*ss; vb*	la pierna| la pata; ir andando
1997	**lend**-*vb*	prestar| prestarse
557	**less**-*adj; adv; prp; sfj*	menos; menos; menos; sin
1439	**lesson**-*ss; vb*	la lección; enseñar
602	**letter**-*ss; vb*	la carta; rotular
57	**let**-*vb; ss*	alquiler| dejar; la dejada
1085	**level**-*ss; vb; adj; adv*	el nivel; nivelar; a nivel; a nivel
1301	**liar**-*ss*	el mentiroso
2201	**liberty**-*ss*	la libertad
1968	**library**-*ss*	la biblioteca
1611	**license**-*ss; vb*	la licencia| el carnet; licenciar
517	**lie**-*ss; vb*	la mentira; mentir
693	**lieutenant**-*ss*	el teniente
125	**life**-*ss; adj*	la vida; de vida
2101	**lifetime**-*ss*	la vida
1173	**lift**-*ss; vb*	el ascensor| el elevador; levantar
2374	**lightning**-*ss*	el relámpago
408	**light**-*ss; adj; vb; adv*	la luz; de luz; iluminar; ligeramente
1753	**likely**-*adj; adv*	probable; probablemente
837	**likes**-*ss*	las simpatias
37	**like**-*vb; adv; prp; adj; ss; con*	gustar; como; igual
2436	**limit**-*ss; vb*	el límite; limitar
418	**line**-*ss; vb*	la línea| la fila; alinear
2474	**link**-*vb; ss*	enlazar| vincular; el enlace
1931	**lion**-*ss*	el león
1442	**lip**-*ss; adj; vb*	el labio; labial; picar
2437	**liquor**-*ss*	el espíritu
172	**listen**-*vb*	escuchar| oír
875	**list**-*ss; vb*	la lista| el listado; listar
101	**little**-*adj; adv; ss*	poco| pequeño; poco; el poco
224	**live**-*vb; adj; adv*	vivir| llevar; vivo; en vivo
449	**living**-*adj; ss*	vivo| de vida; la vida
1502	**load**-*ss; vb*	la carga| el peso; cargar

2066	**loan**-*ss; vb*	el préstamo; prestar	
1213	**local**-*adj; ss*	local; el local	
1953	**location**-*ss*	la ubicación| la localidad	
943	**lock**-*vb; ss*	bloquear| trabar; la cerradura	
1228	**lonely**-*adj; adv*	solo| solitario; solitariamente	
150	**long**-*adj; adv; vb; ss*	largo| prolongado; mucho tiempo; anhelar; las resumida más	
524	**longer**-*adv*		
1759	**look in**-*vb*	mirar hacia dentro	
75	**look**-*ss; vb*	la mirada| el aspecto; buscar	
1245	**loose**-*adj; vb; ss*	suelto| flojo; soltar; el aire	
371	**lord**-*ss; vb*	el señor; reinar	
1729	**loser**-*ss*	el perdedor	
281	**lose**-*vb*	perder	
1620	**loss**-*ss*	la pérdida	
193	**lot**-*adv; ss; vb*	mucho| bastante; la porción; coleccionar	
1172	**loud**-*adj; adv*	fuerte| ruidoso; alto	
1959	**lousy**-*adj*	malísimo| horrible	
591	**lovely**-*adj; ss; adv*	encantador| delicioso; la belleza; hermosamente	
1328	**lover**-*ss*	amante	
99	**love**-*ss; vb*	el amor| el cariño; amar	
1581	**loving**-*adj*	amoroso| de amante	
883	**low**-*adj; adv; ss; vb*	bajo; bajo; el punto más bajo; hacer mugido	
2488	**loyal**-*adj*	leal	
474	**luck**-*ss*	la suerte| el azar	
512	**lucky**-*adj*	afortunado	
717	**lunch**-*ss; vb*	el almuerzo| el bocadillo; almorzar	

M

791	**machine**-*ss; adj*	la máquina| el aparato; a máquina	
530	**mad**-*adj*	loco	
764	**madam**-*ss*	la señora	
2408	**madness**-*ss*	la locura| la demencia	
1741	**magazine**-*ss*	la revista	
952	**magic**-*ss; adj*	la magia; mágico	

2274	**magnificent**-*adj*	magnífico| suntuoso	
1738	**maid**-*ss*	la criada| la camarera	
1306	**mail**-*ss; vb*	el correo; enviar por correo	
1047	**main**-*adj; ss*	principal; la cañería	
920	**majesty**-*ss*	la majestad	
679	**major**-*adj; ss; vb*	mayor; el comandante; especializarse en estudios	
95	**make**-*vb; ss*	hacer| introducir; la marca	
1318	**male**-*adj; ss*	masculino; el masculino	
586	**mama**-*ss*	la mamá	
1215	**manager**-*ss*	gerente	
1269	**manage**-*vb*	manejar| administrar	
2370	**manner**-*ss*	la manera| la clase	
67	**man**-*ss; vb*	el hombre| el señor; tripular	
219	**many**-*adj; prn*	muchos; muchos	
1406	**map**-*ss; vb*	el mapa| la carta; trazar un mapa	
1222	**mare**-*ss*	la yegua	
1156	**market**-*ss; vb*	el mercado; comercializar	
734	**mark**-*ss; vb*	la marca| la huella; marcar	
744	**marriage**-*ss*	el matrimonio| la boda	
342	**married**-*adj*	casado	
534	**marry**-*vb*	casarse| casar	
2162	**marshal**-*ss; vb*	el mariscal; formar	
2209	**Mars**-*ss*	el Marte	
2309	**martial**-*adj*	marcial	
1969	**mask**-*ss; vb*	la máscara| la mascarilla; enmascarar	
435	**ma**-*ss*	la mamá	
1687	**mass**-*ss; adj; vb*	la masa| la misa; en masa; concentrarse	
466	**master**-*vb; adj; ss*	dominar; maestro; el maestro	
1020	**match**-*ss; vb*	el partido| la cerilla; igualar	
1817	**material**-*adj; ss*	material| físico; el material	
981	**mate**-*ss; vb*	el mate| el compañero; acoplar	
236	**matter**-*ss; vb*	la materia| la sustancia; importar	
145	**maybe**-*adv*	tal vez	

1267	**mayor**-*ss*	el alcalde	
174	**may**-*vb; ss*	poder; la flor del espino	
1560	**meal**-*ss; vb*	la comida; comer	
110	**mean**-*ss; vb; adj*	la media; significar; medio	
2458	**meanwhile**-*adv*	mientras tanto	
1049	**meat**-*ss; adj*	la carne; de carne	
1250	**medical**-*adj; ss*	médico; el reconocimiento médico	
1244	**medicine**-*ss*	la medicina| el talismán	
1952	**medium**-*ss; adj*	el medio| el médium; mediano	
561	**meeting**-*ss*	la reunión| la sesión	
254	**meet**-*vb; adj; ss*	conocer| satisfacer; conveniente; la cacería	
1437	**member**-*ss*	el miembro	
992	**memory**-*ss*	la memoria	
2022	**mental**-*adj*	mental	
1044	**mention**-*ss; vb*	la mención; mencionar	
13	**me**-*prn*	me	
1364	**mercy**-*ss*	la misericordia	
2178	**merely**-*adv*	simplemente	
1377	**merry**-*adj; ss*	alegre; la cereza	
660	**message**-*ss*	el mensaje	
745	**mess**-*ss; vb*	el lío| el enredo; ensuciar	
1705	**metal**-*ss; adj; vb*	el metal; metálico; cubrir con grava	
2469	**meter**-*ss; vb*	el metro| el medidor; medir	
671	**middle**-*adj; ss*	medio; el medio	
1511	**midnight**-*ss; adj*	los medianoche; de medianoche	
213	**might**-*va; ss*	poder; el poder	
1621	**mighty**-*adj; adv*	poderoso; muy	
643	**mile**-*ss*	la milla	
1017	**military**-*adj; ss*	militar; el militar	
1043	**milk**-*ss; vb; adj*	la leche; ordeñar; de leche	
503	**million**-*adj*	millón| millón	
206	**mind**-*ss; vb*	la mente| el espíritu; preocuparse	
314	**mine**-*ss; prn; vb*	la mina; el mío; extraer	
1194	**minister**-*ss; vb*	el ministro; atender a	
277	**minute**-*ss; adj; vb*	el minuto; minucioso; minutar	

1472	**miracle**-*ss*	el milagro	
1520	**mirror**-*ss; vb*	el espejo; reflejar	
1860	**miserable**-*adj*	miserable| desgraciado	
959	**mission**-*ss; vb*	la misión; despachar con recado	
215	**miss**-*ss; vb*	la señorita| el error; perder	
2237	**mistaken**-*adj*	equivocado	
630	**mistake**-*ss; vb*	el error| el engaño; confundir	
1003	**mister**-*ss*	el señor	
2028	**mistress**-*ss*	amante	
1818	**mixed**-*adj*	mezclado	
2102	**mix**-*ss; vb*	la mezcla; mezclar	
2291	**moan**-*ss; vb*	el gemido| el quejido; gemir	
1474	**model**-*ss; vb*	el modelo| la maqueta; modelar	
1643	**modern**-*adj; ss*	moderno; el moderno	
356	**moment**-*ss*	el momento	
249	**mom**-*ss*	la mamá	
1430	**Monday**-*ss*	el lunes	
151	**money**-*ss*	el dinero| la riqueza	
1411	**monkey**-*ss; vb*	el mono; juguetear	
2181	**monk**-*ss*	el monje	
1147	**monster**-*ss; adj*	el monstruo; monstruoso	
437	**month**-*ss*	el mes	
1468	**mood**-*ss*	el humor	
798	**moon**-*ss; vb*	la luna; enseñar el culo	
2373	**moral**-*adj; ss*	moral| virtuoso; la moral	
93	**more**-*adj; adv; ss*	más; más; los más	
216	**morning**-*adj; ss*	mañana; la mañana	
2212	**moron**-*ss*	idiota| imbécil	
238	**most**-*adj; adv; sfj; ss*	más; más; más; la mayoría	
1779	**mostly**-*adv*	principalmente	
1073	**motherfucker**-*ss*	los hijo de puta	
171	**mother**-*ss; vb*	la madre; mimar	
2174	**motion**-*ss; vb*	el movimiento| la moción; hacer señales	
2482	**motor**-*adj; ss; vb*	motor| automóvil; el motor; ir en coche	
1115	**mountain**-*ss; adj*	la montaña| el montón; montañés	
2433	**mount**-*vb; ss*	montar| aumentar; el monte	
2176	**mouse**-*ss; vb*	el ratón; cazar ratones	

575	**mouth**-*ss; vb*	la boca; hablar con afectación
1855	**movement**-*ss*	el movimiento| la circulación
223	**move**-*ss; vb*	el movimiento| la jugada; mover
590	**movie**-*ss*	la película
355	**Mr.**-*abr*	señor
113	**much**-*adv; ss*	mucho; el mucho
2311	**mud**-*ss*	el barro
1757	**mummy**-*ss*	la momia
874	**mum**-*ss; adj; vb*	la mamá; tácito; participar en pantomima
1361	**murderer**-*ss*	el asesino
600	**murder**-*ss; vb*	el asesinato| la muerte; asesinar
2029	**museum**-*ss*	el museo
322	**music**-*ss; adj*	la música; musical
117	**must**-*vb; adj; ss*	deber; necesario; la obligación
18	**my**-*prn*	mi
250	**myself**-*prn*	mí mismo
2114	**mysterious**-*adj*	misterioso
1668	**mystery**-*ss*	el misterio| el enigma

N

1867	**n/a**-*abr*	no está
2256	**nail**-*ss; vb*	el clavo| la uña; clavar
1211	**naked**-*adj*	desnudo| abierto
157	**name**-*ss; vb*	el nombre| el título; nombrar
1976	**narrator**-*ss*	el narrador
1693	**nasty**-*adj*	asqueroso| repugnante
1116	**national**-*adj; ss*	nacional; el nacional
1464	**nation**-*ss*	la nación
2501	**native**-*adj; ss*	nativo| natal; el nativo
1111	**natural**-*adj; ss*	natural; el becuadro
1638	**naturally**-*adv*	naturalmente
969	**nature**-*ss*	la naturaleza| el carácter
2511	**naughty**-*adj*	travieso
1905	**navy**-*ss; vb*	la marina de guerra; trabajar de zapador
610	**near**-*adv; prp; adj; vb*	cerca; cerca de; cercano; aproximarse
2461	**nearby**-*adv; adj*	cerca; cercano
1175	**nearly**-*adv*	casi

1006	**necessary**-*adj; ss*	necesario| preciso; las cosa necesaria
980	**neck**-*ss; vb*	el cuello| el mástil; acariciarse
102	**need**-*ss; vb*	la necesidad| la falta; necesitar
1910	**negative**-*adj; ss; vb*	negativo; el negativo; negar
2098	**neighbor**-*adj; ss*	vecino; el vecino
1645	**neighborhood**-*ss*	el barrio
762	**neither**-*adv; con; adj; prn*	ni; ni; ninguno; ninguno
2124	**nephew**-*ss*	el sobrino
2075	**nerve**-*ss; adj; vb*	el nervio| el descaro; nervioso; infundir a uno ánimo
896	**nervous**-*adj*	nervioso| tímido
2142	**net**-*adj; ss; vb*	neto; los neto; enredar
2349	**network**-*ss; vb*	la red; conectar a la red
90	**never**-*adv*	nunca
156	**new**-*adj*	nuevo| reciente
1671	**newspaper**-*ss; adj*	el periódico; de periódico
455	**news**-*ss; adj*	las noticias| la noticia; informativo
222	**next**-*adj; adv; prp*	próximo| entrante; después; al lado de
166	**nice**-*adj*	agradable| bonito
2282	**nigger**-*ss*	el negro
1894	**nightmare**-*ss*	la pesadilla
131	**night**-*ss; adj*	la noche; de noche
818	**nine**-*num*	nueve
1840	**noble**-*adj; ss*	noble; el noble
318	**nobody**-*prn*	nadie
1158	**noise**-*ss*	el ruido| el estruendo
564	**none**-*prn*	ninguno
1721	**non-**-*pfj*	pfj; no-
1059	**nonsense**-*ss*	los disparates
2087	**noon**-*ss; adj*	el mediodía; de mediodía
23	**no**-*part; adj; ss*	no; ninguno; la negativa
899	**nor**-*con*	ni
752	**normal**-*adj; ss*	normal| regular; la normalidad
2236	**normally**-*adv*	normalmente
782	**north**-*ss; adv; adj*	el norte; al norte; septentrional
872	**nose**-*ss; vb*	la nariz| el morro; husmear

1079	**note**-*ss; vb*	la nota| el apunte; observar
116	**nothing**-*prn; ss*	nada; el cero
957	**notice**-*ss; vb*	el aviso| la nota; notar
24	**not**-*part*	no
2235	**novel**-*ss; adj*	la novela; nuevo
46	**now**-*adv*	ahora
1203	**nowhere**-*adv*	en ninguna parte
1999	**nuclear**-*adj*	nuclear
343	**number**-*ss; vb*	el número; numerar
1207	**nurse**-*ss; vb*	la enfermera| el enfermero; cuidar
1086	**nut**-*ss; vb*	la tuerca| la nuez; recoger nueces

O

183	**o.k.**-*adv; ss; adj; vb*	muy bien; el visto bueno; aprobado; aprobar
2161	**obey**-*vb*	obedecer
1755	**object**-*ss; vb*	el objeto| la cosa; oponerse
1524	**obvious**-*adj*	obvio| evidente
1051	**obviously**-*adv*	obviamente
2288	**occasion**-*ss; vb*	la ocasión| el motivo; ocasionar
1385	**ocean**-*ss*	el océano
1452	**odd**-*adj*	extraño| impar
2419	**of the**-*adj*	de los
104	**off**-*adv; prp; adj; ss*	de; de; apagado; la salida
2327	**offering**-*ss*	la ofrenda
754	**offer**-*ss; vb*	la oferta| el ofrecimiento; ofrecer
608	**officer**-*ss; vb*	el oficial| el funcionario; mandar
445	**office**-*ss*	la oficina| el despacho
1596	**official**-*adj; ss*	oficial; el oficial
9	**of**-*prp*	de| a| para
714	**often**-*adv*	a menudo
50	**oh**-*int*	Oh!
1166	**oil**-*ss; adj; vb*	el aceite; petrolero; engrasar
83	**okay**-*adj; adv; ss; vb*	bueno; muy bien; el visto bueno; aprobar
152	**old**-*adj; ss*	viejo| anciano; el los viejos

234	**once**-*adv; ss; con; adj*	una vez; las una vez; una vez que; de entonces
47	**one**-*adj; prn; ss*	uno| uno; uno; la unidad
98	**only**-*adv; adj; con*	sólo; único; pero
19	**on**-*prp; adj*	en; encendido
1347	**onto**-*prp*	sobre
650	**Ooh!**-*int*	¡Oh!
1325	**opening**-*ss; adj*	la apertura; de apertura
251	**open**-*vb; adj; ss*	abrir| abrirse; abierto; los aire libre
2108	**opera**-*ss*	la ópera
1157	**operation**-*ss*	la operación| el funcionamiento
2468	**operator**-*ss*	el operador| agente
1186	**opinion**-*ss*	la opinión| la idea
1242	**opportunity**-*ss*	la oportunidad| el chance
2018	**opposite**-*adj; prp; ss; adv*	opuesto; frente a; el lo contrario; en frente
2071	**orange**-*ss; adj*	la naranja; anaranjado
76	**or**-*con*	o
425	**order**-*ss; vb*	la orden| el pedido; ordenar
1627	**ordinary**-*adj; ss*	ordinario| normal; el lo ordinario
2307	**organization**-*ss*	la organización
1490	**original**-*adj; ss*	original| originario; el original
142	**other**-*adj; prn; adv*	otro; otro; más
945	**otherwise**-*adv; con*	de otra manera; si no
2159	**Ouch!**-*int*	¡Ay!
815	**ought**-*va; ss*	debería; el deber
82	**our**-*prn*	nuestro
897	**ourselves**-*prn*	nosotros mismos
1154	**ours**-*prn*	la nuestra
43	**out**-*adv; ss; prp; adj; vb*	fuera; el out; de; exterior; expulsar
2076	**outfit**-*vb; ss*	equipar| enviar equipando; el equipo
433	**outside**-*adv; prp; ss; adj*	fuera; fuera de; el exterior; externo
96	**over**-*adv; prp; adj*	encima; encima de; terminado
845	**owe**-*vb*	deber
1553	**owner**-*ss*	el propietario| el poseedor
203	**own**-*vb; adj; prn*	tener| ser dueño de; propio; suyo

P

2179	**package**-*ss; vb*	el paquete| el envase; empaquetar
1110	**pack**-*ss; vb*	el paquete| el envase; empacar
1388	**page**-*ss; vb*	la página; paginar
2203	**painful**-*adj*	doloroso
612	**pain**-*ss; vb*	el dolor| el sufrimiento; doler
1424	**painting**-*ss*	la pintura| la pincelada
1326	**paint**-*ss; vb*	la pintura| la falsedad; pintar
1384	**pair**-*ss; vb*	el par| la yunta; emparejar
1598	**palace**-*ss*	el palacio
1132	**pal**-*ss*	camarada
1887	**panic**-*adj; ss; vb*	pánico; el pánico; asustarse
1045	**pant**-*vb; ss*	jadear; el jadeo
908	**papa**-*ss*	el papá
658	**paper**-*ss; vb*	el papel| el documento; empapelar
1954	**paradise**-*ss*	el paraíso
860	**pardon**-*ss; vb*	el perdón; perdonar
506	**parent**-*ss*	el padre
839	**park**-*ss; vb*	el parque| el terreno; aparcar
1534	**particular**-*adj; ss*	particular; el rasgo distintivo
2073	**particularly**-*adv*	particularmente| especialmente
939	**partner**-*ss; vb*	el socio| la pareja; acompañar
336	**part**-*ss; adj; vb; adv*	la parte; parcial; separarse; en parte
375	**party**-*ss*	la fiesta
1503	**pa**-*ss*	el papá
2392	**passenger**-*ss*	el pasajero
1737	**passion**-*ss*	la pasión| el apasionamiento
2120	**passport**-*ss*	el pasaporte
548	**pass**-*ss; vb*	el pase| el paso; pasar
514	**past**-*adj; ss; prp; adv*	pasado; el pasado; más allá de; por delante
1919	**pathetic**-*adj*	patético
1380	**path**-*ss*	el camino| la trayectoria
2078	**patience**-*ss*	la paciencia
1078	**patient**-*adj; ss*	paciente; paciente
2228	**patrol**-*ss; vb*	la patrulla; patrullar
2136	**pat**-*ss; vb; adj; adv*	la palmadita; acariciar; oportuno; oportunamente
297	**pay**-*ss; vb*	la paga| el jornal; pagar
2407	**peaceful**-*adj*	pacífico
589	**peace**-*ss*	la paz
2506	**pearl**-*ss; adj; vb*	la perla; de perlas; gotear
1795	**pee**-*ss; vb*	el pis; hacer pis
1733	**pen**-*ss; vb*	la pluma; escribir
103	**people**-*ss; vb*	las personas| el pueblo; poblar
1607	**percent**-*ss; adj*	el por ciento; del por ciento
1182	**perfectly**-*adv*	perfectamente
500	**perfect**-*vb; adj*	perfeccionar; perfecto
1836	**performance**-*ss*	el rendimiento| el funcionamiento
2193	**perform**-*vb*	realizar| ejecutar
442	**perhaps**-*adv*	quizás
1475	**period**-*ss*	el período| la época
1359	**permission**-*ss*	el permiso| la venia
2376	**permit**-*ss; vb*	el permiso| el pase; permitir
1495	**per**-*prp*	por
799	**personal**-*adj*	personal| privado
2525	**personality**-*ss*	la personalidad
1415	**personally**-*adv*	personalmente
386	**person**-*ss*	la persona
2275	**pet**-*vb; ss; adj*	acariciar; el animal favorito; mimado
309	**phone**-*ss; vb*	el teléfono; telefonear
2277	**photograph**-*ss; vb*	la fotografía; fotografiar
1397	**photo**-*ss; vb*	la foto; fotografiar
1765	**physical**-*adj; ss*	físico; el reconocimiento médico
1438	**piano**-*adv; ss*	piano; el piano
439	**pick**-*vb; ss*	recoger| escoger; la elección
540	**picture**-*ss; vb*	la imagen| el cuadro; imaginarse
544	**piece**-*ss; vb*	la pieza| el pedazo; poner una pieza a
1760	**pie**-*ss*	el pastel| la empanada
1083	**pig**-*ss; vb*	el cerdo| el chancho; parir

1646	**pill**-*ss*	la píldora
1579	**pilot**-*ss; vb*	el piloto; pilotar
1787	**pink**-*adj; ss; vb*	rosa; la rosa; picar
2476	**pin**-*ss; vb*	el perno; prender con alfileres
2094	**pipe**-*ss*	el tubo| la pipa
1327	**piss**-*vb; ss*	mear; el pis
2452	**pitch**-*vb; ss*	lanzar| cabecear; el campo
1193	**pity**-*ss; vb*	la lástima; compadecerse de
1889	**pizza**-*ss*	la pizza
164	**place**-*ss; vb*	el lugar| la plaza; colocar
1847	**plain**-*ss; adj; adv*	la llanura| la planicie; simple; claramente
715	**plane**-*adj; ss; vb*	plano; el plano; planear
973	**planet**-*ss*	el planeta
1375	**planning**-*ss; adj*	la planificación; planificador
508	**plan**-*ss; vb*	el plan| el plano; planificar
1483	**plant**-*ss; vb*	la planta| la instalación; plantar
2157	**plastic**-*adj; ss*	plástico; el plástico
1699	**plate**-*ss; vb*	la placa| el plato; platear
1404	**player**-*ss*	el jugador| el actor
245	**play**-*vb; ss*	jugar| desempeñar; el juego
1879	**pleasant**-*adj*	agradable| simpático
1251	**pleased**-*adj*	contento| de satisfacción
97	**please**-*vb*	complacer| agradar
661	**pleasure**-*ss*	el placer
955	**plenty**-*adv; ss; adj*	mucho| muy; la abundancia; abundante
1280	**plus**-*adj; ss; prp*	más; los más; además de
1378	**pocket**-*ss; vb*	el bolsillo| el hueco; embolsarse
2339	**poem**-*ss*	el poema
2200	**poetry**-*ss*	la poesía
2403	**poet**-*ss*	el poeta
372	**point**-*ss; vb*	el punto| la punta; apuntar
1549	**poison**-*vb; ss; adj*	envenenar; el tóxico; veneroso

2325	**pole**-*ss; vb*	el polo| el poste; empujar con una pértiga
2189	**policeman**-*ss*	el policía
298	**police**-*ss; vb; adj*	la policía| el control; vigilar; policíaco
1923	**policy**-*ss*	la política
2343	**polish**-*vb; ss*	pulir| perfeccionar; el pulimento
1422	**political**-*adj*	político
1773	**politics**-*ss*	la política
1352	**pool**-*ss; vb*	la piscina| el estanque; aunar
423	**poor**-*adj*	pobre| malo
921	**pop**-*adj; ss; vb*	popular; la música pop; saltar
1774	**popular**-*adj*	popular
1947	**port**-*ss; adj; vb*	el puerto; portuario; poner a babor
805	**position**-*ss; vb*	la posición| la situación; colocar
1650	**positive**-*adj; ss*	positivo| seguro; el positivo
2234	**possibility**-*ss*	la posibilidad
513	**possible**-*adj; ss*	posible; el máximo
1225	**possibly**-*adv*	probablemente
1176	**post**-*vb; ss*	enviar| fijar; el poste
2445	**potential**-*adj; ss*	potencial; el potencial
1680	**pot**-*ss; vb*	la olla; matar
1421	**pound**-*ss; vb*	la libra| la perrera; aporrear
2113	**pour**-*vb*	derramar| colar
2308	**powder**-*ss; vb*	el polvo; empolvar
1237	**powerful**-*adj*	potente| fuerte
461	**power**-*ss; adj*	el poder| la energía; energético
2084	**practically**-*adv*	prácticamente
1141	**practice**-*ss; vb*	la práctica| el ejercicio; practicar
2368	**praise**-*ss; vb*	la alabanza; alabar
2064	**prayer**-*ss*	la oración| el ruego
1004	**pray**-*vb*	orar| rezar
1570	**precious**-*adj; adv*	precioso; muy
2253	**precisely**-*adv*	precisamente
1113	**prefer**-*vb*	preferir| presentar
1062	**pregnant**-*adj*	embarazada
1232	**prepared**-*adj*	preparado
1152	**prepare**-*vb*	preparar| prepararse
1672	**presence**-*ss*	la presencia

609	**present**-*adj; ss; vb*	presente; el presente; presentar	
542	**president**-*ss*	el presidente| el rector	
910	**press**-*ss; vb*	la prensa| la imprenta; presionar	
1148	**pressure**-*ss*	la presión| la tensión	
1272	**pretend**-*vb*	fingir| disimular	
261	**pretty**-*adv; adj; ss*	bastante; bonito; la cosa bonita	
2410	**prevent**-*vb*	evitar| excusar	
888	**price**-*ss; vb*	el precio| la cotización; valorar	
2213	**prick**-*ss; vb*	el pinchazo| la polla; pinchar	
1575	**pride**-*ss*	el orgullo	
1202	**priest**-*ss*	el sacerdote| el clérigo	
1718	**prime**-*adj; ss; vb*	principal| primo; la prima; cebar	
907	**prince**-*ss*	el príncipe	
990	**princess**-*ss*	la princesa	
2255	**principal**-*adj; ss*	principal; el principal	
2324	**print**-*vb; ss; adj*	imprimir| imprimirse; la impresión; estampado	
1551	**prisoner**-*ss*	el prisionero	
757	**prison**-*ss; vb*	la prisión; encarcelar	
800	**private**-*adj; ss*	privado| particular; el soldado raso	
1806	**prize**-*ss; adj; vb*	el premio; premiado; apreciar mucho	
354	**probably**-*adv*	probablemente	
289	**problem**-*ss; adj*	el problema; problemático	
2005	**proceed**-*vb*	proceder| pasar	
1604	**process**-*ss; vb*	el proceso; procesar	
2128	**producer**-*ss*	el productor| el realizador	
2440	**produce**-*vb; ss*	producir| fabricar; los productos	
1803	**production**-*ss; adj*	la producción| la fabricación; de serie	
2512	**product**-*ss*	el producto| el resultado	
1516	**professional**-*adj; ss*	profesional; el profesional	
711	**professor**-*ss*	el profesor	
1348	**program**-*ss; vb*	el programa; programar	
1828	**progress**-*ss; vb*	el progreso; progresar	
1362	**project**-*ss; vb*	el proyecto; proyectar	
458	**promise**-*ss; vb*	la promesa; prometer	

1243	**proof**-*ss; adj; vb*	la prueba; a prueba de; impermeabilizar	
1484	**proper**-*adj; ss; adv*	apropiado| correcto; el propio; muy	
1835	**properly**-*adv*	correctamente	
1373	**property**-*ss*	la propiedad	
2448	**propose**-*vb*	proponer| proponerse	
2346	**pro**-*prp; adj; ss; adv*	pro; favorable; el profesional; a favor	
1724	**protection**-*ss*	la protección| el blindaje	
784	**protect**-*vb*	proteger| salvaguardar	
728	**proud**-*adj*	orgulloso	
869	**prove**-*vb*	demostrar| resultar	
2110	**provide**-*vb*	proporcionar| prestar	
755	**public**-*adj; ss*	público; el público	
516	**pull**-*ss; vb*	el tirón| la tracción; tirar	
1720	**punch**-*ss; vb*	el puñetazo| el ponche; perforar	
1915	**punishment**-*ss*	el castigo| la paliza	
2334	**punish**-*vb*	castigar	
1874	**punk**-*ss; adj*	el punk; malo	
1395	**pure**-*adj*	puro	
1260	**purpose**-*ss; vb*	el propósito| el uso; proponerse	
2295	**purse**-*ss; vb*	el monedero; fruncir	
836	**push**-*ss; vb*	el empuje| la ofensiva; empujar	
1616	**pussy**-*ss*	el coño| el gatito	
136	**put**-*vb; ss*	poner| colocar; el sometimiento	

Q

1983	**quality**-*ss; adj*	la calidad| la clase; de calidad	
1698	**quarter**-*ss; vb*	el trimestre| el cuarto; cuartear	
777	**queen**-*ss; vb*	la reina; coronar	
417	**question**-*ss; vb*	la pregunta; cuestionar	
531	**quick**-*adj; adv*	rápido| ágil; rápidamente	
698	**quickly**-*adv*	rápidamente	
471	**quiet**-*adj; ss; vb*	tranquilo; la tranquilidad; sosegarse	
2025	**quietly**-*adv*	tranquilamente	
346	**quite**-*adv*	bastante	
749	**quit**-*vb; adj*	dejar| dejar de; libre	

R

1801	**rabbit**-*ss; vb*	el conejo; cazar a los conejos
927	**race**-*ss; vb*	la raza| la carrera; competir
625	**radio**-*ss*	la radio
890	**rain**-*ss; vb*	la lluvia; llover
956	**raise**-*ss; vb*	el aumento| la sobremarca; elevar
1793	**range**-*ss; vb*	el alcance| el intervalo; oscilar
2172	**rape**-*ss; vb*	la violación| la colza; violar
1780	**rare**-*adj; adv*	raro; extraordinariamente
1600	**rate**-*ss; vb*	la tarifa| la velocidad; calificar
504	**rather**-*adv*	más bien
1363	**rat**-*ss*	la rata
848	**reach**-*ss; vb*	el alcance| la distancia; llegar
2354	**reaction**-*ss*	la reacción
332	**read**-*vb; ss*	leer| decir; el leído
240	**ready**-*adj; vb; ss*	listo| preparado; preparar; la disposición
1330	**reality**-*ss*	la realidad
802	**realize**-*vb*	realizar
94	**really**-*adv*	realmente
226	**real**-*ss; adj; adv*	el real| el lo real; real; realmente
2190	**reasonable**-*adj*	razonable| juicioso
429	**reason**-*ss; vb*	la razón; razonar
2194	**recall**-*vb; ss*	recordar; la retirada
1309	**receive**-*vb*	recibir| acoger
1535	**recently**-*adv*	recientemente
2044	**reckon**-*vb*	contar| calcular
1181	**recognize**-*vb*	reconocer| identificar
738	**record**-*vb; ss*	grabar| registrar; el registro
454	**red**-*adj; ss*	rojo; el rojo
1494	**refuse**-*ss; vb; adj*	la basura; rechazar; inservible
1370	**regret**-*ss; vb*	el pesar| el remordimiento; lamentar
1533	**regular**-*adj; ss*	regular; el regular
2362	**related**-*adj*	emparentado
1056	**relationship**-*ss*	la relación

2451	**relative**-*adj; ss*	relativo| familiar; el relativo
648	**relax**-*vb*	relajarse| relajar
1287	**release**-*ss; vb*	el estreno| la liberación; soltar
1930	**religion**-*ss*	la religión
2126	**religious**-*adj; ss*	religioso; el religioso
1128	**remain**-*vb*	permanecer| quedar
184	**remember**-*vb*	recordar
1374	**remind**-*vb*	recordar
1742	**remove**-*vb; ss*	quitar| eliminar; el apartamiento
1285	**rent**-*vb; ss*	alquilar; la renta
1286	**repeat**-*vb; ss*	repetir| repetirse; la repetición
2486	**replace**-*vb*	reemplazar| reponer
1764	**reporter**-*ss*	el reportero
584	**report**-*ss; vb*	el informe; informar
2495	**represent**-*vb*	representar
1892	**reputation**-*ss*	la reputación
1492	**request**-*vb; ss*	solicitar| recabar; la solicitud
1630	**rescue**-*ss; vb; adj*	el rescate; rescatar; de salvamento
1390	**research**-*ss; adj; vb*	la investigación; de investigación; investigar
2230	**resist**-*vb*	resistir
723	**respect**-*ss; vb*	el respeto| el respecto; respetar
1314	**responsibility**-*ss*	la responsabilidad
1126	**responsible**-*adj*	responsable
1183	**restaurant**-*ss*	el restaurante
348	**rest**-*ss; vb*	el resto| el descanso; descansar
1772	**result**-*ss; vb*	el resultado| resulta; resultar
520	**return**-*ss; vb; adj*	la vuelta| el retorno; volver; de regreso
1453	**revenge**-*ss; vb*	la venganza| la revancha; vengarse
2238	**reverend**-*adj; ss*	reverendo; el padre
1663	**revolution**-*ss*	la revolución
1909	**reward**-*ss; vb*	la recompensa; recompensar
1583	**rice**-*ss*	el arroz
641	**rich**-*adj*	rico| fértil
559	**ride**-*ss; vb*	el paseo; montar
1034	**ridiculous**-*adj*	ridículo
873	**rid**-*vb*	eliminar

2215	**rifle**-*ss; vb*	el rifle; saquear
40	**right**-*adj; adv; ss; vb*	derecho; derecho; el derecho; corregir
1138	**ringing**-*ss; adj*	el zumbido; resonante
645	**ring**-*ss; vb*	el anillo| el timbre; sonar
1962	**rip**-*ss; vb*	el rasgón; rasgar
1082	**rise**-*ss; vb*	la altura| el aumento; subir
1054	**risk**-*ss; vb*	el riesgo; arriesgar
761	**river**-*ss; adj*	el río; del río
537	**road**-*ss; adj*	la carretera| el camino; de carretera
1927	**robbery**-*ss*	el robo
1609	**rob**-*vb*	robar
2517	**rocket**-*ss; vb*	el cohete; atacar con cohetes
597	**rock**-*ss; adj; vb*	la roca| el rock; rock; mecer
2219	**rocky**-*adj*	rocoso
1658	**role**-*ss*	el papel| el rol
1995	**rolling**-*ss; adj*	la laminación; rodante
1011	**roll**-*vb; ss*	rodar; el rollo
2042	**Roman**-*adj; ss*	romano; el romano
2508	**romance**-*ss; vb*	la novela| la romanza; fantasear
1508	**romantic**-*adj; ss*	romántico; el romántico
1273	**roof**-*ss; vb*	el techo; techar
229	**room**-*ss; vb*	la habitación| el espacio; alojarse en casa
1674	**rope**-*ss*	la cuerda| el cabo
2464	**rose**-*adj; ss; vb*	rosado; la rosa; hacer rosado
1852	**rotten**-*adj*	podrido
1413	**rough**-*adj; adv; ss*	áspero| aproximado; duro; el terreno
667	**round**-*vb; ss; adj; adv; prp*	redondear| doblar; la ronda; redondo; alrededor; alrededor de
1945	**route**-*ss; vb*	la ruta| el itinerario; encaminar
2192	**routine**-*ss; adj*	la rutina; de rutina
1641	**row**-*ss; vb*	la fila| el renglón; remar
1456	**royal**-*adj; ss*	real; la persona real
2507	**rubbish**-*ss*	la basura
1825	**rude**-*adj*	grosero| rudo
1486	**ruin**-*ss; vb*	la ruina| la perdición; arruinar
852	**rule**-*ss; vb*	la regla| el dominio; gobernar
1441	**rush**-*ss; vb*	la prisa| la carrera; precipitarse
1162	**Russian**-*adj; ss*	ruso; el ruso

S

2007	**sacred**-*adj*	sagrado
1702	**sacrifice**-*ss; vb*	el sacrificio; sacrificar
730	**sad**-*adj*	triste| apagado
499	**safe**-*adj; ss*	seguro; la caja fuerte
1445	**safety**-*ss*	la seguridad
2267	**sail**-*ss; vb*	la vela| el velero; navegar
1523	**saint**-*adj; ss; vb*	santo; el santo; canonizar
696	**sake**-*ss*	el sake
2454	**salad**-*ss*	la ensalada
1756	**sale**-*ss*	la venta
1704	**salt**-*ss; adj; vb*	la sal; de sal; salpicar
210	**same**-*adj; prn; adv*	mismo; él mismo; de la misma forma
1706	**sand**-*ss; vb*	la arena; lijar
2186	**sandwich**-*ss; vb*	el sándwich| el emparedado; intercalar
2013	**satisfied**-*adj*	satisfecho
1233	**Saturday**-*ss*	el sábado
2439	**sauce**-*ss; vb*	la salsa; añadir
443	**save**-*vb; prp; ss; con*	guardar| ahorrar; salvo; la parada; a no ser que
1614	**saving**-*ss; prp; adj*	el ahorro| la salvación; salvo; económico
228	**saw**-*ss; vb*	la sierra; serrar
78	**say**-*vb; ss*	decir| expresar; los parecer
462	**scared**-*adj*	espantado
1369	**scare**-*ss; vb*	el susto| la alarma; asustar
1763	**scary**-*adj*	asustadizo
792	**scene**-*ss*	la escena
1903	**schedule**-*vb; ss*	programar; el horario
274	**school**-*ss; adj; vb*	la escuela| la educación; escolar; enseñar
1234	**science**-*ss*	la ciencia

2331	**scientific**-*adj*	científico
2350	**scientist**-*ss*	el científico
2432	**scoff**-*ss; vb*	la burla; burlarse
1644	**score**-*vb; ss*	calificar| conseguir; la puntuación
2074	**scratch**-*vb; ss; adj*	rayar| arañar; el rasguño; sin ventaja
756	**scream**-*vb; ss*	gritar| vociferar; el chillido
1799	**screen**-*ss; vb*	la pantalla| la criba; cribar
1238	**screw**-*ss; vb*	el tornillo| la tuerca; atornillar
1996	**script**-*ss*	el guión| la escritura
2466	**scum**-*ss; vb*	la escoria; espumar
2298	**seal**-*vb; ss*	sellar; el sello
974	**search**-*vb; ss*	buscar| buscar en; la búsqueda
1449	**season**-*ss; vb*	la temporada; sazonar
619	**sea**-*ss; adj*	el mar| las vía marítima; del mar
776	**seat**-*ss; vb*	el asiento| la sede; asentar
2305	**sec**-*abr*	segundo
321	**second**-*adj; ss; adv; vb*	segundo; el segundo; en segundo lugar; secundar
545	**secret**-*adj; ss*	secreto; el secreto
1379	**secretary**-*ss*	el secretario
1679	**section**-*ss; vb*	la sección| el artículo; seccionar
1956	**secure**-*adj; vb*	seguro; asegurar
729	**security**-*ss*	la seguridad
1662	**seek**-*vb*	buscar| solicitar
431	**seem**-*vb*	parecer
55	**see**-*vb*	ver| consultar
2096	**selfish**-*adj*	egoísta
884	**self**-*ss; prn; adj*	yo; se; puro
585	**sell**-*vb*	vender
1683	**senator**-*ss*	el senador
403	**send**-*vb*	enviar| transmitir
2041	**senior**-*adj; ss*	mayor; el mayor
546	**sense**-*ss; vb*	el sentido| el sentimiento; sentir
1967	**sensitive**-*adj*	sensible
1800	**sentence**-*ss; vb*	la frase; sentenciar
1824	**separate**-*vb; adj; ss*	separar| separarse; independiente; la separata
817	**sergeant**-*ss*	el sargento

1862	**series**-*ss*	la serie| la tanda
481	**serious**-*adj*	grave| serio
867	**seriously**-*adv*	seriamente
1934	**servant**-*ss*	el servidor| el sirviente
1101	**serve**-*vb; ss*	servir| atender; el saque
722	**service**-*ss; adj; vb*	el servicio; de servicio; mantener
360	**set**-*ss; vb; adj*	el conjunto| el set; establecer; establecido
1221	**settle**-*vb; ss*	resolver| establecerse; el banco
555	**seven**-*num*	siete
1144	**several**-*adj*	varios
572	**sex**-*ss; adj; vb*	el sexo; sexual; determinar el sexo de
1736	**sexual**-*adj*	sexual
1634	**sexy**-*adj*	sexy
1714	**shadow**-*ss; vb*	la sombra| el sombreado; sombrear
1220	**shake**-*ss; vb*	la sacudida| el movimiento; agitar
305	**shall**-*va*	deber
998	**shame**-*ss; vb*	la vergüenza| la lástima; avergonzar
1485	**shape**-*ss; vb*	la forma| la figura; dar forma
795	**share**-*vb; ss*	compartir| dividir; la cuota
2400	**shark**-*ss*	el tiburón
1631	**sharp**-*adj; ss; adv*	fuerte| agudo; en punto
2449	**shed**-*ss; vb*	el cobertizo; perder
1878	**sheep**-*ss*	la oveja
2430	**shelter**-*ss; vb*	el abrigo| el albergue; albergar
41	**she**-*prn; ss*	ella; la hembra
1100	**sheriff**-*ss*	el alguacil
2057	**shift**-*ss; vb*	el cambio| el movimiento; cambiar
1777	**shine**-*ss; vb*	el brillo| el buen tiempo; brillar
596	**ship**-*vb; ss*	enviar| embarcarse; el barco
1104	**shirt**-*ss*	la camisa
178	**shit**-*ss; vb*	la mierda; cagar
1543	**shock**-*ss; vb*	el choque; escandalizar
830	**shoe**-*ss; vb*	el zapato; herrar
381	**shoot**-*vb; ss*	disparar| tirar; el lanzamiento

1666	**shopping**-*ss*	las compras	108	**sir**-*ss*	el señor| el sir
880	**shop**-*ss; vb*	la tienda| el taller; hacer compras	374	**sister**-*ss*	la hermana
2167	**shore**-*vb; ss*	apuntalar| escorar; la orilla	1813	**site**-*ss; vb*	el sitio; situar
			704	**situation**-*ss*	la situación
632	**short**-*adj; adv; ss; vb*	corto| poco; a corto; el cortocircuito; poner en cortocircuito	269	**sit**-*vb*	sentarse
			399	**six**-*num*	seis
			1105	**size**-*ss; vb*	el tamaño; clasificar según el tamaño
1565	**shot**-*ss; adj*	el tiro| el plano; tornasolado	2317	**skill**-*ss*	la habilidad| la experiencia
1811	**shoulder**-*ss; vb*	el hombro; cargar con			
109	**should**-*va*	debería	1070	**skin**-*ss; vb*	la piel| el cutis; pelar
951	**shout**-*ss; vb*	el grito; gritar	2258	**skip**-*vb; ss*	omitir; el salto
1367	**shower**-*ss; vb*	la ducha; ducharse	2503	**skull**-*ss*	el cráneo
202	**show**-*vb; ss*	mostrar| demostrar; el show	876	**sky**-*ss; vb*	el cielo; bombear
296	**shut**-*vb; adj*	cerrar; cerrado	2360	**slap**-*ss; vb*	la bofetada| la palmada; abofetear
1798	**shy**-*adj; vb; ss*	tímido; asustarse; la espantada	1775	**slave**-*ss; vb*	el esclavo; trabajar como un esclavo
441	**sick**-*ss; adj; vb*	los enfermos; enfermo; atacar	835	**sleeping**-*adj; ss*	durmiente; el sueño
391	**side**-*ss; adj; vb*	el lado| el costado; lateral; poner lados a	313	**sleep**-*vb; ss*	dormir; el sueño
			1771	**slip**-*ss; vb*	el resbalón| la desliz; deslizarse
731	**sigh**-*ss; vb*	el suspiro; suspirar	778	**slow**-*adj; adv; vb*	lento; despacio; retardar
1028	**sight**-*ss; vb*	la vista| la mira; avistar			
1358	**signal**-*ss; vb; adj*	la señal; indicar; señalado	1210	**slowly**-*adv*	despacio
			2222	**slut**-*ss*	la puta| la mujerzuela
518	**sign**-*ss; vb*	el signo| la muestra; firmar	469	**small**-*adj*	pequeño| menor
			706	**smart**-*adj; ss; vb*	inteligente| elegante; el escozor; escocer
1151	**silence**-*ss; vb*	el silencio; silenciar			
1589	**silent**-*adj*	silencioso	719	**smell**-*ss; vb*	el olor| el olfato; oler
856	**silly**-*adj; ss*	tonto| absurdo; el tonto	855	**smile**-*ss; vb*	la sonrisa; sonreír
			2421	**smith**-*ss*	el herrero
1420	**silver**-*ss; adj; vb*	la plata; de plata; platear	758	**smoke**-*ss; vb*	el humo; fumar
			1476	**smoking**-*adj; ss*	de fumar; el el fumar
2099	**similar**-*adj*	similar	2296	**smooth**-*adj; vb*	liso| fluido; alisar
637	**simple**-*adj; ss*	simple| fácil; el simple	1615	**snake**-*ss; vb*	la serpiente; deslizarse
989	**simply**-*adv*	simplemente	2411	**snap**-*ss; vb*	el chasquido| la instantánea; chasquear
263	**since**-*prp; con; adv*	desde; ya que; desde entonces	1254	**snow**-*ss; adj; vb*	la nieve; de nieve; nevar
2045	**singer**-*ss*	cantante			
814	**singing**-*ss*	el canto| el zumbido	33	**so**-*adv; con*	así| tan; por tanto
735	**single**-*adj; ss; vb*	solo; el individuo; pasar a la primera base	2329	**soap**-*ss; vb*	el jabón; enjabonar
			1979	**sob**-*ss; vb; adj*	el sollozo; sollozar; sentimental
576	**sing**-*vb; ss*	cantar; el canto			
2264	**sink**-*vb; ss*	hundir| hundirse; el fregadero	1400	**social**-*adj; ss*	social; la tertulia
			1161	**society**-*ss*	la sociedad
1512	**sin**-*ss; vb*	el pecado; pecar	1216	**soft**-*adj*	suave| blando
2247	**siren**-*ss*	la sirena	2409	**softly**-*adv*	suavemente
2229	**sire**-*ss; vb*	el padre| el mi señor; engendrar un caballo	1016	**soldier**-*ss; vb*	el soldado; militar

1981	**solid**-*adj*	sólido	macizo
1872	**solution**-*ss*	la solución
1921	**solve**-*vb*	resolver	disolver
81	**some**-*adj; prn; adv*	algunos; algunos; unos
323	**somebody**-*prn*	alguien
1459	**someday**-*adv*	algún día
1204	**somehow**-*adv*	de alguna manera
207	**someone**-*prn*	alguien
1928	**someplace**-*adv*	en algún lugar
89	**something**-*adv; prn*	algo; algo
1564	**sometime**-*adv*	a veces
428	**sometimes**-*adv*	a veces
539	**somewhere**-*adv*	en alguna parte
552	**song**-*ss*	la canción
2026	**sonny**-*ss*	el hijo
199	**son**-*ss*	el hijo
280	**soon**-*adv*	pronto
1300	**sooner**-*adv*	antes
106	**sorry**-*adj*	triste
487	**sort**-*vb; ss*	ordenar	clasificar; el tipo
634	**soul**-*ss*	la alma	el soul
494	**sound**-*ss; vb; adj; adv*	el sonido	el estrecho; sonar; del sonido; profundamente
1471	**soup**-*ss; vb*	la sopa; aumentar la potencia
1845	**source**-*ss*	la fuente	la procedencia
771	**south**-*ss; adj*	el sur; del sur
804	**space**-*ss; adj; vb*	el espacio	las cabida; espacial; espaciar
1248	**Spanish**-*adj; ss*	español	castellano; el español
1283	**spare**-*adj; vb*	de repuesto; escatimar
333	**speak**-*vb*	hablar	intervenir
491	**special**-*adj*	especial
2289	**species**-*ss*	las especies
2489	**specific**-*adj; ss*	específico; el específico
1381	**speech**-*ss*	el discurso	las habla
1097	**speed**-*ss; vb*	la velocidad	la marcha; acelerar
1744	**spell**-*ss; vb*	el hechizo	el encanto; deletrear
2006	**spending**-*ss*	el gasto
677	**spend**-*vb*	pasar	gastar

915	**spirit**-*ss; vb*	el espíritu	el alcohol; animar
1948	**spit**-*vb; ss*	escupir; la saliva
2310	**splendid**-*adj*	espléndido	lucido
1240	**split**-*ss; adj; vb*	la división	la escisión; dividido; dividirse
2040	**sport**-*ss; vb*	el deporte; divertirse
928	**spot**-*ss; vb; adj*	el lugar	el punto; manchar; al contado
1321	**spread**-*ss; vb*	la propagación	la extensión; difundir
1218	**spring**-*ss; vb*	la primavera; brotar
1838	**spy**-*vb; ss*	espiar	divisar; espía
1857	**squad**-*ss*	el equipo
1341	**square**-*ss; adj; vb*	la plaza; cuadrado; cuadrar
1407	**staff**-*ss; vb*	el personal; proveer de personal
1010	**stage**-*ss; vb*	la etapa	el escenario; organizar
1670	**stair**-*ss*	la escalera
2225	**stake**-*ss; vb*	la estaca	la hoguera; apostar
2313	**standard**-*ss*	el estándar	el nivel
781	**standing**-*adj; ss*	permanente; la posición
335	**stand**-*vb; ss*	estar	estar de pie; la posición
1694	**stare**-*ss; vb*	la mirada fija; mirar fijamente
659	**star**-*ss; vb; adj*	la estrella; estrellar; principal
260	**start**-*vb; ss*	comenzar	iniciar; el comienzo
2085	**starve**-*vb*	morir de hambre
1629	**statement**-*ss*	la declaración	el estado
554	**state**-*ss; adj; vb*	el estado; estatal; declarar
636	**station**-*ss; vb*	la estación	el puesto; estacionar
169	**stay**-*ss; vb*	la estancia; permanecer
1722	**steady**-*adj; vb; ss*	estable	continuo; estabilizarse; el novio
978	**steal**-*vb*	robar	refalar
1989	**steel**-*ss*	el acero
541	**step**-*ss; vb*	el paso; pisar
665	**stick**-*ss; vb*	el palo	el bastón; pegarse
135	**still**-*adv; adj; con; ss; vb*	todavía; inmóvil; sin embargo; el alambique; calmar

1748	**stock**-*vb; ss; adj*	surtir| abastecer; los valores; de serie
1319	**stomach**-*ss; vb*	el estómago; aguantar
1000	**stone**-*ss; adj; vb*	la piedra| el hueso; de piedra; apedrear
1971	**stopping**-*ss*	la parada
129	**stop**-*ss; vb; adj*	la parada| el tope; detener; de alto
843	**store**-*vb; ss*	almacenar| archivar; la tienda
1096	**storey**-*ss*	el piso
1322	**storm**-*ss; vb*	la tormenta; asaltar
362	**story**-*ss*	la historia| el cuento
521	**straight**-*adv; adj*	directamente; recto
533	**strange**-*adj*	extraño| extravagante
1531	**stranger**-*ss*	el desconocido
484	**street**-*ss; adj*	la calle; de la calle
1081	**strength**-*ss*	la fuerza| la intensidad
2265	**stretch**-*vb; ss*	estirar| estirarse; el tramo
1090	**strike**-*ss; vb*	la huelga| el ataque; golpear
2330	**string**-*ss; vb*	la cadena| la cuerda; ensartar
2390	**strip**-*ss; vb*	la tira; desnudarse
2504	**stroke**-*ss; vb*	la carrera| el golpe; acariciar
573	**strong**-*adj*	fuerte| firme
2039	**struggle**-*ss; vb*	la lucha; luchar
2363	**stubborn**-*adj*	obstinado
1174	**student**-*ss; adj*	estudiante; estudiantil
2364	**studied**-*adj*	estudiado
1649	**studio**-*ss*	el estudio
986	**study**-*ss; vb*	el estudio| el despacho; estudiar
340	**stuff**-*ss; vb*	las cosas| la materia; rellenar
410	**stupid**-*adj; ss*	estúpido| pendejo; el tonto
1214	**style**-*ss; vb*	el estilo; estilizar
1305	**subject**-*vb; ss; adj*	someter| sojuzgar; el sujeto; subyugado
1708	**subtitle**-*vb; ss*	subtitular; el subtítulo
2446	**succeed**-*vb*	tener éxito| suceder a
1944	**successful**-*adj*	exitoso
1409	**success**-*ss*	el éxito| el acierto
235	**such**-*adj; adv; prn*	tal| semejante; tan; que
2520	**sucker**-*ss*	la ventosa
1425	**suck**-*vb; ss*	chupar| mamar; el sorbo

1418	**sudden**-*adj*	repentino| imprevisto
858	**suddenly**-*adv*	de repente| de pronto
1848	**sue**-*vb*	demandar
1460	**suffer**-*vb*	sufrir| padecer
1288	**sugar**-*ss; vb*	el azúcar; azucarar
1275	**suggest**-*vb*	sugerir| indicar
1190	**suicide**-*ss*	el suicidio
2355	**suitcase**-*ss*	la maleta
909	**suit**-*ss; vb*	el traje| el palo; convenir
850	**summer**-*ss; adj*	el verano; de verano
1087	**Sunday**-*ss; adj*	el domingo; del domingo
578	**sun**-*ss; vb*	el sol; asolear
1357	**super**-*adj; adv; ss*	súper| estupendo; súper; superintendente
2416	**superior**-*adj; ss*	superior; el superior
1940	**supper**-*ss*	la cena
2104	**supply**-*ss; vb*	el suministro| la oferta; suministrar
1042	**support**-*ss; vb*	el apoyo; apoyar
409	**suppose**-*vb*	suponer| creer
114	**sure**-*adj; adv*	seguro| cierto; de verdad
1179	**surely**-*adv*	seguramente| por supuesto
1769	**surface**-*ss; vb*	la superficie; emerger
2092	**surgery**-*ss*	la cirugía
701	**surprise**-*ss; vb*	la sorpresa| la extrañeza; sorprender
1908	**surrender**-*ss; vb*	la entrega| la rendición; rendirse
2149	**surround**-*vb*	rodear
1262	**survive**-*vb*	sobrevivir a
1217	**suspect**-*vb; adj; ss*	sospechar; sospechoso; el sospechoso
2204	**suspicious**-*adj*	suspicaz
2380	**swallow**-*ss; vb*	la golondrina; tragarse
604	**swear**-*vb*	jurar| prestar
1988	**sweat**-*ss; vb*	el sudor; sudar
493	**sweet**-*adj; ss*	dulce; el dulce
985	**sweetheart**-*ss*	el novio| los querido
1229	**sweetie**-*ss*	el cariño| la novia
2202	**swell**-*vb; ss; adj*	hincharse| crecer; mar de fondo; estupendo
1841	**swimming**-*ss*	la natación
1376	**swim**-*vb; ss*	nadar; la nadada
1804	**swing**-*ss; vb*	la oscilación| el columpio; oscilar

1576	**switch**-*vb; ss*	cambiar| agitar; el interruptor
1058	**sword**-*ss*	la espada
695	**system**-*ss*	el sistema

T

655	**table**-*ss; vb*	la mesa| la tabla; presentar
1701	**tail**-*ss; vb*	la cola| el rabo; seguir
68	**take**-*ss; vb*	la toma| la recaudación; tomar
1529	**talent**-*ss*	el talento
2422	**tale**-*ss*	el cuento| la historia
143	**talk**-*vb; ss*	hablar| platicar; la conversación
1444	**tall**-*adj*	alto
1758	**tank**-*ss; vb*	el tanque; machar
1057	**tape**-*ss; vb*	la cinta; grabar en cinta
1302	**target**-*ss; adj; vb*	el objetivo; blanco; elegir como blanco
2168	**task**-*ss; vb*	la tarea| la labor; encargar
961	**taste**-*ss; vb*	el gusto| el sabor; probar
1334	**taxi**-*ss; vb*	el taxi; carretear
2030	**tax**-*ss; adj; vb*	el impuesto; de impuestos; tasar
780	**teacher**-*ss*	el profesor| la profesora
708	**teach**-*vb*	enseñar
523	**team**-*ss; vb; adj*	el equipo; asociar; común
1342	**tear**-*ss; vb*	la lágrima| el rasgón; rasgar
705	**tea**-*ss*	el té
2134	**technology**-*ss*	la tecnología
1191	**telephone**-*ss; vb; adj*	el teléfono; llamar por teléfono; telefónico
1419	**television**-*ss; adj*	la televisión| la TV; de televisión
80	**tell**-*vb*	contar| saber
2299	**temperature**-*ss*	la temperatura
1507	**temple**-*ss*	el templo
473	**ten**-*num*	diez
1745	**term**-*ss; vb; adj*	el plazo| el término; llamar; temporal
614	**terrible**-*adj*	terrible
1691	**terribly**-*adv*	terriblemente
1659	**terrific**-*adj*	estupendo| terrífico

2160	**territory**-*ss*	el territorio
2429	**terrorist**-*adj; ss*	terrorista; terrorista
811	**test**-*ss; vb; adj*	la prueba| el examen; probar; de prueba
147	**than**-*con*	que
107	**thank**-*vb*	agradecer
8	**that**-*con; prn; adj; adv*	que; que; que; ese; tan
3	**the**-*art*	el| la
1619	**theater**-*ss*	el teatro
141	**their**-*prn*	sus
2328	**theme**-*ss*	el tema
71	**them**-*prn*	ellos
911	**themselves**-*prn*	sí mismos
79	**then**-*adv; con; adj*	entonces; pues; de entonces
1465	**theory**-*ss*	la teoría
2487	**therapy**-*ss*	la terapia
31	**there**-*adv*	hay
1448	**therefore**-*adv*	por lo tanto
118	**these**-*adj; prn*	estos; estos
32	**they**-*prn*	ellos
2130	**thick**-*adj; adv*	grueso| espeso; mucho
1295	**thief**-*ss*	el ladrón
1870	**thin**-*adj; adv; vb*	delgado| fino; delgadamente; adelgazar
119	**thing**-*ss*	la cosa| el asunto
330	**thinking**-*ss; adj*	el pensamiento; que piensa
59	**think**-*vb*	pensar
720	**third**-*ss; adj; adv*	la tercera; tercero; en tercer lugar
2233	**thirsty**-*adj*	sediento
1451	**thirty**-*num*	treinta
16	**this**-*adj; prn; adv*	este; esto; tan
148	**those**-*adj; prn*	esos; aquellos
404	**though**-*con; adv*	aunque; sin embargo
1360	**thought**-*ss; adj*	el pensamiento| la idea; reflexionado
1212	**thou**-*prn*	tú
718	**thousand**-*num*	mil
2322	**threaten**-*vb*	amenazar| amagar
1916	**threat**-*ss*	la amenaza
173	**three**-*num*	tres
993	**throat**-*ss*	la garganta
2294	**throughout**-*prp; adv*	en todo; en todas partes

195	**through**-*prp; adv; adj*	a través de; hasta; de paso
536	**throw**-*ss; vb*	el tiro| el lanzamiento; lanzar
1578	**thunder**-*ss; vb*	el trueno; tronar
1868	**Thursday**-*ss*	el jueves
1815	**thus**-*adv*	así
1120	**ticket**-*ss; vb*	el billete| el boleto; rotular
1169	**tie**-*ss; vb*	la corbata| el lazo; atar
1725	**tiger**-*ss*	el tigre
1024	**tight**-*adj; adv*	ajustado| apretado; herméticamente
480	**till**-*prp; con; vb; ss*	hasta; hasta que; labrar; la caja registradora
70	**time**-*ss; vb*	el tiempo| la vez; cronometrar
2516	**timing**-*ss; adj*	la sincronización| el cronometraje; de distribución
1353	**tiny**-*adj*	minúsculo| pequeñito
1651	**tip**-*ss; vb*	la propina| la punta; verter
526	**tired**-*adj*	cansado
1974	**tire**-*ss; vb*	el neumático; cansar
1922	**title**-*ss; vb*	el título; titular
2207	**tit**-*ss*	la teta
1572	**toast**-*ss; vb*	la tostada; brindar por
200	**today**-*adv; ss*	hoy; el hoy
230	**together**-*adv; adj*	juntos; junto
1477	**toilet**-*adj; ss*	de tocador; el inodoro
231	**tomorrow**-*adv; ss*	mañana; la mañana
1937	**tone**-*ss; vb*	el tono| el matiz; entonar
1299	**tongue**-*ss*	la lengua
246	**tonight**-*adv*	esta noche
85	**too**-*adv*	también| demasiado
1102	**tooth**-*ss*	el diente
505	**top**-*adj; ss; vb*	superior| principal; la parte superior; rematar
4	**to**-*prp*	a| para| en
2056	**torture**-*ss; vb*	la tortura; torturar
1294	**total**-*adj; ss; vb*	total| totalizado; el total; totalizar
796	**totally**-*adv*	totalmente
2138	**touching**-*adj*	conmovedor
460	**touch**-*ss; vb*	el toque; tocar
726	**tough**-*adj; ss; vb*	difícil| duro; el forzudo; pasar
1590	**tour**-*vb; ss; adj*	recorrer| visitar; la gira; de gira
2001	**toward**-*prp*	hacia
1208	**towards**-*prp*	hacia
1566	**tower**-*ss; vb; adj*	la torre; elevarse; de viviendas
363	**town**-*ss; adj*	la ciudad| el pueblo; de ciudad
2151	**toy**-*ss; adj; vb*	el juguete; de juguete; jugar
2069	**trace**-*ss; vb*	el rastro| la huella; rastrear
1088	**track**-*ss; vb*	la pista| la vía; rastrear
1335	**trade**-*ss; adj; vb*	el comercio; comercial; comerciar
2302	**tradition**-*ss*	la tradición
1593	**traffic**-*ss; adj; vb*	el tráfico| la trata; de tráfico; traficar
2306	**tragedy**-*ss; adj*	la tragedia; de tragedia
2164	**trail**-*ss; vb*	el rastro| el sendero; arrastrarse
1268	**training**-*ss; adj*	la formación; de instrucción
535	**train**-*ss; vb*	el tren| la cola; entrenar
2133	**traitor**-*ss*	el traidor
2107	**transfer**-*vb; ss; adj*	transferir; la transferencia; de transferencia
1538	**trap**-*ss; vb*	la trampa| el sifón; atrapar
1936	**trash**-*ss; vb*	la basura; destrozar
1178	**travel**-*ss; vb; adj*	el viaje; viajar; de viajes
1639	**treasure**-*ss; vb*	el tesoro; atesorar
1876	**treatment**-*ss*	el tratamiento| la cura
1027	**treat**-*vb; ss*	tratar| curar; el convite
810	**tree**-*ss; vb*	el árbol; ahuyentar por un árbol
1247	**trial**-*ss; adj*	el juicio| el ensayo; de prueba
1129	**trick**-*ss; vb; adj*	el truco| la trampa; engañar; de pega
2259	**trigger**-*vb; ss*	desencadenar; el gatillo
690	**trip**-*ss; vb*	el viaje| el tropiezo; hacer tropezar
1599	**troop**-*ss; vb*	la tropa| el grupo; desfilar
370	**trouble**-*ss; vb*	el problema| el apuro; molestar
831	**truck**-*ss; vb*	el camión; llevar

278	**true**-*adj; adv; ss*	verdadero| fiel; bien; el plomo	
1205	**truly**-*adv*	verdaderamente	
2153	**trunk**-*ss; adj*	el tronco; troncal	
436	**trust**-*ss; vb; adj*	la confianza| el fideicomiso; confiar; fiduciario	
398	**truth**-*ss*	la verdad	
208	**try**-*ss; vb*	el intento| el ensayo; probar	
1893	**Tuesday**-*ss*	el martes	
2003	**tune**-*ss; vb*	la melodía| el afinado; afinar	
2191	**tunnel**-*ss; vb*	el túnel; construir un túnel	
2155	**turkey**-*ss*	el pavo	
1279	**turning**-*ss*	el torneado| la vuelta	
265	**turn**-*ss; vb*	la vez| la vuelta; convertir	
570	**TV**-*abr*	TV	
1849	**twelve**-*num*	doce	
940	**twenty**-*num*	veinte	
950	**twice**-*adv*	dos veces	
105	**two**-*num*	dos	
913	**type**-*ss; vb*	el tipo; escribir a máquina	

U

1077	**ugly**-*adj*	feo
1637	**unbelievable**-*adj*	increíble
467	**uncle**-*ss*	el tío
2285	**underground**-*adj; ss; adv*	subterráneo; el metro; bajo tierra
2397	**underneath**-*adv; prp; adj; ss*	debajo; debajo de; de abajo; las superficie inferior
320	**under**-*prp; adv*	bajo; debajo
1833	**understanding**-*ss; adj*	la comprensión; comprensivo
177	**understand**-*vb*	entender| captar
2420	**underwear**-*ss*	la ropa interior
1351	**unfortunately**-*adv*	desafortunadamente
1949	**unhappy**-*adj*	infeliz| triste
1636	**uniform**-*ss; adj*	el uniforme; constante
1463	**union**-*ss; adj*	la unión| el sindicato; sindical
2220	**unique**-*adj*	único
1035	**unite**-*vb*	unir| unirse
1443	**unit**-*ss*	la unidad

1329	**universe**-*ss*	el universo
1473	**university**-*ss*	la universidad
1942	**unknown**-*adj; ss; adv*	desconocido; el desconocido; sin saber
673	**unless**-*con*	a menos que
306	**until**-*prp; con*	hasta; hasta que
1790	**unusual**-*adj*	raro| insólito
38	**up**-*adv; prp; adj; vb; ss*	hasta| arriba; encima de; ascendente; levantar; la cima
743	**upon**-*prp*	sobre
865	**upset**-*ss; vb; adj*	el trastorno| el vuelco; alterar; acongojado
901	**upstairs**-*adv; ss*	arriba; el piso superior
1965	**urgent**-*adj*	urgente
1973	**useful**-*adj*	útil
1469	**useless**-*adj*	inútil
257	**use**-*ss; vb*	el uso| el empleo; utilizar
74	**us**-*prn*	nos
1135	**usual**-*adj*	usual| común
979	**usually**-*adv*	en general

V

1487	**vacation**-*ss; adj; vb*	las vacaciones; de vacaciones; pasar las vacaciones
1749	**valley**-*ss*	el valle
2314	**valuable**-*adj*	valioso
1768	**value**-*ss; vb*	el valor; valorar
2344	**vampire**-*ss*	el vampiro
1015	**van**-*ss*	la furgoneta
2008	**vehicle**-*ss*	el vehículo
2498	**version**-*ss*	la versión
92	**very**-*adv; adj*	muy; mismo
2012	**vice**-*ss; prp*	el vicio; en vez de
1270	**victim**-*ss*	la víctima
1482	**victory**-*ss*	la victoria
1337	**video**-*ss*	el vídeo
1118	**view**-*vb; ss*	ver| considerar; la vista
819	**village**-*ss; adj*	el pueblo| el poblado; comunal
1557	**violence**-*ss*	la violencia
2021	**violent**-*adj*	violento
1573	**virgin**-*adj; ss*	virgen; la virgen
2304	**virus**-*ss*	el virus

1939	**vision**-*ss*	la visión| el sueño
753	**visit**-*ss; vb*	la visita; visitar
549	**voice**-*ss; vb; adj*	la voz; expresar; laríngeo
1408	**vote**-*vb; ss*	votar| ir a votar; el voto

W

2239	**wagon**-*ss; vb*	el vagón; transportar en furgón
2388	**waiter**-*ss*	el camarero| el mesero
130	**wait**-*vb; ss*	esperar| dejar; la espera
532	**wake**-*vb; ss*	despertar| velar; la estela
377	**walk**-*vb; ss*	caminar| andar; el paseo
2152	**wallet**-*ss*	la cartera
772	**wall**-*ss; vb; adj*	la pared| la barrera; emparedar; mural
51	**want**-*ss; vb*	la falta| la necesidad; querer
2326	**ward**-*ss; vb*	la sala; guardar
892	**warm**-*vb; adj; ss*	calentar| calentarse; caliente; el calor
1401	**warning**-*ss*	la advertencia| la alarma
1571	**warn**-*vb*	advertir| prevenir
2217	**warrant**-*ss; vb*	la orden| la autorización; justificar
2424	**warrior**-*ss*	el guerrero
341	**war**-*ss; vb*	la guerra; guerrear
2263	**washed**-*adj*	lavado
1067	**wash**-*ss; vb*	el lavado| la colada; lavar
953	**waste**-*ss; vb; adj*	los residuos; perder; inútil
1831	**wasting**-*adj*	debilitante| emaciación
264	**watch**-*ss; vb*	el reloj| la vigilancia; ver
301	**water**-*ss; vb; adj*	las agua| la orina; regar; de agua
1667	**wave**-*ss; vb*	la onda| la oleada; agitar
91	**way**-*ss*	la manera| la forma
1235	**weak**-*ss; adj*	los débiles| el ñango; débil
1091	**weapon**-*ss*	la arma
618	**wear**-*ss; vb*	el desgaste| el uso; usar

1185	**weather**-*ss; vb; adj*	el tiempo| el clima; capear; del tiempo
2197	**Wednesday**-*ss*	el miércoles
653	**wed**-*vb*	casarse
2365	**wee**-*adj; vb*	pequeñito; hacer pipí
1130	**weekend**-*ss*	los fin de semanha
376	**week**-*ss*	la semana
1339	**weight**-*ss; vb*	el peso| la pesa; ponderar
765	**weird**-*adj*	extraño
415	**welcome**-*ss; adj; vb*	la bienvenida; bienvenido; acoger
54	**well**-*adj; adv; ss; vb*	bien| bien de salud; bien; el pozo; manar
14	**we**-*prn*	nosotros
2169	**western**-*adj; ss*	occidental; el western
893	**west**-*ss; adj*	el oeste; del oeste
1201	**wet**-*adj; vb; ss*	mojado; mojar; la humedad
11	**what**-*adj; adv; prn*	qué; qué; que
368	**whatever**-*adj; prn*	cualquier; lo que
1734	**wheel**-*ss; vb*	la rueda| el volante; girar
66	**when**-*adv; con*	cuando; cuando
1281	**whenever**-*adv; con*	cuando; cuando
69	**where**-*adv; con*	donde; donde
1461	**wherever**-*adv; con*	donde; dondequiera
763	**whether**-*con*	si
190	**which**-*prn; adj*	que; cuyo
258	**while**-*con; ss; adv; vb*	mientras; el rato; mientras tanto; pasar
2095	**whiskey**-*ss*	el whisky
1957	**whispering**-*ss; adj*	el susurro; de rumores
2381	**whisper**-*ss; vb*	el susurro; susurrar
1622	**whistle**-*vb; ss*	silbar; el silbo
422	**white**-*adj; ss*	blanco; el blanco
1226	**whoever**-*prn*	quien
253	**whole**-*adj; ss*	todo| entero; el todo
931	**whom**-*prn*	quién
61	**who**-*prn*	que
1276	**whore**-*ss; vb*	la puta| la prostituta; putear
807	**whose**-*adj; prn*	cuyo; cuyo
62	**why**-*adv; ss*	por qué; la razón
2279	**wicked**-*adj; ss*	malvado| perverso; el bellaco
1546	**wide**-*adj; adv*	ancho; lejos
2241	**widow**-*ss*	la viuda
232	**wife**-*ss*	la esposa

925	**wild**-*adj; ss*	salvaje| silvestre; la tierra virgen
1168	**willing**-*adj*	complaciente
53	**will**-*ss; vb*	la voluntad| el albedrío; querer
692	**window**-*ss*	la ventana
739	**wind**-*ss; adj; vb*	el viento| el aliento; del viento; enrollar
751	**wine**-*ss*	el vino
1785	**wing**-*ss; vb*	la ala| la aleta; volar
1681	**winner**-*ss*	el ganador
1291	**winter**-*ss*	el invierno
124	**win**-*vb; ss*	ganar| conseguir; el triunfo
1985	**wipe**-*vb; ss*	limpiar| enjugar; el limpión
1690	**wire**-*ss; vb*	el alambre| el cable; alambrar
1416	**wise**-*adj; ss*	sabio; el modo
337	**wish**-*ss; vb*	el deseo| la gana; desear
1781	**witch**-*ss*	la bruja
813	**within**-*adv; prp*	dentro; dentro
227	**without**-*prp; adv*	sin; fuera
27	**with**-*prp*	con
1117	**witness**-*ss; vb*	el testigo| el testimonio; presenciar
1519	**wolf**-*ss; vb*	el lobo; comer vorazmente
191	**woman**-*ss*	la mujer
482	**wonderful**-*adj*	maravilloso
551	**wonder**-*vb; ss; adj*	preguntarse| maravillarse; la maravilla; prodigio
1454	**wood**-*ss; adj*	la madera; de madera
2227	**woo**-*vb*	cortejar
338	**word**-*ss; vb*	la palabra| el término; decir
1528	**worker**-*ss*	el obrero
134	**work**-*ss; vb*	el trabajo| la labor; trabajar
179	**world**-*ss; adj*	el mundo| el siglo; mundial
654	**worried**-*adj*	preocupado
2272	**worrying**-*adj*	preocupante

276	**worry**-*ss; vb*	la preocupación| el cuidado; preocuparse
569	**worth**-*ss; adj*	el valor; digno de
2385	**worthy**-*adj*	digno
77	**would**-*va*	quería
1751	**wounded**-*adj*	herido
1754	**wound**-*ss; vb*	la herida; herir
511	**Wow!**-*int*	¡Caray!
2312	**wrap**-*vb; ss*	envolver; el chal
1601	**writer**-*ss*	el escritor| el autor
472	**write**-*vb*	escribir| redactar
188	**wrong**-*adj; adv; ss; vb*	incorrecto; mal; el mal; agraviar

Y

1695	**yard**-*ss; vb*	la yarda; acorralar
63	**yeah**-*part*	sí
161	**year**-*ss*	el año
1365	**yellow**-*adj; ss; vb*	amarillo; el amarillo; ponerse amarillo
1398	**yell**-*ss; vb*	el grito| el alarido; gritar
2418	**yen**-*ss*	el yen
58	**yes**-*ss; part; vb*	el sí; sí; decir sí
567	**yesterday**-*adv; ss*	ayer; el ayer
252	**yet**-*adv; con*	todavía; con todo
284	**young**-*adj; ss; adv*	joven joven; juvenilmente
1	**you**-*prn*	usted| te| le
20	**your**-*prn*	su
212	**yourself**-*prn*	usted mismo
366	**yours**-*prn*	suyo
1623	**youth**-*ss; adj; adv*	la juventud; juvenil; juvenilmente

Z

1633	**zero**-*adj; ss; vb*	cero; el cero; poner en el cero
1920	**zone**-*ss; vb*	la zona; parcelar en zonas

Contacto, lecturas adicionales y recursos

Para más herramientas, consejos y trucos, visita nuestra web www.mostusedwords.com. Publicamos varios recursos para el aprendizaje de los idiomas.

Si te gusta este diccionario, por favor comunícaselo a las demás personas, para que también puedan disfrutarlo. O deja una reseña o comentario en línea, p.e. en las redes sociales, blogs o foros.

Diccionarios de frecuencia

Diccionarios de frecuencia en esta serie:

Diccionario de Frecuencia - Inglés 1 – Vocabulario esencial – 2.500 palabras más commues
Diccionario de Frecuencia - Inglés 2 – Vocabulario intermedio – 2.501-5.000 palabras más commues
Diccionario de Frecuencia - Inglés 3 – Vocabulario avanzado – 5.001-7.500 palabras más commues
Diccionario de Frecuencia - Inglés 4 – Vocabulario experto – 7.501-10.000 palabras más comunes

Por favor visita nuestra página web en www.mostusedwords.com/es/diccionario-frecuencia/ingles-espagnol para más información.

Nuestra meta es facilitar el aprendizaje de idiomas a través de los diccionarios de frecuencias para los idiomas más y menos hablados en este planeta. Puedes revisar nuestra selección en www.mostusedwords.com/es/diccionario-frecuencia

Libros bilingües

Estamos creando una selección de textos paralelos, y la misma está en constante crecimiento.

Para ayudarte en tu proceso de aprendizaje, todos nuestros libros bilingües tienen un diccionario incluido, creado específicamente para cada libro.

Contamos actualmente con libros bilingües disponibles en inglés, español, portugués, italiano, francés y alemán.

Para más información, revisa www.mostusedwords.com/es/texto-paralelo. Vuelve con regularidad para ver nuevos libros e idiomas.

Métodos para aprender otros lenguajes

Encontrarás reseñas sobre productos de aprendizaje de terceras partes, tales como aplicaciones, Software y cursos de audio. Hay muchísimos disponibles y algunos son mejores que otros.

Revisa nuestras reseñas en www.mostusedwords.com/es/revisiones.

Contacto

Si tienes alguna pregunta, puedes contactarnos vía correo electrónico a info@mostusedwords.com.